Peter Longerich
Die braunen Bataillone

Peter Longerich

Die braunen Bataillone

Geschichte der SA

Verlag C. H. Beck München

Mit 31 Abbildungen im Text

CIP-Titelaufnahme der Deutschen Bibliothek

Longerich, Peter:
Die braunen Bataillone : Geschichte der SA /
Peter Longerich. – München : Beck, 1989
    ISBN 3-406-33624-8

ISBN 3 406 33624 8

© C. H. Beck'sche Verlagsbuchhandlung (Oscar Beck) München 1989
Gesamtherstellung: Kösel, Kempten
Printed in Germany

Inhaltsverzeichnis

Vorwort
Seite 7

I. Von der Ordnertruppe der NSDAP
zum Wehrverband (1920–1923)
Seite 9

1. Die bayerische «Ordnungszelle» als Nährboden der SA 9
2. Ernst Röhm: Schlüsselfigur der paramilitärischen Szene
und Ziehvater der SA 15
3. Anfänge und Expansion der SA unter Hitler 23
4. Der Marsch zum «Hitler-Putsch»: Die SA als Teil eines
paramilitärischen Kampfbündnisses 33

II. Die SA auf «legalem» Kurs:
Reorganisation und erste Erfolge
(1924–1928)
Seite 45

1. Widersprüchliche Konzepte: Die SA zwischen
Hitler und Röhm 45
2. Reorganisation der SA unter v. Pfeffer 52
3. Die SA auf der Suche nach einer erfolgversprechenden Taktik . . . 59
4. Die Wehrverbände: Vorreiter und Reservoir der SA 65
5. Erste Erfolge der «ländlichen» Taktik von NSDAP und SA 72

III. Die SA als Massenorganisation
(1929–1933)
Seite 78

1. Der Beginn des Aufstiegs von Partei und SA 78
2. Rekrutierungsmuster und Mitgliederstruktur 81
3. Organisatorischer Ausbau, zunehmende Gewalttätigkeit
und innerparteiliche Konflikte 93
4. Expansion und Festigung der SA unter Röhm 109
5. Die SA als Subkultur 115
   a) Propaganda und Terror: Aktionsformen der SA 116
   b) Sturmlokale und SA-Heime: Zentren der SA-Subkultur 127
   c) Soziale Betreuungsmaßnahmen und Finanzierung 130

d) Der «SA-Geist»: Zusammenhalt und Mentalität der
   Parteitruppe 136
e) Konflikte in und um die SA 144
6. SA und NSDAP auf dem Weg zur Macht 151

IV. Die SA als
verhinderte «Revolutionsarmee»
(1933–1934)
Seite 165

1. Der Terror der SA nach dem 30. Januar 1933 165
2. Die Forderung nach Fortsetzung der «nationalsozialistischen
   Revolution»: Strategie zur Integration der SA-Basis 179
3. Probleme der SA nach Abschluß der «Machtergreifung» 188
4. Vorgeschichte und Verlauf des 30. Juni 1934 206

V. Die gezähmte Parteiarmee
(1934–1945)
Seite 220

1. Säuberung und Reorganisation der SA 220
2. Frustration und latente Gewaltbereitschaft 224
3. Rückkehr zum Terror: Der Pogrom vom November 1938 230
4. Die Parteiarmee als Hilfstruppe der Wehrmacht 237

Schlußbetrachtung
Seite 239

Anhang

Anmerkungen 247
Quellenverzeichnis 274
Literaturverzeichnis 276
Abkürzungen 281
Bildquellen 282
Personenregister 283

Vorwort

Bis zum Juni 1934 hatte die nationalsozialistische Bewegung eine Doppelstruktur: Die «Politische Organisation» der Partei und die «Sturmabteilung» bildeten zwei weitgehend unabhängig voneinander existierende Formationen, die erst in der Person Hitlers, der gleichzeitig «Parteiführer» und «Oberster SA-Führer» war, zur NS-Bewegung zusammengeführt wurden.

Im Rahmen des in der deutschen Parteiengeschichte beispiellosen Aufstiegs der NS-Bewegung von einer Splitterpartei zu einer Massenbewegung kamen der SA äußerst wichtige Funktionen zu: Sie war das Terror- und Propagandainstrument der Partei, die die Weimarer Republik in einer bisher nicht gekannten Weise mit ihren Aktionen überzog. Zugleich entwickelte sich die SA aber mehr und mehr zu einer Belastung für die NS-Bewegung: Die zahlreichen Gewalttätigkeiten der SA, ihr starker Hang zu direkten Aktionen, drohten den «legalen» Weg des Parteiführers Hitler in Frage zu stellen.

Nach dem 30. Januar 1933 sah sich die nationalsozialistische Regierung einem Millionenheer von SA-Leuten gegenüber, die Versorgungsanprüche an den neuen Staat stellten und über deren mangelnde Erfüllung zunehmend enttäuscht waren, während die SA-Führung, die fast ausschließlich aus ehemaligen Berufssoldaten und Freikorpskämpfern bestand, ihre eigenen militärpolitischen Amibitionen verfolgte und damit das Verhältnis des NS-Regimes zur bewaffneten staatlichen Macht empfindlich störte. Der symbolische Machtkampf um die Parole von der «zweiten Revolution» entlud sich schließlich am 30. Juni.

Dieses Buch soll Entstehung, Expansion und Niedergang der SA und ihr problematisches Verhältnis zur Partei nachzeichnen. Dabei wird insbesondere der Versuch unternommen, Rekrutierungsmuster und Binnenstruktur der SA eingehend darzustellen und die Bedeutung der von der SA-Basis ausgehende Dynamik innerhalb der Geschichte der nationalsozialistischen Bewegung zu verdeutlichen.

Zur Geschichte der SA liegen eine ganze Reihe von Untersuchungen vor. Hier ist zunächst die Darstellung von Wolfgang Sauer[1] zu nennen, der als erster die verschiedenen Funktionen der SA im Zuge nationalsozialistischer Machteroberung und -befestigung im Rahmen des zusammen mit Karl Dietrich Bracher und Wolfgang Schulz verfaßten Pionierwerkes beschrieben hat. Es folgten in den sechziger Jahren zwei weitere umfassende Untersuchungen: Zum einen das keineswegs unkritische Buch des

ehemaligen SA-Führers Heinrich Bennecke[2], sodann die umfangreiche
Dissertation von Wolfgang Werner[3], der vor allem in großer Ausführlich-
keit wichtige Details der Organisationsgeschichte der SA erforscht hat. In
jüngerer Zeit sind verschiedene Spezialuntersuchungen erschienen: Peter
H. Merkl[4] hat in seinem Buch eine Auswertung einer großen Zahl
zeitgenössischer Autobiographien von SA-Leuten vorgenommen; Conan
Fischer[5] hat mit seiner Dissertation eine sozialgeschichtliche Arbeit über
die SA für den Zeitraum 1929 bis 1935 vorgelegt; ferner sind die Doktor-
arbeiten von Richard Bessel[6] über die SA in den östlichen deutschen
Provinzen sowie von Mathilde Jamin[7] über die Sozialstruktur des SA-
Führerkorps zu nennen.

Wenn die vorliegende Darstellung der Geschichte der SA sich auch zu
einem erheblichen Teil auf diese Untersuchungen stützt, so wurden
daneben auch recht umfangreiche eigene Archivrecherchen vorgenommen, so im Bundesarchiv, im Berlin Document Center, im Institut für
Zeitgeschichte, wo sich der Arbeitsplatz des Verfassers in den letzten
Jahren befand, sowie in einer Reihe von regionalen Archiven, nämlich
dem Staatsarchiv Hamburg und der Forschungsstelle zur Geschichte des
Nationalsozialismus in der Hansestadt, den Staatsarchiven München und
Münster sowie dem Hauptstaatsarchiv Wiesbaden. Der Autor möchte
allen Damen und Herren, die ihn bei seinen Archivrecherchen unterstützt
haben, herzlich danken. Ferner ist den hilfsbereiten Kolleginnen und
Kollegen Dank abzustatten, die sich trotz eigener Überlastung die Mühe
machten, das Manuskript zu lesen und ihre sachkundigen Kommentare
hierzu abzugeben, so insbesondere Bärbel Dusik und Werner Bührer. Vor
allem danke ich aber K. für ihre immer vorhandene Bereitschaft, trotz
ihres Horrors vor den braun und schwarz Uniformierten sich gemeinsam
mit mir wieder und wieder mit diesem Abschnitt deutscher Geschichte
auseinanderzusetzen.

München, im Juni 1988

I.

Von der Ordnertruppe der NSDAP zum Wehrverband (1920–1923)

Die frühen zwanziger Jahre waren für die SA in vielerlei Hinsicht eine entscheidende Prägephase. Bereits in diesem Zeitraum wurde der Grundkonflikt über Rolle und Aufgabe der SA angelegt, der sich wie ein roter Faden durch die weitere Geschichte der Organisation ziehen und erst am 30. Juni 1934 seine gewaltsame Lösung finden sollte: War sie für die einen die nach politischen Gesichtspunkten einzusetzende Hilfstruppe der Partei, die in erster Linie Propaganda zu betreiben und sich mit den politischen Gegnern schlagkräftig auseinanderzusetzen hatte, so trat sie doch gleichzeitig auch als paramilitärische Formation auf, als der mindestens gleichberechtigt neben der Partei existierende «wehrhafte» Arm des Nationalsozialismus, angetreten, fehlende staatliche Machtmittel zu ersetzen. Dieser Grundkonflikt, personalisiert bereits in diesen Jahren durch die Figuren Röhm und Hitler, erhielt seine besondere Ausprägung durch die politische Atmosphäre im München der beginnenden zwanziger Jahre, dem Zentrum der bayerischen «Ordnungszelle».

1. Die bayerische «Ordnungszelle» als Nährboden der SA

München war in den frühen zwanziger Jahren in ganz besonderer Weise durch die Erfahrungen von Krieg, Niederlage und Revolution geprägt.[1] Der Umsturz vom 7. November 1918 – also zwei Tage vor den revolutionären Ereignissen in der Reichshauptstadt – war zwar in erster Linie das Unternehmen einer unruhigen, in ihrer Zusammensetzung heterogenen, in großstädtischer Enge und unter den Bedingungen des Krieges schnell gewachsenen Arbeiterschaft, vorangetrieben durch die geschickte Agitation der USPD-Führung unter dem von pazifistisch-humanitären Idealen bewegten Kurt Eisner. Möglich war der Umsturz jedoch erst geworden, weil die von den Kräften um Eisner ausgehende Bewegung zumindest stillschweigend durch den in München nach wie vor dominierenden Mittelstand und vor allem durch die bäuerliche Bevölkerung des Umlandes geduldet worden war.

Seit etwa Mitte 1916 läßt sich im Münchner Kleinbürgertum und in der oberbayerischen Landbevölkerung eine ständig wachsende allgemeine Unzufriedenheit feststellen. War die Situation in der Landeshauptstadt gekennzeichnet durch eine katastrophale Ernährungslage, durch die Proletarisierung der unter der Geldentwertung leidenden Angestellten sowie durch den wirtschaftlichen Niedergang des durch die Einschränkungen im zivilen Bereich in erster Linie getroffenen Handels und Handwerks, so bestimmten Arbeitskräftemangel, die Hamsterfahrten der hungernden Städter und vor allem die als schikanös empfundenen Kriegsbewirtschaftungsmaßnahmen die Lage auf dem Lande. In der Bevölkerung des Agrarüberschlußlandes Bayern setzte sich mehr und mehr der Eindruck fest, durch den Norden ausgeplündert und kahlgefressen zu werden. So wurde die Situation in der zweiten Kriegshälfte zunehmend durch eine ausgeprägte antipreußische Einstellung bestimmt, die sich schließlich zu einem regelrechten Volkshaß steigerte: Die – auch im übrigen Reichsgebiet weit verbreitete – Unzufriedenheit konnte sich so gerade in Bayern auf ein konkretes Feindbild konzentrieren.

Begleitet wurde diese zunehmende Stimmungsverschlechterung von einem allgemeinen Prestigeverfall der Staatsautorität, der man, neben der Unfähigkeit, eine ausreichende Lebensmittelversorgung zu organisieren, vor allem die mangelnde Durchsetzungsfähigkeit gegen Berlin vorwarf; selbst die Monarchie sollte von dieser Volkskritik nicht ausgenommen bleiben. Aufläufe und Krawalle prägten in der zweiten Kriegshälfte mehr und mehr die Lage in der Landeshauptstadt.

Als sich schließlich im Spätsommer 1918 die militärische Niederlage abzeichnete, führte die seit langem aufgestaute Unzufriedenheit und Kriegsmüdigkeit zu einer offenen Vertrauenskrise. Unter dem Eindruck des Zusammenbruchs der Donaumonarchie, der einen feindlichen Vorstoß in den Süden Deutschlands befürchten ließ, entluden sich die Spannungen dann im Umsturz vom 7. November.[2]

Hatten breite Bevölkerungskreise die Beseitigung der alten Ordnung als die Voraussetzung für eine schnelle Beendigung des Krieges erkannt und daher dem politischen Umsturz durch die Linke – wenn auch oft nur klammheimlich – zugestimmt, so war dies keineswegs gleichzusetzen mit einem Plebiszit für weitergehende ökonomische oder gesellschaftliche Veränderungen. Als sich nun aber nach kurzer Zeit abzeichnete, daß unter dem neuen Regime eben solche Veränderungen eingeleitet wurden, schlug in den städtischen und ländlichen Mittelschichten die Stimmung gegenüber den revolutionären Ereignissen innerhalb weniger Wochen um: Die vorsichtige Sympathie mit den Kräften des politischen Umbruchs machte einer entschiedenen Ablehnung jedes weiteren revolutionären Experimentierens Platz. Der Wunsch nach ungestörter Arbeit in Ruhe und Ordnung bestimmte die Grundeinstellung dieser Bevölkerungskreise, und da die neuen Machthaber offensichtlich nicht in der Lage waren, dieses Ideal friedensmäßiger Normalität zu verwirklichen, wurden sie alsbald noch heftiger abgelehnt als ihre Vorgänger.[3]

Je mehr sich das revolutionäre Geschehen nach der Ermordung Eisners am 21. Februar 1919 radikalisierte, desto geringer wurde die positive Resonanz auf die Münchner Ereignisse im übrigen Bayern. Die Tatsache, daß die führenden Männer der Revolution landesfremd und Intellektuelle waren, erlaubte es, die revolutionäre Bewegung mehr und mehr als «spinnerte» Aktion Schwabinger Literaten und eingeschleuster dunkler Subjekte herabzustufen. So wirkten die wachsende Radikalität der Revolution und die den Revolutionären entgegengebrachte Ablehnung als zwei sich in ihrer Wechselwirkung gegenseitig verstärkende Faktoren, und als die Räterepublik Ende April schließlich in der kommunistischen Schlußphase ihren Höhepunkt fand, stand die Stadt völlig isoliert einem feindseligen Umland gegenüber, das sich in seiner bereits im Krieg begründeten Feindschaft gegenüber den «Städtern» bestätigt sah.

Die offensichtliche Genugtuung, mit der weite Kreise der Bevölkerung das brutale Vorgehen der Regierungstruppen und Freikorps gegen die Anhänger der Räteherrschaft in den Tagen während und nach der Eroberung Münchens Anfang Mai verfolgten, nicht zuletzt die zahlreichen Denunziationen jener Tage, kennzeichnen die äußerst spannungsgeladene psychologische Situation am Ende der bayerischen Revolution. Das politische Klima in Bayern, insbesondere aber in seiner Hauptstadt, sollte durch die einschneidende Erfahrung der Revolution, vor allem ihrer Schlußphase, für die kommenden Jahre entscheidend geprägt werden, war doch ausgerechnet das konservative und weitgehend traditionell verfaßte Bayern Schauplatz der ersten, radikalsten und widerstandsfähigsten Revolution in deutschen Landen geworden. Durch die Erfahrungen der Revolutionszeit war der Boden für eine massive Radikalisierung nach rechts bereitet. Es grassierte eine ausgeprägte – und angesichts der nun eintretenden Machtverhältnisse im Lande absurd anmutende – Angst vor erneuter kommunistischer Bedrohung, eine emotional tief empfundene Ablehnung all dessen, was auch nur entfernt an eine Wiederbelebung linker politischer Bestrebungen erinnern mochte. War so auf der einen Seite ein – durch die labile außenpolitische Lage Deutschlands am Ende des Ersten Weltkrieges natürlich noch verstärktes – ausgeprägtes Sicherheitsbedürfnis die eine wichtige Erfahrung der Revolution, so entsprach dem auf der anderen Seite ein fast völliger Vertrauensverlust gegenüber jeglicher staatlichen Autorität. Die Art und Weise, wie in den folgenden Jahren immer wieder das durch die Linke in den letzten Tagen der Räterepublik angerichtete Chaos beschworen wurde, ja geradezu das politische Denken auf der gesamten Rechten beherrschte, macht die traumatische Wirkung dieser Erfahrung deutlich.

Vor dem Hintergrund dieses allgemein starken Bedürfnisses nach

Sicherheit und Ordnung ist der außerordentliche Erfolg einer Organisation zu sehen, die schon wenige Monate nach ihrer Gründung Ausmaße einer regelrechten Volksbewegung annahm: die Einwohnerwehren.[4] Unmittelbar nach der Niederschlagung der Räterepublik waren die Einwohnerwehren als lokale Selbstschutzorganisationen zur Verstärkung von Militär und Polizei auf vereinsrechtlicher Basis gegründet worden. Wenn auch an der generalstabsmäßig organisierten Spitze der Einwohnerwehren weitergehende Pläne bestanden, aus den Wehren eine Reichswehrreserve, eine bayerische Miliz, zu bilden, und man auch an die Aufstellung überörtlich einsetzbarer Einheiten ging, so blieben doch die Interessen der großen Mehrheit der schließlich über 300000 Wehrmänner überwiegend auf die unmittelbaren lokalen Verhältnisse beschränkt. Die hauptsächlich auf dem Land gebildeten Wehren ähnelten denn auch eher einer Mischung aus Schützenverein und freiwilliger Feuerwehr denn einer militärischen Kaderorganisation. Die von den Wehren intensiv betriebene Pflege bayerischen Brauchtums verdeutlicht, daß es sich hier im Grunde um eine Heimatschutzbewegung in einem ganz umfassenden Sinne handelte. Durch ihre lokale Verwurzelung und die Größe und Schwerfälligkeit der Gesamtorganisation gelang es den Einwohnerwehren relativ gut, die radikalen politischen Kräfte in eine gemäßigte, volkstümlich-patriotische Einheitsbewegung einzubinden. Gleichzeitig bildete sich aber innerhalb der Wehren eine regelrechte «Wehrmann»-Ideologie heraus, ein psychologisches Klima, in dem breite Bevölkerungsschichten in permanenter Bereitschaft gehalten wurden, einer angeblichen Bedrohung von links mit der Waffe in der Hand entgegenzutreten.

In engem Zusammenhang mit dem Aufbau dieser Wehrorganisation wurden folgenreiche Änderungen in der staatlichen Exekutive vorbereitet. Im Münchner Reichswehrkommando, in der Standortkommandantur sowie im Polizeipräsidium der Landeshauptstadt wurden unmittelbar nach der Eroberung Münchens im Mai 1919 eine Reihe von Schlüsselpositionen durch Männer besetzt, die einen straffen gegenrevolutionären Kurs steuerten und, ausgestattet mit den Möglichkeiten des noch geltenden Ausnahmerechts, einen gut funktionierenden Sicherheits- und Überwachungsapparat aufbauten.[5]

Welches politische Gewicht eine Kombination dieser Machtorgane besaß, zeigte sich im März 1920: Unter dem Eindruck des Kapp-Putsches bedrängten die Einwohnerwehren, kräftig assistiert vom Polizeipräsidenten Pöhner und dem oberbayerischen Regierungspräsidenten v. Kahr, den zunächst noch schwankenden bayerischen Reichswehrbefehlshaber Möhl, von der Regierung die Übertragung der vollziehenden Gewalt zu fordern, da angeblich nur so ein Losschlagen der Kapp-Sympathisanten in Bayern verhindert werden könne. Ministerpräsident

Hoffmann, der eine Militärdiktatur befürchtete, trat daraufhin zurück und machte den Weg frei für ein Kabinett unter v. Kahr.[6] Mit Gustav Ritter von Kahr war einer der entschiedensten Förderer der Einwohnerwehren an die Macht gelangt.[7] Der neue Ministerpräsident, dessen Regierung durch die Landtagswahlen vom Juni 1920 bestätigt wurde, schlug einen konsequent antirevolutionären und antisozialistischen Kurs ein. Die harte Konfrontationslinie, die er gegenüber dem Reich steuerte, fand Rückhalt im traditionellen bayerischen Partikularismus und traf sich mit den im Lande verbreiteten Aversionen gegen «Berlin», die während des Krieges so außerordentlich stark belebt worden waren und nun, durch den Verlust angestammter bayerischer Privilegien in der Reichsverfassung, neue Nahrung erhielten.

Der durch v. Kahr personifizierte und akzentuierte Konflikt mit dem Reich trug aber – neben der von ihm vertretenen glasklar-reaktionären Grundlinie – besonders dazu bei, die «Ordnungszelle» Bayern zu einem Eldorado der politischen Rechten aus ganz Deutschland werden zu lassen. Nach dem Kapp-Putsch wurde das Land zur Fluchtburg und zum Aufmarschplatz für zahlreiche, zu gegenrevolutionären Aktionen drängende Kräfte. Die bayerische Gastfreundschaft schloß dabei auch den Schutz zahlreicher, per Haftbefehl gesuchter militanter Republik-Gegner und Verschwörer durch Polizei und Regierung ein. Kennzeichnend für diese Haltung ist etwa, daß man sowohl Ludendorff und wichtigen Mitgliedern des um ihn gebildeten «Kreises» als auch dem Kapp-Putschisten Ehrhardt mit einem Teil seines Stabes gestattete, sich im Raum München festzusetzen, obwohl beide durch das Reich unter Strafverfolgung gestellt waren. Wenn auch in diesen Kreisen traditionsgemäß wenig Sensibilität gegenüber bayerischen Sonderwünschen bestand, so sollten in den folgenden Jahren doch weiß-blaue Aversionen gegen Berlin im allgemeinen und schwarz-weiß-rote Feindschaft gegen das rote Berlin im besonderen eine Zweckverbindung eingehen.

Zusätzlich wurde diese Atmosphäre konterrevolutionärer Betriebsamkeit durch die vielfältigen Aktivitäten von Geheimbünden, paramilitärischen Organisationen und politischen Kampfverbänden aufgeheizt. Neben den Einwohnerwehren, der wichtigsten Stütze der Kahr'schen Herrschaft, existierte eine Vielzahl von Zusammenschlüssen. So entstanden im Frühjahr 1920 zwei nach ihren Führern benannte, eng mit der Einwohnerwehrführung verflochtene Organisationen, die den Einfluß der bayerischen Wehren auf den gesamten großdeutschen Raum ausdehnen wollten: die «Organisation Escherich» (Orgesch)[8] als Spitzenverband für die im übrigen Reich von der Auflösung betroffenen Selbstschutzverbände und die «Organisation Kanzler» (Orka)[9] zur Unterstüzung des Aufbaues der österreichischen Heimwehren. Ebenfalls eng an die Einwohnerwehren angelehnt entfaltete der «Bayerische Ordnungsblock»[10], ein eher lockerer

Zusammenschluß mit angeblich bis zu 50000 Mitgliedern, eine rege propagandistische Tätigkeit. Der Block, der sich ganz im Sinne der Kahr'schen Ordnungskonzeption eine Scheidung zwischen den «staatserhaltenden und den staatszerstörenden Kräften» als Programm gesetzt hatte, bemühte sich vor allem um die Herstellung einer Einheitsorganisation der rechtsstehenden Verbände unter Einschluß auch der radikalen Strömung. In München baute Kapitän Ehrhardt[11] zudem mit der «Organisation Consul» eine Führungszentrale des rechten Aktivismus auf, die in geheimbündlerischer Manier ein dichtes Netz von Beziehungen im nationalistischen Lager schuf und in undurchsichtiger Weise nicht nur in den Wiederaufbau der militärischen Abwehr des Reiches, sondern auch in die Vorbereitung von Fememorden verwickelt war. Unter den eigentlichen Wehrverbänden waren vor allem zwei Organisationen von Bedeutung, die noch aus der Revolutionszeit stammten und im Rahmen der Einwohnerwehren relativ selbständig fortbestanden hatten: das «Freikorps Oberland»[12] und die «Reichsflagge».[13]

Eine entscheidende Veränderung in der Szene der rechtsgerichteten Verbände trat im Frühjahr 1921 ein: Nach einer mehr als ein Jahr dauernden Auseinandersetzung hatte v. Kahr seinen Widerstand gegen die vom Reich auf Druck der Alliierten verlangte Entwaffnung der Einwohnerwehren aufgeben müssen, die wichtigste Stütze seiner Macht beschloß daraufhin ihre Auflösung.[14] Die «Einwohnerwehrkrise» hatte die Emotionen im Lande tief aufgewühlt und zu einer erheblichen Stärkung der radikalen Kräfte im Verbändelager geführt: Ihr unnachgiebiger «Alles oder Nichts»-Standpunkt war auf breite Resonanz gestoßen, konnte man doch, bis weit in konservativ denkende bürgerliche und bäuerliche Schichten hinein, an die Widerstandshaltung des Jahres 1919 anknüpfen. Dieser Radikalisierungsprozeß setzte sich auch nach der Auflösung der weiß-blauen Einheitsorganisation fort: Die nun notwendig gewordene Neuformierung im Verbändelager wurde begleitet von heftigen Auseinandersetzungen und Profilierungsversuchen der kleineren Verbände, die sich in ihrem Aktivismus gegenseitig zu überbieten suchten.

Die Anfänge der SA müssen vor dem Hintergrund dieser radikalisierten und in Bewegung geratenen Verbändeszene gesehen werden. Die Konstellation, die sich im Sommer 1921 in dem komplizierten Geflecht aus bayerischer Regierungspolitik, Wehrverbandsaktivitäten und illegaler Reichswehrrüstung anbahnte, sollte die Aufstellung eines paramilitärischen Verbandes innerhalb der nationalsozialistischen Bewegung erst möglich machen.

Das politische Klima in der Kahr'schen Ordnungszelle bildete dabei den idealen Nährboden für das Wachstum der SA: Die latent fortbestehende politische Radikalisierung in Bayern nach den Erfahrungen von Krieg und Niederlage, Revolution und Gegenrevolution, die Konzentra-

tion und staatliche Pflege antirepublikanischer und antipreußischer Kräfte
im Lande, die hier vorherrschende Reduzierung politischen Denkens auf
ein Freund-Feind-Schema, schließlich aber im besonderen: Die Militarisierung der Politik, also die Fortsetzung der im Krieg eingeübten organisierten Gewaltanwendung in der innenpolitischen Auseinandersetzung –
dies waren die äußeren Bedingungen, die die SA in ihrer Frühphase
entscheidend prägten und ihr, als einer auf radikale politische Ziele
verpflichteten, zugleich nach militärischem Vorbild aufgebauten Organisation, außerordentlich gute Entwicklungschancen boten. Diese Frühphase der SA ist aber nicht zu schildern, ohne auf eine Schlüsselfigur der
paramilitärisch-politischen Szene einzugehen, die wie keine andere Entstehen und Expansion der nationalsozialistischen Parteitruppe prägte: Der
Reichswehrhauptmann und «Waffenreferent» Ernst Röhm.

2. Ernst Röhm:
Schlüsselfigur der paramilitärischen Szene
und Ziehvater der SA

Eine Schlüsselposition nahm Röhm seit dem Mai 1919 ein: Als Offizier
des Freikorps Epp aktiv an den Kämpfen um München beteiligt, wurde er
nach Eroberung der Stadt zum Stabschef des Stadtkommandanten ernannt und maßgeblich mit der Säuberung und Reorganisation der Sicher-
heitskräfte, namentlich mit der Aufstellung der Einwohnerwehr in der
Landeshauptstadt, betraut.[15] Obwohl er diese Position nur wenige Wochen innehatte, vermittelte sie ihm doch wichtige Kontakte mit den
Personen, die jetzt daran gingen, die polizeiliche Exekutive der bayerischen Metropole zu einem schlagkräftigen Instrument der Gegenrevolution zu machen: Hier entstanden Querverbindungen, die sich für Röhms
spätere Tätigkeit als außerordentlich nützlich erweisen sollten.

Röhms nächster Posten gab ihm Gelegenheit, einen wichtigen Teil
seiner Arbeit aus der Kommandantur kontinuierlich fortzusetzen. Als
Stabsoffizier und «Waffenreferent» der Brigade Epp (die, aus dem Freikorps hervorgegangen, nun in die Reichswehr integriert wurde) war er
insbesondere auch für die Ausstattung der Einwohnerwehren mit Waffen,
Munition und Gerät zuständig. In der «Erhaltung von Wehr und Waffen»
konnte Röhm nun sein organisatorisches Talent voll entfalten. Seine
Aufgabe bestand darin, die Waffenbestände der Weltkriegsarmee nach
Möglichkeit dem Zugriff der Siegermächte zu entziehen und sie zur
Verfügung zu halten. Das Versteckspiel mit den alliierten Kontrolleuren
gab Röhm die Möglichkeit, über seine gesamten Aktivitäten einen ge-
heimnisvollen Schleier zu legen und sie auch einer effektiven Kontrolle
durch deutsche Stellen weitgehend zu entziehen. In dieser Grauzone
entstand in den Jahren 1920/21 ein riesiges Waffenarsenal, aus dem sich

nicht nur die Einwohnerwehren, sondern auch zahlreiche andere Gruppierungen bedienen wollten. Die Verfügungsgewalt über dieses Potential stellte einen innenpolitischen Machtfaktor ersten Ranges dar – nicht ohne Grund nannte man Röhm den «Maschinengewehrkönig» von Bayern. Röhms Arbeitsgebiet lag im Schnittpunkt verschiedenster Interessen: Gleichzeitig sah er sich konfrontiert mit der Kontrolltätigkeit der Interalliierten Militärkommission, den innen- und außenpolitischen Bedenken der Reichsregierung, der militanten anti-zentralistischen Haltung der bayerischen Regierung, den Mobilmachungsplänen der Reichswehr und den Bewaffnungswünschen der paramilitärischen Verbände. In dieser Situation gelang es Röhm, sein Tätigkeitsfeld zu einer Sonderrolle zwischen Militär und Politik mit einem maximalen Handlungsspielraum auszubauen. Mit Unterstützung seines Vorgesetzten v. Epp, gedeckt durch v. Kahr und gegen «Verräter» abgeschirmt durch Gesinnungsgenossen in der Münchner Politischen Polizei, traf er weitgehend selbständig Vereinbarungen mit verschiedenen Seiten. Es war gerade die forciert betriebene Entwaffungspolitik der Alliierten, die Röhms Aufgabengebiet beständig wachsen ließ: Nachdem die Siegermächte die Ablieferung der Waffen, die durch die Reduzierung der deutschen Armee auf 100 000 Mann freigeworden waren, gefordert und dabei insbesondere die Auflösung der drei bayerischen Zeugämter durchgesetzt hatten, konnte Röhm seine Vorgesetzten dazu bewegen, eine Übergabe des Militärguts nach Möglichkeit zu sabotieren und es stattdessen einer geheimen Auffangorganisation zuzuführen: Es entstand die «Feldzeugmeisterei»[16], eine getarnte, schon aus Sicherheitsgründen unter fast ausschließlicher Kontrolle Röhms stehende Depotorganisation, die auch über die entsprechenden Transportmittel verfügte, um die Bestände durch häufiges Verschieben der Entdeckung zu entziehen. Als schließlich im Zuge der alliierten Entwaffungsmaßnahmen die Einwohnerwehren aufgelöst wurden und auch die übrigen Verbände zumindest offiziell abrüsten mußten, verfügte allein Röhm über die technischen und materiellen Möglichkeiten zur sachgerechten Lagerung und Instandhaltung ihrer Ausrüstung, so daß ihm verschiedene Verbände ihr Kriegsgerät zu treuen Händen übergaben. Wann und zu welchem Zweck nun die Verbände über ihre Ausrüstung verfügen konnten, darüber bestand eine ganze Reihe geheimer Absprachen. De facto verfügte aber Röhm über den Schlüssel zur Waffenkammer und damit zu einer entscheidenden Eingriffsmöglichkeit auch in die Autonomie der Verbände.

In der Art und Weise, in der Röhm seinen Handlungsspielraum nutzte, zeigte sich aber nun, daß er durchaus eigenständige Ambitionen verfolgte, die weit über die bloße Aufstellung einer Reichswehrergänzung hinausgingen. Um zu verdeutlichen, daß er mehr sein wollte als ein Glied in der Kette der militärischen Hierarchie, charakterisierte Röhm sich selbst gerne mit der Formel vom «politischen Soldaten». In seinen 1928 erstmalig erschienenen Memoiren, der «Geschichte eines Hochverräters»[17], hat Röhm ausführlich zu diesem Rollenverständnis Stellung genommen und es aus seinen Erfahrungen aus Krieg und Revolution abgeleitet. Seine autobiographische Schilderung weist Röhm als einen typischen Vertreter der nicht mehr in die bürgerliche Normalität zurückfindenden Frontoffiziersgeneration aus. Die Tatsache, daß er seine hier niedergelegte Grundüberzeugung über die Rolle des Soldaten in der Politik auch als späterer SA-Chef unverändert und voller Selbstbewußtsein vertreten sollte (1934 wurde das Buch bezeichnenderweise neu herausgegeben), lassen seine Erinnerungen und die aus ihnen abgeleiteten Maximen aber auch als einen wichtigen Zugang zu den Ereignissen und Konflikten der SA der späteren Jahre erscheinen. Die Erinnerungen Röhms bewegen sich fast ausschließlich in der Welt des Militärs. Aus den Kinder- und Jugendjahren hat der 1887 geborene somit auch nur wenig mitzuteilen: Erwähnenswert erscheint ihm vor allem das Soldatenspielen im Umfeld der Kasernen seiner Heimatstadt München und die Kriegserinnerungen eines Onkels aus dem Feldzug 70/71. Die Charakterisierung der Eltern bleibt recht blaß: Über den zivilen Vater, einen königlich-bayerischen Eisenbahnbeamten, wird recht knapp vermerkt, er sei «hart gegen sich, rechtlich und sparsam»[18] gewesen, während die Mutter mit einer zwei Sätze umfassenden Liebesbeteuerung abgehandelt wird. Erst mit dem Jahre 1906, dem Beginn der Militärzeit, wird der Memoirenschreiber mitteilsamer. Detailliert werden seine Ausbildung zum Offizier und die verschiedenen militärischen Stationen bis zum Ausbruch des Ersten Weltkrieges geschildert. Aus Röhms Darstellung läßt sich entnehmen, daß er ganz selbstverständlich in die elitäre Mentalität des wilhelminischen Offiziers hineinwuchs: Seine gesellschaftlichen Vorstellungen wurden von militärischen Leitbildern dominiert, er teilte die Verachtung alles Zivilen und sah hoffnungsvoll dem Ausbruch eines Krieges entgegen; er fühlte sich in Treue der Monarchie, insbesondere in ihrer weiß-blauen Ausgabe, verbunden. Zugleich läßt Röhm aber auch durchblicken, daß er insbesondere am Beginn seiner militärischen Laufbahn ein durchaus schwieriger Untergebener war.

Voller Begeisterung zog Röhm im August 1914 in den Krieg, von dem er glaubte, er sei «Jungbrunnen, Hoffnung und Erfüllung zugleich».[19] In den ersten, für sein Regiment verlustreichen Kämpfen bewies Röhm in vorderster Linie sein soldatisches Draufgängertum, bis er schließlich im September selbst schwer verletzt wurde: Ein Geschoßsplitter fügte ihm schwere Wunden im Gesicht zu, ein Teil der Nase ging verloren – sein Äußeres sollte durch dieses Ereignis geprägt bleiben. Nach längerer Rekonvaleszenz kehrte er im Frühjahr, nun Oberleutnant, zu seinem Regiment zurück, um nach einiger Zeit eine Kompanie zu übernehmen. Das folgende Jahr, als Kompanieführer im Schützengraben, bezeichnete

Röhm rückblickend als das «schönste meines Lebens».[20] Allein diese Station seiner militärischen Laufbahn scheint ihn wirklich voll befriedigt zu haben: Hier war er nicht nur militärischer Führer, sondern betätigte sich zugleich auch intensiv als fürsorgendes Oberhaupt einer Art großer Familie inmitten eines mörderischen Chaos.

Das Kriegserlebnis sollte Röhm wie viele aus der Generation der jüngeren Frontoffiziere entscheidend prägen. Die Leutnants und Hauptmänner waren im Prinzip den gleichen Bedingungen ausgesetzt gewesen wie ihre Untergebenen. Sie hatten die primitiven Existenzbedingungen in den Schützengräben und Unterständen, die fast permanente Bedrohung des eigenen Lebens erfahren. Diese über Jahre extremen äußeren Lebensumstände ließen auch bei Röhm Aversionen entstehen: gegen die unfähige und satte Etappe, gegen die betriebsblinde Militärbürokratie, gegen die Drückeberger und Kriegsgewinnler in der Heimat, gegen die unfähigen Politiker und Diplomaten. Wie viele andere sah Röhm sich nach dem Ausbleiben eines schnellen Sieges als «Frontschwein» mißbraucht und betrogen.

Röhms Erinnerungen heben in charakteristischer Weise aber auch die «positiven» Seiten des Kriegserlebnisses hervor. Sie schildern die Zwangssolidarität des Schützengrabens, die «Frontgemeinschaft», die soziale Trennschwellen in den Hintergrund rücken ließ. Zwar hatten diese Erfahrungen keine egalisierenden Wirkungen, sie lenkten aber die elitäre Einstellung des Offiziers in eine neue Richtung: Das konservative Elitedenken der Vorkriegszeit, das bestimmt war von dem Bemühen um Distanz zu einem diffusen gesellschaftlichen Unten, wurde nun abgelöst durch ein heroisches, durch die «Tat» legitimiertes Führerideal. Auch die Erinnerungen Röhms vermitteln dieses Leit- und Eigenbild des frontbewährten Führers, der in engstem Kontakt mit seinen ihm blind folgenden Männern stand. Diese neue Elite zeichnete sich durch eine ausgeprägt abenteuerlustige und auf Aktion setzende soldatische Mentalität aus – dieser Typ des «Kriegers», so sah es auch Röhm, war um Welten entfernt von der lächerlichen Figur des bürgerlichen Spießers und einfach nicht mehr bereit, sich nach Ende des Krieges von diesem herumkommandieren zu lassen.

Nach einem Jahr Grabenkrieg wurde Röhm bei den Kämpfen um Verdun so schwer verwundet, daß er nicht mehr an der Front eingesetzt werden konnte. Die sich anschließenden Verwendungen im Stabsdienst sollten Röhms Erfahrungshorizont erheblich erweitern. Zunächst wurde er als Adjutant des Chefs der Armeeabteilung des bayerischen Kriegsministeriums eingesetzt, also an einer Schnittstelle zwischen Frontheer, dem Apparat der Kriegsorganisation und der politischen Führung. Diese Tätigkeit verstärkte einerseits die Aversionen gegen den Typ des bürgerlichen Politikers in ihm, förderten auf der anderen Seite aber auch seine

SA-Führer: Leutnant Klintzsch, 1921 vom Freikorpsführer Ehrhardt zur Ausbildung der NS-Parteitruppe abgestellt (oben links); Hermann Göring, Kommandeur der SA im Putsch-Jahr 1923; Franz von Pfeffer, seit 1926 Oberster SA-Führer; Ernst Röhm, Stabschef der SA (1931–1934).

eigene Politisierung. Seine nächste Funktion, als Nachschuboffizier einer Division, ließ ihn die militärische Welt aus einer anderen Perspektive erleben: Er sammelte reichlich Erfahrungen auf dem Gebiet der militärischen Organisation und Logistik, für seine späteren Ambitionen äußerst nützliche Kenntnisse.

Niederlage und Revolution bildeten für Röhm, ebenfalls zeittypisch, eine weitere einschneidende Erfahrung. Die Tatsache, daß der Krieg verloren und damit ein System zusammengebrochen war, konnte und wollte er nicht akzeptieren: Im Verrat dunkler Kräfte, im meuchlings ausgeführten Dolchstoß sah er die Ursache von Umsturz und Zusammenbruch. Der Untergang des alten Systems schien ihm überhaupt nur aufgrund eines momentanen Versagens, durch die Unentschlossenheit, entschiedenen Widerstand zu leisten, möglich gewesen zu sein. Zurück blieb vor allem auch ein Schuldkomplex: Wäre es nicht auch seine Aufgabe gewesen, diese doch so lächerliche Revolte zurückzuschlagen? Das Gefühl, in historischer Stunde versagt zu haben, sollte für Röhm stets ein wunder Punkt in der eigenen Biographie bleiben. Immer wenn in den folgenden Jahren die Rede auf diese Ereignisse kam, bemühte er sich eilfertig zu erklären, warum er selbst sich nicht der Revolution entgegengestemmt hatte – war er doch infolge einer Grippe (die er nie vergaß, durch den Zusatz «lebensgefährlich» als einen überzeugenden Entschuldigungsgrund darzustellen) ans Krankenbett gefesselt gewesen.

Das Kriegserlebnis und die – nicht zuletzt aus dem Gefühl persönlichen Versagens heraus so tief empfundene – innere Erschütterung nach Niederlage und Revolution bildeten den Antrieb für die antirevolutionäre Betriebsamkeit des Mannes, der sich wenige Monate nach der Revolution – nach einem kurzen, durch heftige Auseinandersetzungen mit dem örtlichen Soldatenrat gekennzeichneten Zwischenspiel als Brigadeadjutant in der Garnison Ingolstadt und anschließender aktiver Beteiligung an der Aufstellung des Freikorps Epp – in einer zentralen Position des im Aufbau befindlichen Sicherheitsapparates etablieren konnte. Die Aufgabe, vor die er sich hier gesetzt sah, definierte der «politische Soldat» Röhm – in der knappen Sprache des jedwede intellektuelle Verrenkung tief verabscheuenden Truppenoffiziers – mit folgendem Satz: «Ich wurde einfach vor ein Arbeitsgebiet gestellt, wo ich politisch tätig werden mußte, sonst hätte ich meine militärische Aufgabe nicht erfüllt»[21] – eine Formulierung, die den Kern, zugleich aber auch die Begrenztheit des Röhm'schen Politikverständnisses enthält.

Nach Röhms Auffassung waren es eben die militärischen Sachzwänge, die das politische Handeln diktierten. Die Ziele hinter diesen militärischen Sachzwängen – sie lassen sich in etwa mit der Errichtung einer autoritären Staatsform, der Militarisierung von Staat und Gesellschaft und der Wiederherstellung der deutschen Großmachtstellung umschreiben – standen für ihn als verbindlicher Bestandteil des Ideenguts der politischen Rechten gar nicht zur Diskussion, geschweige denn zur Disposition. Politik war die Durchsetzung militärischer Notwendigkeiten, die sich aus solchen, jedem kritischen Einwand entrückten meta-politischen Zielen ergaben. Für Röhm war Politik im Grunde nichts anderes als die Fortsetzung des Krieges mit anderen Mitteln.

Dabei war für ihn der «politische Soldat» nicht der militärische Experte, der der politischen Rechten die nötigen Machtmittel in die Hand gab, sondern er sah umgekehrt die politisch Aktiven lediglich als – nun einmal notwendige – Wegbereiter bei der Wiederherstellung der Militär-Maschinerie und der vollen Handlungsfreiheit ihrer Führer. Wie hatte er selbst es doch – in leicht faßbarer Knappheit – am Anfang seiner Memoiren ausgedrückt: «Auch in meiner politischen Tätigkeit war und blieb ich Soldat. Ziel meiner Politik ist, dem deutschen Frontkämpfer den ihm gebührenden Anteil an der Leitung des Staates zu erkämpfen und dem idealen und realen Geist des Frontkämpfertums auch in der Politik Geltung zu verschaffen.»[22] Krieg, Revolution und Gegenrevolution hatten sein Weltbild zu nachhaltig beeinflußt, als daß er sich nicht darüber im klaren gewesen wäre, daß die Wiederherstellung eines deutschen Machtstaates nicht mit den Mitteln der Welt vor 1914 erreicht werden konnte. Darin unterschied sich ja gerade der «politische Soldat» vom Offizierstypus der Vorkriegsarmee, daß er eben nicht stur auf Befehle wartend auf seinem Posten verharrte, sondern selbst aktiv handelnd die Erfahrungen aus Krieg und Nachkrieg in die innenpolitische Auseinandersetzung einbrachte. Gerade den Schützengräben an der äußeren Front entstiegen, so Röhms Vorstellungen, hatte der politische Offizier seinen Kampf an der inneren Front aufzunehmen.

Konsequent begann Röhm denn auch, neben seiner Hauptbeschäftigung, der Förderung der paramilitärischen Verbändeszene, weitgespannte politische Aktivitäten zu entfalten. Zunächst hatte er sich 1919 den Deutschnationalen angeschlossen, wurde aber dann, durch den Besuch einer Parteiversammlung, auf die noch völlig unbedeutende «Deutsche Arbeiterpartei» aufmerksam, der er sich bald anschloß – nur kurze Zeit übrigens, nachdem der als «Verbindungsmann» der Reichswehr tätige Hitler in die Partei eintrat. Röhms Angabe, den Nationalsozialisten in der folgenden Zeit eine Reihe von Mitgliedern aus den Reihen der Reichswehr zugeführt zu haben, erscheint durchaus glaubwürdig. Dieses Engagement bedeutete allerdings nicht, daß Röhm sich ausschließlich in den Dienst der Nationalsozialisten gestellt hätte. Sein Einsatz für die Partei muß vielmehr als Teil einer – das ganze völkisch-nationalistische Lager umspannenden – Gesamtstrategie Röhms gesehen werden.

Für Röhm, der zugleich verschiedenen «schwarz-weiß-roten» Offizierszirkeln angehörte und der die Münchner Ortsgruppe des völkischen

Wehrverbandes «Reichsflagge» leitete, kam es in erster Linie darauf an, innerhalb der Reichswehr sowie in verschiedenen politischen Gruppierungen und Kampfverbänden die aktivsten antirepublikanischen und antisozialistischen Kräfte zu mobilisieren und unter einem einheitlichen Kommando zusammenzufassen. Dabei standen stets die Vorbereitungen für eine militärische Aktion im Vordergrund, nicht programmatische Erörterungen. Röhms grundsätzliche Einstellung zu Hitler und dessen Rolle im Rahmen einer nationalen Wiedererweckung geht sehr deutlich aus einem Zitat hervor, das er als eine Art politisches Glaubensbekenntnis an zentraler Stelle in seine Memoiren einrückte (und dort übrigens auch in der 1934 erschienenen Auflage demonstrativ stehen ließ): «Ich kann mir nicht denken, daß sich drei Dinge nicht vereinbaren lassen sollten: meine Anhänglichkeit an den angestammten Fürsten des Hauses Wittelsbach und Erben der Krone Bayerns; meine Verehrung für den Generalquartiermeister des Weltkrieges, der heute das mahnende Gewissen des deutschen Volkes verkörpert; meine Verbundenheit mit dem Herold und Träger des politischen Kampfes, Adolf Hitler.»[23] In dieser Trias waren für Röhm die Grundelemente einer Mixtur aus konservativen Orientierungen und «revolutionären» Kampfmethoden vereinigt: Ludendorff stand dabei für die intakte Welt des untergegangenen deutschen Heeres; Hitler, der die Massen zu bewegen wußte, für die moderne politische Taktik, der es sich zu bedienen galt, und der bayerische Regent hatte die gemütvoll-folkloristischen Elemente einzubringen, stellte gleichsam die Symbolfigur dar, unter deren mildem Segen sich die Symbiose von schwarz-weiß-rot und Hakenkreuz vollziehen sollte.

Als Bestandteil einer solchen Gesamtfront erschien Röhm die Deutsche Arbeiterpartei (die sich im Frühjahr 1920 durch den Zusatz «nationalsozialistisch» schmückte) aber nicht nur wegen des agitatorischen Talents des schnell zum Chef-Propagandisten der Partei aufgestiegenen Hitler so attraktiv, sondern noch aus einem anderen Grund: «Mein besonderes Interesse galt der Sturmabteilung der NSDAP.»[24]

3. Anfänge und Expansion der SA
unter Hitler

Die Anfänge[25] der nationalsozialistischen Sturmabteilung, an der sich Röhm so interessiert gezeigt hatte, lassen sich bis in den Januar 1920 zurückverfolgen: Damals, als die Partei damit begonnen hatte, sich mit Massenveranstaltungen an eine größere Öffentlichkeit zu wenden, hatte sie sich zugleich vor die Notwendigkeit gestellt gesehen, nach dem Vorbild anderer politischer Gruppierungen einen parteieigenen Ordnungsdienst aufzustellen. In den lärmenden Biersälen der bayerischen Metropole, in denen solche Kundgebungen meist stattfanden, wäre es ohne einen solchen «Saalschutz» kaum möglich gewesen, den Rednern der eigenen Partei überhaupt Gehör zu verschaffen. In den Berichten der Münchner Polizei wird denn auch erstmals im September 1920 eine – durch Hakenkreuzbinden kenntlich gemachte – «Versammlungs-Hauspolizei» der Nationalsozialisten erwähnt, die, so heißt es hier durchaus wohlwollend, aufgrund ihrer besonderen Schlagkraft jederzeit in der Lage sei, «ohne Zuhilfenahme der Polizei die Ruhe und Ordnung im Saale wiederherzustellen».[26]

Erste organisatorische Konturen dieser Truppe werden seit Ende 1920 sichtbar: Offiziell wurde im November die «Turn- und Sportabteilung» der Partei unter der Leitung des 23jährigen Uhrmachers Emil Maurice gegründet. Mit dem stärkeren Hervortreten der Partei ging man Anfang 1921 dazu über, die Mitglieder der Truppe in den einzelnen Stadtteilen in «Gruppen» zusammenzufassen, um eine schnellere Alarmierung sicherzustellen.[27] Eine wesentliche Voraussetzung für die weitere Expansion der Parteitruppe bildete die parteiinterne Machtergreifung[28] Hitlers vom Juli 1921. Als der durch die Parteibasis mit «diktatorischen Machtbefugnissen» ausgestattete Hitler daran ging, der NSDAP eine auf seine unumschränkte Führungsposition hin orientierte neue Organisationsform zu geben, sollte von Anfang an die «Turn- und Sportabteilung» eine zentrale Rolle spielen: Nicht mehr der Ordnungsdienst stand nun im Vordergrund, sondern – wie es in der neuen Parteisatzung hieß – die «Zusammenfassung und körperliche Ertüchtigung der sich in der Bewegung befindlichen männlichen Jugend»[29]. Für Hitler bildete die Turn- und Sportabteilung mit ihrer hierarchischen, an militärische Vorbilder angelehnten Organisationsform den geeigneten Ansatzpunkt zur Durchsetzung seines Führungsanspruchs innerhalb der NS-Bewegung. Unter seinem Vorsitz festigte sich innerhalb der Parteitruppe das Bewußtsein, einer in vorderster Front für die nationalsozialistische Sache kämpfenden und damit aus der Masse der Parteimitglieder herausgehobenen Gruppe anzugehören.

Die intensive Förderung der Parteitruppe durch Hitler bedeutete allerdings nicht, daß sich die Entstehung der SA allein auf den Willen des Parteiführers zurückführen ließe, der sich hier planmäßig ein Instrument seiner persönlichen Macht geschaffen hätte. Vielmehr muß der Ausbau der Turn- und Sportabteilung der NSDAP zur SA im Zusammenhang mit Entwicklungen und Kräften außerhalb der Partei gesehen werden: Die Umgliederung der paramilitärischen Kräfte nach der Auflösung der Einwohnerwehren spielte hier eine entscheidende Rolle.

Als geheime Nachfolgeorganisation der Einwohnerwehren war im Sommer 1921 die nach ihrem Führer, einem Sanitätsrat, benannte «Organisation Pittinger» gegründet worden.[30] Pittinger sollte es allerdings nicht gelingen, seine Autorität über das gesamte, durch die «Einwohnerwehrkrise» zum Teil zerstrittene und radikalisierte Verbändelager auszudeh-

nen, vielmehr entzündeten sich um seine Person bald neue heftige Streitigkeiten. Angesichts der offensichtlichen Unfähigkeit Pittingers, die durch
das Ende der Wehren gerissene Lücke auszufüllen, erhöhte sich im
Sommer 1921 das Eigengewicht verschiedener kleinerer Verbände.[31] So
erhielt etwa das «Freikorps Oberland», das sich im Herbst in «Bund
Oberland» umbenannte, starken Zulauf, ebenso die Reichsflagge, die nun,
bisher vorwiegend in Franken verbreitet, unter der Leitung Röhms in den
südbayerischen Raum hinein expandierte und auch die Vaterländischen
Vereine Münchens, die Nachfolgeorganisation der Einwohnerwehren in
der Landeshauptstadt, wollten ihre Selbständigkeit nicht mehr aufgeben.
Unabhängig von Pittinger hielt sich auch Ehrhardt, der entgegen der auf
Bayern beschränkten Aufbauarbeit des Sanitätsrats stets reichsweite Ambitionen verfolgte. Nachdem er im Mai zur Abwehr des polnischen
Oberschlesienaufstandes seine Anhänger mobilisiert hatte, ging er nun
daran, mit Unterstützung der Reichswehr einen neuen Wehrverband
aufzubauen.

Mit tatkräftiger Unterstützung Ehrhardts wurde nun auch die Turn-
und Sportabteilung der Nationalsozialisten in die Aufrüstungsanstren-
gungen der sich von Pittinger fernhaltenden kleineren Verbände einbezogen: Gemäß einem im August 1921 mit Hitler abgeschlossenen Abkommen ließ Ehrhardt ehemalige Angehörige seiner Marinebrigade in die
nationalsozialistische Parteitruppe eintreten, stellte Offiziere unter der
Leitung seines Mitkämpfers Leutnant Klintzsch zur Ausbildung ab und
sorgte nicht zuletzt für die Finanzierung der von ihm geleisteten Entwick-
lungshilfe.[32] Entsprechend dem Abkommen befand die Organisation sich
in einer Doppelstellung: Dem militärischen Oberbefehl Ehrhardts unterstellt, stand sie gleichzeitig der NSDAP für politische Zwecke zur Verfügung. Während die Zusammenarbeit mit der NSDAP Ehrhardt die
Gelegenheit bot, eine Reihe seiner – zumeist gerade aus Oberschlesien
zurückgekehrten – Mitkämpfer unterzubringen und seinen Einfluß auf
eine neue, durch ihren Aktionismus bereits hervorgetretene politische
Gruppierung auszudehnen, dürfte Hitler an der Zusammenarbeit mit
Ehrhardt vor allem die ihm zuteil werdende organisatorische und finanzielle Unterstützung gereizt haben. Darüber hinaus bedeutete für den
Weltkriegsgefreiten und Biersaalagitator Hitler die Tatsache, daß er einer
der führenden Figuren des äußersten rechten Aktivismus Teile seiner
Organisation für «militärische» Zwecke zur Verfügung stellte, eine Anerkennung im Kreis der bereits «etablierten» antirepublikanischen Kräfte.

Angesichts der zentralen Stellung, die Röhm im paramilitärischen
Bereich einnahm, angesichts seiner Mitgliedschaft bei den Nationalsozialisten einerseits und seinen guten Beziehungen zu Ehrhardt andererseits,
ist es äußerst wahrscheinlich, daß die Übereinkunft zwischen der NSDAP
und dem Freikorpsführer durch ihn vermittelt wurde, entsprach doch eine

solche direkte Kooperation radikaler Kräfte seinem Konzept einer Frontbildung im völkisch-nationalistischen Lager. Man könnte sogar noch weiter fragen, ob nicht die organisatorischen Veränderungen in der NSDAP vom Sommer 1921, einschließlich der «Machtergreifung» Hitlers, nicht in erster Linie auf die Bemühungen von Ehrhardt und Röhm zurückzuführen sind, im Schatten der kleinen aktivistischen Partei einen letztlich von ihnen kontrollierten Kampfverband aufzustellen. Auch wenn solche Überlegungen weitgehend spekulativ bleiben müssen, so ist doch in jedem Fall festzuhalten, daß die SA in ihrer Anfangsphase viel stärker, als es etwa die parteioffizielle Geschichtsschreibung vermuten läßt, das Werk außerhalb der Partei stehender Kräfte war als ein durch den «Führer» genialerweise geschaffenes Machtinstrument.

Noch im Sommer 1921 ging man daran, die Parteitruppe personell zu verstärken. So erschien am 11. August ein von Klintzsch gezeichneter Aufruf im «Völkischen Beobachter», der zum Eintritt in die immer noch «Turn- und Sportabteilung» genannte Organisation aufforderte. Zwar hieß es hier, die Truppe solle den «Schutz stellen für die von den Führern zu leistende Aufklärungsarbeit», doch der aggressive Ton des Aufrufs macht deutlich, daß man längst von solchen defensiven Aufgabenstellungen zur Offensive übergegangen war, sollte die Sportabteilung doch «in den Herzen unserer jungen Anhänger den unbändigen Willen zur Tat erziehen», «ihre Kraft der Gesamtbewegung als Sturmbock zur Verfügung stellen» sowie «Trägerin des Wehrgedankens eines freien Volkes sein». Wenn sich der Aufruf «An unsere deutsche Jugend!» wandte (und nicht, wie bei anderen Wehrverbänden üblich, gezielt an die Frontsoldaten), dann war dies nicht in erster Linie Ausdruck eines nationalsozialistischen Jugendpathos, sondern muß vor allem vor dem Hintergrund der konkreten Aufgabe gesehen werden, die der Parteitruppe innerhalb der paramilitärischen Gesamtszene gestellt war, nämlich der Wehrertüchtigung vorwiegend ungedienter Jugendlicher. Dementsprechend wurde auch das Alter der Mitglieder in einem im September von der Parteiführung herausgegebenen Rundschreiben[33] zunächst auf maximal 23 Jahre begrenzt.

Allerdings läßt sich die durch das Ehrhardt-Personal vorgenommene Ausbildung der Parteitruppe zumindest für die ersten Monate allenfalls als «vormilitärisch» charakterisieren: Sie bestand in erster Linie aus Sport (hier spielte vor allem das Boxen eine Rolle), aus gemeinsamem Marschieren und Exerzieren sowie aus Geländeübungen, die im Rahmen von sonntäglichen «Ausflügen» veranstaltet wurden. Seit Anfang 1922 trat auch das gelegentliche Scharfschießen auf einem Militärschießplatz hinzu.[34] Ein Rundschreiben[35] vom Oktober 1921 forderte die Unterführer dazu auf, durch verschiedene Maßnahmen für eine «straffe Organisation» der Truppe, für die sich inzwischen die Bezeichnung «Sturmabteilung» durchgesetzt hatte, zu sorgen. Ein «Hauptpunkt», so heißt es hier, sei, «daß jedes einzelne Mitglied der S. A. militärisch ausgebildet ist». Sogleich werden aber hinsichtlich der Qualität dieser Ausbildung Einschränkungen gemacht: Man wolle nicht «Geschützexerzieren abhalten», sondern dem «gemeinsamen Namen ‹Sturmabteilung› Ehre machen», werde doch die Zeit kommen, «wo die S. A., um unsere Ziele zu erreichen, vorangehen muß». Solche, in ihrem kämpferischen Elan etwas unbestimmte Aussagen über die Aufgaben der SA, wie sie auch schon den August-Aufruf kennzeichneten, spiegeln den für die Truppe typischen «paramilitärischen» Charakter wider. Zwar verfolgte man durchaus praktische Ziele, indem man die Mitglieder einer gewissen Wehrertüchtigung unterzog, sie insbesondere für die gewalttätige Auseinandersetzung mit dem politischen Gegner trainierte, doch in erster Linie kam es darauf an, in einer durch Krieg und Bürgerkrieg aufgewühlten Atmosphäre Jugendliche unter militärischen Symbolen zu sammeln und ihnen eine vom «Frontgeist» hergeleitete kämpferische Gesinnung zu vermitteln, also die Freund-Feind-Situation des Krieges in die innenpolitische Auseinandersetzung hinein zu verlängern. Die ständige «Bewährung» in der gewaltsamen Auseinandersetzung mit dem politischen Gegner insbesondere von links verstärkte dabei den aggressiven Charakter der Truppe, prägte den für sie typischen militanten Aktivismus und ließ unter den Mitgliedern die Überzeugung wachsen, einer Elite der Partei anzugehören. Das Moment des «Kampfes» verstärkte die emotionalen Beziehungen der Mitglieder untereinander und ihre Bindung an die Organisation, insbesondere aber an ihren immer stärker in den Vordergrund tretenden Führer.

Im November 1921 bestand diese Truppe aus etwa 300 Mann, die sich in 21 Gruppen über die gesamte Stadt verteilten. Eine in die Hände der Polizei geratene Mitgliederliste enthält z. T. Berufsangaben und Geburtsdaten dieser «Ur-SA»: Demnach waren die Mitglieder der Organisation fast ausschließlich zwischen 17 und 24 Jahre alt und ganz überwiegend kleinbürgerlich-mittelständischer Herkunft.[36] Nach einer größeren Saalschlacht im Hofbräuhaus, von der parteioffiziellen Geschichtsschreibung später zur heroischen «Feuertaufe» der SA hochstilisiert, erschien im «Völkischen Beobachter» ein weiterer Aufruf zum Eintritt in die SA, der, ganz unter das Leitmotiv des Kampfes gegen den «Terror der Juden» gestellt, die «jungen, schaffenden Genossen unseres Volkes» aufforderte, ihre «Jugendkraft» in den Dienst der SA zu stellen.[37]

Trotz des aggressiven Tons dieses Aufrufes verlief die Entwicklung der SA in den folgenden Monaten eher in ruhigen Bahnen: Unter der Regierung des Ministerpräsidenten v. Lerchenfeld, der v. Kahr im Oktober 1921 abgelöst hatte und der prinzipiell um einen Ausgleich mit dem Reich bemüht war, ging die NSDAP zwar verstärkt auf Oppositionskurs und versuchte, sich als wahrer Garant bayerischer Selbständigkeit zu profilie-

Szenen aus der Frühgeschichte der SA: Verleihung der ersten vier «Standarten» anläßlich des Parteitages im Januar 1923; «Propagandamarsch» einer Hundertschaft.

ren, doch es mangelte zunächst an spektakulären Ereignissen und Konflikten, die der Agitation der Partei und damit auch der Sturmabteilung zu wirklich spektakulären öffentlichkeitswirksamen Auftritten hätten verhelfen können. Sieht man einmal von dem – inzwischen zur Routine gewordenen – «Versammlungsschutz» ab (der sowohl die Unterdrückung jedweder Opposition in den eigenen Veranstaltungen wie auch die gewaltsame Sprengung der gegnerischen einschloß), so stand die Entwicklung der SA in diesem Zeitraum im Zeichen eines relativ langsam vor sich gehenden organisatorischen Aufbaues: Es gelang der Partei, eine Reihe von Sturmabteilungen außerhalb Münchens, so etwa in Freising, Landshut und Bad Tölz zu gründen; eine Aufteilung in eine – die aktivsten Teile zusammenfassende – Abteilung A und in eine – als Reserve gedachte – Abteilung B wurde vorgenommen. In diesem Zeitraum wurde auch das äußere Erscheinungsbild der Truppe vereinheitlicht: Mehr und mehr setzten sich nun Windjacken und graue Skimützen als uniformähnliche Bekleidung durch.[38]

Ihren entscheidenden Wachstumsschub erhielt die SA in der zweiten Jahreshälfte 1922: In diesem Zeitraum entwickelte sich die Parteitruppe zu einem nicht mehr zu übersehenden Machtfaktor auf der bayerischen innenpolitischen Szene.

Am Anfang dieser Entwicklung stand der im Sommer 1922 erneut in aller Schärfe zwischen Berlin und München aufbrechende Gegensatz.[39] Den Anlaß bildete diesmal die Frage der Durchführung des vom Reich als Reaktion auf die Ermordung Rathenaus erlassenen Republikschutzgesetzes mit seinen tief in die Kompetenzen der Länder eingreifenden Bestimmungen. In seinen Bemühungen, auf dem Verhandlungsweg eine Kompromißlösung zu erreichen, sah sich Ministerpräsident v. Lerchenfeld mit einer von einer breiten Rechtsfront getragenen Agitationswelle konfrontiert, die ihm eine zu schwache Vertretung bayerischer Interessen vorwarf. Ihren Höhepunkt erreichte die Kampagne im August, als die Vaterländischen Verbände auf dem Münchner Königsplatz eine machtvolle Kundgebung abhielten. Die Nationalsozialisten nahmen an dieser Veranstaltung in geschlossenen Formationen teil, an der Spitze jeder Ortsgruppe die SA. Ihr Vorsitzender Hitler sprach als zweiter Redner unter starker Zustimmung der Versammelten.[40] Die erregte Stimmung dieser Wochen – wieder einmal war es gelungen, das in Krieg und Nachkriegszeit entstandene antipreußische und antisozialistische Klima neu zu beleben – bildete einen guten Nährboden für die Agitation der NSDAP, die sich nun mit besonderem Engagement ihren Hauptthemen, der Bedrohung Bayerns durch Bolschewismus, Internationalismus, die Versailler Siegermächte und vor allem durch die Juden zuwandte, während sich ihr

Führer, der aus den Biersälen aufgestiegene Agitator, in der Rolle des «Trommlers» in den Reihen der vaterländischen Opposition produzieren konnte.

Die NSDAP ging nun daran, ihre Agitation massiv über den oberbayerischen Raum hinauszutragen. Der am 14. und 15. Oktober 1922 in Coburg veranstaltete «Deutsche Tag»[41], ein reichsweites Treffen der Völkischen, bot erstmals Gelegenheit, die SA außerhalb Münchens in einem größeren Umfang zusammenzuziehen. Der Auftritt der mit einem Sonderzug angereisten Sturmabteilung, die entgegen einem Verbot in geschlossenen Formationen und mit einem eigenen Musikzug in Coburg einmarschierte, führte während der gesamten Dauer der Veranstaltung zu zahlreichen gewalttätigen Auseinandersetzungen mit Gegendemonstrationen der politischen Linken. In Coburg hatte die SA erstmalig die für sie in den späteren Jahren so typische Kampfweise erprobt: Die aufsehenerregende Konzentration starker Kräfte an einem Ort, der provozierende Aufmarsch unter aggressiven Parolen, schließlich das gewalttätige Vorgehen gegen den politischen Gegner – diese Taktik trug der Sturmabteilung der NSDAP überörtliches Aufsehen ein und verlieh ihr in weiten Kreisen der politischen Rechten den Ruf einer im Umgang mit den «Marxisten» besonders durchsetzungsfreudigen Truppe. Solche Aktionen wurden von den Mitgliedern der Parteitruppe aber auch als gemeinschaftlich durchgestandene Erfolgserlebnisse verbucht und stärkten so den inneren Zusammenhalt der Organisation. Bezeichnend für den Charakter der SA war vor allem die Doppelrolle, in der sie sich auf dem «Deutschen Tag» in Coburg präsentiert hatte: Sie war zum einen als Teil einer von verschiedenen Verbänden und Gruppierungen gebildeten völkisch-nationalistischen Einheitsfront aufgetreten, bereit das Vaterland gegen gemeinsame innere und äußere Feinde zu verteidigen; zum anderen aber hatte sie sich – im Unterschied zu den übrigen, jede «Parteipolitik» ablehnenden Verbänden – auch als das aggressiv vorgehende Instrument einer Partei gezeigt.

Der Marsch der italienischen Faschisten auf Rom vom 28. Oktober 1922 sollte das Prestige der NSDAP als einer im Aufstieg begriffenen Partei verstärken und sich insbesondere auf den Nimbus Hitlers als Parteiführer auswirken: In München tauchten jetzt etwa Vergleiche zwischen Hitler und Mussolini auf.[42] Diese Entwicklung hatte auch positive Folgen für die weitere Expansion der SA: In den folgenden Monaten konnte die Sturmabteilung, die bereits im September zur Einteilung in – zahlenmäßig allerdings schwächere – Hundertschaften übergegangen war,[43] sich vor allem in den fränkischen Raum hinein ausdehnen; nicht zuletzt die Coburger Ereignisse hatten ihr Prestige in dieser Region erheblich gestärkt.[44]

Die Einbeziehung der NSDAP in die im November 1922 gegründete «Vereinigung der Vaterländischen Verbände» dokumentiert, daß die

Partei mittlerweile im Lager der politischen Rechten als ein respektabler
Machtfaktor anerkannt war: Die neue Dachorganisation, der sowohl
paramilitärische wie zivile, gemäßigte wie radikale Gruppierungen ange-
hörten und als deren Präsident ein ehemaliger Regimentskamerad und
Vertrauter Röhms fungierte, nahm ausdrücklich die «vaterländische Arbeit» der NSDAP gegen die Angriffe der wegen der Krawalle der SA
beunruhigten Sozialdemokraten in Schutz.[45]

Solche Befürchtungen bekamen neue Nahrung, als im Dezember Teile
der SA, unter dem Vorwand, eine Parteiveranstaltung gegen sozialistische
Störversuche zu schützen, nach dem Vorbild der Coburger Aktion nach
Göppingen ausrückten und sich dort eine blutige Auseinandersetzung mit
ihren Kontrahenten lieferten, in deren Verlauf auf beiden Seiten mehrere
Akteure durch Schüsse verletzt wurden.[46]

Noch ganz unter dem Eindruck dieser Ereignisse hielt die SA wenige
Tage später ihre bisher größte Heerschau in München ab. In einer
Versammlung im Hofbräuhaus, zu der laut einer (möglicherweise etwas
zu hoch gegriffenen) Schätzung der Polizei bereits 3500–4000 SA-Männer
aus dem oberbayerischen Raum hatten zusammengezogen werden können, nützte Hitler die Göppinger Vorgänge, um an den Kampfgeist und
die Geschlossenheit der Truppe zu appellieren: Dem «bezahlten jüdischen
Terror» dürfe man sich nicht «waffenlos preisgeben»; angesichts der
Bedrohung durch den russischen Bolschewismus gelte es, sich auf den
«Entscheidungskampf» um «Sein oder Nichtsein» vorzubereiten. Wie
sehr solche Beschwörungen gemeinsam durchgestandener oder noch
bevorstehender Kämpfe dazu dienten, die Bindung der SA an «ihren»
Führer zu verstärken, macht die am Schluß dieser Rede durch Hitler
ausgegebene Parole deutlich: «Treue bis in den Tod hinaus, wie auch der
Führer Treue bis in den Tod verspricht!»

Im Demonstrationszug, den die SA am nächsten Tag veranstaltete,
machte die Polizei «sehr viel Jugend im Alter von 16 bis 22 Jahren» aus,
vermerkte zugleich aber mit kaum verhohlener Sympathie den «stram-
men, an militärische Schulung erinnernden Eindruck» dieses Aufmar-
sches, der auch seine Wirkung auf die Passanten nicht verfehlt habe: Das
«Publikum auf der Straße», so der Bericht der Polizei weiter, «äußerte sich
im allgemeinen anerkennend über die Ordnung und Disziplin im Zuge
sowie über die gehobene, freudige Stimmung der Teilnehmer».[47] Solche
positiven Reaktionen auf das militärische Gebaren der SA weisen auf ein
prinzipielles Problem hin, mit dem sich der Parteiführer Hitler Ende 1922
konfrontiert sah: Zwar war es ihm mit Hilfe der beeindruckenden Streit-
macht seiner Sturmabteilung und unter Einsatz seines agitatorischen
Talents gelungen, auf der politischen Rechten und in breiten Kreisen des
Bürgertums als durchaus respektabler Machtfaktor anerkannt zu werden,
doch nun bestand für die Partei die Gefahr, durch die der Anerkennung

folgende Einbindung in das nationale Lager ihren Handlungsspielraum zu verlieren: Hitler mußte befürchten, in die Rolle eines für die Politik etablierter Honoratioren trommelnden Agitators herabgedrückt zu werden und damit auch innerparteilich seine auf absolute Unabhängigkeit aufgebaute Führerstellung zu verlieren, während die SA drohte, in den Rahmen einer unter fremdem Befehl stehenden Miliz eingespannt zu werden.

Diese Gefahr verschärfte sich dramatisch nach dem Einmarsch der Franzosen ins Ruhrgebiet im Januar 1923: Die Eingliederung der Partei in eine möglicherweise bis zu den Sozialdemokraten reichende Einheitsfront, zu deren Bildung nun überall aufgerufen wurde, und die damit verbundene Anerkennung eines inneren Burgfriedens hätte die Partei dazu gezwungen, ihren ganz auf aggressive Auftritte abgestellten Stil zu ändern; erheblicher Profilverlust wäre die Folge gewesen. Solche Überlegungen veranlaßten Hitler, gerade angesichts der außenpolitischen Konfrontation mit den Franzosen, seine Polemik vor allem gegen die an allem Unglück schuldigen «Novemberverbrecher» zu steigern, sicherte ihm doch ausschließlich eine solche radikale Position die gewünschte politische Unabhängigkeit: Demonstrativ trat er nun aus der Vereinigung der Vaterländischen Vereine aus.[48]

Den zahlreichen, in diesen Tagen abgehaltenen Protestdemonstrationen suchte die NSDAP nun mit Hilfe einer Serie eigener effektvoller Massenveranstaltungen entgegenzutreten: Der für Ende Januar in München anberaumte Parteitag[49] schien dafür den richtigen Rahmen abzugeben. Die durch die Konfrontationspolitik Hitlers äußerst beunruhigte bayerische Regierung sah sich aber nun zu einem schärferen Kurs gegenüber den Nationalsozialisten veranlaßt und erließ zahlreiche Auflagen für die geplante Machtdemonstration der NSDAP.

In dieser Situation machte sich Röhm bei der Münchner Reichswehrspitze massiv für Hitler stark. Seiner Intervention war es maßgeblich zu verdanken, daß der Wehrkreiskommandeur v. Lossow sich seinerseits bei den Behörden für eine Lockerung der Auflagen einsetzte. Schließlich konnte erreicht werden, daß die Serie der Veranstaltungen nahezu in der ursprünglich geplanten Form ablaufen und – wie Röhm es ausdrückte – die Partei «ihr Banner stolz entfalten» konnte.

Der Parteitag vom 27./28. Januar 1923, eingeleitet durch zwölf parallel abgehaltene Massenveranstaltungen, stellte die bisher spektakulärste Machtdemonstration der Nationalsozialisten dar, die aus einer offenen Konfrontation mit der Regierung offensichtlich als Sieger hervorgegangen waren. Den Höhepunkt der Kundgebungen bildete eine «feierliche Fahnenweihe», bei der Hitler die ersten Standarten an die vier aktivsten Hundertschaften der SA verlieh, während die «Sturmmänner» ihrerseits einen «Eid der Treue» ablegten: Erneut brachte dieser symbolische Akt die enge Bindung der SA-Männer an die Person des «Führers» zum Ausdruck.

Die Zeit zwischen August 1922 und dem nationalsozialistischen Partei-tag war aus der Sicht der SA eine einzige Aneinanderreihung von Aufmär-schen, Appellen, Massenveranstaltungen und gewalttätigen Auseinander-setzungen mit dem politischen Gegner gewesen.

Diese starke, häufig mit persönlichen Gefahren für den einzelnen verbundene Beanspruchung der Parteitruppe und ihr mehr und mehr in der Öffentlichkeit zur Kenntnis genommenes Auftreten verstärkte die innere Geschlossenheit der SA, erhöhte aber vor allem auch die emotionale Hingabebereitschaft an den «Führer», die ihm entgegengebrachte «Treue», die jetzt bereits Formen eines regelrechten Führerkults annahm.

Außerhalb der Partei demonstrierte das betont militärische Auftreten der SA Stärke und Geschlossenheit des Nationalsozialismus, wirkte der zur Schau gestellte «Kampfgeist» der Sturmabteilung als Bestätigung der Führerqualitäten Hitlers. Im Gegensatz zu den übrigen paramilitärischen Verbänden, die sich von jeder «Parteipolitik» distanzierten und deren Aktivitäten sich im wesentlichen in einem militärähnlichen Übungsbe-trieb erschöpften, verkörperte die auf Hitler eingeschworene SA durch ihre permanente Betriebsamkeit, insbesondere durch ihr rücksichtsloses Vorgehen gegen politische Gegner, einen entschlossenen politischen Wil-len. Die SA war somit wesentlicher Bestandteil eines unverwechselbaren politischen Agitationsstils geworden, den Hitler seinem Wirkungszen-trum München geradezu aufgezwungen hatte.

Aber auch wenn die Nationalsozialisten sich anläßlich ihres Münchner Parteitages als bestorganisierte und entschlossenste politische Kraft inner-halb der politischen Rechten der Stadt hatten präsentieren können, so hatte das Hin-und-Her im Vorfeld der Veranstaltung deutlich gezeigt, wie sehr die Partei tatsächlich noch vom Wohlwollen des Münchner Reichs-wehrkommandos – bzw. vom Engagement ihres Förderers Röhm – abhing. Die von den Nationalsozialisten so sehr zur Schau gestellte Unabhängigkeit spielte sich tatsächlich in einer vom Militär geduldeten Toleranzzone ab. Je mehr die paramilitärischen Kräfte in den kommenden Wochen und Monaten durch die Reichswehr in die Mobilmachungsvor-bereitungen – zunächst für einen Krieg gegen Frankreich, im Herbst dann für eine innerdeutsche Auseinandersetzung – einbezogen wurden, desto mehr wurde auch den Nationalsozialisten deutlich vor Augen geführt, daß sich das in der SA angesammelte Potential nur durch Kooperation mit der bewaffneten Macht des Staates in politischen Einfluß ummünzen ließ. Die von Hitler vorgeführten politischen Einflußmöglichkeiten der SA traten damit hinter das Kalkül des Militärs zurück.

4. Der Marsch zum «Hitler-Putsch»: Die SA als Teil eines paramilitärischen Kampfbündnisses

Im Zuge der Anfang 1923 verstärkt einsetzenden Mobilmachungsvorbereitungen der Reichswehr sollte sich für Röhm endlich die Möglichkeit ergeben, die von ihm schon seit längerem angestrebte Frontbildung im radikalen Verbändelager herbeizuführen. Rückendeckung fand er dabei auch in der Haltung des neu ernannten Kommandeurs des bayerischen Reichswehrkontingentes, v. Lossow, der im Gegensatz zu seinem Vorgänger ohnehin für eine verstärkte Kooperation mit den kleineren Verbänden eintrat. Röhm hatte bereits seit einiger Zeit, vor allem nach dem kläglichen Mißlingen eines von Pittinger dilettantisch vorbereiteten Putsch-Unternehmens[50] vom August 1922, versucht, die Position des Sanitätsrats als Führer des Selbstschutzes zu demontieren und die gegen Pittinger opponierenden Verbände zusammenzuführen. Die Vorgänge um das Zustandekommen des NSDAP-Parteitages sollten ihm nun den Anlaß zur Trennung von Pittinger[51] geben. Röhm machte Pittinger zum Vorwurf, daß er bei den Auseinandersetzungen um die Genehmigung der NS-Veranstaltungen eindeutig gegen Hitler Stellung genommen habe und entzog ihm nun die Unterstützung durch die Reichswehr.

Nach intensiven Verhandlungen Röhms mit den Verbänden konstituierte sich Anfang Februar 1923 die «Arbeitsgemeinschaft der Vaterländischen Kampfverbände».[52] Wenn Röhm sich rückblickend als «Vater dieses Kindes»[53] bezeichnete, war dies keine Übertreibung, kam ihm doch von vornherein in seiner Doppelrolle als der für Bewaffnungsfragen zuständige Reichswehroffizier und als stellvertretender Vorsitzender der Reichsflagge, des schlagkräftigsten Mitglieds der Arbeitsgemeinschaft, die entscheidende Position zu; bezeichnenderweise fanden denn auch die Sitzungen der Dachorganisation in seinem Büro statt. Innerhalb der Arbeitsgemeinschaft bildeten die SA, die Reichsflagge und der Bund Oberland so etwas wie den aktivistischen Kern, ferner gehörten die Vaterländischen Vereine Münchens und der Kampfverband Niederbayern, eine Absplitterung vom Bund Bayern und Reich, zu der Dachorganisation. Die Führung der Arbeitsgemeinschaft erfolgte durch einen Ausschuß, in den jede Organisation einen Vertreter entsandte und der die Beschlüsse mit Stimmenmehrheit faßte. Als Geschäftsführer konnte der ehemalige bayerische Justizminister Roth gewonnen werden; Kriebel, der frühere Stabschef der Einwohnerwehren und enge Vertraute Ludendorffs, übernahm die militärische Führung der Arbeitsgemeinschaft. Ferner stellte Wilhelm Weiß sein Blatt «Heimatland», das frühere Organ der Einwohnerwehren, als aggressives Sprachrohr zur Verfügung. Innerhalb der paramilitärischen Szene standen sich nun mit der Arbeitsgemeinschaft und Pittingers Bund Bayern und Reich zwei Spitzenverbände gegenüber; die Spaltung der Wehrbewegung in ein radikal-völkisches und ein konservativ-nationales Lager war damit auch organisatorisch zum Ausdruck gekommen.

Die Eingliederung der SA in die Arbeitsgemeinschaft – und die damit automatisch verbundene Einbeziehung in die Mobilmachungsvorbereitungen der Reichswehr – sollte den Gesamtcharakter der Parteitruppe erheblich verändern: Zwar war die Sturmabteilung auch bisher nach militärischen Leitbildern ausgerichtet und durch ehemalige Weltkriegs- und Freikorpskämpfer geschult worden, doch erst jetzt, im Frühjahr und Sommer 1923, wurde sie endgültig militarisiert, aus der Parteitruppe wurde ein Wehrverband. Dieser Transformationsprozeß vollzog sich unter der Leitung eines neuen Kommandeurs: Der Anfang 1923 ernannte Hermann Göring, ein 30jähriger, hochdekorierter Jagdflieger, schien – als Verkörperung des jugendlichen Kriegshelden und Draufgängertyps – besonders dazu geeignet, das Gewicht der SA gegenüber ihren Partnern und Konkurrenten im paramilitärischen Lager zu erhöhen. So ging Göring als erstes daran, die noch bestehende organisatorische Bindung der SA an Ehrhardt zu lösen: Der militärische Oberbefehl, der bisher bei dem Freikorpsführer gelegen hatte, ging nun über auf ein eigenständiges, unter der Leitung Görings nach generalstabsmäßigem Vorbild neu geschaffenes SA-Oberkommando.[54]

Ebenso erhielt die SA eine noch stärker an das militärische Vorbild angelehnte Gliederung: Anstelle der Hundertschaften traten nun «Sturmkompanien», die wiederum zu «Sturmbataillonen» und «Sturmregimentern» zusammengefaßt wurden.[55] Im Zuge dieser Umgliederung wurde die SA auch aus dem organisatorischen Rahmen der Partei herausgelöst. Von der Parteiführung im Juli 1923 herausgegebene Richtlinien bezeichnen sie etwa als eine von der Ortsgruppen- und Parteileitung getrennt zu bearbeitende «Sonderorganisation innerhalb der nationalsozialistischen Bewegung».[56] In der Praxis bedeutete dies vor allem, daß die Ortsgruppenführer das Recht verloren, auf die Besetzung der Führerstellen der örtlichen SA Einfluß zu nehmen. Die Eingliederung der SA in die Arbeitsgemeinschaft hatte also nicht nur eine erhebliche Straffung der SA-Organisation zur Folge, sondern führte auch dazu, daß die gesamten Aktivitäten der Partei sich mehr und mehr auf die SA konzentrierten und ihr – als dem «militärischen Niederschlag der Partei», wie es in den oben zitierten Richtlinien hieß – schließlich innerhalb der NS-Bewegung ein Übergewicht gegenüber der politischen Organisation zufiel. Zwar wurde allem Anschein nach durch das zunehmende Gewicht der SA innerhalb der NS-Bewegung die Bindung der in ihrem Selbstbewußtsein kräftig gestärkten SA-Männer an ihr Führeridol Hitler eher gestärkt, doch auf der anderen Seite erscheint es sehr fraglich, ob Hitler in einem Ernstfall wirklich in der Lage gewesen wäre, seinen Führungsanspruch in vollem

Umfang auch in die Praxis umzusetzen, hatte er sich doch mit der Eingliederung der SA in die Arbeitsgemeinschaft auf verschiedenen Gebieten auf Konzessionen eingelassen: Im Führungsgremium der Dachorganisation konnte er jederzeit überstimmt werden, während zugleich das SA-Oberkommando durch einen direkten Befehlsstrang an die militärische Führung der Arbeitsgemeinschaft, also an den Stab Kriebels angebunden war – ein Unterstellungsverhältnis, dem angesichts der zunehmenden Konzentration der Arbeitsgemeinschaft auf militärische Vorbereitungen immer größere Bedeutung zukam. Die Tatsache, daß er nunmehr keinen Monopolanspruch auf die Führung der SA mehr besaß, dürfte Hitler auch veranlaßt haben, im Sommer 1923 mit dem «Stoßtrupp Hitler»[57] eine neue, auf ihn persönlich verpflichtete Kampforganisation innerhalb der Partei aufzustellen, die sich alsbald als die «eigentliche» Elite der Bewegung verstehen sollte.

Die Arbeitsgemeinschaft entfaltete im Frühjahr 1923 einen regen Manöverbetrieb.[58] Spektakuläre Höhepunkte waren verschiedene Großübungen, deren militärischer Wert zwar gering war und die in erster Linie auch als Demonstration gegenüber Regierung und öffentlicher Meinung gedacht waren. Insbesondere die Übung in der Fröttmaninger Heide vom 15. April, bei der die SA das größte Kontingent stellte, war eine ausgesprochene Provokation gegenüber der Regierung, da ihr die Arbeitsgemeinschaft zur gleichen Zeit das Ultimatum gestellt hatte, von den Reichsbehörden beantragte Haftbefehle gegen Nationalsozialisten im weiß-blauen Staat außer Kraft zu setzen – eine Situation, die durch das geschickte Verhalten der Regierung allerdings entschärft werden konnte.

Für Röhm sollte diese Übung allerdings noch besondere Folgen haben: In der Reichswehrführung war man besonders erbost darüber, daß ein Befehl Röhms an die Reichsflagge, in der aktive Offiziere als Übungsteilnehmer namentlich genannt worden waren, an die Öffentlichkeit gelangt war. Auch in Bayern wurde den Reichswehrangehörigen nun verboten, sich politischen Kampfverbänden anzuschließen. Röhm legte daraufhin offiziell die Führung der Reichsflagge nieder, zog sich aber tatsächlich nicht von den Aktivitäten innerhalb der Verbände zurück, nahm stattdessen auch weiterhin an den Sitzungen der Arbeitsgemeinschaft teil.[59]

Die geplante Kundgebung von SPD und Gewerkschaften zum 1. Mai 1923 – zugleich der vierte Jahrestag der Niederschlagung der Münchner Räterepublik durch die Freikorps – wurde durch die Arbeitsgemeinschaft zu einer weiteren Kraftprobe mit der Regierung genutzt.[60] Nachdem sie mit ihrer ultimativen Forderung an die Regierung, die geplante Veranstaltung zu verbieten, nicht durchgedrungen war, entschloß sich die Arbeitsgemeinschaft zum selbständigen Vorgehen. In der Nacht auf den 1. Mai versammelten sich in München, vor allem auf dem Oberwiesenfeld, in drohender Haltung einige Tausend Wehrmänner, die sich zum

Teil – gegen das ausdrückliche Verbot der Reichswehr – Zugang zu
Depots der Armee verschafft hatten. Als sich aber im Laufe des 1. Mai
endgültig zeigte, daß die aufmarschierte Polizei und Reichswehr sich
gegen etwaige Aktionen der Kampfverbände stellen würden, löste sich
das rechtsradikale Aufgebot sang- und klanglos auf, die Waffen wurden
wieder an die Reichswehr überstellt.

Durch die Ereignisse vom 1. Mai war die Position Röhms innerhalb der
Reichswehr endgültig unmöglich geworden. Insbesondere durch den
Wehrkreisbefehlshaber v. Lossow wurde Röhm die Auslieferung von
Waffen an die Kampfverbände zur Last gelegt, die – wenn von ihm selbst
wohl auch nicht unmittelbar veranlaßt – doch letztlich eindeutig in seinen
Verantwortungsbereich fiel. Röhm wurde nun von seinem Posten im
Divisionsstab entfernt und – nachdem er zunächst eine Strafversetzung in
eine Beurlaubung umwandeln konnte – im August und September zu
Dienstleistungen außerhalb Münchens abkommandiert.[61]

Der 1. Mai hatte die Reichswehr aber auch veranlaßt, ihre weitere
Hilfestellung bei der militärischen Ausbildung der Verbändemitglieder
von der Einhaltung bestimmter Grundsätze abhängig zu machen, zu der
sich jeder Einzelne verpflichten mußte. Der Streit zwischen Reichswehr
und Verbänden um diese «Verpflichtungserklärung» sollte sich über
mehrere Monate hinziehen und die militärische Ausbildung der Verbände
immer wieder unterbrechen. Von der Aufstellung einer wirklich kriegs-
tauglichen Reserve im Verbänderahmen konnte unter diesen Umständen
keine Rede sein.[62]

Der 1. Mai hatte zudem innerhalb der Verbände Zweifel an der Richtigkeit der bisher von der Arbeitsgemeinschaft eingeschlagenen Einschüch-
terungstaktik geweckt, hatte sich doch in der offenen Konfrontation mit
der Staatsmacht die Schwäche der eigenen Position gezeigt. So blieb es
nicht aus, daß in den kommenden Monaten interne Streitigkeiten die
Aktivitäten der Arbeitsgemeinschaft lähmten. Im Zuge dieser Auseinandersetzungen stellten die Vaterländischen Vereine Münchens ihre Mitarbeit sogar ganz ein. Diese «Maikrise»[63] konnte allerdings relativ schnell
wieder überwunden werden, arbeitete den radikalen Kräften doch die
allgemeine Verschärfung der politischen Situation während des Sommers
1923 entgegen. Jetzt nämlich traf die durch den anhaltenden passiven
Widerstand gegen die Ruhrbesetzung äußerst erregte nationale Stimmung
mit einer allgemeinen Panik zusammen, die durch den Übergang der
Geldentwertung in das Stadium der Hyperinflation ausgelöst wurde:
Löhne, die schon am Tage ihrer Auszahlung nahezu wertloses Papier
geworden waren, die Vernichtung von Spareinlagen, Pensions- und
Versicherungsfonds, die Deklassierung großer Teile des Mittelstandes –
all dies trug zu einer allgemeinen Radikalisierung der Stimmung bei.
Zudem ging nun in ganz Bayern, der Bastion der Gegenrevolution und

Die SA als paramilitärischer Verband: Am 1. Mai 1923 verschafften sich SA-Einheiten den Zugang zu Waffendepots der Reichswehr, zu der geplanten direkten Konfrontation mit der Maidemonstration der verhaßten «Roten» kam es aber nicht (oben); «feldmarschmäßig» ausgerüstete SA rückt am 9. November 1923 zur Unterstützung des Putsch-Unternehmens ab (unten).

der Keimzelle der nationalen Wiedererweckung, erneut das Gespenst des
Kommunismus um, als im Herbst die sozialistischen Regierungen in
Sachsen und Thüringen immer enger mit der KPD zusammenzuarbeiten
begannen und ihrerseits bewaffnete Einheiten aufstellten. Die Beteiligung
der Sozialdemokraten an der im August unter Stresemann neu gebildeten
Reichsregierung wurde in rechtsgerichteten Kreisen ebenfalls geradezu als
nationaler Ausverkauf angesehen. Nachdrücklich spiegelte sich die Kri-
senstimmung in der Berichterstattung der Behörden an die Münchner
Regierung wider: In einem Bericht der Regierung von Oberbayern sah
man etwa Ende August in der Bevölkerung wachsenden «Haß», insbesondere «gegen die Fremden, die Fremdenindustrie ... gegen Schieber
und Wucherer, aber auch gegen die Regierenden», denen man vor allem
ihr tatenloses Zusehen bei der ständigen Erhöhung der Milch- und
Brotpreise anlastete. Aus Schwaben berichtete man zur gleichen Zeit, die
«Volksstimmung sei außerordentlich gedrückt, in den notleidenden
Volksschichten zum Teil verzweifelt... Arbeitslosigkeit und Hunger
stehen wie drohende Gespenster vor vielen Türen und niemand weiß, wie
die Gefahren abgewendet werden sollen...» Die Münchner Polizeidirektion verzeichnete in einem Bericht vom 8. September eine «verschärfte
Stimmung, die sich schrittweise in Aktionen Luft zu machen sucht». Dies
käme aber «der nationalsozialistischen Propaganda» entgegen: «Während
sonst politische Veranstaltungen angesichts der enormen Eintritts- und
Bierpreise nur mäßig besucht sind, weisen die nationalsozialistischen
Massenveranstaltungen stets gefüllte Lokale auf.»[64]

Vor diesem Hintergrund kristallisierte sich nun innerhalb der Arbeitsgemeinschaft der harte Kern heraus, der Anfang September zu einer
Neugründung schritt: Während eines in Nürnberg abgehaltenen «Deutschen Tages», einer lärmenden Heerschau verschiedenster Kräfte, die
durch den Grundkonsens gegen «Berlin» und gegen den «Marxismus»
geeint waren, schlossen sich die – mit etwa 3000 Teilnehmern am stärksten vertretene – SA, der Bund Oberland und die Reichsflagge zu einem
«Deutschen Kampfbund» zusammen.[65] Die Bildung dieser Aktionsfront
war maßgeblich durch Ludendorff betrieben worden, der sich in Nürnberg für die radikalen Kräfte stark gemacht und sich demonstrativ mit
Hitler gezeigt hatte. Der Generalquartiermeister behielt auch weiterhin,
als graue Eminenz im Hintergrund, maßgeblichen Einfluß auf das Verhalten des Kampfbundes; sein Vertrauter Kriebel fungierte auch in dieser
Dachorganisation als militärischer Chef.

Mit der Gründung des Kampfbundes begann eine neue Welle hekti-
scher Aktivitäten der äußersten Rechten; es wurde eine kurze, ereignisrei-
che Phase in der bayerischen Innenpolitik eingeleitet, die mit dem «Hitler-
Putsch» vom 8. und 9. November ihren Abschluß finden sollte.[66]

Die Aufgabe des passiven Widerstandes an der Ruhr durch die Regierung Stresemann am 24. September 1923, in rechtsgerichteten Kreisen allgemein als feige Kapitulation empfunden, sollte einen weiteren Radikalisierungsschub auslösen, der durch das immer engere Zusammengehen von Sozialisten und Kommunisten in Mitteldeutschland noch verstärkt wurde. Die Feindschaft gegen den «bolschewistischen» Norden brach nun in aller Schärfe wieder auf.

In dieser Situation gelang es nun Röhm, Hitler an die Spitze des Kampfbundes zu manövrieren. Als die Verbändevertreter am 25. September zu einer Sitzung zusammenkamen, so die Schilderung Röhms, entwickelte Hitler in einer «zweieinhalbstündigen, prachtvollen Rede ... ein packendes Bild der politischen Lage», um am Schluß dieser Vorstellung die allgemeine Zustimmung für eine Übernahme der «politischen Führung» des Kampfbundes zu erhalten. Für Röhm war die Durchsetzung seines Kandidaten das entscheidende Signal, daß die «erlösende Tat» nun unmittelbar bevorstand. Er entschloß sich nun, sich endgültig aus der Reichswehr zurückzuziehen und seine Energie ungeteilt in die Dienste des Kampfbundes zu stellen.[67]

Auch wenn Röhm somit große Hoffnungen in den NSDAP-Führer setzte, so war er doch keineswegs bereit, sich vorbehaltlos Hitler unterzuordnen. Im Gegenteil, für ihn war Hitler als der «politische» Führer des Kampfbundes in erster Linie der in der Öffentlichkeit wirksame «Trommler», der innerhalb der Organisation hinter den Militärs zu rangieren hatte; für den äußerst selbstbewußten Röhm galt im Verhältnis zwischen Militär und Politik stets das «Primat des Soldaten vor dem Politiker».

In der Tat sollte sich in den folgenden Wochen zeigen, daß Hitler, auch wenn ihm vielfach im Freundes- wie im Feindeslager die Rolle des wichtigsten Gegenspielers der bayerischen Regierung zugeschrieben wurde, keineswegs zum uneingeschränkt herrschenden Diktator innerhalb des Kampfbundes aufgestiegen war. Denn auch nach seiner Kür zum Führer der Dachorganisation stand Hitler weiterhin im Schatten Ludendorffs, dem innerhalb des völkisch-nationalistischen Lagers allgemein die Rolle eines zukünftigen Diktators zugeschrieben wurde, während innerhalb des Kampfbundes die Autonomie der einzelnen Verbände bestehen blieb und weiterhin die Stabsarbeit der professionellen Militärs, allen voran Röhm und Kriebel, die Aktivitäten der Dachorganisation prägte. Gerade aber die durch die Militärs innerhalb des Kampfbundes mit Unterstützung der Reichswehr betriebene Aufrüstung sollte eine Eigendynamik entwickeln und das Agieren und Taktieren Hitlers auf der politischen Bühne entscheidend mitbestimmen.

Zusätzlich eingeschränkt wurde der Handlungsspielraum Hitlers aber auch durch die Haltung der bayerischen Regierung: Aufgeschreckt durch seine Ernennung zum Kampfbund-Führer und angesichts der zwei Tage nach diesem Schritt durch ihn angekündigten Serie von Massenveranstaltungen war man mehr denn je entschlossen, sich den Nationalsozialisten entgegenzustellen. In einer Sitzung des Ministerrats vom 26. September gab der bayerische Regierungschef seiner Befürchtung Ausdruck, es könnten «abenteuerliche Entschlüsse reifen ..., durch die zum mindesten das Ansehen und die Haltung Bayerns im Reich vernichtet würde»[68].

Angesichts dieser Lageeinschätzung entschloß man sich zur Verhängung des Ausnahmezustandes und zur schon länger erwogenen Ernennung v. Kahrs zum «Generalstaatskommissar»: Der versprach schon aufgrund seines großen Ansehens im nationalen Milieu seine neue, verfassungsmäßig nur vage beschriebene Stellung zur zentralen politischen Machtinstanz im Lande auszubauen.

Die Ernennung v. Kahrs zu einer Art Diktator auf Zeit und die allgemeine positive Reaktion der Bevölkerung auf diesen Schritt brachte den Kampfbund denn auch in die allergrößten Schwierigkeiten. Seine schon nach kurzer Zeit starke Position übte eine Art Sogwirkung aus, der sich auch der Kampfbund nicht entziehen konnte: Anfang Oktober erklärte der Führer der Reichsflagge, Heiß, einer der Mitbegründer des Kampfbundes, seine Loyalität mit v. Kahr, ein Vorgang, der Röhm veranlaßte, mit den radikaleren Kräften seines Verbandes, die sich vor allem im südbayerischen Raum fanden, zur Gründung der «Reichskriegsflagge» zu schreiten – der Namenszusatz war für die Ausrichtung der schon bald etwa 300 Mann starken Truppe charakteristisch.[69] Während sich nach der Benennung des Generalstaatskommissars Erosionserscheinungen innerhalb des Kampfbundes bemerkbar machten, komplizierte sich die Lage in Bayern weiter durch die wachsende Konfrontation v. Kahrs mit der Reichsregierung. Diese hatte sogleich auf den bayerischen Ausnahmezustand mit der Verhängung eines eigenen, reichsweiten Ausnahmezustandes reagiert. Die hieraus entstehenden Kompetenzprobleme spitzten sich nun immer mehr auf die Stellung des Reichswehrbefehlshabers in Bayern, v. Lossow, zu, der von beiden Seiten in Anspruch genommen wurde. Als v. Lossow schließlich seinen Weisungen aus Berlin nicht nachkam und von der dortigen Reichswehrführung entlassen wurde, setzte ihn die bayerische Regierung wieder ein und unterstellte sich gleichzeitig die in Bayern stationierte Reichswehrdivision. In den folgenden Tagen okkupierte man noch weitere Einrichtungen des Reiches, so daß der offene Bruch vollzogen wurde.

Durch den erneut in aller Schärfe ausgebrochenen Streit mit Berlin wurde zunächst die Konfliktsituation zwischen dem sich nun herausbildenden «Triumvirat» v. Kahr – v. Lossow – v. Seißer (dem Chef der Landespolizei) einerseits und der radikalen Richtung um Hitler und Ludendorff andererseits überlagert; hinter den Kulissen ging die Auseinandersetzung aber mit unverminderter Heftigkeit weiter.

Zwar ging es beiden Richtungen letztlich um das gleiche Ziel, nämlich der Errichtung einer rechtsgerichteten Diktatur in Berlin als erster Schritt zur innen- und außenpolitischen Revision. Unterschiedlich jedoch waren die jeweils in Erwägung gezogenen Methoden und Personen.

Nach Auffassung des Kampfbundes sollten zunächst in München, unter maßgeblicher Beteiligung Hitlers, eine Diktatur Ludendorffs ausgerufen werden, sodann die sozialistischen Regieurungen in Mitteldeutschland ausgeschaltet und schließlich in einem «Marsch auf Berlin» dem neuen Regime reichsweit Geltung verschafft werden. Auch v. Kahr erwog wohl den bewaffneten Umsturz, hoffte jedoch in erster Linie – darauf deuten jedenfalls seine zahlreichen Kontakte nach Berlin in diesen Wochen hin – durch Zusammenarbeit mit rechtsgerichteten Kreisen in Norddeutschland und durch entsprechende Abstimmung mit der Reichswehr auf dem Wege eines kalten Staatsstreichs ein autoritäres «Direktorium» in Berlin einsetzen zu können. Während für solche Bestrebungen die beiden extremen Figuren Hitler und Ludendorff eher ein Hindernis waren, mußte v. Kahr auf der anderen Seite aber auch daran interessiert sein, sich in Bayern den Rücken frei zu halten und zumindest ein gewisses Einvernehmen mit dem Kampfbund herzustellen.

Die von solchen ambivalenten Überlegungen bestimmte Politik v. Kahrs mußte dem Kampfbund allerdings als ein unentschlossenes Hin- und Her-Pendeln erscheinen – und verstärkte noch das Dilemma, in dem sich die Dachorganisation selbst befand: Schloß man sich v. Kahr an, so hätte der Kampfbund-Führer Hitler – als eine doch noch ganz überwiegend regionale Größe – bei der Konstituierung eines Direktoriums in Berlin wohl nur eine untergeordnete Rolle spielen können. Anderseits aber war ein selbständiges Vorgehen des Kampfbundes mit erheblichen Risiken behaftet, verfügte doch der Generalstaatskommissar mit Polizei und Militär über weit überlegene Machtmittel. So standen sich im Herbst 1923 die beiden Lager teils drohend, teils abwartend gegenüber: Verhandlungen und gegenseitige Einschüchterungsversuche wechselten einander ab.

Zusätzlich wurde diese Situation aber noch durch die Mobilmachungsvorbereitungen der «bayerischen» Reichswehr und deren auf die Verbände ausstrahlenden Wirkungen verschärft. Bereits seit Ende September war an der bayerischen Nordgrenze ein «Grenzschutz» gegen etwaige Übergriffe aus dem sozialistischen Mitteldeutschland aufgestellt worden. Diese Bemühungen wurden unter v. Kahr fortgesetzt: Organisator des Grenzschutzes, der eine immer offensivere Prägung erhielt, wurde der vom Reich per Haftbefehl gesuchte Kapitän Ehrhardt, der zu diesem Zweck freies Geleit in Bayern erhielt. Mitte Oktober wurden diese Vorbereitungen unter Leitung des Münchner Reichswehrkommandos intensiviert. Es wurde ein Aufmarschplan erarbeitet, in dem auch die

Verbände des Kampfbundes bestimmte Abschnitte zugewiesen erhielten; die militärische Ausbildung der Kampfbund-Mitglieder durch die Reichswehr wurde erneut aufgenommen. War den Verbänden in den Planungen der Reichswehr zunächst noch der Charakter von – unter Oberbefehl der Reichswehr kämpfenden – Freikorps zugewiesen worden, so änderte sich die Situation nach der Inpflichtnahme der bayerischen Reichswehrteile durch die Münchner Regierung: Die Verstärkung der Division durch eine vollständige Integration (insbesondere der dem Kampfbund angeschlossenen) Verbände wurde nun vorbereitet. Innerhalb des Kampfbundes bestand kein Zweifel daran, daß diese Maßnahmen der Vorbereitung eines Marsches auf Berlin galten.

Diese militärischen Vorbereitungen hatten die dem Kampfbund angeschlossenen Verbände in erwartungsvolle Spannung versetzt: Die seit langem von den Führern angekündigte Abrechnung mit den «Novemberverbrechern» schien nun unmittelbar bevorzustehen. Die Kampfbundführung geriet immer mehr unter den von der Mitgliederbasis ausgehenden Erwartungsdruck. Der einmal ausgelöste Countdown für die Putschaktion ließ sich offensichtlich nicht mehr abstoppen, ohne daß der Kampfbund auseinandergebrochen und bleibender Schaden für das Prestige Hitlers als Führer eingetreten wäre; die unter den Anhängern so lange geschürten Aggressionen mußten sich in einer Aktion entladen.

Der Zugzwang, unter dem die Kampfbundführung stand, nahm aber noch zu, als sich Ende Oktober/Anfang November auch die äußeren Bedingungen für ein Putsch-Unternehmen verschlechterten: Mit dem Einmarsch der Reichswehr nach Mitteldeutschland wurde die angeblich von hier ausgehende «bolschewistische Bedrohung» beseitigt, entfiel also der nach außen vorgegebene Grund für den bayerischen Aufmarsch an der Grenze. Zudem drohte die Initiative, die die Reichsregierung mit der Gründung der Rentenbank zur Bekämpfung der Inflation ergriffen hatte, der Agitation gegen Berlin auf wirtschaftlichem Gebiet den Boden zu entziehen; schließlich mußten auch die sich verschlechternden Witterungsbedingungen größere Operationen der teilweise mangelhaft ausgerüsteten Kampfbundmitglieder immer problematischer erscheinen lassen.

Vor allem aber wuchsen beim Kampfbund die Zweifel, ob v. Kahr, der die Verbände in einer Sitzung am 6. November eindringlich davor gewarnt hatte, den «anormalen» Weg zur Errichtung einer Reichsdiktatur zu beschreiten, wirklich selbst die Initiative zu einem Putsch-Unternehmen ergreifen werde. Verließ man sich in dieser Hinsicht zu sehr auf v. Kahr, so die Befürchtungen der Kampfbundführung, werde sich möglicherweise die für ein Losschlagen günstige Krisensituation wieder entschärfen. Es wuchs die Gefahr, daß v. Kahr hinter dem Rücken des Kampfbundes doch zu einem Arrangement mit Berlin kommen könnte und damit die Verbände ins Abseits geraten würden. Anfang November sah sich die

Kampfbundführung sowohl aufgrund der Unruhe innerhalb der Verbände als auch angesichts der Entwicklung der allgemeinen innenpolitischen Lage unter einen erheblichen Zwang zum Handeln gesetzt; andererseits aber waren ihre Kräfte zu schwach, um ohne bzw. gegen v. Kahr loszuschlagen. In dieser Situation verfiel man auf eine taktische Variante: Der Kampfbund müßte die Initiative zu einer Aktion ergreifen, die dann den zögernden v. Kahr mitreißen sollte. Es galt also, eine Initialzündung auszulösen. Die emotionale Stimmung einer Massenveranstaltung erschien dem erfahrenen Agitator Hitler am besten dazu geeignet, die Unentschlossenen mitzureißen, endlich die Einheitsfront zu schließen und den doch in der Luft liegenden Putsch auszulösen.

Als nächster Termin bot sich der Abend des 8. November an: Zu diesem Zeitpunkt hatte das Triumvirat zu einer Kundgebung im Bürgerbräukeller aufgerufen. Hier nahm nun der oft beschriebene «Hitler-Putsch» seinen Anfang: Nachdem unter der Führung Hitlers (zu ihm stieß später Ludendorff) der Versammlungsort umstellt und das Triumvirat festgesetzt worden war, gelang es nach heftiger Seelenmassage, v. Lossow, v. Kahr und v. Seißer auf eine gemeinsame Linie festzulegen; die wichtigsten Positionen für diktatorische Regime in Bayern und im Reich wurden bereits in der Nacht verteilt. Schon wenige Stunden später aber zeigte sich, wie naiv der Kampfbund, ganz im Vertrauen auf das Gelingen seines Planes, den Zusagen des Triumvirats vertraut hatte. Den drei Mächtigen gelang es, sich unbehelligt vom Versammlungsort zu entfernen, sie distanzierten sich alsbald von dem ganzen Unternehmen und begannen, Gegenmaßnahmen einzuleiten. Als sich die Putschisten, denen es aufgrund mangelnder Planung nicht gelungen war, im Laufe der Nacht die wichtigsten öffentlichen Gebäude zu besetzen, am nächsten Morgen völlig isoliert einer Übermacht aus Reichswehr und Polizei gegenübersahen, beschloß man, wohl schon halb im Bewußtsein des Scheiterns des Unternehmens, einen Marsch in die Innenstadt. Durch diese Demonstration der eigenen Stärke hoffte man wohl, bei der Bevölkerung aktive Unterstützung zu finden, sich in den Besitz des Stadtzentrums setzen und so vielleicht doch noch v. Kahr auf die eigene Seite ziehen zu können. Die Aktion endete in der bekannten Weise unter den Schüssen der Landespolizei an der Feldherrnhalle.

Die SA hatte sich an der Aktion vom 8./9. November als ein in den Kampfbund integrierter Verband mit etwa 1 500 Mann (bei insgesamt etwa 4 000 aufgebotenen Kampfbündlern) beteiligt. Sie hatte damit (nach dem Bund Oberland) das nach Zahl und militärischer Kampfkraft zweitstärkste Kontingent gestellt. Trotz dieses in der entscheidenden Auseinandersetzung mit der bewaffneten Staatsmacht recht beschränkten Aufgebots ist aber nicht zu übersehen, daß die SA im Vorfeld des Putsches das Verhalten Hitlers maßgeblich beeinflußt hatte: Erst mit der Umformung der SA zu einem Wehrverband und ihrer Integration in die von Röhm initiierte Dachorganisation der paramilitärischen Verbände Anfang 1923 hatte Hitler ein Mitspracherecht im Lager der rechtsradikalen Opposition beanspruchen und im Laufe des Jahres zu einer politischen Führungsposition ausbauen können. Mit dem Fortschritt der Mobilmachungsvorbereitungen war er allerdings immer mehr in die Abhängigkeit der Militärs und unter den Erwartungsdruck der eigenen Anhänger geraten, so daß die Einbeziehung der SA in den Kampfbund letztlich zwar die Zahl seiner Mitstreiter erhöhte, seine Führungsrolle aber immer mehr auf die Funktion eines Sprechers der paramilitärischen Kräfte reduzierte. Mit der Einbeziehung der SA und der übrigen Verbände in die Aufmarschpläne der vom bayerischen Staat in Anspruch genommenen Reichswehrkräfte im Herbst 1923 und dem Auftreten seines Kontrahenten v. Kahr drohte Hitler sein politisches Profil völlig zu verlieren. Angesichts dieser Situation war die risikoreiche Aktion vom 8./9. November ein Versuch Hitlers, den Erwartungen seiner im höchsten Grade mobilisierten Anhänger gerecht zu werden und seinen politischen Handlungsspielraum wieder zurückzugewinnen. Das Scheitern des Putsches zeigte aber, daß sich Hitler mit der Militarisierung der SA und ihrer Eingliederung in die Wehrbewegung auf eine Marschrichtung eingelassen hatte, die ihn nicht der Macht näherbrachte, sondern die in eine Sackgasse führte.

II.
Die SA auf «legalem» Kurs:
Reorganisation und erste Erfolge
(1924–1928)

1. Widersprüchliche Konzepte:
Die SA zwischen Hitler und Röhm

Bereits wenige Tage nach dem mißglückten Putsch-Versuch – Kampfbund, NSDAP und SA waren verboten, die meisten Führer verhaftet – setzten Versuche ein, die SA in der Illegalität fortzuführen. So begab sich der SA-Führer von Franken, der spätere «Oberste Parteirichter» der NSDAP, Walter Buch, am 13. November nach München, um dort im Namen des formal noch amtierenden, zwischenzeitlich aber nach Innsbruck geflohenen SA-Chefs Göring den Zusammenhalt der Parteitruppe zu sichern. Unter größten Schwierigkeiten gelang es Buch denn auch, die Verbindung zu einem Teil der – vielfach unter Tarnbezeichnungen fortbestehenden – SA-Untergliederungen wiederherzustellen und regelmäßig Kontakt mit dem in Landsberg einsitzenden Hitler sowie der illegalen Parteileitung in Österreich aufzubauen (Salzburg spielte hier als Ausweichplatz eine besondere Rolle). Buchs Reorganisationsversuch wurde aber durch verschiedene andere Initiativen völkischer Gruppierungen durchkreuzt, die teils mit Erfolg daran gingen, die durch die Ausschaltung ihres Idols Adolf Hitler irritierten SA-Männer anzuwerben.[1]

Eine neue Phase in der Entwicklung von SA und völkischer Wehrbewegung begann nach der Haftentlassung Röhms am 1. April 1924.[2] Röhm, dessen Strafe von nur 15 Monaten zur Bewährung ausgesetzt worden war, befand sich im Besitz eines Schriftstücks, in dem Hitler ihn mit der «militärischen Leitung» von SA und Kampfbund beauftragt und ihm somit – jedenfalls nach Röhms Interpretation – «die uneingeschränkte Vollmacht zum Neuaufbau der Wehrbewegung»[3] erteilt hatte. Zunächst nahm Röhm Kontakt mit der bayerischen Regierung auf, um zu erkunden, ob man dort nicht an eine Aufhebung des Kampfbundverbots dachte. Staatlicherseits zeigte man sich jedoch an einer solchen Wiederbelebung völlig desinteressiert, da die bayerische Regierung mittlerweile damit begonnen hatte, unter Führung des aus der Armee ausgeschiedenen v. Epp im «Notbann» eine Organisation zur Erfassung der nichtnationalsozialistischen Wehrverbände zu schaffen. Auch bei seinen Kontakten mit den außerhalb des «Notbannes» verbleibenden Organisationen in Bayern, die sich zu einem «Völkischen Wehrring» zusammengeschlossen hatten, kam

Röhm zunächst nicht weiter; lediglich Einheiten seiner alten «Reichs-kriegsflagge» unterstellten sich seiner Führung. Bei der Durchführung seines zweiten Auftrags, der Reorganisation der SA, kam Röhm wesent-lich schneller voran. Zunächst von Göring in seinem österreichischen Exil zum stellvertretenden Kommandeur der SA ernannt, konnte Röhm wäh-rend einer am 17. und 18. Mai in Salzburg abgehaltenen Tagung seine Anerkennung als Führer der SA (zunächst an Stelle des «beurlaubten» Göring) durchsetzen.[4] Auf Röhms Betreiben wurden auf dieser Bespre-chung Richtlinien[5] verabschiedet, die den Neuaufbau der SA bis ins Detail hinein regelten. Die SA wurde hier als «Kampftruppe der NSDAP» und als «militärisch aufgebaut und unter strenger Ablehnung aller Vereins-meierei» bezeichnet, gleichzeitig wurde aber ihre Zugehörigkeit zum «Kampfbund» betont. Im Zuge der nun verstärkt betriebenen Neuorgani-sation der SA wurden auch Richtlinien für die Uniformierung der Truppe erlassen, in denen das «Braunhemd» neu eingeführt wurde; die hier gebrauchte Bezeichnung «Lettow-Hemden» deutete darauf hin, daß die Uniform der Kolonialtruppe des Kaiserreiches, in «Offz-Ausführung», als Modell gedient hatte.[6]

In den nächsten Wochen zeigte sich nun aber, daß Röhms Pläne für einen «Neuaufbau der Wehrbewegung» wesentlich mehr beinhalteten als die bloße, von Hitler konzessionierte Wiederbelebung von Kampfbund und SA. Röhms Überlegungen richteten sich vielmehr darauf, unabhän-gig von der Parteiführung eine reichsweite Wehrbewegung aufzubauen, in der alle mit dem Nationalsozialismus sympathisierenden Kräfte ver-einigt werden sollten. In diesem «Frontbann» sollten die einzelnen Ver-bände, deren weitgehende Autonomie sich bei allen früheren Zusam-menschlüssen als störend erwiesen hatte, einer starken Zentralorganisa-tion untergeordnet werden; insbesondere war dabei an die Schaffung einheitlicher militärischer Kommandostellen auf örtlicher Ebene gedacht. Auch die immer noch unter Verbot stehende SA, deren Mitglieder den eigentlichen Kern des «Frontbanns» bilden sollten, wären damit automa-tisch in die größere «nationalsozialistische Wehrbewegung» einbezogen worden. Organisatorische Vorbereitungen für den Neuaufbau der SA, die Röhm in Absprache mit der Parteileitung betrieb, waren also in seinen Augen gleichzeitig erste Schritte auf dem Weg zur Konstituierung einer umfassenderen Wehrorganisation. Im Grunde war Röhms Frontbann-Konzept eine konsequente Fortschreibung seiner Vorstellungen, die er vor dem November 1923 für eine Zusammenfassung und Aktivierung der Wehrverbände in Bayern verfolgt hatte; sein Denken bewegte sich nach wie vor in rein militärischen Kategorien.[7] So stellte sich Röhm den Frontbann – trotz einer allgemeinen Verpflichtung seiner Mitglieder auf nationalsozialistische Grundsätze – als rein militärische Organisation vor, deren «verantwortlicher Führer» er selbst sein wollte: «Weder General

Ludendorff noch Adolf Hitler noch Oberstleutnant Kriebel sollten durch den Frontbann belastet werden.»[8] Gerade dieser Führungsanspruch Röhms und das mögliche Aufgehen «seiner» SA in eine größere Organisation weckten aber das Mißtrauen Hitlers. Röhm mußte sich bei seinen Besuchen in Landsberg, wo Hitler trotz Festungshaft ungestört zahlreiche Kontakte nach außen unterhielt, «Einwände» des eingesperrten Parteiführers anhören und registrieren, «daß es ihm in seiner Abgeschlossenheit schwer würde, einen Beschluß zu fassen»[9]. Diese Entschlußlosigkeit Hitlers, in Organisations- und Kompetenzfragen eine für den Parteiführer typische Verhaltensweise, entsprach in diesem Falle vor allem taktischen Überlegungen: Es konnte weder im Interesse Hitlers liegen, seine in Aussicht genommene vorzeitige Haftentlassung durch Verwicklung in brisante politische Aktivitäten zu gefährden, noch wollte er sich generell während seiner Haftzeit auf neue Organisationsstrukturen festlegen lassen, die sich möglicherweise dann, über seinen eigenen Führungsanspruch hinweg, hätten verselbständigen können. Solche Überlegungen waren es denn auch, die Hitler schließlich im Juli 1924 veranlaßten, sich völlig von der Führung der nationalsozialistischen Bewegung zurückzuziehen.[10]

Ohne Rückendeckung Hitlers setzte Röhm, jetzt in erster Linie unter dem Patronat Ludendorffs, seine Bemühungen um den reichsweiten Aufbau des Frontbanns fort.[11] Nach langwierigen Verhandlungen (vor allem mit bayerischen und norddeutschen Verbänden) erfolgte die offizielle Gründung der Organisation im August 1924. Röhm versuchte vor allem, seine bald etwa 30000 Anhänger umfassende Wehrbewegung, die seiner Ansicht nach nur rein sachlich-militärischen Erfordernissen gehorchen sollte, aus den sich immer stärker ausbreitenden, persönlich und politisch motivierten Flügelkämpfen und Streitigkeiten der mittlerweile in zwei Parteien gespaltenen nationalsozialistischen Bewegung[12] herauszuhalten. Daß dies nicht möglich war, sollte sich Mitte September 1924 zeigen, als die bayerische Regierung, durch die verschiedenen Aktivitäten des Frontbanns alarmiert, seine Münchner Zentrale durchsuchen und Mitglieder der Führung verhaften ließ. Zwar wurde ein Verfahren letztlich im Zuge einer Amnestie niedergeschlagen, doch innerhalb des nationalsozialistischen Lagers wurden nun heftige Vorwürfe gegen Röhm erhoben. Man machte ihn dafür verantwortlich, daß die ursprünglich für den 10. Oktober vorgesehene Haftentlassung Hitlers und seiner Gesinnungsgenossen angesichts der Aufregungen um den Frontbann ausgesetzt wurde. Die Landsberger Häftlinge, Hitler nicht ausgenommen, so notierte der hart attakkierte Röhm verbittert, «konnten oder wollten nicht erkennen, um was es ging. Sie fühlten die nahende Freiheit bedroht und suchten die Schuld nicht bei dem Feind, sondern bei den Freunden, die für sie stritten».[13]

Erste Konsequenz dieses Zerwürfnisses war, daß Röhm, der im Mai

1924 auf der Liste des «Völkischen Blocks» in den Reichstag gelangt war, bei den Dezember-Neuwahlen nur noch in aussichtsloser Listenposition aufgestellt wurde. In den folgenden Monaten sollte aber deutlich werden, daß seine gesamte Konzeption einer umfassenden nationalsozialistischen Wehrbewegung neben der Organisation der politischen Partei obsolet geworden war. In der sich langsam stabilisierenden Republik lief der Trend gegen die alten Putschisten: Die Phase des wilden konterrevolutionären Aktivismus, wie er in den unruhigen Nachkriegsjahren, großzügig durch staatliche Stellen unterstützt, möglich gewesen war, ging zu Ende. Hitler, der am 20. Dezember aus der Haft entlassen worden war, hatte diesen Prozeß längst erkannt und war gewillt, die inzwischen eingetretenen Entwicklungen bei der «Wiederaufrichtung» der NSDAP zu berücksichtigen. In den «Grundsätzlichen Richtlinien für die Aufstellung der Nationalsozialistischen Deutschen Arbeiterpartei», die er im «Völkischen Beobachter» vom 26. Februar 1925, einen Tag nach Aufhebung des NSDAP-Verbots, erließ, hieß es denn auch: «Die Neubildung der SA erfolgt nach den Grundlagen, die bis zum Februar 1923 maßgebend waren.» Damit war deutlich ausgesprochen, daß die seinerzeit erfolgte Umwandlung der SA in einen Wehrverband rückgängig gemacht werden und die Parteitruppe wieder auf die Funktion eines Hilfsorgans der Partei reduziert werden sollte. «Zweck der neuen SA», so hieß es in den Richtlinien, sei – «wie einst vor dem Februar 1923» – die «Stählung des Körpers unserer Jugend, Erziehung zur Disziplin und Hingabe an das gemeinsame große Ideal, Ausbildung im Ordner- und Aufklärungsdienst der Bewegung»[14].

Diese neue Festlegung der Aufgaben der SA entsprach dem Kurs, auf dem Hitler die nationalsozialistische Bewegung bei seinem zweiten Anlauf zur Eroberung der Macht zu steuern dachte: Er hatte eingesehen, daß Verschwörung und Putsch angesichts der vorhandenen Machtmittel des Staates unzulängliche Methoden darstellten, war aber andererseits auch nicht bereit, die NSDAP durch die Teilnahme an Wahlen und Parlamentsarbeit auf die Rolle einer «normalen» Partei zu reduzieren. Seine Vorstellungen über die Eroberung der Macht liefen darauf hinaus, durch permanente Propaganda und eine straffe Organisation der Parteiarbeit eine Mobilisierung der Massen zu erreichen und so lange gegen das bestehende System anzurennen, bis dieses zusammenbrach und die Macht der stärksten Alternative, den Nationalsozialisten, zufiel. Dabei sah er die November-Revolution und den faschistischen Marsch auf Rom als Vorbilder[15], sicherlich wollte er sich aber auch an seinen eigenen Agitationsstil anknüpfen, mit dem er in München beachtliche Erfolge erreicht hatte, bevor er im Frühjahr 1923 auf den putschistischen Kurs eingeschwenkt war. Diese Abkehr vom Putschismus und die Hinwendung zu modernen Formen der Massenmobilisierung war aber keineswegs ein auf Hitler

beschränkter Prozeß, sondern sie stand im Zusammenhang mit grundlegenden Veränderungen, die sich nach dem mißglückten November-
Putsch innerhalb des paramilitärischen Lagers vollzogen.

Die allmähliche Entwicklung stabilerer innenpolitischen Verhältnisse
hatte einen Umbau der Wehrverbände zur Folge: Bis 1923 hatten sich die
Verbände, in der Tradition der Freikorps stehend, in erster Linie als (mit
der bewaffneten Staatsmacht kooperierende) Reserve- und Ausbildungs-
verbände gesehen und versucht, durch Zurschaustellung, Androhung
oder Anwendung quasi militärischer Macht Einfluß auf die Politik zu
nehmen, ohne sich in das Gezänk des politischen Tageskampfes hineinzie-
hen zu lassen. 1924 setzte nun eine Abkehr von diesem nur um militärische
Fragen kreisenden Politikverständnis ein. Innerhalb der Verbände setzte
sich langsam die Erkenntnis durch, daß die gewünschte autoritäre Umgestaltung des ungeliebten demokratischen Staates nur durch Gewinnung
einer Massenbasis, durch Anpassung an die nun einmal herrschenden
Spielregeln des politischen Meinungskampfes möglich war. Die Folge
dieses Umdenkens war eine Politisierung der Wehrverbände, gleichzeitig
aber auch eine Militarisierung der Politik.[16]

In den größeren Verbänden «Stahlhelm» und «Jungdeutscher Orden»,
deren Mitgliederzahlen zu diesem Zeitpunkt die Grenze von 100000
überschritten haben dürften, setzten sich Anfang 1924 die gemäßigten
gegen die putschistischen Elemente durch. Ähnliche Tendenzen lassen
sich auch in einigen kleineren Verbänden, wie etwa «Bund Oberland» und
«Reichsflagge», beobachten. Die Verbandsarbeit konzentrierte sich nun
auf die Vergrößerung der Organisation, zum einen durch verstärkte
Mitgliederwerbung, zum anderen durch die Schaffung von Hilfsverbän-
den. Beim Stahlhelm ging man etwa an den Aufbau einer Jugendorganisa-
tion, den «Jungstahlhelm», und versuchte, mit dem «Stahlhelm-Land-
sturm» (später «Ringstahlhelm») Anhänger, die über keine Fronterfah-
rung verfügten, zu sammeln. Auch der Jungdeutsche Orden organisierte
seit 1925 eigene «Jugendtrupps» und begann systematisch, Studenten zu
organisieren, während andere Verbände, wie etwa «Bund Wiking» und
«Wehrwolf», sich ebenfalls Jugendorganisationen zulegten; daneben glie-
derten sich verschiedene Verbände Frauenorganisationen an.[17]

Die Verbände begannen nun auch, sich verstärkt mit tagespolitischen
Fragen, aber auch mit grundsätzlich politisch-programmatischen Themen zu beschäftigen, bauten ihre Verbandspublizistik und -propaganda
aus und beteiligten sich insbesondere aktiv an den Wahlkämpfen, die den
beiden Reichstagswahlen vom Mai und Dezember 1924 vorangingen.[18]
Bereits Ende 1924 zeigte sich, daß sich infolge des veränderten Selbstver-
ständnisses der Verbände der innenpolitische Stil zu wandeln begann. So
sah sich der «Reichskommissar für die Überwachung der öffentlichen
Ordnung», eine dem Reichsinnenministerium nachgeordnete Stelle zur

Beobachtung des politischen Extremismus, in einem Bericht vom 20. Dezember 1924 über den Verlauf des Reichstagswahlkampfes veranlaßt, auf die neuen Entwicklungen einzugehen:

«Ruhestörungen in Form von Zusammenstößen und gewaltsamen Auseinandersetzungen zwischen politischen Gegnern waren nicht häufiger als bei früheren Wahlen. Es läßt sich indessen nicht verkennen, daß die neuartigen Formen, die die Wahlpropaganda bei den letzten Wahlen angenommen hat, zum Teil recht bedenklich sind. Straßendemonstrationen, die die mehr oder weniger militärisch disziplinierten, mehr oder weniger uniform gekleideten, meist jugendlichen Mitglieder der verschiedensten Bünde und Vereinigungen in Marschkolonnen auf die Straße brachten, waren nicht nur in großen Städten, sondern auch in kleinen Orten auf dem Lande an der Tagesordnung; ebenso das Auftreten von Automobilzügen und Last-Automobil-Kolonnen, die mit Mitgliedern solcher Verbände besetzt waren. Ein derartiges Aufgebot halb militärischer Formationen, die scharf politisch eingestellt sind und unter dem erregenden Eindruck der Wahlpropaganda stehen, bringt die Gefahr von Zusammenstößen und gewalttätigen Übergriffen in hohem Maße mit sich. Es ist zu beobachten, daß diese Form der politischen Propaganda weder in Deutschland früher üblich war, noch in anderen Ländern üblich ist. Sie geht letzten Endes auf die Tätigkeit der seinerzeit von Hitler zuerst als Formation der nationalsozialistischen Partei aufgestellten Sport- und Sturm-Abteilungen zurück und bedeutet keine wünschenswerte Bereicherung des Wahlkampfes, der doch seinem gesamten Wesen nach ein Kampf mit geistigen Mitteln sein soll. So erfreulich die gesteigerte Anteilnahme der Bevölkerung an der Behandlung und Entscheidung von politischen Fragen, die das Lebensinteresse des Volkes und Reiches berühren, ist, so bedauerlich ist dabei die Zuspitzung des Wahlkampfes zu einer Machtprobe von mehr oder weniger militärisch organisierten Verbänden, die mit den Parteien lediglich in einem losen Zusammenhang stehen. Es dürfte im Interesse der Ruhe und Sicherheit liegen, wenn in kommenden Fällen diese Art der politischen Propaganda in der Zeit der Wahlkämpfe nach Möglichkeit eingedämmt würde.»[19]

Die Bedeutung der sich in politische Kampfbünde wandelnden Wehrverbände lag vor allem darin, daß sie über die Zäsur des November 1923 hinaus ein wichtiges Kontinuum für die Aktivitäten der politischen Rechten darstellten. Die von ihnen veranstalteten «Machtproben» (wie sie der Reichskommissar schilderte) waren eine symbolische Fortsetzung der aus der konterrevolutionären Periode stammenden Formen direkter Anwendung organisierter bewaffneter Gewalt gegen die «Marxisten». Die Kampfbünde sorgten dafür, daß sich die Freikorpskämpfer und Bürgerkriegssoldaten in Plakatkleber, Demonstranten und organisierte Veranstaltungsstörer verwandelten, sie trugen mit dazu bei, daß das politische

Klima – trotz des allgemeinen Trends zur innenpolitischen Stabilisierung – durch die ständige Auseinandersetzung um die Straße in einer aktionsgeladenen Spannung blieb.

Sein ausgeprägter Sinn für Fragen der politischen Taktik hatte Hitler erkennen lassen, daß die Organisationsform «Wehrverband», trotz aller Bemühungen um Anpassung an die neuen Verhältnisse, an sich zu schwerfällig für den politischen Tageskampf war. Bei dem hohen Stellenwert, den die Verbände dem militärischen Formalismus einräumten, litten sie zwangsläufig unter einem Mangel an politischer Führungskraft und zielgerichteter ideologischer Ausrichtung. Hitler wollte für die NS-Bewegung die Chance zum Neubeginn nutzen und eine der Partei funktional zugeordnete Parteitruppe schaffen, wie er sie bereits vor 1923, ehe die Offiziere sich eingeschaltet hatten, besessen hatte. Diese von Hitler beabsichtigte unmittelbare Inanspruchnahme der dem Nationalsozialismus nahestehenden paramilitärischen Kräfte für Zwecke der Parteiarbeit stand aber im diametralen Gegensatz zu den Vorstellungen Röhms, der die SA als einen Wehrverband traditioneller Art sah und sie dem direkten Zugriff der Parteileitung gerade entziehen wollte.[20]

Daß sich die beiden unterschiedlichen Konzeptionen in der Praxis nicht vereinbaren ließen, zeigte sich im Frühjahr 1925 nur allzu bald. Anfang März, also nur wenige Tage nach dem Erlaß der oben erwähnten SA-Richtlinien Hitlers, wurde zwar auf einer Frontbann-Konferenz – wie Röhm es ausdrückte – «Hitler als dem Führer und Träger der nationalsozialistischen Bewegung und General Ludendorff als dem Schirmherrn Gefolgschaft gelobt», beide zeigten sich aber an diesem Angebot, das ja praktisch auf eine Teilung der Führung hinausgelaufen wäre, desinteressiert.[21] Während Ludendorff, der schon in den vergangenen Wochen erhebliche Spannungen mit Röhm gehabt hatte, sich nun vom Frontbann zurückzog, riß der Dialog mit Hitler zunächst nicht ab; ja, der «Führer» der NSDAP trug Röhm – trotz der bestehenden Auffassungsunterschiede – erneut die Leitung der SA an, die dieser aber nur unter bestimmten Bedingungen übernehmen wollte. Weitere Spannungen ergaben sich, als Röhm Hitlers Forderung nach «bedingungslose(r) Anerkennung seiner Befehle» nicht nachkommen wollte, solange der ihm die Anerkennung des Frontbanns als «die nationalsozialistische Wehrbewegung» versagte. Ende April 1925 versuchte Röhm schließlich, «eine grundsätzliche Klärung meines Verhältnisses zu Hitler» herbeizuführen. «Aufrichtige Freundschaft», so urteilte er rückblickend, habe ihn mit dem Führer der NSDAP verbunden; «gerade weil ich sah, daß sich Schmeichler an ihn drängten, die ihn bedingungslos anbeteten und kein Wort des Widerspruchs wagten, hielt ich mich für verpflichtet, als getreuer Kamerad zum Freunde offen zu reden». Röhm, der auch gegenüber seinen militärischen Vorgesetzten mit seiner eigenen Meinung nie hinter dem Berg gehalten hatte, war also keineswegs gewillt, sich dem nationalsozialistischen Führerkult zu unterwerfen, sondern beanspruchte für sich das Recht, mit dem «Freund» und «Kameraden» Hitler als gleichberechtigtem Partner sich offen auseinanderzusetzen.

Seine Freundschaftsbeteuerungen konnten aber über den Dissens in der Sache nicht hinwegtäuschen: Röhm forderte die alleinige Verantwortung für Frontbann und SA, die zwar vage auf die «Idee Adolf Hitlers» verpflichtet werden, sich aber jeder «Parteipolitik» enthalten sollten. Dieses Nebeneinander von politischer und Wehrbewegung wurde von Hitler, zum wiederholten Mal, mit der Forderung nach «Unterstellung und Eingliederung in den Rahmen der NSDAP» beantwortet – ein Ansinnen, das Röhm zum Rücktritt von der Leitung des Frontbanns und zur endgültigen Zurückweisung des Angebots zur Führung der SA veranlaßte. Nach dieser Entscheidung zog sich Röhm völlig aus dem politischen Geschehen zurück und übernahm 1928, nachdem er sich in verschiedenen Zivilberufen mit wechselndem Erfolg herumgeschlagen hatte, einen Posten als Offizier der bolivianischen Armee.[22]

2. Reorganisation der SA unter v. Pfeffer

Nach dem Rücktritt Röhms blieben SA und Frontbann zunächst ohne zentrale Führung. Die SA zerfiel in einzelne Gruppen und Grüppchen, die den jeweils örtlich zuständigen Parteiführern als Hilfstruppe zur Verfügung standen. Hatte die SA in den Augen Hitlers in erster Linie die Funktion, die politische Arbeit der Partei abzusichern und zu stützen, so war es konsequent, zunächst den Wiederaufbau der Partei vorzunehmen (und dabei seinen Führungsanspruch durchzusetzen) und erst in einem zweiten Schritt die Neuorganisation der Parteitruppe als Instrument der Parteiführung in Angriff zu nehmen.[23]

Zunächst aber galt es, innerparteiliche Querelen auszuräumen, die dem ungestörten Ausbau der NSDAP zu einer reichsweiten, zentral gesteuerten Partei entgegenstanden. Hitlers uneingeschränkter Führungsanspruch erschien durch die im September 1925 gegründete «Arbeitsgemeinschaft der nordwestdeutschen Gauleiter» gefährdet.[24] Mit dieser Gruppierung war in den Gebieten, in denen aus der Zeit vor 1923 praktisch keine Parteistruktur existierte, ein Gegenpol zur Münchner Führung entstanden. Man kritisierte gewisse organisatorische Unzulänglichkeiten der Münchner Führung, glaubte, sich dem von SPD und KPD betriebenen Volksbegehren gegen die Fürstenabfindung anschließen zu sollen und versuchte, eine Diskussion über das als zu unverbindlich angesehene Parteiprogramm in Gang zu bringen. Dabei ging es vor allem um die von Gregor Straßer geforderte Konkretisierung der «sozialistischen» Vorstellungen der Partei. Tatsächlich gelang es aber Hitler in einer Parteiführerbesprechung, die am 14. Februar 1926 in Bamberg stattfand, diese sich formierende innerparteiliche Opposition zu zerstreuen und jede weitere Diskussion des Parteiprogramms zu verhindern. Die Arbeitsgemeinschaft schlief in den folgenden Monaten ein.

Schließlich konnte Hitler seine Führungsrolle weiter ausbauen, indem er auf einer Generalmitgliederversammlung der NSDAP im Mai 1926 eine neue, noch stärker auf seine zentrale Führungsrolle zugeschnittene Parteisatzung verabschieden und die «Unabänderlichkeit» des Parteiprogramms ausdrücklich festschreiben ließ.[25]

Mit der Gründung der «Schutzstaffel» (SS) im November 1925 hatte Hitler außerdem eine weitere Parteitruppe geschaffen, die in der Tradition seiner alten Leibgarde, dem «Stoßtrupp Hitler», stand und damit enger auf seine Person ausgerichtet war als die in unübersichtlicher Weise mit anderen Verbänden verbundene SA. Im Unterschied zur SA, die den örtlichen Parteiführern unterstand, wurde die elitäre SS von Anfang an auch frei von Eingriffen der politischen Parteiorganisation gehalten.[26]

Bereits im Laufe des Jahres 1926 wurden verschiedene Anstrengungen unternommen, die SA auf Gauebene zu organisieren. So gründeten in Berlin ehemalige Angehörige des Frontbanns bei den einzelnen Partei-Ortsgruppen (aus Tarnungsgründen «Sportabteilungen» benannte) Formationen, die sich zu einem «Sportverband Groß-Berlin» zusammenschlossen. Ca. 400 Berliner SA-Männer sollen so bereits am 1926 in Weimar stattfindenden Parteitag teilgenommen haben.[27] Im Ruhrgebiet bildete sich im März 1926 der «Gausturm Ruhr», dessen Organisation – durch den Gau-SA-Führer Viktor Lutze und den Gauleiter Franz v. Pfeffer durchgeführt – in vielerlei Hinsicht zum Muster für den Aufbau der Sturmabteilungen anderer Regionen werden sollte.[28] Ähnliche Ansätze für eine Organisation der SA auf Gauebene scheint es um diese Zeit auch in Baden, in Franken und in Schleswig-Holstein gegeben zu haben.[29]

Nachdem der organisatorische Aufbau der Partei im Sommer 1926 einen gewissen Abschluß gefunden hatte, ließ Hitler zum 1. November 1926 eine zentrale SA-Führung einrichten und ernannte den bereits im Ruhrgebiet bewährten Franz v. Pfeffer zum «Obersten SA-Führer». SS, HJ und NS-Studentenbund wurden ebenfalls seiner Führung unterstellt.[30]

Mit v. Pfeffer wurde wieder ein Berufsoffizier an die Spitze der SA gestellt, der zwar erst 1924 zur NSDAP gestoßen war, sein Engagement für die «nationale Sache» aber bereits zuvor als Freikorpsführer, Teilnehmer am Kapp-Putsch sowie als aktiver Kämpfer gegen die französische Ruhrbesetzung unter Beweis gestellt hatte. Etwa gleichzeitig mit der Ernennung v. Pfeffers wurden Gregor Straßer zum Propagandaleiter der Partei und Joseph Goebbels zum Gauleiter in Berlin ernannt. Diese «Beförderung» dreier profilierter Männer der «nordwestdeutschen» NSDAP war offenkundig eine Reaktion auf den wenige Monate zuvor erhobenen Vorwurf der Münchner Cliquenwirtschaft und der Versuch, dem erneuten Entstehen eines Oppositionszirkels entgegenzuwirken.

Das Erscheinen des zweiten Teils seines Opus «Mein Kampf» Anfang 1927, also kurze Zeit nach der Ernennung v. Pfeffers, bot Hitler die Gelegenheit, sein Konzept von der Rolle der SA als Hilfstruppe der Partei in programmatischer Form zu entwickeln. Das Kapitel «Grundgedanken über Sinn und Organisation der SA»[31] kann als eine Abrechnung mit den Wehrverbandsaktivitäten Röhms, gleichzeitig aber auch als eine Instruktion für den neuen SA-Führer v. Pfeffer verstanden werden. Die Kernsätze des Kapitels wurden ihm denn auch in einem (gleichzeitig als «SA-Befehl Nr. 1» herausgegebenen) «Brief Adolf Hitlers an Hauptmann v. Pfeffer» ins Stammbuch geschrieben.[32]

Ausgangspunkt der gedanklichen Anstrengungen des Parteiführers bildeten Zusammenbruch und Umsturz von 1918. Nach langwierigen Betrachtungen über deren Ursachen gipfelten seine Überlegungen in der Schlußfolgerung, daß 1918/19 der «Marxismus nur deshalb zum Erfolg habe kommen können, weil er das vollendete Zusammenspiel von politischem Wollen und aktivistischer Brutalität» beherrscht habe, während es umgekehrt dem «nationalen Deutschland» an einer «geschlossenen Zusammenarbeit brutaler Macht mit genialem politischen Wollen» gefehlt habe: Die politischen Parteien der Rechten hätten über keine «Macht auf der Straße» verfügt, umgekehrt hätten die «Herren der Straße», die Freikorps und Wehrverbände, keine politischen Ideen und keine «wirklichen politischen Ziele» besessen.[33] Einzig und allein innerhalb der NSDAP sei im Ansatz die so schädliche Isolierung von «Idee» und «Gewalt» bereits überwunden worden: Man habe von Anfang an auf dem Standpunkt gestanden, daß die «Idee geistig zu vertreten ist, daß aber der Schutz dieser Vertretung, wenn notwendig, auch durch brachiale Mittel gesichert werden muß». Die zu diesem Zweck aufgestellte Ordnertruppe, die spätere SA, habe zwar «äußerlich einem sogenannten Wehrverbande» geglichen, sei aber doch im Grunde bereits etwas völlig anderes gewesen. Ohne staatliche Unterstützung, so Hitlers Kritik an den Wehrverbänden, müsse die von ihnen betriebene militärische Ausbildung stets unzureichend bleiben, da sie nun einmal nicht über die technischen und disziplinarischen Voraussetzungen einer Armee verfügten. Auch wenn eine gewisse militärische Ausbildung zustande käme, so müsse man sich vor Augen halten, daß sie letztlich einem Staat zugute käme, «der seiner ganzen Tendenz nach eine solche Wehrhaftmachung gar nicht wünscht, ja direkt haßt, da sie dem innersten Ziel seiner Leiter – Verderber dieses Staates – vollständig widerspricht». Wenn die SA kein Wehrverband sein solle, so könne sie andererseits aber auch keine Geheimorganisation darstellen. Man brauche nämlich nicht «hundert oder zweihundert verwegene Verschwörer, sondern hunderttausend und aber hunderttausend fanatische

Kämpfer unserer Weltanschauung», die sich in «gewaltigen Massenaufzügen» darzustellen und die Bewegung durch die «Eroberung der Straße» an die Macht zu führen hätten. Es gelte, «dem Marxismus beizubringen, daß der künftige Herr der Straße der Nationalsozialismus ist, genau so, wie er einst der Herr des Staates sein wird».[34] Aus der Ablehnung der Modelle Wehrverband bzw. Geheimbund leitete Hitler sodann drei «Konsequenzen» für den Ausbau der SA ab: Erstens müsse ihre Ausbildung «nicht nach militärischen Gesichtspunkten, sondern nach parteizweckmäßigen» erfolgen; sich «körperlich ertüchtigen» sei wesentlich wichtiger als «militärisches Exerzieren». Aus «sechs Millionen sportlich tadellos trainierte(n) Körpern» ließe sich in kurzer Zeit eine Armee aufstellen, wenn nur ein «gewisser Grundstock» (der nach den gegenwärtigen Verhältnissen nur durch die Reichswehr gestellt werden könne) vorhanden sei. Hitler hatte damit seine Auffassung über das Verhältnis von bewaffneter Macht und Reichswehr zu einem sehr frühen Zeitpunkt festgelegt: Die SA war demnach nicht eine Miliz, die im Falle der Machtergreifung an die Stelle der Armee zu treten hatte, ihre Aufgabe bestand vielmehr in einer Art vormilitärischer Ausbildung und in der Proklamierung des «Wehrgedankens».

Die SA müsse, so Hitlers weitere Ausführungen, schon durch die «Größe ihres Bestandes» wirksam werden. Es galt also, dem einzelnen SA-Mann seine «Mission» im Rahmen einer machtvollen Gesamtbewegung klarzumachen, seinem Kampf die «Größe eines weltanschaulichen Vernichtungskrieges gegen den Marxismus und seine Gebilde» zu verleihen. Organisation, Ausrüstung und Bekleidung der SA seien nicht nach den «Vorbildern der alten Armee», sondern nach einer durch ihre Aufgaben bestimmten «Zweckmäßigkeit» vorzunehmen.[35] Sodann hob Hitler in allen Details diejenigen Stationen hervor, die er für die bisherige Entwicklung der SA für «unendlich wichtig» hielt, nämlich die Teilnahme an der Demonstration der vaterländischen Verbände auf dem Münchner Königsplatz im August 1922 und den «Zug nach Koburg» vom Oktober des gleichen Jahres sowie die Umstellung der SA zu einer »militärischen Kampforganisation» im Anschluß an die Ruhrbesetzung im Frühjahr 1923. Nachdem durch die Zerschlagung der Organisation im Jahre 1923 die Chance geschaffen sei, «eines Tages dort wieder aufzubauen, wo man einst den richtigen Weg verlassen mußte», müsse die NSDAP nun «in ihrer SA ein Instrument zur Vertretung und Stärkung des Weltanschauungskampfes der Bewegung» schaffen.[36]

Der so instruierte v. Pfeffer ging unmittelbar nach seinem Amtsantritt daran, eine Reihe weiterer «SA-Befehle» («SABE») an die Führer der Untergliederungen zu erlassen, in denen der Aufbau der Parteitruppe in allen Einzelheiten vorgeschrieben wurde. Die Lektüre dieser Anordnungen macht deutlich, daß trotz der von Hitler vorgenommenen eindeutigen

Abgrenzung zu den Wehrverbänden unter der Führung v. Pfeffers das militärische Vorbild in hohem Maße verpflichtend für die Parteitruppe blieb. In generalstäblerischer Manier, angetrieben von einer detailbesessenen Organisationswut, bemühte sich v. Pfeffer, Gliederung und Befehlsverhältnisse, Uniformierung und öffentliches Auftreten, Personalwesen und Verwaltungsangelegenheiten der SA zu regeln und auf diese Weise eine Art militärischen Dienstbetrieb zu etablieren.

Mit dem Aufbau dieses komplexen Kommandoapparates und einem betont militärischen Führungsstil ging v. Pfeffer aber nicht nur über den Rahmen der von Hitler gestellten Aufgaben hinaus, sondern tat auch weit mehr, als die praktische Arbeit der Parteitruppe eigentlich erforderte. Denn tatsächlich spielten sich die Aktivitäten der SA zum überwiegenden Teil im lokalen Umfeld bzw. im Stadtviertelbereich ab, also im organisatorischen Rahmen der «Stürme»[37], während es verhältnismäßig wenige Aufgaben gab, mit denen sich die Existenz differenziert aufgebauter höherer Führungsstäbe rechtfertigen ließ. Das unter v. Pfeffer heranwachsende Führungskorps der SA sah sich daher gezwungen, diese offenkundige Aufgabenlücke durch Inspektionen, allerlei statistische Erhebungen, Planspiele und andere Aktivitäten auszufüllen, und etablierte auf diese Weise innerhalb der Parteitruppe eine perfektionistische Überorganisation. Die einmal eingeführten militärischen Organisationsprinzipien entwickelten im Laufe der Zeit eine Eigendynamik: Die beabsichtigte Einheitlichkeit der Organisation (für die professionellen Militärs eine grundlegende Voraussetzung) zwang dazu, immer neue Fragen auf dem Befehlsweg zu regeln. So hat es den Anschein, daß sich die Aktivitäten der Obersten SA-Führung unter v. Pfeffer weitgehend im reinen Organisieren erschöpften. Bezeichnenderweise war denn auch in seinen Anweisungen selten von politischen Zielvorstellungen die Rede – deren Formulierung wurde der Parteiführung überlassen –, sondern fast ausschließlich von deren «Durchführung». Dabei war die angestrebte hierarchische, auf dem Prinzip von Befehl und Gehorsam beruhende Struktur aber nur im begrenzten Umfang zu verwirklichen, da der SA-Führung die Sanktionsmöglichkeiten fehlten, um ihren Autoritätsanspruch gegenüber der Masse der Mitglieder auch wirksam durchzusetzen. Letztlich war es eben nicht die zentrale Führung mit ihren Tagesbefehlen und Dienstvorschriften, sondern der Typ des im persönlichen Kontakt mit seinen Leuten stehenden Unterführers, der die Organisation zusammenhielt. So bildete sich innerhalb der SA-Führungsstäbe eine halbmilitärische Scheinwelt heraus, die sich immer mehr von den Realitäten der SA-Basis entfernte.

Angesichts der Konzentration auf organisatorische Fragen kann es auch nicht verwundern, daß die SA-Führung die Rolle der Parteitruppe innerhalb der NS-Bewegung nur in recht lapidarer Form definieren konnte. So heißt es etwa im «SABE 2» vom 2. November 1926: «Die SA ist Mittel zum Zweck. Zweck ist der Sieg der Weltanschauung, deren Träger die NSDAP ist. Der Träger der Weltanschauung hat zu bestimmen, was geschehen soll. Die politische Leitung der NSDAP hat zu bestimmen, was mit der SA geschehen soll, wie wir die NSDAP dem Siege näher bringen sollen. Dagegen ist es unsere Aufgabe, die SA zu schaffen, auszubauen, leistungsfähig zu halten ... Der politische Leiter weist der SA die Aufgaben zu, die er von ihr erfüllt haben will.»[38]

Ferner wurde in diesem SABE verfügt, in die SA könnten nur Parteimitglieder aufgenommen werden; die gleichzeitige Mitgliedschaft in Wehrverbänden wurde ausdrücklich verboten. Auch der «SABE 4» vom 4. November 1926, der das Verhältnis von SA und SS regeln sollte, machte den geringen Verantwortungsbereich, den man der SA zugestehen wollte, deutlich. Es gäbe zahlreiche Aufgaben, so hieß es hier, «für die die SA nicht geeignet ist, oder die ihrem Zweck nicht gerecht wird. Aufgaben, für die die politische Leitung aber dennoch disziplinierte, mannhafte Kämpfer braucht. Es sind dies alle Aufgaben, wo Einzelmänner eingesetzt werden müssen, und alle Aufgaben, die einen Dienstverkehr mit Feinden, mit der Öffentlichkeit, mit fremden Pg. mit sich bringen. Also Saal- und Festordner, Eingangskontrolle, Flugblattverteilung, Vertrieb von Werbematerial, Zeitungsverkauf, Zettelkleben, Beobachtungen und manch schwierige Sonderaufgaben ... Da die Anforderungen an den einzeln wirkenden Mann (SS) größer sind, als die Anforderungen an den in geschlossener Abteilung wirkenden (SA), so müssen die SS aus ausgesuchtem, tüchtigem, besonders umsichtigem Menschenmaterial bestehen.»[39]

«SABE 3», einen Tag zuvor erlassen, hatte bereits deutlich gemacht, daß der einfache SA-Mann im Grunde genommen von seiner Führung für unfähig gehalten wurde, sich als einzelner an der politischen Auseinandersetzung zu beteiligen; zugleich wurde hier die von der SA zu leistende «Überzeugungsarbeit» recht treffend charakterisiert: «Die einzige Form in der sich die SA an die Öffentlichkeit wendet, ist das geschlossene Auftreten ... Der gefühlsmäßige ‹Wahrheitsbeweis› wird durch gleichzeitige Beigabe von logischen Beweisen und Werbemitteln nicht unterstrichen, sondern gestört und abgelenkt.»[40] Generell wurde hier der SA jede eigenständige Propaganda untersagt; ihre Aufgabe konnte nur darin bestehen, die Agitation der Partei zu flankieren: «Es ist verboten, daß sich eine SA mündlich oder schriftlich an die Öffentlichkeit (oder gar an den Gegner!) wendet, sei es durch Aufrufe, Bekanntmachungen, Flugblätter, Presse-‹Berichtigungen›, Eingesandtes, Inserate, Einladungen zu Festen oder Versammlungen oder sonst irgendwohin.»

Die folgende Passage aus dem gleichen Befehl läßt deutlich werden, welche große Bedeutung die SA-Führung der Anwendung von Gewalt für das Funktionieren der Parteitruppe zumaß; dem in der Auseinander-

setzung mit dem politischen Gegner überforderten SA-Mann sollte die
Gelegenheit geboten werden, seine eigene Unsicherheit im Gemeinschaftserlebnis des «Kampfes» zu überwinden: «Der SA-Mann ist der
heilige Freiheitskämpfer. Der Pg. ist der kluge Aufklärer und gerissene
Agitator. Die politische Propaganda sucht den Gegner aufzuklären, mit
ihm zu disputieren, seinen Standpunkt zu begreifen, auf seine Gedanken
einzugehen, ihm bis zu gewissem Grade Recht zu geben. – Wenn aber die
SA auf dem Plane erscheint, hört das auf. Sie kennt keine Konzessionen. Sie
geht aufs ganze. Sie kennt nur das Motto (bildlich): Slah dot! du oder ich!»

Weitere SABE befaßten sich eingehend mit der Uniformierung, mit
dem Tragen der verschiedenen SA-Abzeichen sowie mit der Gliederung
der Sturmabteilung.[41] Der verbindlich vorgeschriebene «Dienstanzug» der
SA bestand nach wie vor aus dem «Braunhemd» und einer SA-Mütze, dazu
waren nach Möglichkeit braune Hosen und Stiefel zu tragen. Windjacken
wurden erlaubt, gegen Kälte sollte man jedoch besser «Wollzeug unterziehen». Wichtig erschien der SA-Führung vor allem, daß innerhalb der
Stürme auf eine möglichst einheitliche Uniformierung geachtet wurde. In
Anlehnung an militärische Organisationsformen wurde ein Gliederungs-
schema für die SA entworfen, das eine Einteilung in Gruppen, Trupps,
Stürme und Standarten vorsah, später traten noch Brigaden und Gaustürme als größere Einheiten hinzu. Die von der SA-Führung für die
Ausfüllung dieses Schemas vorgeschriebenen Mannschaftsstärken ließen
jedoch relativ große Spielräume zu, so daß eine Anpassung an die jeweiligen
örtlichen Verhältnisse gewährleistet, andererseits jedoch die Expansion der
Organisation ohne Veränderung der Gliederungsgrundsätze möglich
blieb.

Besonderer Wert wurde dabei darauf gelegt, daß unter den Mitgliedern
der Gruppe (als der kleinsten Einheit) ein besonders enger Zusammenhalt
bestand. Sie sollte sich daher nach Möglichkeit aus Mitgliedern zusammen-
setzen, «die am liebsten miteinander arbeiten wollen und die, angegriffen,
in Not und Verteidigung am besten zueinander passen». Außerdem
müßten «die einzelnen untereinander leicht erreichbar sein», die Gruppen
also aus «Freunden, Arbeitskollegen, Sportkameraden bestehen, die nahe
voneinander wohnen oder beruflich arbeiten». Um die Binnenstruktur
solcher gewachsenen Gruppen möglichst nicht zu zerstören, fiel die
Bestimmung über ihre Mitgliederzahl flexibel aus: Sie konnte zwischen
drei und dreizehn Mann schwanken.

Besondere Bedeutung kam innerhalb des Gliederungsschemas dem
«Sturm» zu, dessen Führer als die «höchste Stelle» bezeichnet wurde, «die
noch enge persönliche Fühlung mit jedem einzelnen Mann halten kann»,
gleichzeitig bildete sie auch die unterste Stufe der Organisation, die direkt
von der Obersten SA-Führung mit internen Weisungen – etwa durch die
Verteilung der SABE – angesprochen werden konnte.[42]

Mit den SABE, die später teilweise in der Form von «Grundsätzlichen Anordnungen» («GRUSA») neu herausgegeben und ergänzt wurden[43], waren wesentliche Strukturen der SA-Organisation festgelegt worden, die auch in den kommenden Jahren charakteristisch für die Partreitruppe bleiben sollten. Die Einführung militärähnlicher Organisationsformen, bei gleichzeitiger Abgrenzung von den Wehrverbänden, zwang die SA-Führung Anfang 1927 dazu, noch einmal den grundsätzlichen Unterschied zwischen SA und Militär in einem gesonderten SA-Befehl deutlich zu machen. Zwar wurde hier durchaus anerkannt, daß bei einer der Hauptaufgaben der SA, der «Lenkung großer Massen», durchaus Berührungspunkte zum Militär bestünden; man müsse sich aber vor Augen halten, daß die SA keine militärischen, sondern «rein politische, rein innerpolitische-parteipolitische Aufgaben» verfolge und daß ihre Organisation im Unterschied zum Militär nicht auf das Prinzip der jederzeitigen Austauschbarkeit von Funktionsträgern gegründet sei. Vielmehr seien es gerade die innerhalb der einzelnen Einheiten bestehenden Bindungen und Autoritäten, die die SA zu Höchstleistungen befähige. Angesichts der vielfach ähnlichen Aufgabenstellungen, die mit den Schlagworten «Ordnung» und Sicherung der «Volkskraft» bezeichnet wurden, schließt der Befehl etwas ratlos: « – was Wunders, wenn wir auch Berührungspunkte entdecken werden»[44]. Diese Formulierung erscheint bezeichnend für die Lage, in der sich die SA nach der Etablierung ihrer neuen Führung befand: Die «politische» Aufgabenstellung der Parteitruppe, also flexibles Instrument im Dienste der Partei zu sein, mußte mit einer «militärischen» Führung und Struktur bewältigt werden.

3. Die SA auf der Suche
nach einer erfolgversprechenden Taktik

Bei der Reorganisation der Parteitruppe, die mit der Ernennung v. Pfeffers im Herbst 1926 begonnen hatte, konnten innerhalb eines Jahres erhebliche Fortschritte gemacht werden. Bis zum Herbst 1927 verfügte die SA bereits über 17 Gaustürme im Reich[45] und hatte somit ein – teilweise allerdings noch recht weitmaschiges – Netz über die südlichen, nördlichen und westlichen Gebiete Deutschlands gezogen; in den ostelbischen Gebieten, sieht man einmal von Berlin-Brandenburg ab, war die Organisation allerdings noch kaum entwickelt.[46] Die mitgliederstärksten SA-Verbände existierten – folgt man dem im «Völkischen Beobachter» bekanntgegebenen Mitgliederstand der SA-Versicherten – im Raum München und in Franken, in Sachsen, im Ruhrgebiet sowie in Berlin, also in den Gebieten, die auch die wichtigsten Aktionsfelder der politischen Parteiorganisation bildeten.[47] Zwar liegen für diesen Zeitraum noch keine konkreten Zahlen über den Mitgliederstand der SA vor, doch deuten die

Angaben über die bei den Parteitagen 1926 und 1927 aufmarschierenden Braunhemden auf ein relativ starkes Wachstum hin: Einigermaßen realistische zeitgenössische Schätzungen sprechen von 3600 SA-Leuten im Jahre 1925 bzw. von etwa 10–15000 im kommenden Jahr.[48] Parallel zur organisatorischen Festigung der SA begann Anfang 1926, nachdem Hitler sein Verhältnis zu der nordwestdeutschen Gauleitergruppe bereinigt und seinen Führungsanspruch innerparteilich durchgesetzt hatte, ein allgemeiner Prozeß der Zentralisierung und allmählichen Bürokratisierung der Parteiorganisation.[49] Die organisatorische Straffung der NS-Bewegung und die wachsende Zahl der Mitglieder konnten aber nicht darüber hinwegtäuschen, daß die Partei innerhalb des gesamten Spektrums der politischen Rechten noch eine untergeordnete Bedeutung besaß. So erreichten die Nationalsozialisten bei den Landtagswahlen in Sachsen (Oktober 1926) und Thüringen (Januar 1927) – beides Gebiete, in denen die Parteiorganisation relativ stark ausgebaut war – lediglich 1,6 bzw. 3,5%, in Hamburg waren es im Oktober 1927 nur 1,5%, bei den Neuwahlen vom Februar 1928 2,2%.[50]

Die Taktik der Münchner Parteileitung war in den Jahren 1926/27 in erster Linie auf die Gewinnung der Arbeiterschaft, auf die Ausschaltung der beiden sozialistischen Parteien gerichtet. So war die Propaganda der NSDAP durch einen antikapitalistischen Radikalismus geprägt; der sich «sozialistisch» gerierende «linke» Parteiflügel bestimmte mit seinen Hauptvertretern Goebbels und den Brüdern Straßer in einem starken Maße das Erscheinungsbild der Partei.

Im Rahmen dieser auf die Gewinnung der Arbeiterschaft zielenden Taktik fiel der SA vor allem die Aufgabe zu, die Propaganda der Partei offensiv, d. h. unter Anwendung terroristischer Gewalt, in die städtischen Hochburgen des «Marxismus» zu tragen.

Berlin war der Schauplatz, an dem diese neue Form des «Einsatzes» der SA erstmalig großflächig erprobt wurde. Der Ende 1926 neu ernannte Gauleiter Goebbels entwickelte hier einen auf die Möglichkeiten der SA zugeschnittenen, gewalttätigen, stets von einer einfallsreichen und reaktionsschnellen Propaganda begleiteten Agitationsstil, der in der Endphase der Republik den Alltag zahlreicher deutscher Großstädte bestimmen sollte. Das Markenzeichen gerade der Berliner SA wurde der Typ des «Rabauken», eine Figur, die – so umschreibt es ein Parteichronist – «das Leben kennt und die auch mit der Faust zu schreiben versteht».[51]

Als Goebbels im November 1926 den Posten des Gauleiters übernahm, ging er zunächst daran, die desolate Organisation der Berliner Partei unter der Parole des Neuanfangs zu festigen. Die Bildung einer Sonderorganisation für die aktivsten und finanzkräftigsten Parteigenossen, die direkte Unterstellung der SA unter die Gauleitung und der Umzug in eine größere Geschäftsstelle, in der ein geregelter Bürobetrieb möglich war,

bildeten dabei wichtige Voraussetzungen. Ein Propagandamarsch durch
das «rote» Neukölln, die Durchführung einer Großveranstaltung in Span-
dau (in deren Verlauf ein starker kommunistischer Teilnehmerblock so
eingeschüchtert werden konnte, daß er gegen den Hinauswurf eines
KPD-Diskussionsredners keinen Widerstand wagte), eine Propagandafahrt nach Kottbus, die in einer blutigen Schlägerei mit dem «Reichsbanner» endete – dies waren erste Aktionen, die den neuen, aggressiven
Stil der Berliner SA in aller Öffentlichkeit deutlich machten.[52] Dabei kam
es Goebbels zunächst darauf an, durch ständige Auseinandersetzungen
mit dem politischen Gegner um jeden Preis das Aufsehen der Öffentlichkeit auf die Partei zu ziehen, wie seine später geschriebene Schilderung
dieser «Kampfzeit» deutlich macht:

«Man fing an, von uns zu reden. Man konnte uns nicht mehr totschwei-
gen oder mit eisiger Verachtung an uns vorbeigehen. Man mußte, wenn
auch widerwillig, und mit zornigem Ingrimm, unsere Namen nennen.
Die Partei wurde bekannt. Sie stand mit einem Schlage im Mittelpunkte
des öffentlichen Interesses. Wie ein heißer Sturmwind war sie in die
lethargische Ruhe des politischen Berlin hineingefegt, und nun mußte
man zu ihr Stellung nehmen: mit Ja oder mit Nein. Das, was uns in den
Anfängen als verlockende und unerreichbare Sehnsucht erschienen war,
das wurde plötzlich Wirklichkeit. Man sprach von uns. Man diskutierte
über uns, und es blieb dabei nicht aus, daß in der Öffentlichkeit mehr und
mehr danach gefragt wurde, wer wir denn eigentlich seien und was wir
wollten.»[53]

Nachdem er auf diese Weise das politische Klima erfolgreich angeheizt
hatte, bereitete Goebbels eine weitere, noch massivere Provokation des
kommunistischen Gegners vor: Er berief eine Großveranstaltung der
Partei ausgerechnet in den «Pharussälen» ein, ein in der kommunistischen
Hochburg Wedding gelegener Veranstaltungsort, der häufig von der
KPD für ihre Kundgebungen genutzt wurde. Für die Veranstaltung
wählte er zudem ein Motto («Der Zusammenbruch des bürgerlichen
Klassenstaates»), das wie eine Parodie auf die üblichen kommunistischen
Parolen klang. Ein zeitgenössischer Bericht eines NSDAP-Mitglieds
beschreibt plastisch die Situation, die in dem mit etwa 800 SA-Leuten und
200 KPD-Anhängern besetzten Saal entstand, nachdem gleich zu Beginn
der Veranstaltung Zwischenrufe aus der kommunistischen Ecke laut
geworden waren:

«Auf die Mitteilung des Versammlungsleiters, daß er die Ruhestörer im
Wiederholungsfalle aus dem Saale weisen würde, wurde die K-P-D. von
einer künstlichen Erregung befallen. Mittlerweile hatte die SA den Unru-
heherd langsam eingeschlossen und die Kommunisten, die Gefahr bemer-
kend, begannen plötzlich tätlich zu werden. Das Nachfolgende spielte sich
innerhalb 3–4 Minuten ab. Im Nu wurden von beiden Seiten Stühle,

Biergläser, selbst Tische, erhoben und ein wilder Kampf begann. Mehr und mehr wurden die Kommunisten unter die Galerie gedrängt, die wohlweislich von uns besetzt war, und bald sausten von dieser ebenfalls Stühle und Gläser herab. Die Schlacht war schnell entschieden: die KPD zog mit 83 mehr oder minder schwer Verletzten ab, d. h. sie konnte gar nicht so schnell die Treppen heruntersteigen, wie sie gemütlich und ‹harmlos› hinaufgestiegen war. Auf unsere Seite hatten wir 3 Schwerverletzte und ca. 10–15 Leichtverletzte zu beklagen ... Die Schlacht war geschlagen. Der Sieg des Nationalsozialismus auf dem Wedding erzwungen.»[54]

Die «Schlacht in den Pharussälen» wurde von der Parteipropaganda alsbald legendär verklärt; sie sollte fortan als die eigentliche «Feuertaufe» der Berliner SA gelten. Der «unbekannte SA-Mann», ein von Goebbels in seiner Pharussaal-Rede geprägter Ausdruck, wurde zum Synonym für den selbstlosen Heroismus der «braunen Kämpfer». In späteren Schilderungen der Ereignisse wurde allerdings das Stärkeverhältnis von Nationalsozialisten und Kommunisten immer mehr zuungunsten der SA verändert, die 1937 erschienene offizielle Geschichte der Berliner SA sprach schließlich von «300 Mann SA» und «1 500 Roten».[55]

Die Kundgebung in den Pharussälen wurde zum Ausgangspunkt einer Versammlungswelle, mit der die Partei in den folgenden Wochen ganz Berlin überzog. Daneben wurden auch verstärkt Propagandafahrten in die Berliner Umgebung unternommen, deren Höhepunkt häufig das überraschende Auftreten größerer SA-Trupps in «roten» Kleinstädten, eine Art symbolischer «Besetzung», bildete. Bei der Rückkehr von einer dieser Unternehmungen – das einjährige Bestehen der Parteitruppe in Trebbin wird gefeiert – kommt es auf dem Bahnhof Lichterfelde Ost zu einem schweren Zusammenstoß mit zufällig den gleichen Zug benutzenden Angehörigen des kommunistischen Rotfrontkämpferbundes: Nach wechselseitigen Provokationen entsteht eine Massenschlägerei, an deren Ende beide Seiten eine größere Zahl von Verletzten zu beklagen haben. Diesen Vorfall nimmt die Berliner Polizeiführung zum Anlaß, der NSDAP in der Reichshauptstadt mit einem Verbot zu drohen, das nach einem weiteren schweren Vorfall (ein durch die SA aus einer nationalsozialistischen Versammlung herausgeprügelter Opponent wird schwer verletzt) auch tatsächlich am 5. Mai 1927 ausgesprochen wird.[56]

Obwohl die Parteipropaganda sofort offensiv auf das Verbot reagierte («Trotz Verbot nicht tot») und der Zusammenhalt der Organisation auch in der Illegalität gesichert werden konnte, litt die Partei empfindlich unter der Tatsache, daß ihr jede Möglichkeit zur öffentlichen Selbstdarstellung genommen worden war. So kam auch Goebbels nicht umhin, ernüchtert festzustellen, daß der «Siegeslauf der jungen nationalsozialistischen Bewegung in der Reichshauptstadt ... nun vorläufig ... ein kurzes und jähes Ende genommen» hatte.[57]

Die SA nach der Wiedergründung der NS-Bewegung: Die im Jahre 1925 zum «Propagan-
damarsch» angetretene Formation (oben) gibt sich noch ganz militärisch; nach dem Verbot
der Berliner SA 1927 fand man verschiedenste Formen der Tarnung (hier Mitglieder des
Kreuzberger «Sportvereins Südwest» (unten).

In Berlin hatte sich damit gezeigt, daß die von Hitler und Goebbels eingeschlagene Taktik, die NSDAP auf mehr oder weniger legalem Wege, durch eine Mobilisierung der (vornehmlich großstädtischer) Massen an die Macht zu bringen, mit dem vorhandenen nationalsozialistischen Potential kaum zu bewerkstelligen war. Vor allem bildete die SA, die den größten Teil der Parteiaktivitäten zu tragen hatte und bei der «Eroberung» der Großstädte unverzichtbar war, mit ihrem ungezügelten Radikalismus einen ausgesprochenen Risikofaktor für die gesamte Bewegung, da der Staat offensichtlich in der Lage war, sich dem Terror der Sturmabteilungen offensiv entgegenzustellen.

Ebenfalls im Mai 1927 sah Hitler sich mit radikalen Tendenzen innerhalb der Münchner SA konfrontiert. Die Sturmführer Rauscher und Heines, beide als Befürworter eines neuen «Aktivismus» der SA hervorgetreten, wurden nach erheblichen Querelen aus der Partei gejagt.[58] Um den Parteifrieden wiederherzustellen und sich gegen den Vorwurf zu wehren, «Bremser» und «Bonzen» in seiner unmittelbaren Umgebung zu dulden, sah sich Hitler veranlaßt, in zwei «Generalappellen», zu denen sich die gesamte Münchner SA im Mai im Abstand von nur einer Woche einzufinden hatte, eindringlich zur Einhaltung der Disziplin zu ermahnen und vor einem falsch verstandenen Aktivismus zu warnen.[58] Bemüht, den richtigen «kernigen» Ton seiner «braunen Kämpfer» zu finden, bekannte der Parteichef auf einer der Veranstaltungen sogar, «es tue ihm fast leid, nicht selbst auch einmal richtig verhauen zu werden, damit jeder sieht, daß er auch S.A.-Mann ist und seine Fäuste zu bedienen weiß»[60]. Am Ende beider Kundgebungen verpflichtete er die angetretenen SA-Leute einzeln per Handschlag auf seine Person.

Hitlers ständige Befürchtung, eine Radikalisierung der SA, wie sie sich in München und Berlin gezeigt hatte, könnte zu einem erneuten Parteiverbot führen und damit die Existenz der Gesamtbewegung gefährden, dürfte erheblich mit dazu beigetragen haben, daß die Parteiführung in der zweiten Jahreshälfte 1927 sich langsam von der bisher eingeschlagenen Parteitaktik abzuwenden begann.[61] Neben der Notwendigkeit, den überschäumenden Aktivismus der SA zu zähmen, spielte vor allem auch eine Rolle, daß angesichts der Weigerung Hitlers, an die Gründung nationalsozialistischer Gewerkschaften heranzugehen, und angesichts der Unfähigkeit der Parteipropaganda, die «sozialistischen» Parolen mit konkreten Inhalten zu füllen, die Hoffnungen auf eine Gewinnung der Arbeiterschaft zwangsläufig gering sein mußten.[62] Die NSDAP unternahm nun einen weiteren Schritt, den bei der Neugründung der Partei 1925 eingeschlagenen prinzipiell legalen Kurs glaubwürdiger erscheinen zu lassen, indem sie das Werben um Wählerstimmen in den Mittelpunkt ihrer Arbeit stellte. Einen ersten großen Erfolg in dieser Richtung erhoffte man sich von einer umfassend vorbereiteten Teilnahme an den Reichstagswahlen vom Mai

1928. Gleichzeitig begann die Parteileitung allmählich, ihre Propaganda und Programmatik stärker auf die Gewinnung von Anhängern aus den Mittelschichten abzustellen. So startete die NSDAP 1927 eine Kampagne gegen die Warenhäuser, von der man sich Sympathien seitens des Kleinhandels erhoffte.[63] Hingegen war die Agitation auf dem Lande, die nun ebenfalls stärker in das Zentrum der Parteiarbeit rückte, für die NSDAP keineswegs völliges Neuland: Eher im Schatten des von der Parteileitung verfolgten «städtischen» Kurses und ohne ein besonderes Interesse bei Hitler zu finden, war seit 1925 in einer Reihe örtlich und regional begrenzter Initiativen der Versuch unternommen worden, die Bauernschaft für die NSDAP zu interessieren.[64] Vor dem Hintergrund des dramatischen Preisverfalls für Agrarprodukte griff die Parteileitung nun auf diese ersten Ansätze zurück: Auf dem Parteitag von 1927 fand eine Sondertagung für Agrarfragen statt[65], im Dezember hielt Hitler in Hamburg seine erste große Rede vor einem bäuerlichen Publikum[66], und Ende 1927 begann die Partei, die besonders unruhige Region Dithmarschen mit einer Versammlungswelle zu überziehen.[67] Diese Anstrengungen blieben nicht ohne Erfolg: Aus Thüringen, Pommern, Mecklenburg und Schleswig-Holstein kamen erste Erfolgsmeldungen über den Zustrom von Bauern zur Partei.[68] Im April 1928 schließlich bewegte sich die NSDAP noch einen weiteren Schritt auf die Bauern zu, indem sie das «unabänderliche» Parteiprogramm um einen Passus ergänzte, durch den die alte Forderung nach einer «Bodenreform» entschärft wurde.[69]

In den folgenden Monaten orientierte sich die gesamte Parteiorganisation auf den bevorstehenden Wahlkampf um: Wichtige Schlüsselpositionen auf Reichs- und auf Gauebene wurden neu besetzt, wobei man in erster Linie auf den Typ des fähigen Organisators zurückgriff. Gleichzeitig begann man, die Gaugrenzen an die Einteilung der Reichstagswahlkreise anzupassen. Während sich die gesamte Partei im Zuge der Wahlkampfvorbereitungen zunehmend in ein ausführendes Organ der zentral gesteuerten Propagandaaktion verwandelte[70], kam es – parallel zu der allmählichen Ausrichtung der Parteiarbeit auf die Mittelschichten – auch zu einer Neubestimmung des Verhältnisses zu den Wehrverbänden.

4. Die Wehrverbände:
Vorreiter und Reservoir der SA

Hatte bisher die scharfe Abgrenzung von Partei und SA gegenüber den Verbänden ganz im Vordergrund gestanden, so begannen die Nationalsozialisten nun, sich verstärkt für das in den Verbänden organisierte Potential zu interessieren.[71] Um dieses Interesse der NSDAP an den Wehrverbänden zu verstehen, muß man sich vor Augen halten, daß die rechtsstehenden paramilitärischen Organisationen – in erster Linie also

«Stahlhelm» und «Jungdeutscher Orden», daneben vor allem «Wehrwolf», »Oberland» und «Reichsflagge», seit September 1925 außerdem
der von Ludendorff-Anhängern gegründete «Tannenberg-Bund»[72] – im
Begriff waren, in der Innenpolitik der Republik eine eigenständige Rolle
neben den Rechtsparteien zu übernehmen. Den Ausgangspunkt dieser
Entwicklung bildeten die Wahlkämpfe des Jahres 1924, in denen die
Verbände sich erstmals als «überparteiliche» Unterstützungsorganisatio-
nen für DVP und DNVP sowie für einige weitere rechts stehende
Gruppierungen eingesetzt hatten.[73] Die hier begonnene Politisierung der
Verbände setzte sich in den folgenden Jahren verstärkt fort, boten doch
zahlreiche innenpolitische Kontroversen den paramilitärischen Organisationen immer wieder Gelegenheit, ihre Mitglieder in großangelegten
Kampagnen zu mobilisieren: Im Sommer 1924 opponierten die Verbände
heftig gegen die Annahme des Dawes-Planes; Anfang 1925 bildeten sie
zusammen mit anderen, außerhalb des Parlaments stehenden Rechtsorga-
nisationen ein Wahlkomitee für die durch den Tod Eberts notwendig
gewordene Neuwahl des Reichspräsidenten und favorisierten den Chef
der Heeresleitung v. Seeckt als Kandidaten; im Herbst 1925 beteiligten
sich Stahlhelm und Tannenbergbund gemeinsam mit der «Vereinigung
der Vaterländischen Verbände», der Dachorganisation der gemäßigten
Rechts-Gruppierungen, an einer Arbeitsgemeinschaft gegen die Ratifizie-
rung der Locarno-Verträge; im Sommer 1926 trugen Stahlhelm und
Jungdeutscher Orden maßgeblich die Agitation eines «Nationalkomi-
tees» mit, das sich gebildet hatte, um den (von den sozialistischen Parteien
initiierten) Volksentscheid gegen die geplante Fürstenabfindung zu verhindern. Trotz ihres teilweise erheblichen agitatorischen Aufwandes war
es den Verbänden in den meisten Fällen aber nicht gelungen, die ihnen
nahestehenden Parteien auf ihren Kurs zu bringen und damit die von
ihnen verfolgte Politik auch in die Realität umzusetzen: Dawes-Plan und
Locarno-Verträge waren im Parlament mit den Stimmen der DVP verabschiedet worden, die verfassungsändernden Bestimmungen des Dawes-
Planes sogar mit Hilfe deutschnationaler Stimmen über die Zwei-Drittel-
Hürde gehoben worden; bei der Wahl des Reichspräsidenten hatten die
Rechtsparteien die Vorschläge der Verbände ignoriert und statt dessen
den Duisburger Oberbürgermeister Jarres als Kandidaten aufgestellt; als
dieser dann im ersten Wahlgang die absolute Mehrheit verfehlt hatte,
hatten sie ihn – gegen den Widerstand der Verbände – gegen den dann
letztlich auch erfolgreichen Hindenburg ausgewechselt. Lediglich im Fall
der von ihnen befürworteten Fürstenabfindung hatten Rechtsparteien und
Kampfbünde eine nahezu geschlossene Front gebildet, der es auch gelungen war, einen Erfolg der Linken im Volksentscheid zu verhindern.[74]
    Das insgesamt doch enttäuschende Ergebnis der politischen Bemühun-
gen der Kampfverbände wirkte sich in zweifacher Weise aus. Zum einen

traten, wie der Reichskommissar für die Überwachung der öffentlichen Ordnung konstatierte, zwischen den Verbänden «eine Unzahl persönlicher und prinzipieller Differenzen» auf, ja das ganze Lager geriet «in einen Zustand der Unruhe und der Gärung[75]». Zum anderen führte die Tatsache, daß die Parteien sich in einem weit größeren Maße als die Kampfverbände bereit gezeigt hatten, Kompromisse mit der ungeliebten Republik einzugehen, zu einem zunehmend angespannten Verhältnis zwischen parlamentarischer und außerparlamentarischer Rechten. Diese Spannungen verschärften sich weiter, als die Verbände im Sommer 1926, im Vorfeld der sächsischen Landtagswahlen, eine neue Taktik erprobten: Eine unter der Führung des Stahlhelm stehende Arbeitsgemeinschaft der sächsischen Wehrverbände forderte die kandidierenden Rechtsparteien auf, eine Einheitsfront zu bilden und machte die weitere Unterstützung im Wahlkampf von der Erfüllung einer Reihe von Forderungen abhängig. Dieses ultimative Vorgehen scheiterte jedoch am Widerstand der Parteien, wobei vor allem die DVP entschlossen gegen die Vorstellungen der Verbände auftrat.[76]

Wenn auch die Politisierung der Kampfbünde ihnen nicht die gewünschten praktischen Erfolge gebracht hatte, so waren doch deutlich meßbare Wirkungen eingetreten: Das verstärkte öffentliche Auftreten der Kampfbünde, ihr überall zur Schau getragener Aktivismus, der sich in Aufmärschen und Kundgebungen, Flugblatt- und Unterschriftenaktionen und anderem mehr äußerte, hatten erheblich mit dazu beigetragen, das politische Klima der Republik weiter zu verschärfen. So stellte ein Bericht des Reichskommissars für die Überwachung der öffentlichen Ordnung vom Juni 1926 fest: «Die schon in den vorausgegangenen Berichten charakterisierte Entwicklung, daß die politische Aktivität immer mehr von den ursprünglichen Trägern der politischen Gedanken, den Parteien, auf außerhalb der Parteien stehende, große, nach militärischem Vorbild aufgebaute Organisationen übergeht, ist in letzter Zeit noch schärfer wie bisher in Erscheinung getreten.» Je mehr Rotfrontkämpferbund, Reichsbanner, Stahlhelm und die übrigen Verbände in den letzten Wochen in Erscheinung getreten seien, desto mehr hätten sich «bedauerlicherweise auch die Zusammenstöße zwischen Angehörigen der Verbände der verschiedenen Richtungen vermehrt». Nach Erörterungen verschiedener Einzelheiten kam der Bericht zu dem Ergebnis, «daß auf dem Hintergrund der allgemeinen wirtschaftlichen Depression und einer aus ihr folgenden, breite Schichten der arbeitenden Bevölkerung und des Mittelstandes treffenden Notlage, ein Zustand politischer Hochspannung entstanden ist, der sich in der Verschärfung der politischen Gegensätze und in der Zuspitzung des politischen Kampfes äußert».

Die allgemeine Lage des Reiches, so das Fazit des Reichskommissars, sei «als außerordentlich gespannt und krisenhaft zu bezeichnen. Die all-

mählich zur Gewohnheit gewordene Hinaustragung der politischen Gegensätze auf die Straße, die Verbindung von politischen Forderungen mit
Demonstrationen geschlossener disziplinierter Massenverbände, das Spiel
mit Putschgerüchten und mit Gewaltdrohungen, schafft unleugbar große
Gefahren für die öffentliche Ruhe und Sicherheit des Reiches.»[77]
Drei Monate später charakterisierte der Reichskommissar die Lage
folgendermaßen: «Die durch die Agitation der Verbände unterhaltene
politische Erregung fand ihren Ausdruck bedauerlicherweise auch in einer
weiteren Häufung von Zusammenstößen zwischen Angehörigen politischer Richtungen, die sich meist im Anschluß an Demonstrationen und
Versammlungen ereigneten, und bei denen in einigen Fällen sogar Todes-
opfer zu beklagen waren. Es muß festgestellt werden, daß die unter den
jugendlichen Mitgliedern der Verbände systematisch unterhaltene
Kampfstimmung die Hauptursache ist, daß es immer wieder zu Raufereien und Ausschreitungen aus politischen Gründen kommt. Es wird auf
diese Weise ein Straßenheldentum herangezüchtet, das in Straßenkämpfen
die Gelegenheit, sich auszuzeichnen, sucht. Ganz besonders bedauerlich ist
die Rücksichtslosigkeit und Roheit, mit der bei solchen Zusammenstößen
von Schußwaffen Gebrauch gemacht wird.»[78]
Wenn auch die meisten der hier geschilderten Auswüchse auf die
Konten von Rotfrontkämpferbund und SA gingen, so trugen doch auch
die Kampfverbände durch ihr Verhalten kräftig dazu bei, daß sich eine
aggressive politische Grundstimmung entwickelte, die den massiven
Ausbruch offener Gewalt, wie ihn die Republik wenige Jahre später
erleben sollte, überhaupt erst ermöglichte.
Die rechtsstehenden Kampfverbände können daher als Vorläufer und
Wegbereiter der SA angesehen werden. Der militante Stil der Verbände,
ihre provokativ auf die Straße getragene Gegnerschaft gegenüber Republik und «Marxismus», ließen immer wieder Konflikte aufflammen und
schufen langfristig jenes politische Reizklima, das eine wirklich dauerhafte
Stabilisierung der Republik nicht zuließ und sie in der 1929 aufbrechenden
Wirtschaftskrise so anfällig und schwach gegenüber der Agitation der
NSDAP machte.
Die latente Gewalttätigkeit der Verbände zeigte sich zum einen in
ihrem äußerlichen Auftreten, in den von ihnen veranstalteten Aufmärschen und militärischen Ritualen, sie trat aber vor allem auch in der
innerhalb der Verbände herrschenden «soldatischen» Mentalität hervor,
in der Beschwörung des «Frontgeistes», in der aus dem Kriegserlebnis
abgeleiteten Betonung des Kampfes als einer adäquaten Haltung auch
gegenüber dem politischen Gegner. Diese Übertragung der im Krieg und
in den Bürgerkriegskämpfen der Nachkriegszeit eingeübten Haltung auf
die Innenpolitik eines parlamentarisch verfaßten Staates hatte ein redu-
ziertes Verständnis von Politik zur Folge, das die politische Kontroverse

nur in Form eines schematisierten Freund-Feind-Denkens begreifen konnte. So war die ganze Art und Weise des Auftretens der Verbände darauf angelegt, beim Publikum eine spontane Entscheidung hervorzurufen, also entweder Zustimmung, den Wunsch mitzumachen, mitzumarschieren, auszulösen oder, wenn dies nicht gelang, durch eine massierte Zurschaustellung des eigenen Kräftepotentials einschüchternd zu wirken. Die Verbände verstanden sich als monolithische «Blöcke», diszipliniert nach innen, festgefügt und undurchdringbar gepanzert nach außen. In ihrem Verständnis konnte es – und damit unterschieden sie sich von den ihnen nahestehenden Rechtsparteien – weder Debatte noch Kompromiß mit dem politischen Gegner geben, sie zielten vielmehr darauf, unter der Parole «Eroberung der Straße» den von ihnen im marxistischen Lager ausgemachten Feind zu verdrängen, ihn mundtot zu machen und letztlich zu vernichten. Auch wenn die Verbände in der Regel nicht zu offener Anwendung von terroristischer Gewalt übergingen, sondern sich mit Drohungen begnügten, so sind doch die Parallelen zur SA nicht zu übersehen. Hält man sich die Größenverhältnisse vor Augen – in den Verbänden waren Ende der zwanziger Jahre mehrere Hunderttausend organisiert –, so kann der Anteil der Verbände an der innenpolitischen Radikalisierung nicht zu gering eingeschätzt werden.

Die Taktik der Kampfverbände, ihr Mitgliederpotential als innenpolitische Druckmittel einzusetzen, zeigte sich insbesondere bei den von ihnen organisierten Großveranstaltungen. So zog beispielsweise der Jungdeutsche Orden im November 1925 über 10000 Anhänger in Dortmund zusammen, um hier einen «Ruhrbefreiungstag» zu begehen: Wenige Wochen nach dem Abzug der französischen Besatzungstruppen sollte so eine symbolische «Rückeroberung» der Stadt vollzogen werden. Nur durch einen massiven Einsatz der Polizei konnte die Konfrontation mit den Kommunisten, die zu einer Gegendemonstration aufgerufen hatten, auf einige kleinere Schlägereien am Rande beschränkt werden.[79] Den bis dahin wohl größten Aufmarsch in der Geschichte der Kampfverbände veranstaltete der Stahlhelm im Mai 1927 in Berlin: Über 100000 Mitglieder kamen hier zum «Achten Frontsoldatentag»[80] zusammen, eine Veranstaltung, die von dem Stahlhelmführer Seldte in drohend-düsterer Manier mit den Worten angekündigt worden war: «Wir werden in Ruhe nach Berlin gehen. Aber eines Tages gehen wir nach Berlin und bleiben dort!» Solche Ankündigungen und die von der Stahlhelmführung ausgegebene Parole einer «Eroberung» der Reichshauptstadt, die symbolisch durch einen – «rote Viertel» berührenden – «Sternmarsch» und durch eine Parade im zentral gelegenen Lustgarten vollzogen wurde, führten auf der Linken zu erheblicher Beunruhigung, weckte doch der militärische Aufmarsch Erinnerungen an den Kapp-Putsch. Gegendemonstrationen und großangelegte Störversuche der KPD blieben nicht aus. Tatsächlich aber sollte es der Polizeiführung gelingen, Herr der Lage zu bleiben, die Wirkung der Veranstaltung verpuffte.[81]

Der Frontsoldatentag des Stahlhelm hatte exemplarisch deutlich gemacht, daß die Verbände, die sich mehrfach als unfähig erwiesen hatten, die ihnen nahestehenden Parteien auf ihren Kurs zu bringen, eben auch nicht in der Lage waren, durch Aktionen im außerparlamentarischen Bereich, wie gigantisch sie auch sein mochten, ihre Ziele durchzusetzen. In politischer Hinsicht hatte die Veranstaltung sogar den Eindruck einer gewissen Hilflosigkeit des Stahlhelms hinterlassen, war doch das Mißverhältnis zwischen der organisatorischen Leistungsfähigkeit (alles hatte ja «prima geklappt») des Veteranenverbandes und seiner Unfähigkeit, sein Mitgliederpotential auch in politischen Einfluß umzusetzen, deutlich geworden. Die Organisation, so hatte sich gezeigt, verfügte im Grunde über keine ausgereifte politische Taktik, sie war in ihrer ideologischen Ausrichtung unklar, ihre Führung war schwach, wie der Stahlhelmführer Seldte in geradezu naiver Form auf dem Frontsoldatentag zugegeben hatte: «Wir sind nach Berlin gekommen, um für unsere Idee, die innere und äußere Befreiung Deutschlands, zu werben, denn wir allein sind noch zu schwach, um dieses Ziel zu erreichen.»[82]

Die beim Stahlhelm offensichtlich gewordenen Schwächen trafen aber mehr oder weniger auch auf die anderen Kampfverbände zu. Hier lagen die Chancen für die NSDAP, sich ein neues Potential zu erschließen: Die Nationalsozialisten begannen nun, gegenüber den Wehrverbänden das Modell SA als eine sinnvolle Kombination von politischer Partei und paramilitärischer Organisation zu propagieren.[83]

In den folgenden Monaten wurde von nationalsozialistischer Seite immer wieder Respekt gegenüber der organisatorischen Leistung der Verbandsbildung sowie Sympathie hinsichtlich der nationalen Motive der Mitglieder bekundet, die Kameraderie zwischen den «braunen Kämpfern» der SA und dem in den Verbänden organisierten Potential betont. Während man so die Mitglieder der Verbände umwarb, warf man andererseits den Verbandsführern politischen Dilettantismus und Impotenz vor und versuchte auf diese Weise, einen Führungsanspruch der NSDAP gegenüber den Verbänden zu begründen.[84]

Diese Doppelstrategie war das Leitmotiv einer Reihe von Artikeln, die im Anschluß an den Reichsparteitag von 1927 im «Völkischen Beobachter» erschienen und in programmatischer Form das Verhältnis der Partei zu den Verbänden behandelten. Die Verbände, so heißt es in einem der Artikel, seien «über das Experimentieren noch nicht herausgekommen und wissen heute noch nicht, was sie wollen». Ihre Unentschlossenheit, so die Schlußfolgerung, gebe «dem Nationalsozialismus das Recht, erneut die Führung des deutschen Freiheitskampfes zu beanspruchen».[85] So stellte der Jungdeutsche Orden nach Auffassung der Zeitung zwar eine Organisation «mit einem eigenen politischen Willen» dar, in dem «bestes Menschenmaterial» herangezogen werde; gleichzeitig hielt man dem Orden aber vor, durch den von ihm propagierten, auf das Freimaurertum zurückgehenden «Brudergedanken» in eine «Abgeschlossenheit zum Volke hin» verfallen zu sein. Die schwerfällig und selbstgenügsam gewordene Organisation sei somit «für den deutschen Freiheitskampf im aktivistischen Geiste endgültig verloren».[86] Beim Stahlhelm rühmte man die organisatorische Leistungsfähigkeit, während er hingegen «geistig...von einer rührenden Hilflosigkeit» sei. Der grundlegende Irrtum des Stahlhelm bestünde darin, daß ein Staat nicht erobert werde, «indem man sich krampfhaft an ihn klammert und sich um die Renovierung seiner Fassade bemüht, sondern dadurch, daß man ihm den Kampf ansagt und in offenem Angriff oder planmäßigen politischen Stellungskrieg seine Truppen unschädlich macht»[87]. Dem Wehrwolf schließlich hielt man vor, daß seine mit dem Erhalt einer «ungebundenen, ideellen Bewegung» begründete Abneigung gegen eine organisatorische Unterordnung unter die NSDAP von einer völligen Fehleinschätzung der tatsächlichen Lage ausginge: «Fehlen einer klar formulierten, weltanschaulichen Idee» sei der Grund für die Machtlosigkeit der in «dutzend Bünden und Vereinen» zersplitterten Rechtsbewegung.[88]

Auf der gleichen Linie lag ein unter den Mitgliedern der Verbände verteiltes Flugblatt, in dem die «allgemeine Anerkennung Hitlers» als die «zur Zeit...einfachste und beste Lösung der ganzen Führerfrage» bezeichnet wurde.[89] Aufwind bekam diese Propaganda der NSDAP durch die Tatsache, daß im Vorfeld der Reichstagswahlen vom Mai 1928 die politischen Schwächen der Verbände besonders deutlich sichtbar geworden waren. Die Verbände, allen voran der Stahlhelm, traten zwar recht selbstbewußt auf, indem sie die weitere Unterstützung der Parteien im Wahlkampf von der Erfüllung bestimmter inhaltlicher Forderungen abhängig machten und zusätzlich die Kandidatur von Verbandsfunktionären auf den Parteilisten verlangten. Trotz teilweise erheblicher Pressionen, die die Verbände auf die Parteien ausübten, blieben ihre Erfolge jedoch relativ gering, da sie sich letztlich nicht entschließen konnten, den angedrohten Wahlboykott tatsächlich auch durchzuführen. Im Gegenteil, die Wahlempfehlungen, die die meisten Verbände dann doch zugunsten der Rechtsparteien abgaben, ließen die sich im allgemeinen scharf antiparlamentarisch gebenden Verbände dann doch als inkonsequent erscheinen.[90] Auch der schließlich stattfindende Einzug von Verbandsfunktionären in den Reichstag – insbesondere in der DNVP-Fraktion befand sich eine größere Anzahl von Stahlhelmern – sollte den Einfluß der Verbände nicht wesentlich erhöhen, da die Loyalität gegenüber der eigenen Fraktion sich in der Regel als stärker erwies als die Idee einer «überparteilichen» Front der Verbände.[91] Der «in den letzten Jahren geführte Kampf zwischen den Rechtsverbänden und den Rechtsparteien um die Gewinnung eines direkten Einflusses in den Parlamenten», so das Fazit des Reichskommissars, war somit «im wesentlichen zuungunsten der Verbände ausgegangen»[92]. Die NSDAP hingegen blieb auch während des Wahlkampfes bei ihrer auf Abgrenzung eingestellten Haltung. Ein Rundschreiben der Parteileitung verbot der SA, an Veranstaltungen der Wehrverbände teilzunehmen, gleichzeitig wurde die Partei aber auch angewiesen, jegliche Polemik gegenüber den Wehrverbänden zu unterlassen, da man befürchtete, auf diese Weise Führungskräfte von einem Übertritt zur NSDAP eher abzuschrecken.[93]

Bei ihrem Werben um die Gunst der Wehrverbände konnte die Partei noch im Frühjahr 1928 einen weiteren wesentlichen Erfolg verbuchen: Nachdem der offiziell bereits 1926 verbotene Bund Wiking im April 1928 den Versuch aufgab, die Organisation illegal oder unter dem Dach des Stahlhelm fortzuführen, und sich auch faktisch auflöste, trat ein Großteil der Wiking-Mitglieder und -Führer zu SA und SS über.[94]

5. Erste Erfolge der «ländlichen» Taktik von NSDAP und SA

Die Reichstagswahl vom 20. Mai 1928 markiert einen wichtigen Wendepunkt in der Geschichte der NSDAP. Auf den ersten Blick war das Wahlergebnis für die Nationalsozialisten enttäuschend: Sie errangen lediglich etwas über 900 000 Stimmen (2,6%), das waren knapp 100 000 weniger als bei der Wahl vom Dezember 1924. Der große Wahlsieger hingegen war die SPD, die nun die Führung einer Koalitionsregierung übernahm und in den Augen vieler eine neue Phase der politischen Stabilität einzuleiten schien. Die nähere Analyse zeigte, daß ausgerechnet in den großen Städten, auf die die NSDAP sich besonders gestützt hatte, die Stimmenanteile extrem niedrig lagen. So waren in Hamburg 2,5, in Leipzig 2,3, in Hannover 2,2, in Berlin, Köln und Düsseldorf lediglich 1,6%, in Bremen 1,0 und in Breslau nicht mehr als 0,9% zu verzeichnen. Nur in ihren alten städtischen Hochburgen München und Nürnberg, daneben in Koblenz und Weimar, hatte die Partei mehr als 10% der Stimmen erreichen können. Umgekehrt aber war eine Reihe von respektablen Erfolgen in ländlichen protestantischen Regionen zu verzeichnen, so namentlich in einer Anzahl schleswig-holsteinischer, niedersächsischer und hessischer Landkreise.[95] Damit hatten diejenigen Gruppierungen in der Partei, die bereits seit längerem auf die Gewinnung bäuerlicher Wähler setzten, einen wichtigen Erfolg errungen, während die offiziell immer noch gültige Münchner Parteilinie, die die Gewinnung der großstädtischen Arbeitermassen vorsah, endgültig ihre Untauglichkeit erwiesen hatte.

Auf einer Anfang September 1928 in München stattfindenden «Führertagung» wurden erste Konsequenzen aus dem Wahlergebnis gezogen und eine Neuausrichtung der gesamten Parteiarbeit eingeleitet.[96] Zunächst bemühte man sich, durch verschiedene organisatorische Maßnahmen den bürokratischen Vollzug der in der Münchner Zentrale konzipierten Politik durch die Gauleitungen sicherzustellen. Wichtige Voraussetzung hierfür war die 1928 weitgehend erfolgte Anpassung der Gaueinteilung an die Grenzen der Reichstagswahlkreise, die in der Regel eine Verkleinerung der Gaue bedeutete und ihre Indienstnahme im Zuge zentral gesteuerter Kampagnen erleichterte. Ausbau und Neuorganisation der NSDAP-Reichsleitung und die noch straffere Zentralisierung der Parteipropaganda ermöglichten der Parteiführung eine ständige Ausrichtung und Kontrolle der Arbeit in den Gauen, während die Gauleitungen ihrerseits durch den Aufbau einer geordneten Parteigeschäftsführung ihre Autorität gegenüber den Ortsgruppen wirksam festigten. Allmählich sollte es den Gauleitern auf diese Weise gelingen, das ursprünglich zugestandene Recht auf Bestätigung der durch die lokalen Parteiorganisationen gewählten Ortsgruppenleiter in ein Ernennungsrecht umzuwandeln. Dieser Prozeß der organisatorischen Konsolidierung der Gaue dauerte allerdings unterschiedlich lange, in einigen Regionen war er erst 1930/31 abgeschlossen.

Mit der Herausbildung eines bürokratisierten Parteiapparates trat mehr und mehr der Typ des hauptamtlichen, durch Schreibtischarbeit qualifizierten und häufig schon auf bestimmte Aufgaben (wie Propaganda, Schulung, Kassenwesen) spezialisierten Parteifunktionärs in den Vordergrund, während die alten Partei-Aktivisten, die Freikorps-Sergeanten und Haudegen aus der bewegten Zeit vor 1923, zunehmend verdrängt wurden.

In inhaltlicher Hinsicht wurde im Anschluß an die Münchner Führertagung eine stärkere Konzentration der Parteiarbeit hin auf die Gewinnung des Mittelstandes, insbesondere der Bauern, vorgenommen.[97] Hatte die Agitation auf dem Lande bereits ein wichtiges Nebengleis neben der vor allem um die Arbeiterschaft bemühten offiziellen Linie der Parteiführung gebildet, so schwenkte München jetzt auf den erfolgversprechenden Kurs ein. In der Propaganda und im gesamten Auftreten der Partei, einschließlich des von Hitler zur Schau gestellten Lebensstils, machte sich jetzt verstärkt ein «bürgerlicher Trend» bemerkbar, das «sozialistische» Vokabular verschwand. Bereits im Vorfeld des Reichstagswahlkampfes war die NSDAP in den Hauptgebieten des bäuerlichen Protestes massiv aufgetreten; diese Taktik wurde jetzt mit noch verstärkter Energie fortgesetzt. Ein erster Schwerpunkt dieser massierten Agitation entstand im besonders unruhigen Dithmarschen, der Keimzelle des «Landvolkes», einer angesichts der Krise in der Agrarwirtschaft spontan entstandenen radikalen Protestbewegung.[98] Hier bot sich für die Agitation der NSDAP vor allem deshalb ein Ansatzpunkt, weil der von der Landvolkbewegung

betriebene Massenprotest mit seiner offenen Kampfansage an die bestehende Staatsautorität die Landbevölkerung in einer Art und Weise mobili-
sierte, die weit über eingefahrene Formen bäuerlicher Interessenvertre-
tung hinausging, andererseits aber selbst keine funktionierende Alternative bieten konnte.

Einen ersten Ansatzpunkt für Propaganda und organisatorische Aufbauarbeit der NSDAP bildete eine Rede Hitlers in der Kreisstadt Heide am
14. Oktober 1928. Unter der Überschrift «Hitler-Tag in Heide» berichtet
der «Heider Anzeiger» über das Ereignis: «Insgesamt nahmen an dem
Treffen etwa 800 bis 1000 Uniformierte teil, die dem Leben in der Stadt
seit den Morgenstunden das Gepräge gaben. Ab 10 Uhr morgens setzte
programmgemäß der Zustrom aus allen Himmelsrichtungen mit Auto,
Motorrad, mit Fuhrwerken, mit dem Fahrrad und zu Pferde ein... Die
Aufstellung erfolgte auf der Westseite des Marktplatzes in zwei Standarten, die in zwei Staffeln gegliedert waren. Am rechten bzw. linken Flügel
hatte ein Trommel- und Pfeiferkorps und eine Musikkapelle Aufstellung
genommen, die schneidige Militärmärsche zum Besten gaben. Die Aufstellung war von einer gewaltigen Zuschauermenge umsäumt, wie auch
die übrigen Veranstaltungen außerordentlich viele Zuschauer auf die
Beine gebracht hatten.»

Nach dieser Parade hielt Hitler im örtlichen Stadttheater eine Ansprache, auf die der Zeitungsbericht ausführlich einging – wobei der Berichterstatter nicht vergaß darauf hinzuweisen, daß der Redner «trotz des
süddeutsch-österreichischen Dialekt-Anklanges ... überall gut verstanden» wurde. Der weitere Verlauf des ereignisreichen Tages wird wie folgt
geschildert: «Nach der Hitlerrede fand der Vorbeimarsch der S.A.-Leute
in Ortsgruppen gegliedert vor ihren Führern auf dem Marktplatz statt. In
militärischer Anordnung folgte der Musik die berittene S.A., die Fahnen
und die einzelnen Ortsgruppen. Der Vorbeimarsch insgesamt wurde
exakt durchgeführt. Die Truppe hinterließ bei den zahlreichen Zuschauern den besten Eindruck.»

Der Bericht macht einiges von der Faszination deutlich, die die Agitation der SA in einer ländlichen Region auslöste. Hier stand, anders als in
den Städten, nicht so sehr die handgreifliche Auseinandersetzung mit dem
«Marxismus» im Vordergrund, die publikumswirksame «Verdrängung»
des politischen Gegners von der Straße, sondern es genügte bereits die
eindrucksvolle Kundgebung, die symbolische Zurschaustellung der eigenen Stärke. Die Zusammenziehung von uniformierten Anhängern in
einem Dorf oder einer Kleinstadt, begleitet von einem gewissen militärischen Spektakel, war in der deutschen Provinz der zwanziger Jahre ein
Ereignis an sich, eine willkommene Abwechslung, in gewisser Weise
vergleichbar mit dem Jahrmarkt, einem Zirkusbesuch oder einer Filmvor-
führung[99]. Fand also der bloße «Rummel» der SA-Propaganda bereits eine

Unermüdlich überzogen SA-Formationen gerade Kleinstädte und ländliche Gebiete mit ihrer Agitation.

gewisse Resonanz, die die Sturmabteilung insbesondere für die Landjugend attraktiv erscheinen ließ, so hinterließ das disziplinierte und
«schneidige» Auftreten der braunen Kolonnen bei der ländlichen Bevölkerung vor allem den Eindruck jener geordneten Kraft, die man im
schwächlichen Weimarer Staat mit seiner geringen Fähigkeit zur wirksa-
men Selbstdarstellung vermißte.

In Dithmarschen gelang der NSDAP nach monatelanger Agitation im
Frühjahr 1929 der Durchbruch: Nachdem zwei SA-Leute in einer gewalttätigen Auseinandersetzung mit Kommunisten in der Gemeinde Wöhr-
den ums Leben gekommen waren, funktionierte die Partei die Trauer-
feierlichkeiten zu einer großangelegten Propagandakundgebung um; Hitler ließ es sich nicht nehmen, selbst die Grabrede zu halten. Der gewaltsame Tod der SA-Männer und die anschließende propagandistische Verwertung durch die Nationalsozialisten hatten eine ungeheure emotionale
Erregung der gesamten Region zur Folge. Die Mitgliederzahlen der
NSDAP stiegen sprunghaft an, die Partei konnte nun von der Westküste
Schleswig-Holsteins aus auch in den nördlichen und östlichen Teil der
Provinz ein dichtes Netz von Stützpunkten aufbauen. Planmäßig wurde
die «Eroberung» des gesamten Landes in die Wege geleitet, nahezu jedes
Dorf und jede Stadt geriet unter ein wahres Bombardement nationalsozialistischer Propaganda.[100] Nach der gleichen Taktik verfuhr man in Oldenburg, wo man bei den Landtagswahlen vom Mai 1928 9,6% hatte
erreichen können. Man setzte die Propagandatätigkeit auch über den
Wahltermin hinaus fort und überzog die Region mit einer Veranstaltungs-
welle. Drei Versammlungen, an einem Abend zeitlich gestaffelt im engeren Umkreis angesetzt, verminderten den organisatorischen Aufwand
spürbar. Im Jahre 1928 wurden auf diese Weise im Parteibezirk Olden-
burg-Ostfriesland weit über 300 Versammlungen abgehalten. Diese
Kampagne stand am Anfang einer beispiellosen Wählerwanderung: Bei
den Landtagswahlen vom Mai 1931 erzielte die NSDAP 37,2% im
Lande.[101]

Aus den sich in Schleswig-Holstein und Oldenburg Ende 1928 abzeichnenden Erfolgen entwickelte die Partei schnell ein Handlungsmuster für
ihre weitere Propagandaarbeit. Mit gewohnter bürokratischer Präzision
erarbeitete Heinrich Himmler, zu dieser Zeit noch Reichspropagandalei-
ter der Partei, im Dezember 1928 eine Anleitung[102] für eine Großangriffs-
taktik, bei der alle der Partei zur Verfügung stehenden Mittel schlagartig
zum gemeinsamen Einsatz kommen sollten. «Zum Vorwärtstreiben unserer politischen und S.A.-Organisation sowie zur planmäßigen Verbreitung unserer Presse», so Himmlers Order, sei «für jedes Gebiet Deutschlands eine wohlvorbereitete, das Maß der sonstigen Propaganda-Anstren-
gungen überschreitende Tätigkeit notwendig». Zu diesem Zweck solle
eine «Konzentration von 70–200 Versammlungen in einem Gau im

Zeitraum von 7–10 Tagen» durchgeführt werden. Im Anschluß hieran sei in dem betreffenden Gebiet in jedem Ort eine Propaganda-Woche zu veranstalten, bei der insbesondere auch die SA mit eigenen «Werbeabenden» zum Zuge kommen solle.

Hier solle die SA dann, möglichst unter den Klängen eines Spielmannszuges, zeigen, «was sie aus eigenen Kräften zu leisten vermag, als da sind: sportliche Vorführungen, lebende Bilder, Theaterstücke, Singen von Liedern, Vorträge von S.A.-Leuten, Vorführung des Parteitagfilms.»

Der neue mittelständische Zug der NSDAP kam aber nicht nur in der verstärkten Agitation auf dem Lande zum Ausdruck, sondern schlug sich auch in einem verstärkten Interesse der Partei an der Vertretung berufsständischer Interessen nieder. So gelang es der NSDAP beispielsweise in Norddeutschland, über die Gewinnung von Landhandwerkern in die Kreishandwerkskammern einzudringen und von dort aus zunehmenden Druck auf die Leitung des Nordwestdeutschen Handwerkerbundes auszuüben.[103] Neben die Unterwanderung und Radikalisierung mittelständischer Organisationen trat auch die Bildung eigenständiger nationalsozialistischer Berufsverbände: So gründete man im Oktober 1928 den «Bund Nationalsozialistischer Deutscher Juristen» und im August 1929 den «Nationalsozialistischen Deutschen Ärztebund».[104] Ganz im Sinne des neuen «bürgerlichen» Kurses lag auch die weitere Entspannung des Verhältnisses zu den Wehrverbänden. Mehrfach wurde das Verbot einer Polemik gegenüber den Verbänden erneuert, ja es kam noch im Jahre 1928 mehrfach zu Spitzentreffen zwischen Hitler und dem stellvertretenden Stahlhelm-Führer Duesterberg. Die ursprüngliche schroffe Abgrenzung der NSDAP gegenüber den Wehrverbänden, seit Ende 1927 zunehmend durch eine differenziertere Einstellung abgelöst (Sympathie für die Verbandsmitglieder, Kritik an Verbandsführern), wandelte sich nun langsam in eine Politik begrenzter Kooperation mit den Verbänden, wobei der politische Führungsanspruch der Nationalsozialisten keineswegs aufgegeben worden war.[105]

Überblickt man die Situation von NSDAP und SA Anfang 1929, so läßt sich sagen, daß Partei wie Parteitruppe über eine reichsweit ausgebaute und zuverlässig arbeitende Organisation verfügten, in der die Führerschaft Hitlers unbestritten war. Die NSDAP war somit der einzige wirklich funktionsfähige Organisationskern der extremen politischen Rechten. Die Nationalsozialisten hatten – nach ihrem wenig erfolgreichen Werben um die städtische Arbeiterschaft – die ländlichen und städtischen Mittelschichten als ihr künftiges Wählerpotential entdeckt. Die Parteipropaganda war in Aussage und Methodik auf dieses Ziel eingestimmt.

III.

Die SA als Massenorganisation
(1929–1933)

1. Der Beginn des Aufstiegs von
Partei und SA

Der Aufstieg der NSDAP von einer gut organisierten, politisch aber noch
nahezu einflußlosen Splitterpartei am rechten Rand des politischen Spektrums zu einer Massenbewegung vollzog sich in einer ungeheuer kurzen
Zeitspanne, nämlich in den anderthalb Jahren zwischen Frühjahr 1929 und
den Reichstagswahlen vom September 1930. Dieser «Take off» der
NSDAP wurde in der Anfangsphase vor allem durch die Agrarkrise
begünstigt. Die Verunsicherung und Radikalisierung großer Teile der
Landbevölkerung bildeten einen idealen Nährboden für die Agitation der
Partei. Die neue Taktik der NSDAP, die man zunächst in Schleswig-
Holstein erprobt hatte, nämlich alle vorhandenen Kräfte solange auf eine
vorwiegend agrarisch strukturierte Region zu konzentrieren, bis der
Durchbruch zur dominierenden politischen Kraft erreicht war, wurde in
den Jahren 1929/30 schrittweise auf das gesamte Reichsgebiet ausgedehnt.

So gingen Partei und SA in Westfalen im Jahre 1929 dazu über, die
ländlichen protestantischen Gebiete systematisch zu bearbeiten.[1] Auch in
Hessen waren die Parteiaktivisten und städtischen SA-Einheiten seit
Frühjahr 1929 an fast jedem Wochenende auf dem Land unterwegs, um zu
agitieren.[2] So wurden beispielsweise im Gau Hessen-Darmstadt ca. 50
NSDAP-Veranstaltungen pro Monat angesetzt. In gleicher Manier wurde
in Baden, wo man bei den Landtagswahlen vom Oktober 1929 7%
erhalten hatte, im März 1930 eine Großaktion mit insgesamt 900 Veranstaltungen durchgeführt. Im Oktober des Jahres verfügte man über fast
100 Vollzeitagitatoren, die Zahl der Ortsgruppen hatte sich zwischen
Februar und August 1930 von 70 auf 200 erhöht, während der Mitgliederstand zwischen Oktober 1929 und September 1930 mindestens um 400%
gestiegen war.[3] Von 1929 an verfolgte man auch in Franken die Taktik,
bestimmte kleinere Bezirke durch Versammlungswellen zu überschwemmen, um sie auf diese Weise «sturmreif» zu machen. So vermeldete
beispielsweise der «Völkische Beobachter» alleine für Oberfranken im
Jahre 1930 ca. 1 000 Wahlveranstaltungen.[4]

Die durch die Agrarkrise ausgelöste politische Unruhe förderte aber
nicht nur die Expansion der Nationalsozialisten, sondern sie trug auch
erheblich zur Radikalisierung anderer rechtsgerichteter Kräfte bei. So

setzte sich innerhalb der DNVP – hier spielte vor allem auch das schlechte Ergebnis der Reichstags-Wahlen vom Mai 1928 eine Rolle – im Oktober 1928 der alldeutsch-nationalistische Flügel unter Hugenberg durch. Der Stahlhelm[5] brach im Herbst 1928 mit der gemäßigten DVP Stresemanns und verlegte sich nun zunehmend darauf, statt der bisher durch Kooperation mit den Parteien versuchten parlamentarischen Einflußnahme seine politischen Vorstellungen auf außerparlamentarischem Wege durchzusetzen. Seit September 1928 betrieb die größte Veteranenorganisation das Projekt eines Volksbegehrens, das eine autoritäre Umgestaltung der Verfassung zum Ziel hatte. Als sich aber im Sommer des folgenden Jahres die Annahme des Young-Planes (der die deutschen Reparationsleistungen neu festlegte) durch die Reichsregierung abzeichnete, schien sich der Stahlhelmführung ein weit geeigneteres Angriffsziel für ihre Argumentation zu bieten. In einer geistig-politischen Atmosphäre, die durch den allenthalben begangenen zehnten Jahrestag der «Schmach von Versailles» und durch eine populäre Aufbereitung des «Kriegserlebnisses» gekennzeichnet war, stellte man nun die – sich ohnehin recht mühsam hinschleppenden – Vorbereitungen für das geplante Verfassungs-Referendum zu einer Kampagne für einen Volksentscheid gegen den Young-Plan um. Ein «Reichsausschuß für das Deutsche Volksbegehren gegen den Young-Plan» wurde gegründet, an dem sich neben Stahlhelm und DNVP u. a. die Landvolkpartei, der Reichslandbund sowie die NSDAP beteiligten. Damit war es den Nationalsozialisten erstmalig gelungen, an einer der großen antirepublikanischen Kampagnen beteiligt zu werden, sie war nun gleichberechtigter Partner einer rechtsgerichteten Einheitsfront. Neben der Respektabilität, die die Nationalsozialisten nun in nationalistischen Kreisen gewannen, eröffnete sich der Partei damit die Möglichkeit, das volle Gewicht ihres Propagandaapparates in eine die Innenpolitik über Monate beherrschende Auseinandersetzung einzubringen; dabei verschaffte vor allem das freundliche Echo der Blätter des Hugenbergschen Presseimperiums eine für die Partei günstige Resonanz. Zwar scheiterte das Volksbegehren im Dezember 1929 kläglich, doch für die NSDAP sollte sich die Mobilisierung ihrer Propagandamaschinerie als der entscheidende Vorteil erweisen. Denn in dem Moment, in dem die NSDAP ihre Propaganda zur vollen Entfaltung gebracht hatte, begannen die ersten Folgen der Weltwirtschaftskrise in Deutschland spürbar zu werden. Auf dem Höhepunkt einer Kampagne, die die ökonomische Versklavung des Vaterlandes durch das Ausland zum Thema hatte, begann das amerikanische Kapital aus dem hochverschuldeten Reich abzufließen, kam es zu einer Reihe spektakulärer Bankzusammenbrüche, nahm die Zahl der Konkurse besorgniserregend zu. Die Zahl der Arbeitslosen schließlich, die auch in den sogenannten stabilen Jahren der Republik einen gefährlich hohen Sockel gebildet hatte, stieg im Winter 1929/30 auf über drei Millionen an und – hier bahnte sich die sozialökonomische Katastrophe an – baute sich im Frühjahr und Sommer des Jahres 1930 viel langsamer ab, als es dem normalen saisonalen Rhythmus entsprochen hätte: Im Juli 1930 waren nur 400000 Arbeitslose weniger vorhanden als im Januar des Jahres, im Jahr zuvor hatte die Differenz hingegen noch 1,5 Millionen betragen.[6]

Vor diesem krisenhaften Hintergrund konnte die NSDAP seit Ende des Jahres 1929 wichtige Wahlerfolge verbuchen: Nach den im Oktober in Baden erreichten 7% erhielt sie im Dezember des gleichen Jahres bei den Landtagswahlen in Thüringen 9,3% und in Sachsen im Juni 1930 14,4%.

In dieser Phase wachsender nationalsozialistischer Wahlerfolge faßte der seit April 1930 amtierende Reichskanzler Brüning im Juli den Entschluß, den ihm die Mehrheit verweigernden Reichstag aufzulösen und für den 14. September Neuwahlen auszuschreiben. Nach in der Parteigeschichte beispiellosen Wahlkampfanstrengungen gelang der NSDAP an diesem Tag mit 18,3% ein überwältigender Wahlerfolg, durch den die Partei die Zahl ihrer Mandate von 12 auf 107 erhöhen konnte. Damit war der NSDAP der eigentliche politische Durchbruch gelungen. Mit einem Schlag waren die Nationalsozialisten die zweitstärkste Partei im Reich geworden, befand sich die bis vor kurzem noch als unbedeutend angesehene Splittergruppe im Zentrum der Auseinandersetzung um die Macht im Lande. Der Wahlerfolg zwang die Öffentlichkeit dazu, sich mit dem Phänomen Nationalsozialismus auseinanderzusetzen, die von der Partei um jeden Preis gewünschte Publizität war nun in vollem Umfang erreicht.

Die NSDAP besaß das Image einer neuen, unverbrauchten politischen Kraft. Die vor wenigen Monaten noch als eine sektiererische Gruppierung mit verworrenen Ideen angesehene Partei erschien plötzlich als eine ernstzunehmende politische Alternative. Der September 1930 löste innerhalb der NSDAP eine beispiellose Siegeseuphorie und Siegesgewißheit aus. Getreu dem Prinzip, daß nichts erfolgreicher ist als der Erfolg, entstand eine optimistische Grundeinstellung innerhalb der Bewegung, eine Art nationalsozialistischer Heilserwartung, die die Aktivitäten der Partei über eine weite Strecke tragen sollte. Vor allem aber kam der NSDAP zugute, daß die Regierung des Staates, den sie erobern wollte, auch in den kommenden Jahren über keine demokratische Legitimation verfügen sollte. Das Notverordnungsrecht des Reichspräsidenten sicherte der Regierung Brüning und ihren Nachfolgern zwar die notwendige Handlungsfreiheit, sie enthob den Reichskanzler gleichzeitig aber auch der Verpflichtung, um eine Mehrheit für seine Politik zu kämpfen. Diese antiparlamentarische Politik der Regierung entsprach einem autoritären Staatsverständnis, wie es in der Umgebung des Reichspräsidenten

Hindenburg, in der Reichswehr, in großen Teilen der Beamtenschaft und in den bürgerlichen Rechtsparteien vorherrschend war. Die Regierung Brüning wurde in diesen Kreisen als eine erste Stufe zum obrigkeitsstaatlichen Umbau der Weimarer Demokratie angesehen. Essentielle Bestandteile dieser Politik waren die Bemühungen, die – ohnehin auf die Oppositionsrolle eingestimmte – Sozialdemokratie von der Regierung fernzuhalten und die in der Gründungsphase der Republik erkämpfte Position der Gewerkschaften zu schwächen. Sie bedeutete im Grunde einen permanenten Verstoß gegen demokratische Prinzipien und war das entscheidende Hemmnis gegen das Zustandekommen einer breiten Einheitsfront der (sei es aus Vernunfts- oder Überzeugungsgründen) zur Verfassung stehenden Parteien. Diese Politik mußte auf Dauer einen starken Rückhalt für die hemmungslose antiparlamentarische Agitation der Nationalsozialisten bilden, ja sie nahm das Wachstum der NSDAP in Kauf, da der Feind in erster Linie links zu stehen schien.

Der politische Durchbruch der NSDAP in den Jahren 1929 und 1930 bedeutete für die SA[7] eine Phase schnellen Wachstums und organisatorischen Ausbaus, die nicht ohne Spannungen mit den übrigen Teilen der NS-Bewegung verlief. Die Parteitruppe wurde zur Parteiarmee.

2. Rekrutierungsmuster und Mitgliederstruktur

Was sind nun die Ursachen für das starke Wachstum der SA in den Jahren seit 1929? Aus welchen Bevölkerungskreisen rekrutierten sich die SA-Männer vorwiegend?

Die vorhandenen statistischen Quellen zur sozialen Zusammensetzung der SA sind äußerst rudimentär. Überprüft man die in der einschlägigen Literatur zitierten Angaben genauer, so zeigt sich, daß für den Zeitraum 1929–1932 nicht viel mehr als ein halbes Dutzend Aufstellungen vorliegen, aus denen die Berufszugehörigkeit von Angehörigen einzelner SA-Verbände hervorgeht. Diese Angaben beziehen sich stets nur auf einzelne Städte oder Regionen, eine auch nur einigermaßen exakte Hochrechnung auf die gesamte SA ist nicht möglich. Zudem sind die Berufsangaben nicht absolut eindeutig: Es wird in der Regel nicht klar zwischen dem erlernten und dem ausgeübten Beruf unterschieden, während gleichzeitig einige Berufsbezeichnungen recht unterschiedliche Soziallagen beinhalten (so kann der «Schlosser» sowohl Handwerksmeister wie Industriearbeiter sein, «Kaufmann» kann den kaufmännischen Angestellten oder den selbständigen Unternehmer bezeichnen). Trotzdem enthalten diese wenigen verfügbaren Angaben doch einige interessante Hinweise, aus denen sich mit aller gebotenen Vorsicht Rückschlüsse auf die Struktur der Parteiarmee ziehen lassen.

In der unter dem Titel «Stormtroopers» erschienenen Untersuchung von Conan Fischer wird eine Aufstellung[8] über die Eutiner SA vom Sommer 1929 wiedergegeben: Danach waren von den 55 SA-Angehörigen fast zwei Fünftel (nämlich 31) Arbeiter, 16 waren Angestellte, vier Unternehmer und vier Landwirte. In der gleichen Arbeit wird eine Aufstellung[9] über insgesamt neun Stürme und einen Motortrupp der Münchner SA vom Spätsommer 1932 mit insgesamt 773 Namen zitiert. Die Auswertung ergibt 403 Arbeiter (52%), 200 Angestellte, elf Beamte, vier Handwerksmeister, zwölf Unternehmer, drei Landwirte, 33 Freiberufler, 93 Studenten und 14 Angehörige anderer Berufe. Die Aufstellung umfaßt aber nur etwa ein Drittel der Münchner SA: Die hier enthaltenen Stürme waren fast ausschließlich im Norden und Nordwesten der Stadt ansässig. So erklärt sich der auffallend hohe Studentenanteil von 12% aus der Tatsache, daß das Studentenviertel Schwabing in der Auflistung enthalten ist. Auch scheinen die typischen Münchner Arbeiterquartiere in dieser Auswahl überrepräsentiert zu sein, während die wichtigsten bürgerlichen Wohnviertel fast sämtlich fehlen. Der Anteil von Arbeitern an der gesamten Münchner SA dürfte daher eher unter- als oberhalb der hier genannten 52% gelegen haben, und es erscheint fraglich, ob dieser Prozentsatz tatsächlich höher gewesen ist als der Arbeiteranteil der männlichen Erwerbsbevölkerung der Stadt, der etwa 49%[10] betrug.

Zu etwas anderen Ergebnissen kommt Eric G. Reiche[11], der für seine Untersuchung über die Nürnberger SA im Berlin Document Center aufbewahrte Personalunterlagen ausgewertet hat. Reiche hat auf diese Weise ein – seinen Angaben nach repräsentatives – «Sample» von insgesamt 262 Angehörigen der Nürnberger SA zusammengestellt, von denen 115 in den Jahren 1930–1932 der Parteiarmee beitraten. Diese Zahl enthält zehn Selbständige, zwei Handwerksmeister, zwölf Angehörige der freien Berufe, sechs Beamte, 26 Angestellte, 49 Arbeiter und 10 Angehörige anderer Berufe. Der Arbeiteranteil von 42,6% lag allerdings erheblich unter dem Nürnberger Durchschnitt von über 50% der erwerbstätigen Männer.

Angaben zur Sozialstruktur der SA in den östlichen preußischen Provinzen enthält die Untersuchung von Richard Bessel. Der Autor zitiert eine Aufstellung des Preußischen Innenministers[12] vom August 1930 über die soziale Zusammensetzung der SA in einer nicht näher bezeichneten Region im östlichen Preußen (der Zusammenhang deutet nach Auffassung Bessels auf Schlesien hin). Danach waren 34,6% der SA-Männer Landwirte oder landwirtschaftliche Inspektoren, 27,8% Handwerker, 12,3% Angestellte, 9,6% Industriearbeiter, 7,6% landwirtschaftliche Arbeiter, 2,5% Beamte und Angestellte des öffentlichen Dienstes sowie 5,6% Angehörige technischer und anderer Berufe. In preußischen Polizeiakten fand der gleiche Autor zwei weitere Berichte[13] über die Zusammensetzung der SA im Regierungsbezirk Königsberg, den ersten vom Okto-

ber 1930 (auf der Basis von Angaben über 917 SA-Männer), den zweiten
vom Juni 1931 (ausgewertet wurden Daten von 4450 Mann): Danach waren 31,4 bzw. 35% Landwirte oder landwirtschaftliche Inspektoren, 26,5
bzw. 28,8% Handwerker, 18,5 und 17,2% Angestellte, 11,6 und 11,7%
(überwiegend landwirtschaftliche) Arbeiter, 2,0 und 4,3% Pensionäre,
Beamte und Angestellte des öffentlichen Dienstes sowie 4 bzw. 3% Studenten. Eine weitere Aufstellung über die SA im Regierungsbezirk Allenstein, ebenfalls vom Juni 1931, macht über die insgesamt 2144 Mann folgende Angaben: 44,9% Landwirte, 33,3% Handwerker, 10,8% Angestellte, 7,7% landwirtschaftliche Arbeiter, 3,1% öffentlicher Dienst
einschließlich Pensionäre. Zwar lassen sich die Zuordnungen zu den
einzelnen Berufskategorien nicht mehr anhand der ursprünglichen Mannschaftslisten überprüfen, doch zeigen diese umfassenden Statistiken eindeutig das Bild einer vorwiegend bäuerlich und mittelständisch geprägten
SA.

Weiteren Aufschluß gibt eine Aufstellung, die die Autoren Bessel und
Jamin in Akten der Preußischen Polizei gefunden haben: Eine Auswertung von 1824 Mitgliedskarten, die von der Berliner Polizei bei Razzien
im Februar 1930 eingesammelt wurden, zeigt demnach einen Anteil
ungelernter Arbeiter von 14%, während gelernte Arbeiter mit 40%,
Angestellte mit 27% und Beamte mit 2,5% repräsentiert sind; 1,5%
entfallen auf Gewerbetreibende, 7,7% auf freie Berufe und 7,3% auf
Schüler und Studenten.[14]

Einer Mannschaftsliste[15] des Sturms 67 der Wiesbadener SA aus dem
Jahre 1930 lassen sich ferner folgende Angaben entnehmen: Von den 82
Angehörigen waren 16 Arbeiter, 37 Handwerker, neun Kaufmänner
(unklar ist, ob im Angestelltenverhältnis oder selbständig), 16 Angestellte,
ein Unternehmer, ein Student und zwei Schüler. Von den 37 Handwerkern führten zehn eine Berufsbezeichnung, die möglicherweise auf eine
Beschäftigung als Industriearbeiter hindeutet (Elektriker, Schlosser), die
restlichen 27 lassen sich eindeutig als Handwerksgesellen und -meister
einordnen. Der hohe Anteil von «Handwerkern» macht schlagartig ein
zentrales Problem jeder sozialstrukturellen Analyse der SA-Basis deutlich: Ein großer Teil der in der SA organisierten Arbeiter waren vermutlich Handwerksgesellen, die zwar in der Sozialstatistik als «Arbeiter»
geführt wurden, sich jedoch, als Bäcker, Metzger oder Friseur, in ihrer
Mentalität und politischen Einstellung grundsätzlich vom Klassenbewußtsein des Industrieproletariats unterschieden.[16]

Alle hier vorgestellten Daten können nur lokale bzw. regionale Schlag-
lichter auf die Sozialstruktur der SA werfen, sie sind jedoch nicht wirklich
repräsentativ für die Gesamt-SA. Angesichts dieser nur vorläufigen und
bruchstückhaften Ergebnisse scheint es legitim zu sein, eine Quelle in die
Diskussion einzubringen, die zwar auch nicht das Kriterium der Reprä-

sentativität erfüllt, die jedoch von Interesse im Hinblick auf die Zusammensetzung der aktivistischen Elemente der SA zu sein scheint: Gemeint ist eine von der Partei im Jahre 1932 veröffentlichte Aufstellung der in den innenpolitischen Auseinandersetzungen während des Zeitraums 1923 bis August 1932 getöteten Nationalsozialisten. Eine Auswertung der in der Liste aufgeführten SA-Männer, die zwischen 1929 und 1932 starben, zeigt folgendes Ergebnis: Von den insgesamt 94 Braunhemden waren acht in der Ausbildung (vier Studenten, ein Schüler, drei Lehrlinge), 28 waren Arbeiter (davon 10 in der Landwirtschaft tätig), neun, nämlich acht Schlosser und ein Bootsbauer, lassen sich nicht eindeutig dem Handwerk bzw. der Industrie zurechnen, 22 waren Handwerksgesellen oder -meister, einer Beamter, 13 Angestellte, zwei Ingenieure, vier Kaufleute, drei Landwirte, einer Gutsbesitzer, drei gehörten anderen, nicht der Unterschicht zuzurechnenden Berufen an. Somit stehen 28 bzw. maximal 37 (außerhalb des Handwerks tätigen) Arbeitern 22 bis 31 Handwerksgesellen und -meistern sowie 27 eindeutig der Mittelschicht zuzurechnenden SA-Leuten gegenüber.[17] Angesichts dieser Zahlen erscheint die insbesondere von der offiziellen NS-Geschichtsschreibung genährte Vorstellung, daß es gerade ehemalige «marxistische», durch den Nationalsozialismus «bekehrte» Arbeiter waren, die sich im Dienste der NSDAP den sozialistischen Parteien als Aktivisten an den Brennpunkten des bürgerkriegsähnlichen Kampfes entgegenstellten, als eine nationalsozialistische Legendenbildung.

Peter H. Merkl hat in seinem Buch «The Making of a Stormtrooper» die sogenannte Abel-Collection, eine von einem amerikanischen Soziologen im Jahre 1934 mit Unterstützung der NSDAP durchgeführte Sammlung von Autobiographien nationalsozialistischer Aktivisten, systematisch ausgewertet. Die Sammlung enthält insgesamt 581 Aufsätze, von denen 337 über eine Tätigkeit in SA und SS berichten. Die hierin enthaltenen Angaben über die Berufsstruktur sind zwar ebenfalls keineswegs repräsentativ, jedoch besitzen sie einen gewissen Wert, wenn man die Angaben über die Parteimitglieder mit denen über die SA/SS-Angehörigen vergleicht. Danach waren 27,1% der Parteigenossen, jedoch 38,5% der SA/SS-Angehörigen Arbeiter; für Angestellte lauten die Zahlen 18,7 bzw. 21,3%, für freie Berufe 13,6 und 12,3%, für den öffentlichen Dienst 19,9 und 13,2%, für Landwirte 8,3 und 9,3%, für «Andere» 12,3 und 5,4%.[18]

Obwohl alle diese Angaben, wie bereits erwähnt, letztlich nicht repräsentativ sind, so enthalten sie doch einige wesentliche Hinweise auf die Beschäftigungsstruktur der SA-Angehörigen: Offensichtlich waren in der SA im nennenswerten Umfang Angehörige unterschiedlicher sozialer Schichten vertreten. Im Vergleich mit der Partei lag der Arbeiteranteil in der SA vermutlich etwas höher, jedoch waren Arbeiter gemessen an ihrem Anteil an der männlichen erwerbstätigen Bevölkerung im Alter zwischen 18 und 30 Jahren, nämlich 68%[19], in der SA offensichtlich unterrepräsentiert. Bei diesen Arbeitern handelte es sich aber zu einem überdurchschnittlich großen Teil um Landarbeiter und Handwerksgesellen. Charakteristisch für die SA scheint demnach zu sein, daß in ihr weder das proletarische noch das mittelständische Element absolut dominierend war. Die besondere Stärke der SA lag statt dessen darin, daß sie Angehörige unterschiedlicher Schichten in ihren Reihen zusammenführte. Auffällig erscheint vor allem die starke Anpassungsfähigkeit der SA an das jeweils lokal oder regional vorherrschende soziale Milieu: Dies zeigt insbesondere der Vergleich zwischen den extrem niedrigen Arbeiteranteilen, die Bessel für Ostpreußen ermittelt hat, und den Angaben Fischers für München, die für einige SA-Stürme aus typisch proletarischen Vierteln außerordentlich hohe Arbeiterzahlen ausweisen, so etwa 63,5% in Neuhausen oder 76,5% für die Gegend um den Ostbahnhof.[20]

Ebenso große Aufmerksamkeit wie die Erwerbstätigen verdienen aber die Erwerbslosen innerhalb der Parteiarmee. Die vielfältigen Hinweise auf die hohe Zahl von Arbeitslosen innerhalb der SA sind jedenfalls unverkennbar. Auch hier lassen sich keine exakten Zahlen feststellen, doch liegen verschiedene Einzelangaben vor, nach denen die Mehrzahl einzelner SA-Einheiten aus Arbeitslosen bestand. Bei der Wertung solcher Aussagen ist selbstverständlich zu berücksichtigen, daß sie häufig im Zusammenhang mit der Forderung nach besserer finanzieller Unterstützung seitens der Partei standen, die einzelnen SA-Führer also ein Interesse am Nachweis besonders hoher Arbeitslosenzahlen hatten.

So nannte der für den gesamten ostdeutschen Raum verantwortliche SA-Führer Stennes im Februar 1931 in einem Schreiben an Röhm die Zahl von 67% Arbeitslosen für einzelne Berliner Standarten[21], während die offizielle SA-Geschichte der Reichshauptstadt für das Frühjahr 1931 «weitaus über die Hälfte der Berliner SA ... als erwerbslos, ausgesteuert oder überhaupt ohne jede Unterstützung» bezeichnete und für den Herbst des gleichen Jahres eine Arbeitslosenzahl von 80% angab.[22] Andere Berichte aus verschiedenen Teilen des Reiches sprechen ebenfalls von 80% Arbeitslosen und mehr in einzelnen SA-Einheiten.[23] In dem bereits im Zusammenhang mit der Berufsstruktur behandelten Wiesbadener Sturm waren von 83 Mitgliedern 31 erwerbslos.[24]

Während in der sozialen Zusammensetzung der Parteiarmee keine soziale Schicht eindeutig dominierte, so kann über ein vorherrschendes Strukturelement der SA kein Zweifel bestehen: Gemeint ist die Jugendlichkeit der SA.

So beziffert der bereits zitierte Polizeibericht über eine Region aus dem östlichen Preußen vom Juni 1930 den Anteil der unter 30 Jahre alten SA-Männer auf 70%, während die Berichte für die Regierungsbezirke Königsberg und Allenstein Prozentangaben von 81,4 bzw. 84,6 machen.[25] Die Auswertung der vorliegenden Angaben über den schon mehrfach angeführten Wiesbadener SA-Sturm ergibt folgende Altersverteilung: Ein SA-Mann war im Jahre 1887 geboren, elf stammten aus den Jahrgängen 1891–1900, fünf waren zwischen 1902 und 1905 geboren, 39 zwischen 1906 und 1910, 26 zwischen 1911–1913; es waren also 65 von insgesamt 82 SA-Leuten zwischen 18 und 25 Jahre alt bzw. 70 zwischen 18 und 28.[26]

Die offizielle Totenliste der Partei nennt sieben vor 1890 Geborene (der älteste stammte aus dem Jahre 1871), acht waren in den Jahren 1891 bis 1901 zur Welt gekommen, 20 zwischen 1902 und 1905, 36 zwischen 1906–1910, 18 zwischen 1911–1916. Anders ausgedrückt: Von den insgesamt 89 im Dienste der NS-Bewegung Getöteten waren 36 bei ihrem Tod zwischen 16 und 25 Jahre alt, 55 zwischen 16–30.[27]

Kann somit eigentlich über den starken Anteil Jugendlicher bzw. junger Männer in der SA kaum Zweifel bestehen, so liegt auch auf der Hand, daß besonders viele von ihnen gleichzeitig zur Gruppe der Arbeitslosen gehört haben dürften. Denn insbesondere Jugendliche waren von der Arbeitslosigkeit in besonderer Weise betroffen. Nicht nur war ihr Anteil an den Erwerbslosen besonders hoch, sie waren auch mit die ersten, die aus dem Netz sozialstaatlicher Maßnahmen herausfielen.[28]

Ein weiteres wichtiges Merkmal der SA-Struktur ist die außerordentlich hohe Fluktuationsrate unter den Mitgliedern. So führt beispielsweise ein Polizeibericht aus Schlesien folgende Mitgliederbewegung für die dortige SA an: Juli 1932 21,5% Neuaufnahmen, 7,4% Austritte; August 1932 13,8% Neuaufnahmen, 6,9% Austritte.[29] Ein Vergleich der Mitgliedschaftslisten des Wiesbadener Sturms 67 vom September 1931 und Dezember 1931 zeigt, daß in nur drei Monaten von den ursprünglich 86 Mitgliedern 20 die Parteiarmee verlassen hatten, während gleichzeitig 26 Neuzugänge zu verzeichnen waren.[30]

Angesichts dieser häufig nur kurzen Zugehörigkeit zur SA ist auch nicht verwunderlich, daß viele SA-Angehörige überhaupt nicht Parteimitglieder waren, obwohl dies durch die SA-Führung eindeutig und zwingend angeordnet war.[31] Es gab sogar komplette SA-Einheiten ohne Parteigenossen: So hat etwa Bessel in seiner Untersuchung über die ostdeutsche SA einen ostpreußischen Sturm ermittelt, von dessen 115 Mitgliedern nicht ein einziges auch der NSDAP angehörte.[32]

Der relativ häufige Hinweis auf die hohe Zahl von arbeitslosen SA-Männern und die Jugendlichkeit der SA lassen die Frage der beruflichen Schichtung der Parteiarmee in den Hintergrund treten. Warum Skepsis gegenüber einer Überbewertung von statistischen Angaben zur Berufsstruktur angebracht erscheint, soll durch einige Überlegungen verdeutlicht werden: Der arbeitslose 22jährige Bankangestellte, der eine Frau und ein Kleinkind zu versorgen hatte, der Beamtensohn, dessen Studium von

In der heterogen zusammengesetzten SA dominierte das jugendliche Element. Der Eintritt prominenter Adeliger zur Organisation verstärkte den Eindruck einer Kameraderie ohne soziale Schranken: Prinz August Wilhelm von Preußen («Auwi») bei einem «kamerad-schaftlichen Zusammensein» mit – weiße «Verbotshemden» tragenden – SA-Angehörigen (unten).

den Eltern nicht mehr finanziert werden konnte und der sich als Lager-
arbeiter verdingen mußte, der 20jährige Fleischergeselle, der nach dem
Bankrott des väterlichen Betriebs auf Gelegenheitsarbeiten angewiesen
war und sich mit einem Kollegen eine Schlafstelle teilen mußte – alle drei
gehörten zwar Berufen an, die normalerweise dem Mittelstand zugerech-
net werden, tatsächlich jedoch war ihre Lebensführung soweit herabge-
sunken, daß man von einer Proletarisierung sprechen kann. Die Berufsangabe jedenfalls sagt in solchen Fällen relativ wenig über den tatsächlichen
sozialen Status aus. Auf der anderen Seite haben vermutlich viele junge
Männer, die sich bei ihrem SA-Eintritt als Arbeiter bezeichneten, damit
auch nicht ihren erlernten oder über einen längeren Zeitraum ausgeübten
Beruf nennen wollen, sondern lediglich eine vorübergehende Beschäftigung, die sie notgedrungen (vielleicht nach Schulbesuch oder kaufmänni-
scher Lehre) aufgenommen hatten, ohne deswegen schon völlig aus der
kleinbürgerlichen Sicherheit des Elternhauses herausgefallen zu sein.
Schließlich trat man ja auch einer Unterorganisation der Nationalsozia-
listischen Deutschen *Arbeiter*partei bei; dies mag den einen oder anderen
Jugendlichen mittelständischer Herkunft zu einem trotzigen und klaren
Bekenntnis zur rauhen Proletarierwelt veranlaßt haben. Auch in solchen
Fällen war die Berufsangabe irreführend, da das soziale Milieu der Betreffenden doch noch überwiegend mittelständisch geprägt war. Heinrich
Bennecke, ehemaliger SA-Führer und Verfasser der ersten umfassenden
Geschichte der Parteiarmee, hat hierzu einen interessanten Hinweis gegeben: Bennecke schätzt, daß die SA zu etwa 60% aus Arbeitern bestand,
macht hierzu allerdings die Einschränkung, daß viele dieser «Arbeiter»
aus Handwerker- und Bürgerfamilien stammten und wegen der Inflation
und der wirtschaftlichen Bedingungen der Zeit nicht die Ausbildung
erhalten hätten, die ihnen unter normalen wirtschaftlichen Verhältnissen
zugute gekommen wäre.[33]

Versucht man, die Aussagen über Berufsstruktur, Arbeitslosigkeit und
Altersaufbau der SA zu einer knappen Aussage zusammenzufassen, so
wird man die NS-Parteiarmee im Kern als einen Zusammenschluß von
vorwiegend Jugendlichen oder jüngeren Männern beschreiben können,
die zum geringeren Teil aus der Arbeiterschaft stammten und zum
größeren Teil der Proletarisierung zusteuernde Angehörige der Mittelschicht waren.

Was machte nun die besondere Attraktivität der SA gerade für diesen
Personenkreis aus? Sieht man einmal davon ab, daß die verschiedenen
Gründe, die für den Aufstieg der NSDAP genannt wurden, sich natürlich mehr oder weniger auch als Erklärung für das Wachstum der Parteitruppe anführen lassen (also im wesentlichen die Wirtschaftskrise, die
mangelnde Funktionsfähigkeit der Demokratie, die Bereitschaft rechts-
konservativer Kräfte zur Zusammenarbeit mit den Nationalsozialisten,

andererseits aber auch die geschickte Propaganda der NS-Bewegung und ihre bewußt vage gehaltene Programmatik), so scheint es neben diesen allgemeinen Ursachen vor allem drei Faktoren gegeben zu haben, die die SA zum besonderen Anziehungspunkt für den bezeichneten Personenkreis machten.

Hierzu muß allerdings eine wesentliche methodische Einschränkung gemacht werden: Solange nicht die in den noch vorhandenen Personalakten der SA auffindbaren Angaben über Beruf, Arbeitslosigkeit, Alter, Elternhaus, Mitgliedschaft in anderen Organisationen usw. systematisch ausgewertet und die ebenfalls dort in großer Zahl vorliegenden Lebensläufe von SA-Leuten umfassend analysiert worden sind, werden Aussagen über die Motive, die zur Mitgliedschaft in der SA führten, und ihre gesellschaftlich bedingten Ursachen hypothetisch bleiben müssen. Diese nur in einem Großprojekt zu leistende Arbeit kann und soll hier nicht vorweggenommen werden. Wenn im Folgenden also von drei Faktoren für das Wachstum der SA gesprochen werden wird, dann ist dies im Sinne von Chancen gemeint, die den Eintritt in die Organisation begünstigten.

Erstens besaß die Parteiarmee eine besondere Attraktivität für Arbeitslose. Die SA baute während der Wirtschaftskrise ein Netz von Unterstützungseinrichtungen auf, die die Erwerbslosen (insbesondere die, die nicht oder nur unzureichend in den Genuß sozialstaatlicher Maßnahmen kamen) zumindest mit dem Notdürftigsten versorgten und sie gleichzeitig durch Eingliedern in eine festgefügte Ordnung und durch Zuweisen bestimmter Aufgaben aus ihrer depressiven Lage herausriß, ihnen das Gefühl einer sinnvollen, zielgerichteten Beschäftigung vermittelte. Dieses soziale Versorgungsnetz und die in ihm entstehende SA-Subkultur wird noch im einzelnen zu schildern sein.

Es dürfte aber nicht nur der Versorgungsaspekt gewesen sein, der gerade arbeitslose Jugendliche scharenweise der SA zutrieb, sondern vor allem – und damit ist der zweite Faktor angesprochen – der paramilitärische Stil, der direkte Aktionismus der Parteitruppe. «Bezüglich der Neuwerbung», so heißt es bezeichnenderweise in einem grundlegenden Befehl des für den süddeutschen Raum verantwortlichen SA-Führers vom November 1930, gelte der Grundsatz, daß «junge Leute sich durch unsere Disziplin, unser einheitliches Auftreten usw. angezogen fühlen und nach ihrem Eintritt erst zu Nationalsozialisten erzogen werden müssen.»[34] Jugendliche Aggressivität gegen eine Gesellschaft, die den Jungen keine Chance bot, der Wunsch nach Geborgenheit in einer nach außen stark erscheinenden Gruppe, nicht zuletzt schlichte Langeweile infolge permanenter Nichtbeschäftigung bieten sich als Erklärungen für die Bereitschaft gerade vieler Jugendlicher an, sich der NS-Parteitruppe anzuschließen. Beschäftigt man sich etwa näher mit dem Erfahrungshorizont[35] dieser Generation, so erscheint ihre hohe Gewaltbereitschaft plausibel: Die jungen Männer und Jugendlichen, die zwischen 1930 und 1932 den Großteil der SA-Neueintritte ausmachten, waren in ganz entscheidender Weise durch den Ersten Weltkrieg und die instabilen Nachkriegsjahre geprägt worden. Um sich die Auswirkungen dieser Erfahrungen konkret klarzumachen, erscheint es sinnvoll, grundsätzlich zwischen einer älteren und einer jüngeren Gruppe zu unterscheiden. Die 1902–1905, möglicherweise auch die in den beiden folgenden Jahren Geborenen (sie waren bei ihrem SA-Eintritt 1930 zwischen 25 und 28 Jahre alt) hatten den Ersten Weltkrieg zwar nicht mehr als Soldaten, jedoch als Kinder bzw. Heranwachsende bewußt erlebt. Sie hatten ihr «Juli-Erlebnis» gehabt, das heißt die euphorische, den nationalen Aufbruch suggerierende Stimmung des Sommers 1914 verspürt, sie hatten die pathetisch-triumphalen Siegesfeiern der ersten Kriegsphase ebenso miterlebt wie etwas später das Einfrieren der Fronten und die sich verschlechternden Lebensverhältnisse. Der Krieg brachte für sie die Erfahrung mit sich, über Jahre hinweg hungern zu müssen, er bedeutete die Abwesenheit der Väter und älteren Brüder, neue Rollen für die Mütter innerhalb und außerhalb des Hauses und somit eine völlige Destabilisierung einst festgefügter familiärer Bindungen während der Pubertätsjahre. Schockartig wirkte sich die unerwartete Niederlage, die Flucht des Kaisers, die Revolution, das «Schanddiktat von Versailles» auf diese Kinder und Jugendlichen aus: Hier brachen Welten zusammen. Es folgte das politische und wirtschaftliche Chaos der ersten Nachkriegsjahre in einer wenig gefestigten und ungeliebten Republik.

Man muß sich vorstellen, daß diese Kinder und Jugendlichen mit Feindbildern heranwuchsen, daß Haß in vielen Familien ein wichtiges Erziehungsziel gewesen war: Während des Krieges wurden die militärischen Feinde des Reiches in Kinderreimen, in Bilderbüchern und Schulfibeln in entmenschlichter Weise dargestellt. Die außerordentliche innenpolitische Polarisierung der ersten Nachkriegsjahre dürfte dazu geführt haben, daß viele Kinder in ähnlich verzerrender Weise von der Existenz von «Spartakisten» und «Novemberverbrechern» hörten.

Die jüngere Gruppe, die zwischen 1905 und 1914 Geborenen (sie waren 1932 18–27 Jahre alt), hatten diese Ereignisse zum Teil weniger bewußt erlebt, jedoch wurden auch ihre Kindheitserfahrungen einschneidend durch die beschriebenen Ereignisse und innerfamiliären Konstellationen geprägt. Die Jugendlichen, die in den zwanziger Jahren heranwuchsen, erlebten eine Atmosphäre, die durch eine außerordentlich starke Beschäftigung mit dem Kriegserlebnis geprägt war. U-Boot-Kapitäne, Stoßtruppführer und Jagdflieger waren die Idole von Filmen, Jugendbüchern, Zigarettenalben, Groschenromanen usw. und beschäftigten die jugendliche Phantasie. Kriegspielen war eine der wichtigsten Freizeitbeschäftigungen dieser Jugend, nicht nur in der Freundesclique, sondern gefördert durch zahlreiche Organisationen, die Geländespiele, «Wehr-

sport» usw. durchführten. So waren um 1930 über 300000 Jugendliche in
militant rechtsgerichteten Jugendverbänden organisiert, deren Hauptziel
eine Erziehung im militärischen Sinne war: Zu nennen sind hier insbesondere der «Jungstahlhelm», der «Jungwolf», der «Jungsturm», die «Kyff-
häuserjugend», die diversen Marinejugendbünde oder, mit gewissen Einschränkungen, auch Organisationen wie die «Bismarckjugend», der Ju-
gendverband der DNVP. Aber auch viele nicht eigentlich paramilitärische
oder politisch extrem rechte Verbände beteiligten sich an der Wehrerziehung: Der 1930 mit staatlicher Unterstützung gegründeten «Gelände-
Sport-Arbeitsgemeinschaft» etwa, die sich die Förderung des Wehrsports
zur Aufgabe gemacht hatte und entsprechende Lagerlehrgänge durchführte, gehörten beispielsweise Pfadfinderverbände, Landjugend, der
Deutschnationale Handlungsgehilfen-Verband und andere Organisationen mit insgesamt 500000 Mitgliedern an.[36] «Unabhängig von einer
Zielsetzung», so die 1932 abgegebene Einschätzung des Nürnberger
Jugendamtdirektors über die Attraktivität politischer Wehrorganisatio-
nen für Jugendliche, «ist allen gemeinsam, daß sie Disziplin, Unterordnung und Korpsgeist verlangen und dadurch bei vielen Jugendlichen eine
gewisse Resonanz finden. Es ist nicht zu bestreiten, daß viele Jugendliche
dadurch einen gewissen Halt finden.»[37]

Das verhältnismäßig starke paramilitärische Element in der Weimarer
Jugenderziehung war dazu geeignet, die bereits im Kindesalter unbewußt
erlebte Kriegserfahrung durch die Jugendzeit hindurch wach zu halten
und in militärische Wertvorstellungen umzuprägen. Die SA, so scheint es,
bot den Jugendlichen, die mit dem Krieg in «spielerischer» Weise vertraut
waren, die Chance, ihren Wunsch nach «soldatischer» Betätigung in
konkrete Aktionen gegen die «Marxisten» zu lenken, die für den «Dolchstoß» und die Revolution von 1918 bestraft werden mußten. Auf diese
Weise konnten das Trauma der Niederlage überwunden, die Revolution
zurückgeworfen und somit das Versagen der Vätergeneration gerächt
werden. Der ständige provozierende Aufmarsch der SA gegen die Arbeiterbewegung läßt sich in dieser Perspektive als ein Versuch deuten, in der
Rolle des Weltkriegssoldaten die 1918 unterbliebene völlige Vernichtung
der «Roten» nachträglich zu vollziehen.

Als dritter Faktor, der das Wachstum der SA begünstigte, läßt sich der
weitere Niedergang der Wehrverbände gerade in den Jahren 1929 und
1930 und die im direkten Vergleich mit ihnen außerordentliche Attraktivität der SA nennen.[38] Während man in den militanten Jugendverbänden
ein Reservoir vermuten kann, aus dem der SA Nachwuchs im Alter von
18–21 Jahren zufloß, so dürften die etwa zwanzig bis dreißig Jahre alten
Wehrverbandsmitglieder die zweite große Rekrutierungsgruppe der SA
gebildet haben. Hatte bereits der endgültige Zusammenbruch des Wi-
king-Bundes im Jahre 1928 der SA eine größere Zahl neuer Mitglieder

zugeführt, so konnte man im kommenden Jahr ebenso aus dem Niedergang des Bundes Oberland profitieren. Während es beiden Verbänden nicht gelungen war, sich völlig von ihrer Freikorps-Vergangenheit zu lösen und sich an die veränderten politischen Verhältnisse anzupassen, führte die SA eindrucksvoll vor, wie sich eine paramilitärische Truppe äußerst effizient in eine politische Partei integrieren ließ. Der Stahlhelm konnte sich zwar in den Jahren 1929/30 als größte paramilitärische Organisation behaupten, er hatte aber eine weitere Niederlage im Konkurrenzkampf mit den Rechtsparteien hinzunehmen, da er im Zuge der Anti-Youngplan-Kampagne die von ihm beanspruchte Führungsrolle im rechten Lager an die DNVP abtreten mußte. Hatte man ursprünglich geglaubt, durch ein Volksbegehren das Schwergewicht der antirepublikanischen Aktivitäten auf außerparlamentarisches Terrain verlegen und gegenüber den Parteien eine Führungsrolle spielen zu können, so gewannen im Zuge der Umformung der Kampagne zur Initiative gegen den Youngplan die DNVP Hugenbergs und die NSDAP Hitlers die Oberhand. Politischen Erfolg, so wurde den Stahlhelmern deutlich vor Augen geführt, versprach nicht die Kooperation bzw. das Herumtaktieren mit den rechten Parteien, sondern die bedingungslose Unterstützung einer politischen Kraft. Ebenfalls erfolglos blieb der Versuch des Jungdeutschen Ordens, eine eigenständige Rolle in der deutschen Innenpolitik zu spielen. Seit 1928 betrieb der Orden die Bildung einer mittelständischen Sammelbewegung, die sich schließlich im Januar 1930 als «Volksnationale Reichsvereinigung» konstituierte. Nachdem es der Reichsvereinigung in den sächsischen Landtagswahlen vom Juni 1930 gelungen war, zwei Mandate zu erringen, wollte man den Erfolg auch auf Reichsebene wiederholen. Durch die überraschend für September 1930 angesetzten Reichstags-Wahlen unter Zeitdruck gesetzt, entschloß man sich, zusammen mit der Deutschen Demokratischen Partei (DDP) eine neue Partei, die «Deutsche Staatspartei» zu gründen. Trotz eines respektablen Wahlerfolgs gelang es in den nächsten Monaten jedoch nicht, zu einer Integration der beiden unterschiedlichen, vorwiegend eben doch unter rein taktischen Gesichtspunkten kooperierenden Gruppierungen zu gelangen. DDP/Staatspartei und Reichsvereinigung/Jungdeutscher Orden lösten ihre Verbindung wieder, die Jungdeutschen zogen sich weitgehend aus der Politik zurück.

Wichtig für das Prestige der SA, insbesondere bei den Wehrverbänden, war auch der Eintritt einer Reihe prominenter Adeliger: Prinz August Wilhelm von Preußen (ein Sohn des Kaisers), Prinz Friedrich Christian Schaumburg-Lippe und Philipp v. Hessen schlossen sich noch im Jahre 1929 der Parteitruppe an.[39] Auch der Parteitag von 1929 war ganz darauf abgestellt, die Rolle der SA als Partner der Wehrverbände zu betonen und sie als Wegbereiter künftiger deutscher Militärmacht darzustellen. So zog Hitler in seiner Eröffnungsrede[40] einen Vergleich zwischen den «braun gekleideten Kolonnen» und den «feldgrauen Regimentern» des Jahres 1914, während Oberst a. D. Konstantin Hierl in seinem Referat «Grundlagen einer deutschen Wehrpolitik» ein «wehrpolitisches Wunschbild» entwarf, in dem die Begriffe «Widerstand» und «Volksheer» dominierten[41].

3. Organisatorischer Ausbau, zunehmende Gewalttätigkeit und innerparteiliche Konflikte

Der Mitgliederzuwachs der SA – im Herbst 1930 war die Zahl von 60 000 erreicht worden[42] – machte eine ganze Reihe organisatorischer Änderungen notwendig. So wurde im Februar 1929 eine neue Ebene in der SA-Hierarchie geschaffen, die die Verbindung zwischen den einzelnen Gaustürmen und der Obersten SA-Führung sichern sollte: Sieben Oberführer wurden zu regionalen Vertretern des «Obersten SA-Führers»[43]. Sämtliche «OSAF-Stellvertreter» – deren Kommandobereiche sich im übrigen in etwa mit der Wehrkreiseinteilung der Reichswehr deckten –, waren verabschiedete Offiziere und ehemals aktive Freikorpsführer.[44] Im März 1929 begann man damit, die über 40jährigen SA-Männer in besonderen «Reservestürmen» zusammenzufassen, um so die Schlagkraft der «aktiven» Stürme zu erhöhen.[45] Außerdem entstand eine Reihe von weiteren Spezialeinheiten: Aus den seit 1928 aufgestellten motorisierten Staffeln wurde im April 1930 das «Nationalsozialistische Automobilkorps» gebildet, das v. Pfeffer unterstellt wurde. Ferner wurden 1928/29 besondere Reiter- und Marinestürme aufgestellt. Hierbei ging es nicht so sehr darum, Kader für die Kavallerie oder Marine in einem späteren NS-Staat auszubilden; Grundgedanke war vielmehr, das Freizeitangebot der SA zu erhöhen und gleichzeitig den ländlichen Reitervereinen und Marine-Jugendgruppen den Rang abzulaufen. Vor dem Hintergrund der zunehmenden Brutalisierung der innenpolitischen Auseinandersetzung war schließlich die Neuorganisation des SA-Sanitätswesens in den Jahren 1929/30 notwendig geworden.[46]

Nach anfänglicher Kooperation mit einer privaten Versicherungsgesellschaft übernahm die seit 1927 bestehende «SA-Versicherung» Anfang 1929 die Risikoabsicherung der Braunhemden gegen Personenschäden in Eigenregie. Die Mitgliedschaft in der unter der Leitung Martin Bormanns arbeitenden Einrichtung war für alle SA-Männer obligatorisch.[47]

Den gesamten Bedarf der SA an Bekleidung und Ausrüstung sollte die «Reichszeugmeisterei» der SA decken, die im Frühjahr 1929 durch eine Vergrößerung einer bereits seit über zwei Jahren bestehenden «SA-Wirtschaftsstelle» entstand. Durch diese Zentralisierung des Beschaffungswesens wurde ein durch die SA beeinflußter Wirtschaftsbereich geschaffen, in dem Gewinne erwirtschaftet wurden (die SA-Leute hatten ihre Uniform nach wie vor selbst zu bezahlen) und Versorgungsposten zu vergeben waren. Gewinne warf auch die Zigarettenfabrik «Sturm» ab, deren Produkte («Trommler», «Alarm», «Sturm», «Neue Front») ausschließlich über die Reichszeugmeisterei vertrieben wurden.[48]

Der Durchbruch der NSDAP zur Massenbewegung hatte für die SA eine erhebliche Verstärkung ihrer propagandistischen und «kämpferischen» Anstrengungen zur Folge: Flugblätter verteilen und Plakate kleben, Propagandamärsche und -ausfahrten, Schutz der eigenen Versammlungen und Störung bzw. Sprengung derjenigen des Gegners bestimmten den – jetzt häufig schon täglichen – «SA-Dienst». Diese Propaganda- und Kampfmethoden der SA waren im Prinzip nicht neu – neu aber war die Intensität, mit der die Braunhemden ihre Agitation betrieben: Der kombinierte Einsatz verschiedener Propagandamittel, an bestimmten Schwerpunkten eingesetzt, erzeugte eine Sogwirkung, der sich die von der Republik enttäuschten und politisch orientierungslosen Teile der Bevölkerung immer weniger entziehen konnten. Die Gewalttätigkeiten der SA steigerten sich aus der Sicht der Polizei in einem Ausmaß, das die SA zu einer massiven Bedrohung der allgemeinen Sicherheit werden ließ. Auf ihre Weise begann die SA, das öffentliche Leben der Republik zu beherrschen.

Die Nachrichtensammelstelle beim Reichsinnenministerium zog in einem Bericht vom August 1929 folgende Schlußfolgerung aus dem Verhalten der SA: «Die Folgen einer derartig planmäßig betriebenen und mit zugkräftigsten Schlagworten geförderten Bürgerkriegsstimmung sind, wie zu erwarten, nicht ausgeblieben. In steigendem Maße haben sich die fanatisierten Anhänger der NSDAP dort, wo sie in der Überzahl sind, terroristischer und brutaler Kampfmittel bedient. Die Erweckung der überaus rohen, ja verbrecherischen Instinkte ließ die Nationalsozialisten in reicher Fülle Gewalttätigkeiten gegen Personen und Sachen, leichte und schwere Körperverletzung und solche mit tödlichem Ausgange begehen. Die Polizeiberichte der meisten größeren Städte beweisen, daß fast ausnahmslos bei jedem öffentlichen Auftreten der Nationalsozialisten oder ihrer Sturmabteilungen mit Zusammenstößen und Schlägereien zu rechnen ist. Die in jüngster Zeit, in den letzten drei Monaten begangenen Ausschreitungen zeigen aufs eindeutigste das zügellose, mit keiner irgendwie gearteten politischen Agitation in Einklang zu bringende Verhalten der Nationalsozialisten. In ihnen liegt, wie oben ausgeführt, System; sie sollen bewußt Unruhe in die Bevölkerung tragen, um so ihrem endlichen Ziele den Weg zu bereiten.»

Als Beleg für diese Einschätzung wird sodann eine «Blütenlese» von durch die SA verursachten Zwischenfällen aufgeführt. Besonders eindrucksvoll liest sich die Häufung nationalsozialistischer Gewalttaten am Rande des im August 1929 in Nürnberg abgehaltenen Parteitages:

«a) Am 2. August stürmten 20–30 Nationalsozialisten die vordere Plattform eines Straßenbahnwagens und schlugen auf den Führer und mehrere Fahrgäste ein. Der Straßenbahnwagen bewegte sich hinter einem etwa 100 Mann starken Zuge der NSDAP, der der polizeilichen Aufforderung, die Fahrbahn freizumachen und sich auf die linke Straßenseite zu begeben, nicht nachkam.

b) Am 3. August drangen die Nationalsozialisten in Stärke von 20 Mann in das Wirtschaftsgebäude des Gewerkschaftshauses ein und verlangten von dem Wirt die Einziehung der an dem Gebäude angebrachten schwarz-rot-goldenen Fahne. Als diesem Verlangen nicht nachgekommen wurde, wurden verschiedene Einrichtungsgegenstände zerschlagen und der Wirt mißhandelt.

c) Am gleichen Tage zertrümmerten Mitglieder einer nationalsozialistischen Abteilung eines Fackelzuges die Fensterscheiben eines Sonderwagens der Straßenbahn, der diese Abteilung überholen wollte. Der durch Hineinwerfen brennender Fackeln in den Wagen entstandene Schaden war nicht unerheblich.

d) Am 4. August nahm eine größere Anzahl von Nationalsozialisten gegen ein häufig von Kommunisten besuchtes Café eine drohende Haltung ein und versuchte mit Gewalt in dieses einzudringen. Sie schlugen die untere Füllung der schnell verschlossenen Haustür ein und machten den Versuch, durch die so entstandene Öffnung in das Lokal einzudringen. Von nationalsozialistischer Seite fielen 4 Schüsse.

e) An dem gleichen Tage kam es in einer Wirtschaft zwischen mehreren Nationalsozialisten und Andersdenkenden – einem anwesenden Gaste soll ein gewerkschaftliches Abzeichen abgenommen worden sein – zu Tätlichkeiten, in deren Verlauf die Nationalsozialisten mit Biergläsern und Flaschen warfen. Schnell herbeigeeilte nationalsozialistische Trupps eröffnete von außen gegen das Lokal ein Bombardement mit Bierflaschen. Fensterscheiben und Einrichtungsgegenstände wurden zertrümmert.

f) Am gleichen Abend versuchten mehrere hunderte Nationalsozialisten aus unbekannten Gründen eine andere Gastwirtschaft zu stürmen ...

g) Etwa zur gleichen Zeit wurden ein das Abzeichen des Radfahrerbundes «Solidarität» tragender Mann und eine andere Zivilperson von Nationalsozialisten überfallen und mißhandelt ...

h) Gegen 21 Uhr des gleichen Tages flüchtete eine von mehreren Nationalsozialisten verfolgte Zivilperson durch den Gang einer Wirtschaft in eine Nebenstraße. Mehrere Nationalsozialisten drangen zur Auffindung des Verfolgten in die Wirtschaft ein und verursachten durch ihr gewalttätiges Vorgehen – sie kamen mit den Gästen ins Handgemenge – erheblichen Sachschaden. Die Angriffe der Nationalsozialisten richteten sich auch gegen zwei einschreitende Polizeibeamte. Ein Oberwachtmeister der Schutzmannschaft, dem der Säbel entrissen wurde, wurde von

Nationalsozialisten überwältigt und erhielt drei Stiche in den Rücken und mehrere Verletzungen am Kopfe. Auf einen Schuß des Beamten wurde von nationalsozialistischer Seite dreimal geschossen. Ein anderer Polizeibeamter, der die ins Lokal stürmenden Nationalsozialisten zurückzudrängen versuchte, wurde mit harten Gegenständen geschlagen und erhielt ebenfalls einen Stich in den Rücken.»

Die zunehmende Gewalttätigkeit spiegelt sich auch in der Statistik der SA-Versicherung wider: Danach stieg die Zahl der – in Ausübung ihres «Dienstes» – verletzten SA-Männer von 110 (1927) auf 360 (1928), dann auf 881 (1929), schließlich auf 2506 (1930).[49]

In parteioffiziellen Veröffentlichungen wurde die Brutalität der SA keineswegs verschwiegen, sondern im Gegenteil zu einem heroischen, in der Tradition der Freikorps stehenden «Kampf gegen den Marxismus» hochstilisiert, dabei gleichzeitig die Affinität der SA-Schlägertrupps zum kriminellen Milieu augenzwinkernd zugegeben. Die schon mehrfach zitierte offiziöse Geschichte der Berliner SA ist dafür ein typisches Beispiel. Sie besteht im Grunde genommen aus einer einzigen Aneinanderreihung von Saalschlachten, Überfällen, Straßenkämpfen und sonstigen Gewalttätigkeiten. Die Situation der SA im proletarischen Stadtbezirk Neukölln im Jahre 1929 wird beispielsweise wie folgt beschrieben: «Über 3000 rote Aktivisten, gegen knappe 70 Mann des Sturmes 25. Ein Sturm allerdings, der zu 80 Prozent aus Arbeitern besteht. Aus Rabauken, eisern und mit allen Hunden gehetzt. ‹Ludensturm› sagen die Berliner.»[50] Eine andere Formation wird so charakterisiert: «Das neue Sturmlokal des Trupps 99 vom Bezirk Mitte liegt in der Kellerkneipe von Robert Kistenbrügge, Köpenicker Straße 54. Sie ist fast jeden Abend von Kommune, Bananen[51] und Ringvereinen der Köpenicker Platte belagert. Aber der Truppführer mit dem Spitznamen ‹Gummibein› weiß, was er will. Zehn knorke Jungs, seine ‹Tanzgilde›, suchen sich ihre Partner von der Straße. Besonders ‹Mollenkönig›, ‹Revolverschnauze›, ‹U-Boot›, ‹Schießmüller› und ‹Der Einjährige› machen ihren Namen alle Ehre.»

Die gewalttätigen Aktionen der Berliner SA werden zwar stets als Reaktionen auf «marxistische» Provokationen dargestellt (schuld waren selbstverständlich immer die «Anderen»), die Angriffslust der Braunhemden wird jedoch bei diesen Schilderungen durchaus deutlich: «In Schöneberg ist der rote Terror so stark geworden, daß der Sturm 9 Gegenterror beschließt. Eines Nachts ziehen alle Männer in Rollkluft zum kommunistischen Sturmlokal ‹Rote Insel› in der Sedanstraße und bevor die Kommune überhaupt weiß, was geschieht, ist das Lokal gestürmt und auf den Leisten geschlagen.»[52]

Die SA, so heißt es in einem anderen nach der Machtergreifung veröffentlichten Erlebnisbericht, setze «Terror gegen Terror. Wenn die Kommune einen Kameraden von ihnen überfallen hat, schlagen sie ihr die

Kneipe zusammen, in der sie das Mordgesindel wissen. Und wenn die Polizei sie zu Hunderten bei einer Propagandafahrt verhaftet hat und nach dem Alexanderplatz schleppt, dann zertrümmern sie ihr den Saal, in den man sie eingesperrt hat. Sie zerhacken die Bänke, sie werfen die Telephonapparate durch die zerbrochenen Fenster, und sie reißen die Wasserleitung heraus, daß die entsetzten Beamten die Feuerwehr zu Hilfe holen müssen.»[53]

Neben dem Bild einer in den Großstädten im pausenlosen Kampf mit der organisierten Linken liegenden SA, wie es in einer später geschriebenen Heldenliteratur pathetisch überzeichnet und glorifiziert wurde, gibt es aber noch andere Selbstdarstellungen nationalsozialistischer Provenienz, die ein völlig anderes Bild des Alltags der Parteitruppe vermitteln. Eine Passage aus der offiziellen Parteigeschichte des ländlich strukturierten Gaues Ost-Hannover mag dies verdeutlichen:

«Am 17. und 18. Mai findet der große Gauparteitag in Ebstorf statt. Von allen Seiten rücken sie wieder heran, um an diesem großen Treffen teilzunehmen. In den Vormittagsstunden des 17. Mai liegt der landschaftlich herrliche Ort Ebstorf noch in tiefem Schlummer. Verschlafene Gesichter schauen neugierig aus den Fenstern auf die Autos und die heranrückenden Kolonnen. Schwer und wuchtig rasseln die Lastkraftwagen der SA aus allen Ecken des Gaues durch die Straßen, die mit Maiengrün geschmückt sind. Der Abend vereinigt Tausende von Menschen im riesigen Saal des Schützenhauses, wo Kerrl und Willikens sprechen. Dann treten sie an zum Fackelzug. Eine feierliche Stunde beginnt. Unter dunklem Maienhimmel großer Zapfenstreich. Und machtvoll klingt es hinauf zu den Sternen: ‹Wir beten an die Macht der Liebe.› Die Nacht senkt sich über Stadt und Land, über Busch und Strauch. Die SA-Posten übernehmen die Wachen. Ebstorf ruht aus für den großen kommenden Tag... Morgens ertönen die Hornsignale. Strahlende Sonne liegt über den Gesichtern. Die Kolonnen treten zum Kirchgang an. Vorneweg der Harburger Spielmannszug. Die Kirche ist viel zu klein für all die Vielen, die gekommen sind. ‹Pünktlich 2 Uhr Antreten der gesamten SA!› heißt der Befehl. Mit frischen Märschen geht's zum Kriegerdenkmal, wo eine Heldengedenkfeier stattfindet. Daran schließt sich ein großer Propagandamarsch an. Im Schützenhaus herrscht fröhliche Stimmung. Dicht an dicht die niedersächsischen Bauern. Sie hören, was der Nationalsozialismus will und soll. So endet der Gautag 1930 in Freude und Begeisterung. Neue Kraft und Ansporn gehen von ihm aus.»[54]

Der Bericht vermittelt eher den Eindruck eines großen Schützentreffens als den eines Massenaufmarsches einer radikalen politischen Kampforganisation. In dieser Chronik nehmen die Kämpfe mit den «Marxisten» denn auch nur einen relativ geringen Raum ein: Sie blieben auf wenige Städte (die einzige Großstadt im Gaugebiet ist Harburg) und

Eine SA-Formation angetreten zum Gottesdienst – in vielen Gebieten Deutschlands für die Braunhemden, aber auch für Geistliche eine selbstverständliche Übung. Daneben wurden Mythen und Rituale eines eigenen SA-Kultes gepflegt: Der «Oberste SA-Führer» Hitler «weiht» eine Standarte mit der «Blutfahne» vom 9. November 1923.

ländliche Industriegemeinden beschränkt. Auf dem Lande wurde zwar ebenfalls pausenlos agitiert, doch die Auseinandersetzung mit den hier vorherrschenden konservativen Kräften scheint in weitaus friedlicheren Formen verlaufen zu sein. Geschlossene Kirchenbesuche von SA-Einheiten, ja «Feldgottesdienste» sind nichts Ungewöhnliches.[55] Beide Chroniken, die der Berliner SA und die des Gaues Ost-Hannover, vermitteln auf ihre Weise ganz unterschiedliche Idealtypen des einfachen SA-Mannes: Hier der im täglichen Kampf zum Helden erhobene «Rabauke», dort der besonnene, erdverbundene Bauernsohn, der die im Prinzip gutwillige, aber etwas schwerfällige Landbevölkerung durch unermüdliche Überzeugungsarbeit zu gewinnen sucht. Beide Chroniken sind auf jeweils ihre Weise propagandistische Stilisierungen, sie liefern aber wichtige Hinweise auf die Anpassungsfähigkeit der Parteiarmee an unterschiedliche soziale Milieus.

Die staatliche Reaktion auf die zunehmenden Gewalttätigkeiten der SA konnte nicht ausbleiben: Wie bereits 1923, nach dem mißglückten Hitler-Putsch, und 1927 in Berlin, reagierte der Staat mit Verbotsmaßnahmen: In Bayern, Preußen und Baden wurde im Juni 1930 ein Uniformverbot gegen die SA erlassen.[56] Im Prinzip war die Parteitruppe damit an einer empfindlichen Stelle getroffen worden, denn ihre Wirkung beruhte zu einem erheblichen Teil auf ihrem geschlossenen, dem militärischen Vorbild nachempfundenen Auftreten – und da war die Uniform nun einmal ein unverzichtbarer Bestandteil. In der Obersten SA-Führung aber fand man sehr schnell einen Ausweg aus diesem Dilemma, indem man den »Reichszeugmeister» in einem SA-Befehl folgendes bekanntmachen ließ: «Die SA läßt sich durch derart lächerliche Verbote nicht unterkriegen und wenn das Braunhemd verboten ist, dann macht sie ihren Propaganda-Dienst in der polizeilich verordneten ‹bürgerlichen› Kleidung. So haben wir nun ein ‹bürgerliches› Bekleidungsstück geschaffen und nennen es ‹weißes Verbotshemd›. Dasselbe wird in bester und haltbarster Qualität hergestellt und kann jederzeit, auch nach Aufhebung der Verbote zu jeder Zivilkleidung getragen und aufgebraucht werden. Unter ‹weißes Verbotshemd› ist nicht ein dünnes, nach zweimaligem Waschen zerschlissenes und unbrauchbar gewordenes Fähnchen, wie solche von Warenhäusern angeboten werden, sondern trotz des unerhört billigen Preises ein unverwüstliches Wäschestück, welches jahrelanger Benützung standhält, zu verstehen. Die Preise sind...»[57]

Das schnelle Wachstum der SA und das trotz Uniformverbot ungebrochene Selbstbewußtsein der Parteitruppe führte innerhalb der NS-Bewegung zunehmend zu Spannungen mit der politischen Parteiorganisation. So beschwerte sich beispielsweise der schlesische Gauleiter Brückner bei der Münchner Parteileitung im Mai 1930 über wachsende Einmischungen der SA in Angelegenheiten der Partei.[58] In Württemberg führten Span-

«Es blökt das Schaf, es lacht das Rind, weil Hemden staatsgefährdend sind.»
Staatliche Verbots- und Kontrollmaßnahmen (oben: Uniformverbot, unten Waffenkon-
trolle) wurden von der SA konsequent lächerlich gemacht.

nungen zwischen Partei und Parteitruppe dazu, daß der Gauleiter im März 1929 dem regionalen SA-Führer die Zusammenarbeit aufkündigte und schließlich seine Ablösung durchsetzen konnte. Innerhalb der Stuttgarter Partei kam es Anfang 1930 zu einer ernsthaften Krise, in deren Verlauf der lokale SA-Führer aus der Partei ausgeschlossen wurde. Als dieser auf eigene Faust eine Parteiversammlung einberufen und einen neuen Ortsvorstand wählen ließ, nahm der Gauleiter im Gegenzug eine Säuberung der Stuttgarter Partei vor, die zur Auflösung der dortigen SA führte.[59]

Ein Polizeibericht über eine außerordentliche Mitgliederversammlung der NSDAP-Ortsgruppe Dachau verdeutlicht, welche dramatischen Formen solche innerparteilichen Konflikte annehmen konnten. Die Versammlung, so heißt es hier, war nach «starken Unstimmigkeiten» zwischen Ortsgruppe und örtlicher SA einberufen worden. Nachdem ein aus München angereister SS-Führer erhebliche Vorwürfe gegen einzelne SA-Leute erhoben hatte (u. a. war vom Betrug der SA-Versicherung und Unterschlagungen der SA-Kasse die Rede), forderten die Parteigenossen die Auflösung der SA, «widrigenfalls sie geschlossen aus der Partei austreten würden». Darauf meldete sich der Führer der für das Gebiet Dachau zuständigen SA-Standarte, Kallenbach, zu Wort, um die Gründung einer eigenen SS-Abteilung anzukündigen, die «innerhalb der SA. Ruhe und Ordnung schaffen müsse». Als auch noch der ehemalige Leiter der Ortsgruppe, Bodamer, seiner Meinung Ausdruck gab, «daß man vor einer solchen SA ausspucken müßte», kam es zum Eklat: «Auf diese Äußerung stürzten sich 22 Mann auf Bodamer, welcher Angriff noch rechtzeitig durch die eingreifenden SS-Leute abgewehrt werden konnte. Daraufhin zogen die SA-Leute ihre Braunhemden aus und warfen sie den Führern vor die Füße. Im Anschluß daran begaben sich dann die SA-Leute in das Nebenzimmer. Während Gaugeschäftsführer Nippold wegen des Vorfalls weinte, schrie Standartenführer Kallenbach wie ein Wütender mit dem Bemerken, daß es nicht wert sei, daß er sich für eine solche Bande (die SA meinend) schon 1½ Jahre einsperren lassen mußte. Weiter betonte er, daß auch ähnliche Verhältnisse in Fürstenfeldbruck, Starnberg usw. bestünden.»

Nachdem Bodamer seine Bemerkungen zurückgenommen hatte, kehrten 15 der 22 SA-Leute wieder in die Versammlung zurück, während die restlichen sieben ausgeschlossen wurden. «Die SS in Dachau», so schließt der Polizeibericht, «unter Führung des Leutnants a. D. Fischer zählt 12 Mann. Sie gilt z. Zt. als die Stütze der Ortsgruppe und hat sie vor Gewalttätigkeiten durch die SA zu schützen.»[60] Die SS als Polizeitruppe der Parteiführung gegen eine aus der Kontrolle geratene SA – dieses Muster sollte sich bei zahlreichen anderen Konflikten wiederholen.

In Berlin spitzten sich die Konflikte zwischen SA und NSDAP wenige Monate vor der Reichstagswahl vom September 1930 zu einer ernsten

Krise zu.[61] Anlaß war die von der SA-Spitze erhobene Forderung, führende Angehörige der Sturmabteilung auf der NSDAP-Reichstagswahlliste zu plazieren. Als v. Pfeffer dieses Ansinnen am 1. August an Hitler herantrug, holte er sich eine Abfuhr. In einem am nächsten Tag verfaßten Schreiben an die SA-Führer stellte v. Pfeffer sich zwar hinter den von Hitler vertretenen Grundsatz «Unvereinbarkeit von SA-Führereigenschaft und Mandat», ließ aber seine persönliche Enttäuschung durchaus durchklingen. Zu seinem Vorstoß bei Hitler war v. Pfeffer unter anderem durch ein Schreiben des OSAF-Stellvertreters Ost, Stennes, veranlaßt worden, der ihm am 24. Juli in recht drastischer Form die schlechte finanzielle Ausstattung der SA vor Augen geführt und entsprechende Verbesserungen verlangt hatte. Die Wahl von SA-Führern in den Reichstag war eben nicht nur eine Macht- und Prestigefrage, man erhoffte sich vor allem eine finanzielle Entlastung der höheren Stäbe, nicht zuletzt etwa durch die Abgeordneten-Freifahrkarte.

Ungeachtet der Ergebnisse der Besprechung zwischen Hitler und v. Pfeffer (möglicherweise auch unzureichend informiert) forderte Stennes in einer Führerbesprechung, die am 2. und 3. August in Berlin stattfand, drei SA-Vertreter aus seinem Befehlsbereich als Reichstagskandidaten zu nominieren. Obwohl v. Pfeffer offensichtlich bereits seinen Verhandlungsspielraum ausgeschöpft und seine Forderung nach Mandaten nicht hatte durchsetzen können, ging Stennes von der eingeschlagenen Linie nicht mehr ab. Er ließ der Münchner Parteileitung eine größere Zahl von Entlassungsgesuchen ihm unterstellter SA-Führer überbringen, während gleichzeitig zwei weitere OSAF-Stellvertreter Ansprüche auf Mandate für ihre Bereiche erhoben. Wohl als Folge dieses massiven Drucks reichte v. Pfeffer am 12. August sein Abschiedsgesuch ein. Stennes begab sich nun mit einer Delegation nach München, um Hitler seine Wünsche persönlich vorzutragen, doch der Parteiführer war nicht einmal zu sprechen. In einer in Berlin einberufenen außerordentlichen Besprechung stellten darauf die Stennes unterstellten SA-Führer ihre Ämter zur Verfügung. Ferner beschloß man, jede Tätigkeit für die Partei, also vor allem Wahlpropaganda und Versammlungsschutz, einzustellen, solange nicht den Forderungen nach Plazierung von zwei SA-Kandidaten auf der Reichstagswahlliste sowie nach Entlassung des Gaugeschäftsführers (der zu einer Symbolfigur für die Überheblichkeit des Parteiapparates geworden war) entsprochen wurde.

Dieser Boykott sollte am 30. August zum ersten Mal wirksam werden, als Stennes die ursprünglich zum Schutz einer im Sportpalast abgehaltenen Goebbels-Veranstaltung eingeteilte SA an einem anderen Ort zu einem Generalappell antreten ließ. Dort aber nehmen die Dinge einen unerwarteten Verlauf: Der mittlerweile offensichtlich durch die Gauleitung bearbeitete Stennes erklärt die Forderungen der SA für nicht durchsetzbar und läßt seine Standarten demonstrativ zum Sportpalast abziehen. Während einer am nächsten Tag abgehaltenen SA-Führerbesprechung kommt es aber zu einer neuen Wende: Ein im Nebenzimmer lauschender SS-Spitzel wird entdeckt, die Rolle der SS als Exekutive einer doppelzüngigen Parteileitung scheint festzustehen.

Hierauf erreichen die Ereignisse ihren Höhepunkt in einer Aktion, die in dem Polizeibericht als «Überfall auf die Gaugeschäftsstelle» bezeichnet wird, nach Auffassung der Stennes-Gruppierung aber nur eine «Ablösung der im Haus diensthabenden Wache durch SA-Männer» darstellt, zu der man sich legitimiert glaubt, da die eingesetzte SS ja dem OSAF-Stellvertreter untersteht. Auf jeden Fall dringen die SA-Leute gewaltsam in die Geschäftsstelle ein, es kommt zu einer «ziemlich ernsthaften Keilerei», erst die durch die SS alarmierte Polizei stellt die Ruhe wieder her. Der gewaltsame Streit zweier Teilorganisationen der NS-Bewegung – unmittelbar vor den Reichstagswahlen – wird in der Öffentlichkeit ausgiebig diskutiert, man spricht von einer «Meuterei» der SA. Jetzt aber greift Hitler selbst ein: Der Parteiführer begibt sich nach Berlin und führt am 31. August zahlreiche Gespräche mit den zerstrittenen Parteien. Mit Stennes trifft er erst spät in der Nacht zusammen; dabei kommt es zunächst zu einer Einigung zwischen beiden.

Am nächsten Tag gelingt es Hitler, in einer Rede vor der versammelten Berliner SA die Unruhen endgültig beizulegen. Geschickterweise beginnt der Parteiführer seine Ansprache mit der Ankündigung, die Führung von SS und SA künftig selbst zu übernehmen (v. Pfeffer ist drei Tage zuvor zurückgetreten), ungeheurer Jubel ist die Reaktion seines Publikums. In gewohnter Weise gibt Hitler sodann einen «historischen» Überblick über seinen eigenen Kampf und den der Partei, wobei er insbesondere die Verdienste der SA betont. Seine Rede endet mit einem theatralischen Treueappell, wobei er, wie der Polizeibericht bemerkt, «seine an sich überanstrengte Stimme zum fast hysterischen Schreien» steigerte. Ein «Treuegelöbnis», stellvertretend durch den 8ojährigen General a. D. und Weltkriegshelden Litzmann gesprochen, bereinigt endgültig die Situation. Nach einer Ansprache des Gauleiters Goebbels ergreift Stennes das Wort, um seinen Leuten einen Befehl Hitlers vorzulesen, der wichtige finanzielle Verbesserungen für die SA ankündigt. Die hierdurch veranlaßte Begeisterung überdeckt die Tatsache, daß von einer Vergabe von Mandaten an SA-Führer keine Rede mehr ist.

Unmittelbar im Anschluß an die Berliner Krise kam es in Augsburg zu ganz ähnlichen Vorgängen: Auch die dortige Parteiführung konnte nicht verhindern, daß die in der örtlichen SA aufgestaute Unzufriedenheit in die Öffentlichkeit drang. Als Ursache der Auseinandersetzungen nennt ein Polizeibericht[62] – «wie in Berlin» – finanzielle Streitigkeiten: Die SA-Leute hätten für ihre zahlreichen Fahrten zu auswärtigen Veranstaltungen eine Entschädigung der Gauleitung gefordert und deren Geschäftsführung kritisiert, eine entsprechende Petition an Hitler habe 76 Unterschriften getragen. Zur Schlichtung der «Revolte», so der Bericht weiter, seien die SS-Führer Himmler und Dietrich nach Augsburg gekommen; nur mit großer Überredungskunst sei es ihnen gelungen, die von den aufgebrachten SA-Leuten angedrohte Zerstörung der Parteigeschäftsstelle zu verhindern. Nicht verhindert werden konnte aber, daß die Presse von der Petition erfuhr und Hitler öffentlich dazu aufforderte, anläßlich einer in Augsburg vorgesehenen Kundgebung zu verschiedenen Vorwürfen gegen die örtliche Parteileitung Stellung zu nehmen; Hitler sei aber nicht auf die Vorwürfe eingegangen.

Auch in Hanau kam es am 1. Februar 1931 zu einer Besetzung des örtlichen Parteibüros durch empörte SA-Männer, die zudem tätlich gegen Parteifunktionäre vorgingen. Der handgreifliche Protest richtete sich hier ebenfalls gegen die Behandlung finanzieller Dinge durch die «Parteibonzen»: Es war bekannt geworden, daß der Frankfurter Gauleiter innerhalb kurzer Zeit beträchtliche Diäten aus der Wahrnehmung seiner diversen Mandate bezogen hatte. Nachdem das Geschäftslokal durch die Polizei geräumt worden war, sah die Partei sich veranlaßt, die Wiedereröffnung unter dem Schutz der Frankfurter SS vorzunehmen.[63]

Nach Hitlers Ankündigung, selbst an die Spitze der SA zu treten, wurden die laufenden Geschäfte der Münchner SA-Führung zunächst durch den bisherigen Stabschef v. Pfeffers, den erst 1929 zur Partei gestoßenen Otto Wagener, «bis zur endgültigen Regelung»[64] weitergeführt. Die folgenden Monate wurden in der Parteiführung allgemein als ein Interregnum angesehen, ein allgemeines Nachdenken über die Organisationsstruktur der SA und über ihre Rolle in der nationalsozialistischen Bewegung setzte ein. Wagener selbst machte Vorschläge für eine Reorganisation der SA-Führung und deutete entsprechende Überlegungen Hitlers an.[65] Kurze Zeit später meldete sich der OSAF-Stellvertreter Süd, Schneidhuber, in Erwartung einer bevorstehenden «Umorganisation der SA-Führung» mit einer Denkschrift[66] zu Wort, in der er die Krise der SA ausführlich analysierte. Schneidhuber ging davon aus, daß die schnell gewachsene NS-Bewegung im Grunde ein durch und durch labiles Gebilde darstelle:

«Es darf keinesfalls übersehen werden, daß der Nationalsozialismus, augenblicklich repräsentiert allein noch durch die N.S.D.A.P, einzig und allein auf dem Führer Adolf Hitler und seiner Idee basiert und daß die Zugkraft nur in dem wunderbaren Geist besteht, der insbesondere die SA und im weiteren die Parteigenossen beseelt. Dieser Geist, der der Not der Zeit entspricht, ist von Hitler aufgefangen und in ein Sammelbecken geleitet worden. Daß dieses Sammelbecken – die Partei – bisher ausreichte, das Werdende zu fassen, ist nicht etwa das Verdienst von Organisatoren, sondern allein das des Kennwortes ‹Hitler›, unter dem alles zusammenhält.» Bedauerlicherweise sei aber in letzter Zeit festzustellen, daß «das Instrument der S.-A. unserem Führer im Drang der Ereignisse und mit der Zeit fremd geworden ist, was erklärlich ist, da er sie bei OSAF in besten Händen wußte. Dieses Gefühl beseelt fast jeden S.-A. Mann und stimmt ihn um so betrübter, als gerade der S.-A. Mann nur Adolf Hitler als seinen Führer kennt und nur ihm allein folgt, im Gegensatz zu den Pg., die in ihren Bereichen als Zwischeninstanz ihren gottgleichen Gauleiter oder sonst einen Volksliebling haben. Es ist der grundlegende Unterschied zwischen ehrlichen Kämpfern, sagen wir Soldaten, und einem Zivilisten, daß der Soldat mit unerschütterlicher, disziplinierter Treue an seinem höchsten Vorgesetzten hängt. Der Soldat kennt keine Götter neben diesem, seine unmittelbaren Vorgesetzten sind nur Vollzugsorgane des Willens des höchsten Führers und auch in der gehobenen Stellung seinesgleichen, also S.-A. Männer. Die S.-A. ringt mit dem Führer um seine Seele und hat sie bisher nicht. Aber sie muß sie haben, wenn anders ihre Arbeit und ihr Opfermut nicht vergeblich sein soll. Die S.-A. hat im Gegenteil das Gefühl, als ob ihr mißtraut wird, als ob es kleinen selbstsüchtigen, ziellosen Gehirnen möglich gewesen wäre, den Wert der S.-A. herabzusetzen und den Glauben an eine selbstlose Arbeit der S.-A. zu unterwühlen. Die S.-A. kann dem Führer, wenn er ihr seine Seele schenkt, niemals entgleiten! Daß der Führer zur Zeit wenig Konnex mit seiner S.-A. hat, hat die bedauerliche Berliner Angelegenheit bewiesen. Es war seit langem vorauszusehen, daß einmal ein Schrei nach dem Führer und seiner Anerkennung und seinem Dank in Form von Verständnis für die S.-A., ausbrechen würde. Der Führer hat leider auf die warnenden Stimmen nicht gehört.»

Auf der anderen Seite aber, so stellte Schneidhuber fest, trage die SA «90% der gesamten Parteiarbeit», der gerade errungene Wahlerfolg «ist ein Sieg der S.-A.». Aus dieser Gegenüberstellung von innerparteilichem Status und tatsächlich erbrachten Leistungen der SA leitete Schneidhuber die Forderung ab, die SA nicht mehr – wie im abgelaufenen Wahlkampf geschehen – als «Hilfstruppe» einzusetzen, sondern ihren Charakter als «Kampftruppe der Partei in unabhängiger disziplinierter Geschlossenheit» zu erhalten. Zu diesem Zweck verlangte Schneidhuber eine Reform der Politischen Organisation der Partei («ein unberechenbarer nie funktionierender Haufen»), die mittels einer «straffen Führung» auf den «allein maßgebenden Willen des Führers» einzustellen sei. Gleichzeitig sollte die Position der SA aufgewertet werden: In allen Gauen sollte die Parteitruppe eine Spitzenorganisation erhalten, die mit den Gauleitern gleichzustellen sei.

Die Reaktion der SA-Führung auf diese Forderungen blieb vage. In einem Rundschreiben[67] an die OSAF-Stellvertreter vom 3. Oktober gab

Wagener lediglich einige allgemeine Richtlinien Hitlers bekannt, die die jeweilige Funktion der einzelnen Teile der NS-Bewegung und ihr gegenseitiges Verhältnis regeln sollten. Danach fielen der SA (die hier mit der SS gleichgestellt wurde) bestimmte «Sonderaufgaben» innerhalb des «Kampfes um die Macht» zu; offensichtlich sollte aber die Politische Organisation die führende Rolle behalten. Der SA wurden hingegen Hoffnungen auf die Zeit nach der Machtübernahme gemacht: Sie sei als «Reservoir... für ein kommendes deutsches Nationalheer» vorgesehen. Im übrigen begnügte sich die SA-Führung damit, mögliche Kontrahenten innerhalb der Partei darauf hinzuweisen, «daß es ein Verbrechen wäre, wenn innerhalb der Bewegung selbst Kämpfe ausgefochten würden oder wenn man auch nur den Stoff für solche Kämpfe in der Bewegung ließe.» In einem Rundschreiben vom 7. November ermahnte Hitler «sämtliche SA- und SS-Führer», alle eventuellen möglichen «Störungen» im Verhältnis von SA und SS zu vermeiden. Im Vorgriff auf einen in Vorbereitung befindlichen grundsätzlichen Befehl verbot er den Führern von SA und SS zunächst, Angehörigen der jeweils anderen Organisation Befehle zu erteilen oder in ihren Reihen Abwerbeaktionen durchzuführen.[68]

Endgültig geklärt werden sollte die Rolle der SA innerhalb der NS-Bewegung auf einer Führerbesprechung am 30. November 1930. Einer der OSAF-Stellvertreter – vermutlich wiederum Schneidhuber – arbeitete aus diesem Anlaß ein Konzept[69] für ein Referat aus, das mit recht deutlicher Kritik am Parteiführer begann: «Seit langer Zeit, wenn nicht überhaupt das erstemal, ist der Augenblick gekommen, wo unser Führer Adolf Hitler seine verantwortlichen höheren SA-Führer um sich versammelt hat, um mit ihnen persönliche Fühlung zu nehmen...» Die Lage der Parteitruppe stellte sich nach Ansicht des Verfassers wie folgt dar: «Die SA steht fest im Aufbau und in der Hand ihrer Führer, aber sie wird immer ein subtiles Instrument bleiben. Der Geist der nationalsozialistischen Weltanschauung ist der unlösbare Kitt, der die SA zusammengeschweißt hat und zusammenhält, doch die Forderung freiwilliger Disziplin ist das Kriterium der Subtilität. Es gibt nur eins, was diesen wunden Punkt völlig ausschalten kann: das ist die seelische Verbundenheit des einzelnen SA Mannes und des einzelnen SA Führers mit dem Träger der neuen Weltanschauung, Adolf Hitler.» Die Aufgaben der SA seien «zweigeteilt»: «Der eine Teil besteht wie bisher in der Durchführung von Schutz und Propaganda, der zweite Teil muß der Vorbereitung der Machtübernahme nach einem nat.soz. Sieg gelten. Ich halte nach dem 14. September diesen 2. Teil für außerordentlich wichtig, vor allem in Anbetracht dessen, daß die SA einmal als Miliz der Bewegung und dann als Nachersatz für das Reichsheer dienen wird. Die Aufgaben der Miliz der Bewegung treten mit dem Augenblick in Kraft, in dem der Sieg errungen ist. Dieser Augenblick muß ein festes Gefüge treffen, nicht einen Haufen, der erst dann zu organisieren beginnt.»

Schließlich hob der Verfasser die grundsätzlichen Unterschiede zwischen «den Menschen ... in der SA» und denen «in der politischen Leitung» hervor: Die SA bestünde aus «Soldaten ...», also aus einer Art von Menschen, die auf ein Ideal eingeschworen und auf ein weitgestecktes hohes Ziel eingesetzt in sturer Gradheit ihren Weg gehen, während die Art von Menschen, die gezwungen sind, sich mit Politik in ihrer Vielgestalt und Wendigkeit zu befassen, naturnotwendig anders» sei. Aus diesem Mentalitätsunterschied ergäbe sich, «daß eine Truppe in der Hand eines Politikers eine Unmöglichkeit ist, daß aber eine unabhängige, in der Hand ihrer eigenen Führer befindliche Truppe von dem ehrlichen Wollen des Politikers eingesetzt, zum Machtinstrument wird».

Dieses Papier, im Blick auf eine für die weitere Geschichte der SA entscheidende Führerbesprechung entstanden, macht deutlich, daß es im Konflikt zwischen SA und politischer Parteiorganisation um mehr ging als um bloßes Gerangel um Geld, parteiinterne Kompetenzen und Mandate. Die Forderung nach einer weitgehend von der Parteiführung unabhängigen SA, die Gegenüberstellung von «Soldaten» und «Politikern» spiegelt das Machtbewußtsein der SA-Führerelite wider. Mit solchen Gedankengängen befand man sich aber in bemerkenswerter Weise in Übereinstimmung mit der seinerzeit von Röhm verfolgten Konzeption einer unabhängig von der Partei agierenden «nationalsozialistischen Wehrbewegung». In jedem Fall aber stand die Idee einer «in der Hand ihrer eigenen Führer befindlichen Truppe» im klaren Widerspruch zu der in «Mein Kampf» niedergelegten Vorstellung einer als Hilfsorgan der Partei fungierenden SA.

Ausgerechnet der 1925 wegen seiner abweichenden Konzeption aus der SA ausgeschiedene Röhm stand aber im Mittelpunkt der für den 30. November angesetzten Führerbesprechung. Aus Bolivien, wo er als Militärberater tätig gewesen war, nach Deutschland zurückgekehrt, schien der alte Haudegen und fähige Organisator in den Augen des Parteiführers der richtige Mann zu sein, der für die so dringend benötigte Ruhe innerhalb der SA sorgen konnte. Die Tatsache, daß Röhm unter den übrigen höheren SA-Führern Respekt genoß und aufgrund seines Exils in keinerlei Cliquenkämpfe verwickelt war, mochte in den Augen Hitlers die ihm aus vergangenen Jahren bekannten Eigenwilligkeiten des Hauptmanns a. D. aufwiegen. So kam es, daß Hitler den am 30. November in München versammelten SA-Führern Röhm als künftigen SA-Chef vorstellte, wobei er allerdings noch offenließ, ob er ihn zum Obersten SA-Führer oder zu seinem Stabschef machen wollte. Der sogleich gegen Röhm spürbar werdende Widerstand einzelner norddeutscher SA-Führer konnte durch Hitler relativ rasch überwunden werden.[70]

In einer am gleichen Tag beim Reichsschatzmeister der NSDAP stattfindenden Besprechung über die Finanzierung der SA wurden die auf

diesem Gebiet immer noch bestehenden Mißstände und Unzulänglichkeiten deutlich. Der Protokollführer charakterisierte die «Stimmung» mit
folgenden Stichworten:

«Freude der SA über die Verfügung des Obersten SA- und Parteiführers.
Jetzt kommt Geld! Höchste Zeit!
Ergebnis: Geld bleibt aus!
Frage: Wo bleibt es?
Meinung: Geld geht zwar ein – muß eingehen –, bleibt aber irgendwo
  hängen.»[71]

Der Reichsschatzmeister kündigte daraufhin die Einsetzung von Reviso-
ren an. In der anschließenden Diskussion beklagten sich insbesondere die
dem OSAF-Stellvertreter Stennes unterstellten SA-Führer über die mangelnde Unterstützung seitens der Gaue. So wurde etwa der Gauleitung
Pommern vorgeworfen, die der Abrechnung mit der SA zugrundeliegende Zahl der Parteimitglieder zu niedrig anzugeben, während der
Gauleitung Ostpreußen ein «furchtbarer Organisations-Saustall» angela-
stet wurde. Angesichts der nach wie vor schlechten Finanzlage forderte
Stennes eine zentrale Erfassung der bei den Parteimitgliedern erhobenen
SA-Beiträge sowie eine Minderung des SA-Versicherungsbetrages, da die
Hilfskasse Überschüsse erziele.

Von einer Lösung der leidigen Finanzfrage war man demnach noch
weit entfernt. Sie stellte aber nur eines der Probleme dar, mit denen sich
der neue SA-Chef Röhm konfrontiert sah.

4. Expansion und Festigung der SA unter Röhm

Röhm begann seine Tätigkeit als Chef des Stabes der SA Anfang Januar
1931. Ein Neujahrsaufruf[72] an seine Männer zeigte den einzuschlagenden
Kurs an:
«Großes ist erreicht und Größeres gilt es zu vollenden. Das Jahr 1931
wird die Bewegung in weiterem, nicht mehr aufzuhaltendem Vormarsch
sehen, zu unausbleiblichem Erfolg, der Deutschlands Erfolg sein wird.
Dem Tag des Sieges näher zu rücken, hängt nicht zuletzt von der SA ab, in
geschlossener Front, bedingungsloser Treue und Hingabe wird sie ihren
Weg gehen. Dieses Vertrauen habe ich zu Euch, Kameraden. Euer Vertrauen wert zu sein und das Vertrauen des Führers an uns zu rechtfertigen,
wird für mich Inhalt der Arbeit dieses Jahres sein.»
Trotz dieser starken Worte zeigte sich aber schon bald, daß die bereits
im November 1930 innerhalb der SA-Führerschaft geäußerten Vorbe-
halte gegenüber Röhm trotz massiver Fürsprache Hitlers für seinen
Kandidaten durchaus noch nicht beseitigt worden waren. Vor allem

erwies sich, daß die weithin bekannte Homosexualität Röhms seinen Gegnern innerhalb und außerhalb der Partei eine breite Angriffsfläche bot[73]. Schon am 3. Februar sah Hitler sich deshalb gezwungen, auf die Diskussion um die Person Röhms einzugehen: «Der Obersten SA-Führung liegen eine Reihe von Anzeigen vor, die sich gegen SA-Führer und -Männer richten und vor allem Angriffe wegen des Privatlebens dieser Persönlichkeiten enthalten.» Dabei handele es sich um «Dinge, die rein auf privatem Gebiet liegen»; eine Beschäftigung mit ihnen bedeute eine «Zumutung». Die SA sei keine «moralische Anstalt zur Erziehung von höheren Töchtern, sondern ein Verband rauher Kämpfer... Die oberen SA-Führer, denen derartige Anzeigen zugehen, werden künftig zunächst zu prüfen haben, ob nicht der Anzeiger, der Mißstimmung und Unfriede in die SA trägt, zur Verantwortung zu ziehen und gegebenenfalls zum Ausschluß aus der SA bzw. aus der Bewegung zu beantragen sein wird.»[74]

Die persönliche Lebensführung Röhms war aber nur ein Nebenaspekt in dem Konflikt zwischen SA und politischer Parteiorganisation. Tatsächlich nämlich schwelte der im vergangenen Spätsommer durch Hitlers Erscheinen in Berlin zur Ruhe gebrachte Konflikt um Stennes unter der Oberfläche weiter. Dabei ging es um grundsätzliche Fragen nationalsozialistischer Machteroberungspolitik. Stennes, dessen Forderung nach SA-Mandaten abgelehnt worden war, verlegte sich konsequenterweise auf einen antiparlamentarischen Kurs. Es begann damit, sich als möglicher Führer direkter Aktionen darzustellen: Eine Artikelserie in der Berliner Parteizeitung «Der Angriff» präsentierte Stennes etwa als bewährten Frontsoldaten und erfolgreichen Freikorpskämpfer.[75]

Hitler mußte demgegenüber befürchten, daß der von Stennes vertretene Aktionismus seinen legalen Kurs stören könnte. Gerade nach den für die Nationalsozialisten so erfolgreichen Reichstagswahlen vom September 1930 hatte der Führer der NSDAP seine Haltung noch einmal ostentativ betont: Im Prozeß gegen drei Reichswehroffiziere, die in der Ulmer Garnison eine nationalsozialistische Zelle gebildet hatten, war er nachdrücklich für ein verfassungskonformes Vorgehen seiner Partei eingetreten.[76] Im Februar 1931 warnte Hitler im «Angriff» vor angeblichen «Provokateuren», die die SA zu «sinnlosen Unternehmen aufzupeitschen» versuchten[77] – eine deutliche Warnung an Stennes, der mit einem Schreiben an Röhm reagierte, das deutliche Kritik an den Maßnahmen der Parteileitung enthielt. Der Brief schloß mit einer unübersehbaren Warnung: Niemand, so Stennes, «regiert auf die Dauer ungestraft gegen die Ansicht des besten Bestandteiles des Volkes – in diesem Fall gegen die Stimmung der SA».[78]

In den Reden, die Hitler in diesen Wochen hielt, trat angesichts solcher Warnzeichen die Einhaltung des Legalitätskurses immer stärker in den Vordergrund. So äußerte er sich bei einem Appell der Brigade München

am 7. März 1931, also nur wenige Tage nach dem Stennes-Brief, wie folgt[79]:
«Man wirft mir auch vor, daß ich zu feige bin, um illegal zu kämpfen.
Hierzu bin ich bestimmt nicht zu feige; ich bin nur dazu zu feige, daß ich die
SA vor die Maschinengewehre führe. Wir brauchen die SA zu viel
wichtigeren Dingen, nämlich zur Errichtung des Dritten Reiches. Wir
werden uns dabei an die Verfassung halten und damit werden wir auch zum
Ziele kommen. Die Verfassung schreibt uns das Recht vor, zur Macht zu
gelangen. Wessen Mittel wir uns hierzu bedienen, ist unsere Sache.»

Aus der Sicht Hitlers verschärfte sich die Situation weiter, als am
28. März 1931 eine Notverordnung[80] erlassen wurde, die die Regierung
ermächtigte, verfassungsrechtliche Bestimmungen außer Kraft zu setzen,
also etwa Versammlungen aufzulösen und politische Vereinigungen zu
verbieten. Die Drohungen aus der Stennes-Ecke beschworen die unmittelbare Gefahr eines neuen Parteiverbots herauf, entsprechende Gerüchte
machten bereits in der NSDAP die Runde.[81] Hitler berief nun eine
Parteiführerversammlung nach Weimar ein und setzte Stennes ab.

Stennes ließ darauf ein Flugblatt verteilen, in dem er seinerseits endgültig
mit der Parteiführung brach und die «Übernahme der Bewegung» in der
Reichshauptstadt und in den östlichen Provinzen ankündigte. Er besetzte
mit seiner SA – gegen den handgreiflichen Widerstand der dortigen SS-
Wache – die Räume der Gauleitung und die des «Angriffs», dessen Ausgabe
vom 2. April von ihm herausgegeben wurde. Seine, nun auch in der
Parteizeitung nachzulesenden, Erklärungen wurden zunehmend «revolutionär» und «sozialistisch». Stennes war zwar nun in der Lage, einen Teil der
SA (vor allem in Berlin, Schleswig-Holstein, Schlesien und Pommern) zu
sich herüberzuziehen, die große Parteirevolte blieb indessen aus. Der
Parteileitung gelang es aber alsbald, die Parteiräume zurückzuerobern
(hierzu bediente man sich im übrigen der vielgeschmähten Berliner Polizei)
und den parteiinternen Aufstandsversuch niederzuschlagen. Das Führerkorps der nord- und ostdeutschen SA wurde in den folgenden Tagen einer
gründlichen Säuberung unterzogen[82], so daß ein Bericht des SA-Gau-
sturms Berlin vom 21. Mai die Situation der Parteitruppe nach Ausschluß
von etwa 500 Mitgliedern als stabil bezeichnen konnte[83].

Während dieser sogenannten zweiten Stennes-Krise hatte Röhm loyal
zur Parteiführung gestanden und damit seine erste große Vertrauensprobe
überstanden. Röhm sah seine Position als Stabschef der SA – die SA-
Führung blieb jetzt bei Hitler – im Grunde als Fortsetzung seiner militärischen Karriere. Die erste große Aufgabe, die er in Angriff nahm, war denn
auch reine Generalstabsarbeit: Anpassung der SA-Organisation an die
wachsende Zahl der Mitglieder. Während des Jahres 1931 gelang es, die
Zahl der SA-Angehörigen fast zu verdreifachen: Zählte man im Januar
noch 88 000 Mitglieder, so waren es im April 1931 119 000, im November
227 000 und im Dezember 260 000.[84]

Bei der organisatorischen Bewältigung dieses enormen Mitgliederzuwachses zeigte sich, daß Röhm weitgehend an die von seinem Vorgänger v. Pfeffer bereits geschaffenen Strukturen anknüpfen konnte. So ließ etwa der von Röhm erarbeitete «Erlaß Nr. 2»[85] vom Februar 1931, der wie alle wesentlichen SA-Anordnungen von Hitler gezeichnet war, die Organisation der SA auf der unteren Ebene unverändert: Schar (vier bis zwölf Mann, bisher Gruppe genannt), Trupp (20–60 Mann) und Sturm (70–200 Mann) blieben die Grundelemente der Organisationsstruktur. Die auf enger persönlicher Verbundenheit ihrer Mitglieder aufgebaute Schar wurde als «Grundlage und Grundstock» der SA bezeichnet, der Sturm als «Skelett» im Gesamtaufbau und als die «wichtigste Einheit» der SA charakterisiert. Oberhalb dieser Ebene wurde die SA in Erweiterung der alten Gliederung in Sturmbanne (250–600 Mann), Standarten (1000–3000 Mann), Untergruppen und Gruppen eingeteilt. Dabei hatte die Standarte vor allem eine Funktion als Trägerin eines speziellen Korpsgeistes, der an die Tradition der deutschen Militärgeschichte anknüpfen sollte: Röhm verglich sie mit den Regimentern der alten Armee.

Die Untergruppe entsprach dem Gebiet von einem oder mehreren Parteigauen; auf dieser Ebene sollte vor allem die eigentliche Zusammenarbeit zwischen SA und politischer Bewegung erfolgen. Die Gruppenführer als höchste Führungsebene waren demgegenüber von den Gauleitern unabhängig und stellten ein ausschließliches Instrument der SA-Leitung dar. Die ständige Vergrößerung der SA machte ein immer neues Umorganisieren der oberen Führung, insbesondere eine stete Vermehrung der Gruppen, nötig. Nachdem diese sich weitgehend dem Umfang der Parteigaue angenähert hatten, wurde im September 1932 durch die Bildung von Obergruppen wieder eine höhere Befehlsinstanz geschaffen, die der Zentrale die Möglichkeit zur strafferen Führung bot. Im April 1931 war außerdem die Stelle eines «Generalinspekteurs» der SA eingerichtet worden, der «durch persönliche Fühlung- und Inaugenscheinnahme» den einheitlichen Aufbau der SA überwachen sollte.[86]

Der auch in der Ära Röhm stark hervortretende Charakter der SA als paramilitärische Organisation zeigte sich nicht zuletzt in der Neuaufstellung von Spezialformationen. Große Bedeutung für die effektive «Kampfkraft» der Organisation hatten vor allem die SA-Motorstürme[87], deren Mitglieder ihre privaten Motorräder und Kraftwagen zur Verfügung stellen mußten und die Sturmabteilung so beweglicher machten (die motorisierten Parteimitglieder wurden in einer getrennten Organisation, dem NS-Kraftfahrerkorps, organisiert). Hier wirkte sich die Mitgliedschaft mittelständischer SA-Männer positiv aus; die größere Beweglichkeit verschaffte der SA einen erheblichen Vorteil gegenüber den sozialistischen Parteien, war sie doch insbesondere in der

Lage, in ländlichen Gebieten schnell größere Einheiten zusammenzuziehen. 1932 ging man zusätzlich an die Aufstellung von Fliegerstürmen[88]
heran.

Im Zuge der umfangreichen organisatorischen Arbeiten, die beim
Ausbau der Parteitruppe zu einer Parteiarmee anfielen, zeichnete sich die
SA-Führung unter Röhm durch eine wahre Lust am Organisieren aus;
bereits in der Ära v. Pfeffer zu beobachtende Formalismen wurden immer
weiter perfektioniert und bürokratisiert. So wurde etwa das gesamte
Personalwesen der Organisation in der SA-Führung zentralisiert: Ein
Erlaß Röhms vom Mai 1931 bestimmte, daß bis hinunter zum Sturmführer sämtliche Ernennungen durch seine Dienststelle vorzunehmen seien.[89]
Röhm erließ sogar eine eigene «SA-Dienstvorschrift» (nach dem Vorbild
der Heeresdienstvorschrift) und gab in einem eigenen «SA-Verordnungs-
blatt» in minutiöser Weise die Anweisungen der Zentrale bekannt: Hier
wurden beispielsweise Personal- und Gliederungsverfügungen erlassen,
Einzelheiten über das Aussehen der Uniform und das Tragen von Abzeichen geregelt, Vorschriften für den Formaldienst publiziert und bis ins
kleinste Detail gehende Anweisungen, wie etwa die über das «Grußver-
hältnis zwischen SA und Reichswehr», niedergelegt. Der Grundsatz von
Befehl und Gehorsam, dem man sich verpflichtet fühlte, zwang dazu, jede
Einzelheit des «Dienstes» erschöpfend zu regeln. Angesichts des so entstehenden großen Entscheidungsbedarfs und der im hohen Grade formali-
sierten Organisation kann es nicht verwundern, daß man sich innerhalb
der Obersten SA-Führung bald in der Rolle eines Generalstabs wähnte.

Vor allem Röhm selbst ging als Chef dieses Stabes nahezu völlig in
seiner Rolle als militärischer Führer und Organisator auf. Der Maxime
folgend, daß ein guter Truppenführer sich möglichst oft unmittelbar an
der Front sehen zu lassen habe, um sich persönlich um Stimmung und
Probleme seiner Mannen zu kümmern, reiste er rastlos durchs Land. Sein
Arbeitsalltag war ausgefüllt mit Besichtigungen von SA-Formationen,
Einweihungen von SA-Heimen, Teilnahme an regionalen Führerbespre-
chungen und Kameradschaftsabenden, durch Abnahme von Vorbeimär-
schen, Übergabe von Sturmfahnen, Beobachtung von Geländeübungen
und ähnlichem, vorwiegend militärischem Gehabe.[90]

Charakteristisch für Röhms öffentliches Auftreten in den Jahren vor
der «Machtergreifung» sind seine «kurzen soldatischen Worte», die er –
folgt man der Berichterstattung der NS-Presse – gebrauchte, wenn die
Aufforderung zur öffentlichen Rede an ihn erging. Keineswegs originelle
Gedanken waren es, die er bei solchen Gelegenheiten entwickelte: Meist
machte er das Frontsoldatentum des Weltkriegs zum Ausgangspunkt
seiner Ansprachen, beschwor sodann die Geschichte und die unüberwind-
liche Stärke der SA, lobte ihre Kameradschaft und ihren Opfergeist, pries
das Genie ihres obersten Führers und die Gefolgschaftstreue der Unter-

führer, verlieh schließlich seiner Siegeszuversicht beredten Ausdruck – eher ein flammender Appell eines kommandierenden Generals an seine zur Schlacht gerüsteten Soldaten als eine politische Rede.[91]

Tatsächlich machte der Stabschef der SA in den Jahren 1931/32 weder in der Öffentlichkeit noch innerhalb der NS-Bewegung Anstrengungen, sich neben dem Parteichef Hitler zu profilieren oder gar seinen absoluten Führeranspruch in Frage zu stellen. Das bedeutete aber keineswegs, daß der einst so streitbare Röhm sich nun etwa dem nationalsozialistischen «Führer» als dessen willfähriges Werkzeug zur Verfügung gestellt hätte. Tatsächlich war Röhms Grundüberzeugung hinsichtlich des Verhältnisses von «militärischer» und «politischer» Komponente innerhalb der nationalsozialistischen Bewegung unverändert geblieben. Nach wie vor hielt er selbstverständlich am Primat des Soldaten über den Politiker fest; im Grunde war er noch völlig dem Wehrverbandsdenken der zwanziger Jahre verhaftet. Wie in seinen Münchner Jahren vor dem Hitler-Putsch und wie bei seinen Experimenten mit dem Frontbann ging sein Bestreben auch jetzt dahin, eine Truppe aufzustellen, die zwar auf die Grundsätze des Nationalsozialismus verpflichtet war, tatsächlich aber weitgehend unabhängig von der Parteiführung agierte. Sie sollte ein eigenständiger innenpolitischer Machtfaktor sein und als Miliz vor allem auf eine militärische Rolle vorbereitet werden.

Auch wenn er die SA Anfang 1931 als Instrument der Parteiführung vorfand, er selbst nur Stabschef der Truppe, nicht einmal ihr eigentlicher Führer werden konnte, so glaubte er wohl doch, im Lauf der Zeit durch weiteren Ausbau ihr Gewicht und ihre Eigenständigkeit innerhalb der NS-Bewegung vergrößern zu können. Einstweilen galt es, sich ruhig zu verhalten und nicht auf einen offenen Konflikt mit der Parteiführung hinzusteuern. Dies konnte ihm nicht allzu schwerfallen, da er sich ja in der großen politischen Perspektive im Einklang mit der Parteiführung wußte: Befreiung von den Zwangsklauseln des Versailler Vertrages, Verdrängung der «Spießer» und Zivilisten aus der Staatsführung, Aufbau einer starken Armee, Vorbereitung der deutschen Gesellschaft auf einen erneuten bewaffneten Konflikt und schließlich Rückgewinnung eines maximalen außenpolitischen Handlungsspielraums.

Zugleich aber richtete er seine Hauptanstrengungen auf die Vergrößerung der SA und ihre organisatorische Festigung, die für ihn nur in einer weiteren Militarisierung bestehen konnte. Ganz automatisch, so sein Kalkül, würde sich so der Primat des «Soldaten» innerhalb der NS-Bewegung durchsetzen lassen, die SA zudem an Attraktivität als militärischer Partner der Reichswehr gewinnen, und schließlich entsprach die bei der Expansion zu leistende militärische Planungsarbeit nun einmal am ehesten seinen Fähigkeiten und Interessen.

Auch in Röhms Personalpolitik gaben «militärische» Kriterien den

Ausschlag: Wie bereits unter v. Pfeffer wurden Führungspositionen bevorzugt mit ehemaligen Freikorpsführern besetzt, hinzu kam eine Reihe verabschiedeter Reichswehroffiziere, darunter nicht zuletzt Bekannte aus Röhms Münchner Tagen.[92] Schon hierdurch ergaben sich gewisse Kontaktmöglichkeiten zur Reichswehr: Im März 1931 kam es zu einem Gespräch Röhms mit dem Leiter des Ministeramtes im Reichswehrministerium, Schleicher, bei dem die Mitwirkung von SA-Leuten am militärischen Grenzschutz verabredet wurde.[93] Bereits vor dieser Absprache hatten sich in den Provinzen Ostpreußen und Grenzmark zahlreiche Mitglieder der SA diesen durch die Reichswehr trainierten Freiwilligenformationen angeschlossen. Während auf seiten der Militärs pragmatische Gründe für diese Kooperation angeführt wurden (beide Provinzen befanden sich in einer strategisch exponierten Lage, die SA hatte gerade hier einen hohen Organisationsgrad erreicht), so ist doch nicht zu übersehen, daß staatliche Stellen damit begonnen hatten, ein Patronat für erklärte Feinde der Republik zu errichten. Diese Anerkennung war für die SA-Führung – neben dem professionellen militärischen Training – von nicht zu unterschätzender Bedeutung, eröffnete sich doch die Perspektive, beim Aufbau eines künftigen nationalsozialistischen Reiches mit Hilfe der SA einen durchaus eigenständigen Beitrag leisten zu können. Die Partei hingegen stand dieser Zusammenarbeit stets argwöhnisch gegenüber und lehnte insbesondere die Errichtung einer fremden Befehlsgewalt über SA-Mitglieder ab.[94]

5. Die SA als Subkultur

Nachdem der NSDAP 1929/1930 der Durchbruch zur Massenbewegung gelungen war, befand sich die Partei in den beiden folgenden Jahren bereits mitten im Kampf um die Macht im Deutschen Reich. Für die SA war dieser Zeitraum durch sprunghaftes Wachstum gekennzeichnet; für die SA-Führung bedeutete dies vor allem, die ausufernde Parteiarmee organisatorisch weiter zu festigen, ausreichend zu beschäftigen und die zu einem erheblichen Teil verarmten und entwurzelten SA-Angehörigen zu versorgen. Aber nicht nur solche Maßnahmen wirkten sich integrierend auf die Mitgliedschaft aus; vor allem die ständige Beanspruchung der SA-Männer in der täglichen Kleinarbeit im Dienste der NS-Bewegung und die bis zum Bürgerkrieg gesteigerten gewalttätigen Auseinandersetzungen mit den politischen Gegnern führten zur Entstehung eines besonderen «Frontgeistes», eines starken SA-Gruppenbewußtseins. Im Zuge dieser Verschärfung des innenpolitischen Konfliktes wurden die typischen Aktionsformen der SA mit einer solchen Stetigkeit wiederholt, daß man geradezu von einer Ritualisierung der Gewaltanwendung sprechen kann. Uniformes Aussehen und Auftreten, spezifische Formen des Umgangs und der Geselligkeit, Lieder[95], Feiern, Kulte und Mythen und nicht zuletzt ein unverwechselbarer SA-Kitsch (der etwa in der Darstellung markiger Gestalten zum Ausdruck kam, die, mit kantigen Gesichtern unter tief ins Gesicht gezogenen Sturmmützen, in ihren schwieligen Fäusten Hakenkreuzfahnen schwangen) sind Zeugnisse einer eigenständigen SA-Gesellschaft, die nicht nur auf der Straße, sondern zunehmend auch in von der Außenwelt abgeschlossenen SA-Lokalitäten anzutreffen war. Die SA entwickelte sich zu einer eigenständigen Subkultur.

In diesem Abschnitt soll nun versucht werden, die wichtigsten konstituierenden Elemente dieser SA-Subkultur darzustellen. Zu diesem Zweck ist einzugehen erstens auf die wichtigsten, meist mit Gewaltakten verbundenen Aktionsformen der SA, zweitens auf die Bedeutung der SA-Lokale und Heime als Zentren des sozialen Lebens innerhalb der Parteitruppe, drittens auf das umfangreiche SA-Unterstützungs- und Betreuungswesen sowie – damit zusammenhängend – auf Fragen der Finanzierung der Organisation, viertens auf die Ausprägung einer besonderen SA-Mentalität, den sogenannten «SA-Geist», sowie fünftens auf die verschiedenen Konflikte, die infolge des schnellen Wachstums der SA innerhalb der Parteitruppe bzw. innerhalb der NS-Bewegung entstanden.

a) Propaganda und Terror: Aktionsformen der SA

Die wichtigste Methode der SA, Aufmerksamkeit auf sich zu ziehen, war seit den Anfängen der Organisation das geschlossene Auftreten größerer uniformierter Formationen in der Öffentlichkeit.

Marschieren – das war *die* Form, in der sich die paramilitärischen Organisationen während der gesamten Dauer der Weimarer Republik bevorzugt öffentlich darstellten. Marschieren – das weckte Anklänge an die Größe des alten deutschen Reiches mit seiner ruhmreichen Armee, erinnerte an das überall lebendig gehaltene Fronterlebnis, symbolisierte Stärke, über die die Republik mit ihrer impotenten Armee nicht verfügte, weckte Hoffnungen auf eine Ordnung, die es auf den Trümmern dieses Staates zu errichten galt. Marschieren – das war der Ausdruck eines Politikverständnisses, das sich im Freund-Feind-Denken erschöpfte; der Marschtritt sollte den Zuschauer auf nachdrückliche Weise vor die unabweisbare Alternative stellen, entweder mitzumarschieren oder niedergestiefelt zu werden.

Angesichts der starken Konkurrenz der vielen marschierenden Formationen legte die SA relativ großen Wert auf ein formal möglichst «militärisches» Auftreten in der Öffentlichkeit: Exerzieren nahm innerhalb des «SA-Dienstes» relativ großen Platz ein. Die angestrebte Perfektion dokumentiert ein SA-eigenes Exerzierreglement, das Kommandos und Bewegungsabläufe für SA-Formationen bis ins kleinste Detail vorschrieb.

Voller Stolz registrierte die SA-Führung denn auch, wenn etwa ein alter General «die frische, sichere Haltung unserer Braunhemden, die mich an den Herbst 1914 erinnerte», lobte oder gar ein leibhaftiger englischer Journalist in seinem Blatt einen Vergleich mit der «Genauigkeit und Straffheit eines Garderegiments beim Zapfenstreich» zog.[96]

Welche Wirkung man sich von solchen «Propagandamärschen» erhoffte, erläutert einer der höchsten SA-Führer, Manfred v. Killinger, in einer Broschüre: «Jeder, der sich einmal mit Propaganda beschäftigt hat, weiß, daß gerade beim deutschen Volke nichts kräftiger wirkt und Eindruck macht als marschierende Kolonnen. Männer, wohlgeordnet, in straffer Haltung, einheitlich gekleidet, im gleichen Schritt, diszipliniert, nicht rechts und links schauend, nicht schwatzend, rassige, energische Gesichter. Der Anblick solcher Kolonnen läßt das Herz jedes deutschen Mannes, jeder deutschen Frau, jedes Buben und Mädels höher schlagen. In ihnen beginnt das soldatische Blut der Germanenrasse zu sprechen.»[97]

Die SA unterschied sich aber von den anderen paramilitärischen Verbänden dadurch, daß ihre Märsche eben nicht nur «Propaganda» waren, nicht nur symbolische Gewaltakte. Die Spezialität der SA war es, ihre Märsche als Provokationsmittel einzusetzen und aus der Marschformation übergangslos in direkte Gewaltaktionen auszubrechen.

Zu diesem Zweck pflegte insbesondere die großstädtische SA ihre Marschrouten bevorzugt durch «rote» Straßen und Viertel zu legen. Ein SA-Erinnerungsbuch (der Schauplatz ist Berlin) veranschaulicht, wie man bei solchen Gelegenheiten vorzugehen pflegte:

«Die Pfeifen gellen, die Schlegel donnern auf die zum Platzen gespannten Trommelhäute, dann kommt der Musikzug unter Führung des Sturmführers Beil. In Viererreihen ausgerichtet, wie beim Parademarsch, schwenkt die Spitze der Standarte um die Ecke, unbeirrt vom ohrenbetäubenden Brüllen, vom Pfeifen und gellenden Niederrufen der roten Einheitsfront, – mitten hinein in das dunkle Dreieck des Bischofsplatzes, auf dem nur mit äußerster Anstrengung eine schmale Gasse zum Durchmarsch freigehalten werden kann....

Der Musikzug ist vorüber, – dicht dahinter kommt Standartenführer Solbrig.

Der Scharführer am Straßenrande hebt die Hand zum Gruß: ‹Heil Standartenführer!›

Solbrig dankt ebenso: ‹Heil Hitler, – Kamerad!›

Das hat der angriffslustigen Antifa gerade noch gefehlt, daß zwei Schritte von ihnen entfernt ein einzelner Mann den verhaßten Nazigruß ausspricht.

Die absperrenden Polizisten werden vorgedrückt, Rotfront drängt mit allen Kräften durch die enge Lücke, an der eben die Standartenschar angelangt ist. Hans Dietrich hält das stolze Feldzeichen mit eisernem Griff umklammert, zwei bärenstarke Riesen begleiten links und rechts von ihm das heilige Tuch.

Schwelende Fackeln beleuchten die kantigen Gesichter der SA-Männer, die in eiserner Disziplin, mit ruhigem Blick in die heulende Kommune hineinmarschieren.

Die Antifa ist nicht mehr zu halten. Nur wenige Meter entfernt wird hier das Feldzeichen der Nazis an ihnen vorbeigetragen – und schon ertönt der erwartete Pfiff!

Jetzt!

Das Zeichen zum Angriff!...

Dietrich reißt den Schaft mit einem Ruck empor, daß das rote Tuch hoch über dem Getümmel schwebt. Schlagende Fäuste und klatschende Schulterriemen wirbeln über die Köpfe der Kämpfer...»

Nach eingehender Schilderung des Kampfes versucht der Autor, den Sinn des Geschehens zu deuten: «Mann gegen Mann ringen hier zwei Weltanschauungen um das Recht der Straße, es geht hier nicht darum, ob eine nationalsozialistische Sturmabteilung über den Bischofsplatz marschieren darf, – sondern um die Eroberung der deutschen Straße überhaupt! Und das macht auch die Erbitterung verständlich, mit der die Antifa ihre Neustädter Hochburg verteidigt – mit der auf der anderen Seite die SA sich lieber tot vom Platz tragen ließe, als an dieser heißumstrittenen Ecke kehrt zu machen – – –».[98]

Gelang es nicht, durch provozierendes Verhalten einen Angriff auf die Marschformation auszulösen, so verfügte die SA noch über ein besonderes Hilfsmittel, um den Übergang vom Marsch zur Schlägerei sicherzustellen: die sogenannte «Watte». Ein Insider beschrieb deren Aufgabe: «Es sind ausgesuchte, kräftige SA-Leute in Zivil. Sie tragen keinerlei Abzeichen. Sie sind in jeder Sekunde bereit, jedem auf die Hühneraugen zu treten, der auch nur Miene macht, einen Stein aufzuheben oder die Hände in der hinteren Hosentasche zu versenken. Es sind Männer aus Stahl und Eisen und sie sind einigermaßen rücksichtslos. Sie marschieren auf dem Bürgersteig neben den uniformierten Kameraden. Die Menge, die den braunen Bataillonen zujubelt, weiß nichts von ihnen. Höchstens meldet bisweilen ein Polizeibericht, daß es bei einem Aufmarsch der SA zwischen Zuschauern, die den Zug begleiteten, zu Schlägereien gekommen ist.»[99]

Ebenso beliebt wie Märsche in Viertel, die von der Linken dominiert waren, waren sogenannte «Propagandafahrten» in sozialdemokratische oder kommunistische Hochburgen. Hier versuchten die erprobten Schlägertrupps häufig, die weniger aggressive Konstellation der kleinstädtischen Welt durch eine gezielte Provokation aufzumischen. Wie man so etwas machte, zeigt ein Bericht eines Unterführers über eine solche «Expedition» in eine «rote» Kleinstadt in der Nähe Berlins:

«Eine große Schleife marschierten wir durch die Stadt. Man erwartete
uns. Aber der Empfang war anders, als wir ihn uns gedacht hatten. An
allen Ecken standen die üblichen Klumpen, die Fäuste bis zu den Ellenbo-
gen in die Taschen vergraben, die Ballonmütze im Nacken, an der Brust
den üblichen roten Vereinsorden. Aber alles verhielt sich lautlos. Kein
höhnischer Zuruf, nicht mal die üblichen Pfiffe in den Nebenstraßen.
Meine 52 Mann sangen die frechsten Lieder, die sie konnten, besonders
kitzlige Verse wurden wiederholt. Aber alles half nichts, der Gegner biß
nicht an.

Schließlich marschierten wir zum Markte, um endlich zur Sache zu
kommen. Eine Ecke davor kam uns ein Auto entgegen, der Fahrer rief mir
zu: ‹Aufpassen, am Markt geht es los!› Auch ohne diese Ankündigung sah
man als Fachmann, daß es hier zum Klappen kommen würde. Gegenüber
dem Rathaus an der Ecke der St. Marienstraße und an allen anderen Ecken
des Platzes stand das Volk in wüsten Haufen. Meine Männer sangen und
marschierten in mustergültiger Gruppenordnung. Ich sprang ein paar
Schritte heraus, stellte mich mit dem Rücken gegen den Pöbel und ließ
meine 52 Mann an mir vorbeimarschieren. Im selben Moment sprang mir
von hinten ein alter Mann ins Genick. Von allen Ecken ging das Theater
los... Wie auf dem Exerzierplatz, so klappte die Sache. Im Nu saßen die
Männer drin in dem dichten Haufen und schlugen sich wie die Irrsinnigen.
Nur die Fahne stand einsam auf dem Markt. Alles andere hatte sich
aufgelöst in kleine Knäuel. Ich sah, wie der Hornist mit seinem Horn
einem Mann das Gesicht zerschlug, wie an anderer Stelle ein Kamerad am
Boden lag und zertrampelt wurde. Vielleicht fünf Minuten dauerte das
Handgemenge, dann hatten auch wir Waffen, Seitengewehr, Messer und
lange Knüppel, die mit Stacheldraht umwickelt und mit rostigen Nägeln
verziert waren. Der Markt war frei.——»[100]

Auch eine andere Hauptaufgabe der SA, der sogenannte «Saalschutz»,
ist natürlich keineswegs defensiv zu verstehen. Der «Schutz» umfaßte
nicht nur das Hinausprügeln etwaiger politischer Gegner bei eigenen
Versammlungen, sondern auch das massive Eindringen, das Sprengen
von Kundgebungen anderer Gruppierungen – die Saalschlacht folgte oft
unmittelbar dem Saalschutz. Wie das gewalttätige Umfunktionieren einer
gegnerischen (in diesem Fall einer kommunistischen) Veranstaltung vor
sich ging, soll eine weitere Passage aus der Geschichte der Berliner SA
verdeutlichen:

«Hinter dem Rednerpult ist ein großes Transparent mit dem Kopf
Lenins und den üblichen Aufrufen aufgehängt: Proletarier aller Länder
vereinigt euch! Der kommunistische Redner beginnt mit den üblichen
Angriffen auf die NSDAP. Das hat die SA. schon oft gehört und sie kann
das alles schon auswendig. Die Rede ist für die SA. höchst uninteressant.
Einem wird es endlich zuviel. Oft widerlegter und immer wieder neu

aufgetischter Unsinn erregt besonders. ‹Aufhören!› schreit einer ‹Aufhören!› schreien mehrere. Den kommunistischen Redner scheint das nicht
weiter zu kümmern. Er überschreit sich in seinem blinden Haß und seiner
ohnmächtigen Wut. ‹Schmeißt ihm doch seinen Lenin vor den Kopf!› –
Das war zwar kein Befehl, aber es wurde doch dafür angesehen. In
wenigen Minuten ist das Transparent heruntergerissen – der Kampf
beginnt! SA-Mann K. B. kriegt mit einem eisernen Klappstuhl eins auf
den Kopf, daß die behaarten Hautlappen herunterhängen. Die Theke fällt
um. Biergläser sausen. Die SA. setzt sich in den Besitz der kommunistischen Fahnen, die verlassen in der Ecke stehen, und trieb endlich die
Kommunisten aus dem Saal hinaus. Die Versammlung geht weiter, aber
unter nationalsozialistischer Führung. Einige Kommunisten, alte Arbeiter, sind trotzdem im Saal geblieben. Sie sind endgültig für den Nationalsozialismus gewonnen.»[101]

Hauptgegner der SA, das zeigen übereinstimmend Polizeiberichte wie
zahlreiche nach 1933 aus Kreisen der SA publizierte Erinnerungsbücher,
waren die Kommunisten, gefolgt von den Sozialdemokraten und der von
ihnen dominierten republikanischen Schutztruppe, dem «Reichsbanner
Schwarz-Rot-Gold». Als ein ausgesprochener Mythos der «Kampfzeit»
erscheint jedoch die in solchen Erlebnisberichten häufig auftauchende
Behauptung, solch brutales Vorgehen habe den Nationalsozialisten gerade Anhänger aus den Reihen ihrer Hauptgegner zugeführt: Was hätte
etwa – so könnte man anknüpfend an das zuletzt zitierte Beispiel fragen –
die gerade verprügelten Kommunisten eigentlich dazu bewegen sollen,
sich den Nazis anzuschließen?

Sinn und Zweck der vorrangig gegen die Linke gerichteten Gewalttätigkeiten der SA müssen vielmehr umfassend im Gesamtzusammenhang
nationalsozialistischer Machteroberungspolitik bestimmt werden. Drei
Funktionen scheinen demnach vorrangig: Erstens sollte die Organisation
des *politischen Gegners* durch direkten Terror lahmgelegt werden; zweitens
wurde eine *allgemeine Verunsicherung* angestrebt, in der dann um so lauter
der Ruf nach Wiederherstellung von «Ruhe und Ordnung» ertönen und
die SA als Symbol nationalsozialistischen Ordnungswillens vorgeführt
werden konnte; drittens sollte das gemeinsame «Kampferlebnis» den
inneren Zusammenhalt der Parteitruppe stärken. Bemerkenswert an den
zahlreichen aus SA-Kreisen stammenden Schilderungen der «Kampfzeit»
erscheint aber vor allem, daß die Taktik der SA gegenüber ihren linken
Gegnern übereinstimmend als gewaltsames Eindringen in fremde Wohn-
bezirke und Nachbarschaften dargestellt wird: Hier werden (sich im
Handlungsmuster stets wiederholende) regelrechte Eroberungszüge und
Stützpunktbildungen beschrieben, von denen aus dann weitere Rundum-
schläge gegen eine feindlich gestimmte Umwelt erfolgen konnten. Diese
Invasionen in proletarische Quartiere, diese Versuche, von außen die

durch die Wirtschaftskrise geschwächten politischen und sozialen Mikrostrukturen dieser Nachbarschaften aufzubrechen, verdeutlichen, wie sehr die SA sich bei ihren Auseinandersetzungen mit der städtischen Industriearbeiterschaft auf fremdem Territorium befand.

Ein an den Reichsinnenminister gerichteter Brief Hitlers macht die eben genannte *allgemeine* Funktion, die die vorrangig gegen die politische Linke gerichteten Gewalttätigkeiten der SA im Rahmen der Parteistrategie hatte, besonders deutlich. Hitler stellte hier die NSDAP als Opfer einer von der Linken ausgehenden Mordkampagne dar, deren Auswirkungen er in der Anlage mit umfangreichen Dokumentationen zu belegen suchte. Der Polizei warf er vor, «ganz offensichtlich versagt» zu haben. Für besonders anerkennenswert hielt Hitler den Umstand, «daß meine Leute dem rechtswidrig bewaffneten Gesindel der Großstädte u. dem laxen Verhalten der Polizei gegenüber die von der gesamten anständigen Bevölkerung längst anerkannte u. geradezu heldenhafte unerschütterliche Ruhe bewahren». Mit dieser seltsamen «Ruhe» sei aber irgendwann einmal Schluß: Sollte die «Wiederherstellung einer Rechtssicherheit» nicht möglich sein, so der Parteiführer, sehe er nur den einen Weg, «der Bewegung das generelle Notwehrrecht offiziell zuzubilligen». Das «Ertragen der brutalen Gewalt», so warnte Hitler weiter, könne «einmal seine Grenze finden, so sehr mir u. meinen Unterführern dazu zu tun ist, die Leute zurückzuhalten». Die von der NSDAP ausgehende Gewalt diente also dazu, eine Situation herbeizuführen, in der man das staatliche Gewaltmonopol für Bankrott erklären und die mühsam an der Leine gehaltene Meute zur Herstellung der «Ordnung» (im nationalsozialistischen Sinne, versteht sich) loslassen konnte.[102]

Ein weiteres Angriffsziel der SA waren, auch schon vor 1933, jüdische Bürger. Die Aggressivität gegenüber den Juden kam im Liedgut der SA unverhohlen zum Ausdruck. «Deutschland erwache! Juda den Tod. Volk ans Gewehr! Volk ans Gewehr!»[103] lautete beispielsweise der Refrain eines gerne gesungenen «Sturmliedes». Für Berliner SA-Stürme war es geradezu ein «Sport», am Sonntag zum Kurfürstendamm zu fahren und dort, auf der Prachtstraße des Berliner Westens mit seinem relativ hohen jüdischen Bevölkerungsanteil, Passanten zu belästigen oder zu verprügeln. Mit unverhohlener Häme beschreibt die offizielle Geschichte der Berliner SA einen dieser Vorfälle, der sich im September 1931 ereignete[104]: «Am 13. September, an dem Tage des jüdischen Neujahrsfestes, ereignen sich auf dem Kurfürstendamm Krawalle. Erwerbslose, darunter auch SA.-Männer, verprügeln in begreiflicher [!] Erregung einige freche Juden. Mit 27 SA-Männern werden Oberführer Graf Helldorff und sein Stabsleiter, die von einer Inspektionsfahrt durch Sturmlokale hinzukommen, am Zoo verhaftet und ins Untersuchungsgefängnis geworfen.» Die Festgenommenen, so der Bericht weiter, seien zunächst zu Gefängnisstrafen verurteilt, später jedoch freigesprochen worden.

Die rechtskonservativen Verbände, wie etwa der «Stahlhelm», waren hingegen ebensowenig primäres Ziel der von der SA ausgehenden Gewalt wie staatliche Organe. Die Verbände schonte man, da man auf diese Weise die politische Geringschätzung gegenüber diesen Organisationen dokumentieren und zugleich ihre Angehörigen als mögliches Mitgliederreservoir nicht verprellen wollte. In der SA-Führung war man sich außerdem darüber im klaren, daß die SA als Freizeitarmee einer totalen Konfrontation mit der bewaffneten Staatsmacht, etwa in einem Bürgerkrieg, nicht gewachsen war. Deswegen bildeten Polizisten selten das primäre Angriffsziel, wenn selbstverständlich auch zahlreiche Auseinandersetzungen mit der Polizei als sekundäre Folge anderer Konfrontationen stattfanden. Statt dessen bemühte man sich, in der beschriebenen Art und Weise durch Angriffe auf die organisierte Arbeiterschaft die Polizei in einen Dauerzustand der Überforderung zu bringen und so ihr Funktionieren öffentlich in Frage zu stellen. Die Reichswehr hingegen war, schon wegen der angestrebten Beteiligung am «Grenzschutz» und wegen der Ambitionen der SA auf militärischem Gebiet, als Angriffsziel prinzipiell tabu.

Die Zunahme der Gewalttätigkeiten spiegelt sich auch in der wachsenden Zahl von «Schadensfällen» wider, die die SA-Versicherung zu regulieren hatte: Die Zahl stieg von 2 506 (1930) auf 6 307 (1931) und schließlich 14 005 (1932).[105] Auch das SA-eigene Sanitätswesen expandierte: Unter der Leitung eines «Reichsarztes» wurden SA-Sanitätstrupps gebildet, zum Teil wurden den Sturmbannen SA-Ärzte zugeteilt. Durch die Errichtung eigener SA-Lazarette, zumeist unauffällig in Privatwohnungen gelegen, wurde eine ärztliche Versorgung verletzter SA-Männer, geschützt vor eventuellen peinlichen Kontrollen der Polizei, garantiert.[106] Wurden schon die – vorzeigbaren – Verwundeten in die Propaganda eingespannt, indem man sie etwa bei Aufmärschen geschlossen mitmarschieren ließ, so wurden die bei den gewalttätigen Auseinandersetzungen Umgekommenen erst recht als «Märtyrer der Bewegung» gefeiert. Anfang 1931 legte Röhm – um die «seit langem tobende und nun frei entfesselte Terrorwelle gegen unsere Bewegung ... der gesamten Öffentlichkeit zum Bewußtsein» zu bringen – folgende Maßnahmen für die «Totenehrung»[107] fest: In die «Sturmfahnen» seien die Namen der Toten mit silbernen Buchstaben einzusticken («Lieferung dieser Buchstaben erfolgt einheitlich auf Anordnung von der Reichszeugmeisterei»), ein Brustbild des Getöteten sei an die SA-Führung zwecks Veröffentlichung im «Völkischen Beobachter» einzuschicken, außerdem seien – zur weiteren propagandistischen Verwertung – Aufnahmen der Leiche und der Beerdigungsfeier nachzureichen. Darüber hinaus stiftete Röhm in derselben Anordnung ein «Verwundetenabzeichen», das in drei Stufen (Schwarz: ein bis zwei «ernstliche» Verletzungen; Silber: drei bis vier, Gold: fünf und mehr) verliehen werden sollte.

Die durch solche Ehrungen heroisierten Gewalttätigkeiten der SA äußerten sich aber nicht nur in Straßenkämpfen und Saalschlachten oder in Stoßtruppunternehmen gegen den politischen Gegner in der Provinz. Auch die sogenannten «normalen» Propagandaaktivitäten der SA hatten einen aggressiven Zug. Dies zeigt sich vor allem in dem Bemühen der Parteiarmee, die Propaganda in die Hochburgen von Kommunisten und Sozialdemokraten hineinzutragen, sie so zu provozieren und – bei Verweigerung der Annahme – draufloszuprügeln. Das nächtliche Plakatekleben oder Parolepinseln in den Hochburgen der politischen Konkurrenz etwa, in ständiger Bereitschaft zur gewalttätigen Auseinandersetzung, stellte eine solche typische Aktionsform der SA dar. In einem 1936 von der SA herausgegebenen Erinnerungsbuch wird die Taktik solcher Unternehmungen anschaulich geschildert: «Stößt die SA auf Kommune, die zum gleichen Zweck unterwegs ist, so kommt es auf die Art der Gegend und die Zahl der politischen Feinde an ... Hat man Glück und erst einmal etwas geschafft, kann man eher etwas riskieren, als wenn noch nichts oder nur wenig getan worden ist. Immer steht die Propaganda in erster Linie, Auseinandersetzungen mit politischen Gegnern in zweiter. Zunächst muß man Erfolg gehabt haben, dann erst, so zum Abschluß hin, ist eine kleine Bolzerei, gewissermaßen als Krönung der nächtlichen Arbeit, ganz erfrischend.»[108]

Auch das Flugblattverteilen in Vierteln, in denen niemand solche Flugblätter haben wollte, stellte eine Form der für die SA typischen Aggressiv-Propaganda dar. Neben der schieren Lust an Gewalttätigkeiten stand auch hinter solchen Aktionen die Absicht, dem Gegner die omnipotente Präsenz der Nationalsozialisten vor Augen zu führen und ihn einzuschüchtern. In der schon mehrfach zitierten Geschichte der Berliner SA wird eine Operation dieser Art – natürlich in der entsprechenden heroisierenden Manier – beschrieben:

«In Neukölln holt die SA zu einem ganz großen Schlag aus: sie verlegt ihren Angriff in den Barrikadenkiez, das schlimmste Terrorviertel und den gefährlichsten Schlupfwinkel der roten Mordstaffeln ... Plötzlich tauchen die Männer auf, schon sausen sie die Treppen der Häuser hoch, sausen sie die Treppen herunter, dabei jeden Briefkasten oder Türschlitz versorgend, fertig. Das darf für jedes Haus nicht länger als drei Minuten dauern. Selbstverständlich, daß während des Zettelverteilens auch an einen Straßenschutz gedacht ist. Trotzdem gelingt es der kommunistischen Bewohnerschaft, in verschiedenen Häusern die Türen abzuschließen und dadurch den auf den Treppen befindlichen SA-Männern den Weg zur Straße abzuriegeln. Ein erbitterter Kampf ist die Folge, an dem sich besonders die Weiber, mit allem möglichen Hausgerät bewaffnet und keifend und lärmend, beteiligen und mit größter Freude den Inhalt von Nachtgeschirren oder Kessel mit kochendem Wasser über die SA ausschütten. Inzwischen treffen die aus Britz hergerufenen Kolonnen ein, und es entbrennt nun im ganzen Barrikadenviertel eine große Straßenschlacht, die erst durch das Eintreffen der Schupo beendet wird.»[109]

Auch wenn nicht jede Aktion der SA direkt auf eine Straßenschlacht abzielte – eine latente Aggressivität begleitete stets ihr öffentliches Auftreten. Eine Passage aus einer SA-Publikation, in der die Technik des Straßensammelns geschildert wird, mag dies verdeutlichen: «Man kann sich zahlungsfähige, aber faule Kunden zuschieben, wenn man zu mehreren ist und sich dementsprechend an allen Ecken der Straße aufbaut. Da gibt es dann kein Entrinnen. Die meisten der Unwilligen sind so wohlerzogen, daß sie die Unannehmlichkeiten der Straße scheuen. Daher lassen sie sich zwingen. Sie empfinden es als beschämend, wenn ihnen die Büchse vor der Nase geschüttelt wird, und geben, um den aufdringlichen SA-Mann loszuwerden, der ihre Schwäche sofort erkannt hat. Diejenigen, die ihrer Empörung über die Vergewaltigung Ausdruck verleihen müssen, gehen zum nächsten Schupo und beschweren sich. Was soll ein Beamter machen, der den Spott der Straße ganz genau kennt? Und was soll der brave, satte Bürger machen, der schon während der Beschwerde von den Umstehenden allerlei Pflaumen zu hören bekommt.»[110]

Bei dieser aufdringlichen Form des Geldeintreibens ging es – das macht der Autor wenige Seiten später deutlich – nicht nur um den Erlös in Mark und Pfennig: Das Sammeln sei nämlich «eine starke, vielleicht die stärkste Propaganda. Es zwingt jeden, auch den sattesten Bürger, sich gedanklich mit der SA zu beschäftigen; ob im guten oder bösen, ob freundlich oder ablehnend, ist dabei durchaus gleichgültig. Frechheit und Aufdringlichkeit, mag er denken. Hat er nichts gegeben, so bleibt eine Mischung aus Stolz und Beschämung in ihm haften, hat er was gegeben, so schwillt ihm die Brust im Gedanken an seine Überwindung des inneren Schweinehundes, immer aber ist jeder irgendwie gepackt und berührt oder beeindruckt. Und selbst wenn er am Biertisch oder zu Hause, im Büro oder an der Arbeitsstelle schimpft, so dient er in seiner abfälligen Kritik jener Propaganda, die von SA und Bewegung gewollt ist. Er dient diesem Zweck, ohne es zu wissen, und er zahlt das braune Hemd und die braune Hose, wenn auch vielfach mit Haß, bis er erkennt, daß sie siegen müssen – –».[111]

All diese Aktivitäten verlangten selbstverständlich vom einzelnen SA-Mann einen großen zeitlichen Einsatz. Beispielhaft mag dies die Chronik einer einzelnen Schar, also der kleinsten Einheit in der SA-Hierarchie, verdeutlichen. Die Schar Nord des Sturms 2 der Wiesbadener SA-Standarte 80 nahm in vier Wochen zwischen Ende Dezember 1931 und Ende

Die zunehmende Zahl von
Verletzten und Toten, die
angesichts des wachsenden
Terrors der Parteitruppe
auch in den eigenen Reihen
zu verzeichnen waren,
wurde nach Möglichkeit
in die Propaganda der NS-
Bewegung eingespannt:
Verletzte ließ man an der
Spitze der SA-Kolonnen
marschieren, Begräbnisfeiern
wurden zum Heldenkult für
den «unbekannten SA-Mann»
ausgestaltet.

Januar 1932 an insgesamt 29 Veranstaltungen teil. Dabei handelte es sich um eine Weihnachtsfeier, vier Trupp- und Sturmabende, drei Generalappelle, zwei Kameradschaftsabende, elfmal mußte die Schar Saalschutz (davon fünfmal außerhalb Wiesbadens) stellen, einmal Flugblätter verteilen, einmal an einem Propagandamarsch teilnehmen, einen Abend befand sie sich in Alarmbereitschaft, zweimal führte man Märsche durch, dreimal verzeichnet die Liste «Waldspaziergänge» (hinter dieser Bezeichnung verbargen sich möglicherweise Aktivitäten, die wegen der Gefahr der polizeilichen Durchsuchung der SA-Unterlagen nicht im Klartext ausgedrückt werden konnten). Durchschnittlich nahm an diesen Veranstaltungen mehr als die Hälfte der Mitglieder der zwischen 17 und 20 Mann starken Schar teil.[112]

b) Sturmlokale und SA-Heime: Zentren der SA-Subkultur

Je häufiger die SA-Stürme «draußen» im Kampf mit ihren Gegnern standen, desto intensiver waren andererseits die Bemühungen, in besonderen Lokalitäten eine Art SA-Innenwelt mit einer Gemütlichkeit ganz besonderer Art zu schaffen. Es entstanden die sogenannten «Sturmlokale» und «SA-Heime».

Eine ausgeprägte Sturmlokal-Szene war vor allem in Berlin anzutreffen, wo sich dieser Typ des SA-Treffpunktes seit 1928 entwickelte. Mit der zunehmenden Polarisierung und Gewaltbereitschaft großer Teile der Bevölkerung konnte es nicht ausbleiben, daß es auch innerhalb der großstädtischen Kneipenkultur zu einer Zersplitterung entsprechend der Zugehörigkeit zu den verschiedenen militanten Verbänden kam. Aus den SA-Stammkneipen, wo man sich jetzt fast täglich traf, entwickelten sich mehr und mehr exklusive Treffpunkte der Parteiarmee, in die sich kaum noch ein anderer Gast hineintraute. Häufig handelte es sich bei diesen «Sturmlokalen» auch um ehemalige Treffpunkte von KPD-Anhängern.[113] Die «Übernahme» solcher Lokalitäten durch die SA wurde durch die Tatsache erleichtert, daß die Braunhemden den Wirten einen größeren Verzehr garantieren konnten als die frühere «rote» Kundschaft, die im allgemeinen gerade in der Krise zum wirtschaftlich schwächsten Teil der Arbeiterschaft zu rechnen gewesen sein dürfte. Angesichts dieser Verdienstaussichten und der Uniformität seiner neuen Kundschaft wechselte der Wirt dann häufig ins nationalsozialistische Lager. Nach und nach wurde die Einrichtung den Bedürfnissen der Parteiarmee angepaßt, die die Räumlichkeiten auch als Büro und Materiallager benutzte. Eine Beschreibung aus einer SA-Chronik dürfte die wesentlichen Merkmale und die Atmosphäre erfassen: «Der kleine, meist dunkle und dumpfe, schmale Raum» habe Platz für möglicherweise zehn Tische, oft gebe es noch ein Nebenzimmer. Die Theke stehe gleich am Eingang des Lokals, damit «der Wirt oder die Wirtin vom Schanktisch her» die Übersicht habe. Ein Wandschrank diene nicht nur zur Aufbewahrung von Waren, sondern sei, mit «seinen vielen Ecken, Winkeln und Schubfächern, vorzüglich geeignet, eine Pistole schnell verschwinden zu lassen, wenn die Polente unvermutet erscheint...» Als Wandschmuck dienten «Bilder des Führers und hervorragender Persönlichkeiten der Bewegung, manchmal auch ein gestiftetes Bild eines höheren SA-Führers als Erinnerung an seinen Besuch». Getrunken werde hauptsächlich Bier, für diejenigen SA-Leute, die «Alkoholverbot haben, weil sie einen über den Durst tranken», gebe es «eine Art Malzbier», für «Bräute, Frauen und überhaupt weibliche Besucher» Limonade oder Wasser. Das Trinken von Schnäpsen (nur der «allerbilligste käme in Betracht») werde von den SA-Führern «sehr ungern gesehen». Natürlich sei «an Wahltagen, bei Alarmzustand oder während des Dienstes vollkommenes Alkoholverbot». Häufig verfügten die SA-Lokale auch über eine Kegelbahn, wo «der ganze Sturm antreten» könne und man Gelegenheit habe, «wenn die Fenster gut abgedichtet sind, seine Pistole ein(zu)schießen, ohne daß die böse Polizei etwas merkt...»[114]

Die offizielle Geschichte der Berliner SA hebt die eigenartige Doppelrolle der Sturmlokale als Vorposten im Bürgerkrieg und als Ersatz-Zuhause besonders plastisch hervor: «Sturmlokal, das ist einmal sozusagen die befestigte Stellung in der Kampfzone. Es ist der Abschnitt, der Ruhe und Sicherheit vor dem Gegner gewährt, Erholung und Stärkung nach anstrengendem Dienst. Dann aber wird das Sturmlokal durch die in ihm abgehaltenen Sturm- oder Truppabende zum Mittelpunkt des SA-Dienstes überhaupt. Und hierdurch im weiteren Sinne zum Träger, Bewahrer und Erneuerer des SA-Geistes. In ihren Sturmlokalen erleben die Männer das, was ihnen zu Hause fast immer fehlt: das warme Herz, die helfende Hand, das Interesse an ihrem ‹Ich›, den Gleichklang des Fühlens und Denkens ihrer Gemeinschaft. Die Kameradschaft erleben sie und damit alles: Heimat und Lebensfreude. So wird das Sturmlokal zum eisernen moralischen und materiellen Wall gegen Kommunismus und Reaktion. So rückt es aber auch in die vorderste Kampflinie. So beginnt sich der Kampf um die Sturmlokale, die Überfälle auf sie, die Versuche, sie zu stürmen und auszuheben, gleichwertig den Saal- und Straßenschlachten zur Seite zu stellen.»[115]

Seit Ende 1930 ging man überall im Reich dazu über, für arbeitslose SA-Leute besondere Küchen und Heime zu errichten[116]. Eines der ersten SA-Heime entstand in Hamburg auf Initiative des SA-Führers Alfred Conn, der hierüber ausführlich in seiner Autobiographie berichtet.[117] Demnach mietete Conn 1930 eine große Wohnung mit Bad, Küche und Waschküche, um dort obdachlose SA-Angehörige unterbringen zu können. Die Renovierung, durch in der SA organisierte Handwerker vorgenommen, war fast kostenlos. Über Beziehungen zu einem Bekannten, einem Major, beschaffte Conn ehemalige U-Boot-Betten als Schlafstellen. Die Miete sowie die Kosten für die gemeinsam gekochten Mahlzeiten und sonstige Gemeinschaftsausgaben machten wöchentlich etwa sieben Reichsmark pro Mann aus, so daß dem einzelnen Arbeitslosen durchschnittlich etwa drei Mark von seiner Unterstützung übrig blieb. Diese «SA-Kaserne», wie Conn sie bezeichnete, war sofort voll belegt; auch erwerbstätige SA-Leute, die eigentlich ein Unterkommen hatten, zog es hierher, da sie «lieber zwischen ihren SA-Freunden» leben wollten.

Wohnungen erwiesen sich jedoch im allgemeinen als zu klein und zu teuer für die Einrichtung von SA-Heimen. Statt dessen mietete man bevorzugt stillgelegte Werkstätten und Lagerräume an, die zumeist mit erheblicher Eigenleistung umgebaut wurden. Ein typisches SA-Heim beherbergte eine Großküche, Vorratskammern, einen Aufenthaltsraum, der gleichzeitig als eine Art Bereitschaftslokal fungierte, sowie mit Betten und Spinden kärglich möblierte Schlafsäle. Häufig waren noch Büroräume der örtlichen SA- bzw. Parteiführung im gleichen Gebäude untergebracht. Ein in der Zeitung «Der SA-Mann» abgedruckter Bericht über das Bremer Heim versucht, die Atmosphäre zu beschreiben: Auf den ersten Blick erkenne man das Wirken «derbe(r) Männerfäuste», es herrsche «eiserne Manneszucht», denn nur so sei es möglich, «in Ordnung und Disziplin, hier in Kameradschaft, dort in der Unterordnung überhaupt auf die Dauer ein solches Heim auszubauen»[118]. Voraussetzung einer solchen Disziplinierung war die kasernenmäßige Isolierung der Heiminsassen, was selbstverständlich nur in einer reinen Männergesellschaft möglich war. Ein Schlaglicht auf die in den Heimen vorherrschende Mentalität wirft eine Beschwerde eines Hamburger SA-Mannes, der wegen der «wilden Ehe» eines Heim-Kameraden an die dortige SA-Führung herantrat; wenn man diesen Fall tolerierte, so der Tenor seines Beschwerdebriefes, könnte schließlich «jeder S.A. Mann seine Braut dort mitwohnen haben, dann wäre die kommunistische Wirtschaft fertig»[119].

Die SA-Heime hatten eine Doppelfunktion: Sie waren zum einen Anziehungspunkt für arbeitslose Jugendliche und junge Männer, die kein Zuhause hatten; gleichzeitig wurden diese hier zu einer permanent einsatzbereiten Alarmtruppe formiert. Deutlich herausgestellt wird dieser Zusammenhang etwa in der parteioffiziellen Geschichte der Lübecker NSDAP. Hier richtete man im Winter 1931/32 in einem Pferdestall eine «Notstandsküche» ein, die bereits nach wenigen Wochen ca. 300 Portionen täglich ausgab. Zusätzlich mietete man in einem angrenzenden Lagerhaus zusätzlich Räume für obdachlose Parteianhänger. «Bald», so fährt der Bericht fort, «sammelte sich dort ein ständiger Stamm treuer SA-Leute, jederzeit bereit, vom roten Janhagel bedrohten, in Gefahr befindlichen Pg. zu Hilfe zu eilen ... Eine ständige Wache von 12 SA- oder 12 SS-

*SA-Heime und Lokale: Polizeirazzia in einem typischen Berliner Sturmlokal; kasernen-
ähnlicher Betrieb im Nürnberger SA-Quartier.*

Leuten sorgte gegen Verpflegung für die Beschirmung des Hauses.» Die Lübecker SA war zu diesem Zeitpunkt nach Angabe der gleichen Chronik zu 75% erwerbslos.[120]

In dem bereits zitierten Artikel über das Bremer SA-Heim heißt es über dessen Insassen: «Hier schlafen die S.A.-Männer, die dauernd im Heim wohnen. Ausgesteuert, erwerbslos, haben sie hier ihre Heimstatt. Nichts besitzen sie als ihr Braunhemd und ein paar alte Kleider im Spind. Aber sie haben ihren Glauben, darum sind sie reicher, stärker und größer als mancher, der im weichen Bett und großen Zimmern aus Angst und Unruhe nicht zum Schlaf kommen kann. Und für diesen Glauben, für diesen Willen, ihr letztes, heiliges Gut, da sind gerade die Männer aus dem Heim, fast noch mehr als die anderen Kameraden, zu jeder Zeit, zu jeder Tag- und Nachtstunde zu kämpfen bereit... Sie sind die ersten, die ihre Pflicht tun wollen, sie sind immer bereit.»

Klammert man einmal die in diesem Text behauptete völlige Hingabebereitschaft der Heiminsassen aus und versucht, sich die reale Lage dieser Personengruppe vor Augen zu führen, so wird deutlich, daß dem vollkommen von der Verpflegung und der Unterbringung durch die SA abhängigen Arbeitslosen, der tatsächlich nicht viel mehr als sein Braunhemd besaß, gar nichts anderes übrigblieb, als sich für diese Großzügigkeit mit besonderem Einsatzwillen erkenntlich zu zeigen. Die in den SA-Heimen untergebrachten SA-Mannschaften machten zwar nur einen kleinen Teil der Parteiarmee aus; eine für Schlesien vorliegende Schätzung von etwa 5% erscheint realistisch.[121] Hier waren aber die bei weitem aktivsten Teile der SA konzentriert; in der geschlossenen Gesellschaft dieser Heime dürfte vor allem die hohe Gewaltbereitschaft der SA gezüchtet worden sein.

c) Soziale Betreuungsmaßnahmen und Finanzierung

Die Versorgung mittelloser SA-Leute nahm innerhalb der Arbeit von SA und NS-Bewegung insgesamt einen relativ großen Stellenwert ein. Häufig unterstützte die Parteiorganisation die Einrichtung von SA-Küchen und -Heimen sowohl finanziell wie auch durch Sachleistungen. Große Bedeutung hatten Sammlungen unter Parteimitgliedern und Sympathisanten, bei denen nicht nur Lebensmittel, sondern auch Einrichtungsgegenstände, Kleidung und anderes zusammengetragen wurden. In regelrechten Hamsterfahrten wurden Naturalien bei nationalsozialistisch orientierten Bauern beschafft.[122] In Berlin stellte man zusätzlich «Verbindungsmänner» in die städtischen Markthallen ab, um dort Gemüse zu schnorren.[123]

Daneben wurden seitens der Partei und der SA eigene Arbeitsbeschaffungsmaßnahmen unternommen. So wurden auf örtlicher Ebene Arbeitsvermittlungsstellen eingerichtet und die Parteigenossen dazu aufgefordert, bei der Vergabe von Arbeiten in erster Linie SA-Angehörige zu berücksichtigen.[124] Während der Erntezeit organisierte die SA in den Großstädten Erntekolonnen, die gegen freie Verpflegung und ein Tagegeld bei mit der NSDAP sympathisierenden Bauern eingesetzt wurden.[125] In einem Rundschreiben vom 31. Dezember 1931 rief Röhm die SA außerdem dazu auf, solche Ansätze systematisch zur Aufstellung eines Arbeitsdienstes «nach Übernahme der Regierung» weiterzuentwickeln.[126]

Einstweilen wurden Versuche unternommen, durch Initiativen auf lokaler Ebene eine Art SA-Arbeitsdienst zu schaffen. So berichtet etwa der «SA-Mann» über einen «Arbeitssturm» in Siegen, der für verschiedene Erdarbeiten, beispielsweise für die Anlage einer Kampfbahn des örtlichen Reitervereins, eingesetzt wurde. Untergebracht waren diese SA-Leute in einem selbst renovierten Gebäude, wo ein kasernenähnliches Leben herrschte: Wer die Unterkunft verlassen wollte, mußte einen «Urlaubsschein» vorweisen, um zehn Uhr war «Zapfenstreich».[127]

Große Bedeutung für die Unterstützung bedürftiger SA-Leute hatten die örtlichen Frauengruppen der NSDAP, die sich insbesondere in den SA-Küchen und bei Sammelaktionen betätigten. Die von diesen Frauen bei Aufmärschen und anderen spektakulären Gelegenheiten verabreichten «SA-Stullen» gehörten zu den stereotypen Bildern der NS-Propaganda.[128]

Im Juni 1931 versuchte Röhm mit Hilfe einer Anordnung, die verschiedenen Anstrengungen zur Unterstützung mittelloser SA-Leute zu koordinieren. Verfügt wurde die Errichtung von «Fürsorgestellen» bei jeder Ortsgruppe, die sich in erster Linie um die Versorgung und Verpflegung erwerbsloser SA-Männer sowie um Arbeitsbeschaffungsmaßnahmen kümmern sollten. Die Partei wurde dazu aufgerufen, die Arbeit der Fürsorgestellen mit Zuschüssen und Sammelaktionen zu unterstützen. Die Zahlung von Bargeld an Erwerbslose sollte nur in Ausnahmefällen erfolgen.[129]

Wurde so innerhalb der gesamten NS-Bewegung ein erheblicher Aufwand zur Unterstützung bedürftiger SA-Leute betrieben, so waren hierdurch noch keineswegs die Kosten für die «dienstlichen» Aktivitäten der SA bezahlt. Die verfügbaren Quellen zur finanziellen Situation der SA zeichnen ein geradezu katastrophales Bild; allerdings entspricht dies auch der Intention der SA-Führung, die Lage ihrer Organisation gegenüber der Partei so schlecht wie nur möglich darzustellen. Das Grundproblem der SA-Finanzierung bestand darin, daß die Parteiarmee sich nicht aus eigenen Mitgliedsbeiträgen finanzierte und keine Finanzhoheit besaß. In der NS-Bewegung ging man grundsätzlich davon aus, daß die SA eine Unterorganisation der Partei bildete und ihre Angehörigen daher selbstverständlich Parteimitglieder waren, die ihren Beitrag an die Parteikasse entrichte-

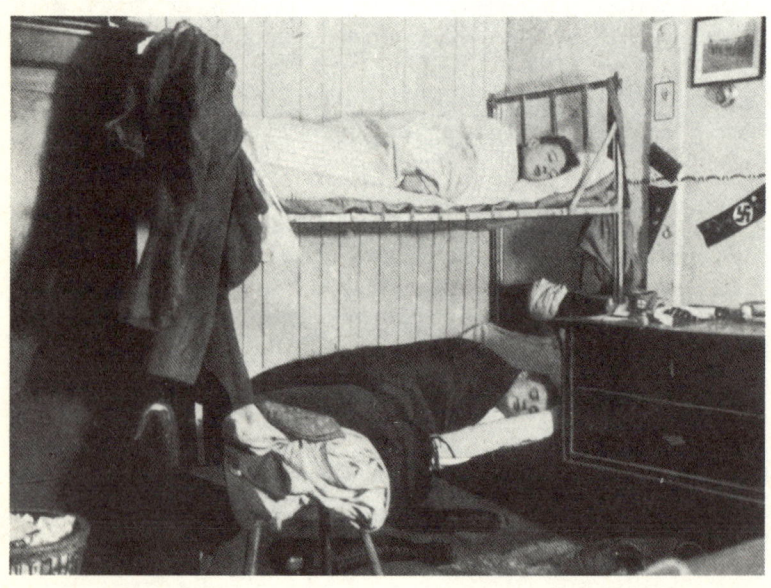

Die diversen SA-Lokalitäten wurden zu Zentren einer eigenen SA-Subkultur: Geboten wurden Eintöpfe und ein Schlafplatz, aber auch eine Art besonderer «SA-Gemütlichkeit» (oben: eine SA-Weihnachtsfeier).

ten. Im Zuge der Verselbständigung der SA hatte die Parteiarmee aber mittlerweile ein eigenes Image begründet, das sie für viele relativ unabhängig von der NSDAP attraktiv erscheinen ließ; viele SA-Männer waren daher nicht mehr Mitglied der Partei. Gleichzeitig war die Parteiarmee aber von der Finanzierung durch die Partei abhängig: Alle Parteimitglieder hatten einen besonderen SA-Beitrag zu entrichten, der im September 1930 – als Zugeständnis an die Stennes-Gruppe – von 10 auf 20 Pfennig erhöht wurde. Außerdem hatte die SA seinerzeit eine Zusage Hitlers durchsetzen können, derzufolge die Ortsgruppen jeweils die Hälfte der Aufnahmegebühr für jedes neugewonnene Mitglied für die SA einbehalten und die Hälfte der in den «Kampfschatz» eingehenden Spenden an die Parteiarmee abtreten sollten.[130] Diese Beträge wurden bei den Gauen gesammelt und an die im Gaugebiet vorhandenen SA-Formationen überwiesen.[131] Die Finanzierung erfolgte innerhalb der SA also von oben nach unten: Zunächst wurden die Stäbe bei den Gruppen, Brigaden und Standarten abgefunden, für die Sturmbanne und Stürme verblieben nur noch kleine Unkostenbeiträge.

Über die tatsächliche finanzielle Situation der SA auf Gauebene gibt eine in den Polizeiakten überlieferte Aufzeichnung des Gausturms (Brigade) München-Oberbayern vom Mai 1931 Aufschluß. Danach flossen diesem Verband aus dem SA-Beitrag sowie aus dem Anteil an den Partei-Aufnahmegebühren insgesamt 1250 RM pro Monat zu. Davon wurde – nach Abzug eines 20%igen «Dispositionsfonds» – ein Betrag von 65 RM für die Bürokosten der Zentrale ausgegeben, während die Sturmbanne und ein im Brigadegebiet vorhandener Standartenstab eine Aufwandsentschädigung von 25 RM, die 50 Stürme je 18.20 RM erhielten. Mit diesen Beträgen, so rechnete die Führung des Gausturms vor, konnte aber nur ein Bruchteil der Kosten gedeckt werden. Unbedingt notwendig sei hingegen eine Finanzierung von 1690 RM, wünschenswert aber eine von über 3000 RM monatlich.[132]

Während bei dieser Art der Finanzierung eine regelrechte Etatisierung der höheren Stäbe angestrebt (aber, wie gezeigt, nur notdürftig verwirklicht) wurde, konnten die Stürme nicht wirklich finanziert werden, sondern nur im bescheidenen Umfang mit Beihilfen rechnen. Es lag also im System des SA-Finanzwesens, daß der größte Teil der Kosten durch den einzelnen SA-Mann zu tragen war. So war die SA häufig nicht in der Lage, den Mitgliedern der Organisation die Kosten für Propagandafahrten zu ersetzen; dies blieb, ebenso wie die Beschaffung der Uniform, dem einzelnen SA-Mann überlassen. Die Mitgliedschaft in der SA war somit nicht nur gefährlich und zeitintensiv, sie stellte auch eine harte finanzielle Belastung dar. Insbesondere der arbeitslose SA-Mann mußte sich die Kosten für öffentliche Verkehrsmittel und die Anschaffung seines Braunhemdes buchstäblich vom Munde absparen. Die schlechte finanzielle Lage der SA spiegelte sich denn auch in einer keineswegs einheitlichen Uniformierung wider, was wiederholt Anlaß zu Klagen bot. So schätzte etwa der SA-Generalinspekteur in einem Bericht vom Dezember 1931, daß etwa ein Drittel der gesamten SA nicht die vorgeschriebene Uniform besaß und etwa zwei Drittel nicht über die übrige «Ausrüstung» (also Tornister, Feldflasche usw.) verfügten.[133] Zum gleichen Thema ließ Röhm in einem Rundschreiben verlauten, er sei sich zwar der Tatsache bewußt, daß es vielen SA-Männern aus wirtschaftlichen Gründen unmöglich sei, sich den «vollständigen vorschriftsmäßigen Dienstanzug zu beschaffen», jedoch sei die einheitliche Kleidung der SA in der Öffentlichkeit unbedingt notwendig. Konkret gab Röhm sodann Anweisungen, wie die noch nicht vorhandenen Uniformteile durch möglichst einheitliche «zivile» Kleidungsstücke zu ersetzen seien. Die «im Behelfsanzug befindlichen» SA-Männer seien stets am Ende der Marschkolonne einzuteilen.[134]

Die Art und Weise, wie die Finanzierung der Parteiarmee erfolgte, hatte verschiedene Folgen für die Situation der SA und ihr Verhältnis zur NS-Bewegung insgesamt. Erstens mußte die Parteiarmee gegenüber der NSDAP als Bittstellerin auftreten. Finanzfragen waren Anlaß zu ständigem Streit, wobei seitens der SA häufig der Vorwurf der Verschwendung und Veruntreuung von Parteigeldern durch die «Bonzen» erhoben wurde. Zweitens erweckte die quasi Etatisierung der höheren SA-Stäbe bei der SA-Basis angesichts ihrer eigenen höchst miserablen Lage ein gewisses Ressentiment. Drittens versuchte die SA auf örtlicher Ebene, in einem gewissen Umfang für ihre gegenüber der Partei erbrachten Dienste Gegenleistungen zu erhalten. So ließ man sich etwa beim Schutz von Parteiveranstaltungen die Fahrtkosten bezahlen bzw. beanspruchte Verpflegung auf Kosten der Partei, oder man behielt für den Verkauf von Parteizeitungen einen Händleranteil ein.[135]

Angesichts der zunehmenden Gewalttätigkeiten mußten auch die Leistungen der «SA-Versicherung» zugunsten der Braunhemden verbessert werden. Im April 1930 wurde der Beitrag von 20 auf 30 Pfennige erhöht und nun von allen Mitgliedern der NS-Bewegung verlangt. Konsequenterweise dehnte man im November 1931 auch die Leistungen dieser Einrichtung auf die gesamte Parteigenossenschaft aus und nannte sie fortan «Hilfskasse». Da der größere Anteil von verletzten NS-Aktivisten aber bei der SA anfiel, war dies im Grunde eine weitere Leistung der «zivilen» Parteigenossenschaft an die Parteiarmee.[136]

Eine nicht zu unterschätzende Rolle für die Finanzierung der Organisation spielten die Gewinne der SA-eigenen Zigarettenfabrik «Sturm».[137] Um ein Maximum aus dieser Finanzquelle herauszuholen, sollte entsprechend einer Anordnung Röhms «der Konsum der von dieser Zigarettenfabrik in den Handel gebrachten Zigaretten» in «jeder zulässigen Weise» gefördert werden.[138] Die Gelder sollten an die Untergruppen überwiesen und von hier aus nach einem festen Verteilerschlüssel an die einzelnen Stürme weitergeleitet werden. In der Realität indes verblieben diese Mittel häufig bei den Untergruppen, was Röhm zu der Befürchtung veranlaßte, die SA-Männer fühlten sich angesichts eines derartigen Verhaltens «getäuscht und geldlich schwer geschädigt»[139].

Auch wenn die Finanzierung der SA ein Dauerproblem bildete, so wurde doch innerhalb der NSDAP durch eine Unmenge entsagungsvoller Kleinarbeit eine Art Netzwerk geschaffen, das von der SA als beispielhaftes Modell eines «praktischen Sozialismus» herausgestellt werden konnte. Alle diese Maßnahmen zusammen genommen, also: die Spenden und Sammlungen zugunsten der SA, die bescheidenen Zuschüsse der Partei, die Leistungen der Hilfskasse, die Schlafplätze in den Heimen und die Eintöpfe in den Küchen, die unermüdlich Butterbrote schmierenden Nationalsozialistinnen, die Kartoffeln spendenden Bauern, der Einsatz von SA-Arbeitskolonnen durch der Partei nahestehende Unternehmer, die Tätigkeit der Fürsorgestellen bei den Ortsgruppen, ja das schöne Bewußtsein, mit jedem Zug an der «Sturm»-Zigarette etwas zugunsten der Parteiarmee zu tun – alle diese Maßnahmen hatten eine unterschiedliche Effektivität, sie erweckten vor allem aber bei den SA-Männern, die sich vom «Weimarer System» dem materiellen Elend ausgeliefert fühlten, den Eindruck, man lebe in einer Art alternativem Sozialstaat, in dem pausenlos alles nur Erdenkliche zur Verbesserung ihrer Situation getan werde: Die NSDAP kümmerte sich um ihre SA-Männer. Das im Dritten Reich so wirksame System ständiger und personalintensiver sozialer «Betreuung» wurde, so scheint es, in diesen Jahren erfunden.

d) Der «SA-Geist»: Zusammenhalt und Mentalität der Parteitruppe

Der SA-Alltag in den Jahren vor der Machtergreifung war – das soll als Zwischenergebnis festgehalten werden – vor allem gekennzeichnet durch weit verbreitete Arbeitslosigkeit, wirtschaftliches Elend, das trotz aller Bemühungen der NS-Bewegung nicht wirklich behoben werden konnte, und gleichzeitig durch ständigen, oft gewalttätigen und risikoreichen Einsatz für die Partei.

Der Teller Suppe in der SA-Küche, der Strohsack im SA-Heim und das attraktive paramilitärische Brimborium der Parteiarmee waren zwar sicher wichtige Motive für den Beitritt in die Organisation, jedoch können weder solche materiellen noch mit dem Auftreten der Parteiarmee zusammenhängende Anreize das an der SA-Basis herrschende, offensichtlich über soziale Schranken hinweg existierende Zusammengehörigkeitsgefühl und die hohe Einsatzbereitschaft der SA-Männer erklären.

Zeitgenössische NS-Schriften bemühten sich, die Kräfte, die den SA-Mann an seine Organisation banden, mit der Formel vom «SA-Geist» zu

umschreiben. Was unter diesem Phänomen zu verstehen sei, versucht ein
aufwendig gestaltetes SA-Erinnerungsbuch in beispielhafter Weise zu
erklären: «Wenn wir nun in diesem Zusammenhange von dem SA-Geist
sprechen, so meinen wir damit die innere Haltung, die jene Männer in den
braunen Hemden, die alten ‹Rabauken›, die Freiwilligen des Führers
gemeinsam umschloß und in einem tieferen Sinne verband, – ob der eine
nun Fabrikarbeiter, der andere Student, der dritte Bauernsohn und der
vierte Ingenieur war! Mit dem Worte SA-Geist meinen wir also jene
innere Haltung, aus der heraus der Freiwilligen-Stoßtrupp der nationalsozialistischen Revolution trotz Terror und Not und Verfolgung immer
wieder seinen Mut und seine innere Stärke zog: aus dem bedingungslosen
und unerschütterlichen Glauben an Deutschland und an den Führer, die
beide zu einem einzigen Unteilbaren verschmolzen!»

Letztendlich aber, so fährt der Autor fort, könne man gewiß nicht
behaupten, «daß der Inhalt dieses SA-Geistes jedem Freiwilligen im
Braunhemd bewußt gewesen ist, – vielleicht hätte der einzelne den Grund,
weshalb er sich zum Führer und damit zu Not und Verfolgung bekannte,
gar nicht in schöngekleideten Worten ausdrücken können». Schließlich sei
der einzelne der «jungen nationalsozialistischen Front» ja nicht aufgrund
«rein verstandesmäßiger Überlegungen» beigetreten, sondern «er trat
eben einfach als Freiwilliger an». Vielleicht, so heißt es weiter, vermöge
dies nicht jeder zu verstehen, aber es sei «doch schon immer so gewesen»,
wenn Freiwillige kämpften: «Sie treten an nach einem inneren Gesetz, das
letzte und höchste Pflicht von ihnen verlangt. Ihre ganze Logik ist, daß sie
Deutsche sind! Weil sie nun einmal die Kerle sind, die sie sind, drängt es sie
zum Einsatz!» Dies aber, so räumt der Autor ein, werde «in seinem
eigentlichen Sinne» vielleicht nur derjenige verstehen können, «der selber
einmal zu einem Freiwilligen-Stoßtrupp gehört hat»[140] – der Versuch
einer Erklärung wird hiermit im Grunde genommen aufgegeben, an die
Stelle des Erklärens rückt der Autor das eigene «Erleben».

Was die SA im Kern zusammenhielt, war demnach vor allem das unter
dem äußeren Druck der bürgerkriegsähnlichen Situation gewachsene
Zusammengehörigkeitsgefühl. Dabei war die Bindung an die kleine
Gruppe wichtiger als die Loyalität gegenüber der Gesamtorganisation;
das im Aufbau der SA vorherrschende Prinzip, gewachsene Kleingruppen
möglichst nicht auseinanderzureißen, kam dieser Einstellung entgegen.
Man kann daher durchaus auch von einer bandenähnlichen Mentalität der
SA sprechen, die sich nicht zuletzt in der großen Bedeutung zeigte, die den
Führern dieser kleinen Gruppen (also den Schar-, Trupp- und Sturmfüh-
rern) beigemessen wurde.

Faßbar wird diese hohe Bewertung der Unterführerrolle etwa in der
geradezu mythischen Heldenverehrung, die zwei für die Bewegung «ge-
fallene» Unterführer genossen.

Horst Wessel[141], Pfarrersohn, geb. 1907 in Bielefeld, als Schüler Mitglied der nationalistischen und paramilitärischen Bismarckjugend, begann 1926 ein Jurastudium in Berlin und trat im Dezember dieses Jahres in die NSDAP und gleichzeitig in die SA ein, also kurz nach der Ernennung Goebbels' zum Berliner Gauleiter. 1928 studierte er ein Semester in Wien, wo er begann, sich als Agitator für die nationalsozialistische Sache hervorzutun. Wieder in Berlin, betätigt er sich neben seinem Studium weiterhin aktiv in der NSDAP und übernimmt im Mai 1929 einen SA-Trupp in der kommunistisch geprägten Wohngegend um den Schlesischen Bahnhof. In kurzer Zeit baut er den Trupp zum Sturm Nr. 5 aus, der alsbald als einer der gefürchtetsten Schlägertrupps der Berliner SA gilt. Wessel organisiert in seinem Sturm eine eigene Schalmaienkapelle, eine besondere Provokation gegenüber den Kommunisten, waren doch Schalmaienklänge bisher deren besonderes Erkennungszeichen gewesen. Wessel verfaßt auch eigene Lieder, darunter die spätere NS-Hymne «Die Fahne hoch». Der Sohn aus gutbürgerlichem Haus vernachlässigt zunehmend sein Studium, paßt sich seiner proletarischen Umgebung immer mehr an und scheint völlig im Abenteurertum der Straßenkämpfe und nächtlichen Überfälle aufzugehen. Er zieht mit einer 18jährigen Prostituierten zusammen und schlägt sich mit Gelegenheitsarbeiten durch. Als seine Wirtin versucht, ihren Untermieter und seine Braut aus der Wohnung herauszudrängen, und hierzu Freunde ihres verstorbenen Mannes, drei Kommunisten, um Hilfe bittet, sehen die zugleich eine Möglichkeit, sich an dem verhaßten Nazi-Sturmführer zu rächen. Sie suchen Wessel auf, um ihm eine «proletarische Abreibung» zu verpassen, hierbei fällt ein Schuß, Wessel wird lebensgefährlich verletzt und stirbt einige Wochen später.

Goebbels griff den Tod des bekannten SA-Sturmführers sofort auf und zog um dessen Person einen einmaligen Heldenkult auf.[142] Die NS-Propaganda stellte Wessel als einen Übermenschen dar, als hingebungsvollen und stets optimistischen jugendlichen Kämpfer und genialen nationalsozialistischen Dichter; in seiner Person schien der Neuerungsdrang der bürgerlichen Jugend mit den Werten des wahren deutschen Arbeitertums vereint. Das von ihm gedichtete Lied wurde zum Vermächtnis des Toten an die Bewegung erhoben. Wessels Tod, als feiger kommunistischer Meuchelmord dargestellt, schuf die nötige dramatische Spannung in diesem Heldenepos. Auch die außerordentlich schweren Auseinandersetzungen mit den Kommunisten anläßlich der zu einer NS-Kundgebung ausgestalteten Beisetzungsfeierlichkeiten bildeten weiteren Stoff für die Wessel-Legende.

Ein zweiter SA-Unterführer, der im Dritten Reich außergewöhnlich große Verehrung genießen sollte, war der 1908 geborene Hans Maikowski[143], der noch am Abend des 30. Januar 1933 Opfer einer Auseinandersetzung mit Berliner Kommunisten geworden war. Maikowski, Sohn aus «gutem» Charlottenburger Elternhaus, geprägt durch die bürgerliche Jugendbewegung, war seit 1924 Mitglied im Wehrverband «Olympia». Nach Absolvierung der Primarreife versuchte er zunächst, Reichswehroffizier zu werden. Nachdem dieser Wunsch nicht in Erfüllung ging, entschloß er sich zu einer Gärtnerlehre, die die Grundlage für ein Gartenbauarchitekturstudium legen sollte. Seit Anfang 1926 gehörte Maikowski der SA an, er war jahrelang der Fahnenträger der Charlottenburger Parteitruppe. Aktiv an zahlreichen gewalttätigen Auseinandersetzungen dieser Kerntruppe der Berliner SA beteiligt, wurde er 1927 schwer verletzt. Nachdem sich infolge dieser Verwundung seine ursprünglichen beruflichen Pläne zerschlugen, war er nun fast ununterbrochen erwerbslos. Anfang 1931 wurde er Führer des Sturms 33, wie Wessels Sturm 5 eine besonders «schlagkräftige» Truppe. Ende 1931 erschoß er, angeblich in Notwehr, einen kommunistischen Gegner und floh aus Berlin. Als «Wanderbursche» (eine in der SA häufig für flüchtige Kameraden benutzte Bezeichnung) fand er an wechselnden Orten Unterschlupf bei Gesinnungsgenossen. Wiederholt kehrte er nach Berlin zurück, wo er, obwohl steckbrieflich gesucht, zeitweilig wieder als Führer seines alten Sturms fungierte. Im Oktober 1932 festgenommen, wurde er in Erwartung seines Prozesses Ende des Jahres freigelassen. Im unmittelbaren Anschluß an die Siegeskundgebung vom 30. Januar marschierte Maikowski an der Spitze seines Sturms durch die «roten» Quartiere Charlottenburgs, seit Jahren bevorzugtes Kampfgebiet seiner Truppe. Hier wurde er tödlich verletzt. Wie bei Wessel, so hob die NS-Propaganda auch im Falle Maikowski das sich im unmittelbaren Kontakt mit seinen Männern bewährende «Führertum» hervor, sein persönliches Vorbild sei es gewesen, das erst das «Kampferlebnis» – als konstituierendes Moment für den Zusammenhalt der Parteiarmee – vermittelte: «In Dutzenden von schweren Kämpfen tritt er als Führer vor die Front und war das Vorbild seiner Männer. Durch sein hartes Pflichtbewußtsein und seine grenzenlose Opferbereitschaft hat er seine Leute auch in den schwersten Krisen der Bewegung stets fest in der Hand gehabt. Wenn jemand zu wanken drohte, wurde er durch Hans' Vorbild wieder mitgerissen.»[144]

Der Charakter der SA als verschworene, im gemeinsamen «Erleben» zusammengeschweißte «Kampfgemeinschaft» sollte auch darüber hinwegtäuschen, daß in politisch-inhaltlicher Hinsicht gemeinsame Überzeugungen innerhalb der Parteitruppe weit weniger ausgeprägt waren. In der Führerschaft ging man sogar so weit, sich als eine im Grunde unpolitische Organisation zu beschreiben. So heißt in der vom OSAF-Stellvertreter Süd, Schneidhuber, im November 1930 verfaßten umfangreichen Ausarbeitung «Anleitung für die Winterarbeit»: «Der SA-Mann hat grundsätzlich mit Politik nichts zu tun, er hat sich also mit den Fragen der Tagespolitik niemals zu befassen. Dagegen hat der SA-Mann die

Pflicht, sich zum geistigen Kämpfer der nat.-soz. Weltanschauung heraus-
zubilden.»

Schneidhuber nennt ein Beispiel für diese Haltung: Ein SA-Mann habe
«kein Interesse daran, welche Absichten ein Stadtrat-, ein Landtags- oder
Reichstagsabgeordneter mit einem Antrag in seinem Parlament verfolgt,
dagegen hat ein SA-Mann hieb- und stichfest zu wissen, was das 3. Reich
ist, wie Hitler auf legalem Weg die Eroberung dieses Reiches plant, was
Arbeitsdienstpflicht ist usw.»[145]

Solche allgemeinen Parolen und Phrasen und die – hier mit dem
Stichwort «Arbeitsdienst» bezeichnete – Hoffnung auf Versorgung durch
eine siegreiche NSDAP ersetzten innerhalb der SA ein fest umrissenes
gesellschaftspolitisches Programm, wobei man die geforderte argumen-
tative «Hieb- und Stichfestigkeit» als einen versteckten Hinweis auf die
ständige Bereitschaft der SA werten kann, vom Wortgefecht zum brachia-
len Schlagabtausch überzugehen. In Selbstzeugnissen von SA-Leuten
finden sich denn auch Splitter höchst unterschiedlicher ideologischer
Richtungen[146], die es als unmöglich erscheinen lassen, von einem gemeinsamen, politisch-inhaltlich geprägten SA-Bewußtsein (das etwa mit dem
Klassenbewußtsein des sozialistisch orientierten Arbeiters oder der in
Handwerk und Kleinhandel vorherrschenden Mittelstands-Ideologie vergleichbar gewesen wäre) zu sprechen. In dieser mit Recht als «ideologi-
sches Vakuum»[147] bezeichneten Öde traten stereotype Feindbilder be-
herrschend in den Vordergrund. Der Kampf gegen das politische System
von Weimar, gegen die Marxisten, gegen die Juden war das eigentliche
handlungsleitende politische «Programm» der SA. Positiv besetzt waren
in der SA denn auch weniger Wertvorstellungen als Aktionsformen wie
Radikalismus, Aktivismus und Paramilitarismus.

Die Geringschätzung politischer Inhalte kam insbesondere auch in der
stupiden Ausbildung der Parteiarmee zum Ausdruck, in der politische
Themen allenfalls im Stile eines Kompanieführerunterrichts zur Sprache
kamen. Einige zeitgenössische Anleitungen für die «Erziehung» der SA
geben hierüber näheren Aufschluß. Für sie ist folgende Prioritätssetzung
typisch: «Die Ausbildung der SA erstreckt sich in erster Linie auf reine
Ordnungsübungen. Geordnet marschieren in tadelloser Haltung nach gut
und exakt gegebenen Kommandos. Immer und immer wieder wird es
geübt.»[148]

Neben Marschieren und Exerzieren, neben Sport und Geländeübungen
(zu denen man häufig des Sonntags geschlossen «ausrückte») waren die
meist wöchentlichen Trupp- oder Sturmabende die wichtigste Veranstaltung in der SA-Ausbildung. In der schon zitierten Aufzeichnung Schneidhubers[149] sind Programmvorschläge für solche Abende enthalten. Grundsätzlich sollte zwischen einem «dienstlichen» und einem «kameradschaft-
lichen» Teil (bei dem geraucht und Alkohol getrunken werden durfte)

unterschieden werden. Der Abend hatte mit dem pünktlichen Antreten der Formation zu beginnen, anschließend sollte eine genaue Anwesenheits- und Uniformkontrolle stattfinden. Vielfach, so Schneidhubers für den Kommiß-Stil der SA-Zusammenkünfte bezeichnende Kritik, erschöpfe sich der Abend bereits in der bloßen Anwesenheitskontrolle. Die Bekanntgabe von Befehlen und Anordnung sowie einige Exerzierübungen sollten den «dienstlichen» Teil vervollständigen. Der zweite Teil des Abends sollte mit einem Vortrag («nicht länger als 30 Minuten») eingeleitet werden. Als Themen wurden vorgeschlagen: «Benehmen im Außendienst, taktische Gliederung und Aufgaben der SA, über Pflichtauffassung, Ehre, Treue, Kameradschaft, Beschwerdeweg usw.» Ferner wurden genannt: Vorträge von SA-Ärzten bzw. Sanitätern über «Körperpflege und Rettungsdienst» sowie Beiträge «über allgemeine Staatsbürgerkunde, über innen- und außenpolitische Fragen von allgemeiner Bedeutung, über die national-sozialistische Weltanschauung»; geeignet erschienen auch «Themen der deutschen Geschichte, Kriegserinnerungen von Mitkämpfern usw.» Als abschließende Programmpunkte wurden «gemeinsames Singen» und «kameradschaftliches Zusammensein» genannt. Eine andere Anleitung schlägt als Vortragsthemen etwas schlichter (und wahrscheinlich dem tatsächlichen Niveau angemessener) vor: «Kriegserlebnis, Erlebnis auf großen Parteitagen, Arbeitsdienstpflicht, Berufskunde oder was gerade zur Verfügung steht.»[150]

Die «theoretische Ausbildung», so ein anderer Leitfaden, solle sich auf «Erlangen von Kenntnissen in der nationalsozialistischen Weltanschauung» beschränken. Hierzu wurden «Mein Kampf» (in Auszügen) sowie Broschüren mit Reden führender Nationalsozialisten vorgeschlagen. Gegen den möglichen Einwand, daß diese Art des «politischen Unterrichts» nicht ausreichend sei, wird das Argument ins Feld geführt, es sei ja gerade der SA-Mann, der «Abend für Abend die Versammlungen schützt und den Reden zuhören muß, ob er will oder nicht. Hierdurch erlangt er besondere Kenntisse von der nationalsozialistischen Lehre.»[151]

Diese Ausbildungsgrundsätze lassen es als konsequent erscheinen, wenn in nationalsozialistischen Darstellungen der Kampfzeit rauhe Männlichkeit als das Ideal der SA beschworen wurde und robuste, trinkfreudige Kämpfernaturen die Szene beherrschten. So war es denn durchaus bezeichnend, wenn ein hoher SA-Führer in einem groß aufgemachten Artikel in der Zeitung «Der SA-Mann» seine Männer als «Landsknechte» bezeichnete.[152] Diese Charakterisierung sollte auch zum Ausdruck bringen, daß eben im Unterschied zum Umgang mit bloßen Soldaten Probleme mit der Disziplin innerhalb der SA sozusagen zur Natur der Sache gehörten. Den Typ des etwas ungeschliffenen und rauhen, im Grunde aber herzensguten Kämpfers, dem man kleinere Eigenmächtigkeiten schon einmal durchgehen lassen mußte, beschreibt eine nach der Machtergreifung erschienene SA-Publikation sehr anschaulich wie folgt:

«Gewiß, er trinkt gerne sein Glas Bier oder auch mehrere, ja er betrinkt sich einmal und macht Dummheiten bei den Karten, anstatt auf Arbeitssuche zu gehen, er kritisiert seine SA-Führer, wie es Soldaten tun, seit es Soldaten gibt, derb, kräftig oder mit beißender Ironie und treffender Erkenntnis ihrer Schwächen, er meckert und mosert einmal, wenn irgend etwas seinen Zorn erregt hat und zur Entladung drängt, wenn er glaubt, eine Ungerechtigkeit habe ihn getroffen, er führt bestimmt kein unbedingt sittenreines Leben, nein, dazu ist er viel zu lebensbejahend, er hat seine Braut und vielleicht allzu schnell eine andere in buntem Wechsel, er fängt gelegentlich einmal Krach mit den Gästen einer Kneipe an und prügelt sich mit ihnen herum, daß die Fetzen fliegen und gesteht dann schuldbewußt ein, was er verbrochen hat, kurzum, er hat eine ganze Reihe von Fehlern und Schwächen, ohne sich die Mühe zu machen, sie zu verbergen.

Trotzdem mußt du ihn lieben, wenn du ihn kennst und begriffen hast, daß er den besten Teil des deutschen Volkes darstellt, daß er lebt, wie das Volk lebt, und daß er nichts anderes will. Er ist der gewandelte Teil im noch irrenden Volk, er hat zuerst erkannt, worum es geht, nichts ist ihm fremd an Not und Verfolgung, und deshalb versteht er alles.

Über seine Handlungen und Taten, seien sie gut, gleichgültig oder auch schlecht, über seinem ganzen einfachen, derben und handfesten Leben liegt ein Glanz, ja, ein Adel, den nur der erfassen kann, der ebenso bereit ist, sein Leben einzusetzen, wie der SA-Mann, der ebenso den Sinn hat für revolutionäres Kämpfertum. – – –»[153]

Der Zusammenhang, in dem hier das «revolutionäre Kämpfertum» erwähnt wird, ist durchaus typisch für das «Revolutions»-Verständnis der SA: Unter weitgehender Ausblendung gesellschaftspolitischer Ziele ist damit das bloße Draufdreschen für die «Sache» Adolf Hitlers gemeint. Ebenso auf den «SA-Geist» umgebogen wurde der in der Agitation der SA häufiger auftauchende «Sozialismus»-Begriff. Durchaus typisch ist etwa die Definition, die Killinger in seiner schon erwähnten Broschüre anbietet:

«Unser Sozialismus ist auch ein ethischer Begriff, er bedeutet das Sehnen des gehetzten, des suchenden Menschen nach einem Geborgensein im eigenen Vaterlande, das ihm dieses System nicht geben kann, weil es ihm bei seiner pazifistischen Einstellung den Besitz gar nicht garantieren kann. Jedem seinen Besitz. Dem Bauer seinen Hof, dem Handeltreibenden seinen Laden, dem Arbeiter seine Arbeitsstätte, dem Beamten seine Pension. Das ist Besitz. Dieser kann aber nur garantiert werden, wenn jeder einzelne sich verpflichtet, diesen seinen Besitz zu verteidigen.»[154]

Wird hier «Sozialismus» im Sinne einer völkischen Wehrgemeinschaft verstanden, so wurden häufig auch einzelne soziale Maßnahmen, wie etwa die Einweihung von SA-Küchen oder Straßensammlungen für mittellose Kameraden, als «wahrer Sozialismus» oder «Sozialismus der Tat» gepriesen. Auch wenn somit das «Revolutions»- oder «Sozialismus»-Verständnis der SA ohne ein gesellschaftspolitisches Programm blieb und in erster Linie dazu diente, zentrale Schlagworte des politischen Gegners propagandistisch zu besetzen, so drückte dieser verbale Radikalismus doch auch die ständig wachsende Erwartung der SA-Basis aus, daß die Übernahme der Macht durch die NSDAP zu einer schlagartigen Verbesserung der eigenen Situation in irgendeiner Form führen werde. So heißt es etwa in einem Bericht des Generalinspekteurs der SA vom Dezember 1931 über die in der SA verbreitete Erwartungshaltung: «Viele SA-Männer und -Führer glauben, mit dem Regierungsbeginn der NSDAP seien sie besoldete Offiziere und Unteroffiziere, jeder SS-Mann behauptet, daß er am Tage der Machtergreifung ein höherer, bezahlter Polizeibeamter, der SS-Führer, daß er Polizeipräsident sei, und Ortsgruppenleiter und deren Amtswalter halten sich für Regierungspräsidenten und Landräte vom Beginn der nächsten Reichstagswahlen an. Es herrschen hier allen Ernstes ganz verwirrte Begriffe. Es muß durch entsprechende Aufklärung einer Enttäuschung vorgebeugt werden.»[155]

Hoffnungen auf eine Position oder zumindest ein Pöstchen nach der Machtergreifung wurden aber durch die SA-offizielle Publizistik durchaus geschürt. So prophezeite etwa Killinger in seiner Broschüre, es werde die Zeit kommen, in der «in Deutschland wieder ein Volksheer entstehen wird», die SA werde dann «das Unterführertum stellen, zusammen mit der jetzigen Reichswehr».[156]

Verkörpert wurden diese Hoffnungen auf eine bessere Zukunft durch die Person des nach wie vor als «Oberster SA-Führer» amtierenden Hitler. Die Person des «Führers» und der um ihn getriebene Kult hatten für die SA eine Brückenfunktion: Der charismatische «Führer» symbolisierte die unwiderstehliche Dynamik, die den einzelnen SA-Mann aus der düsteren Welt der SA-Heime und Stempelstellen in das Paradies des Dritten Reiches hineinkatapultieren sollte; ihm kam demnach gerade eine Erlöserrolle zu. Die lebenswichtige Klammer, die der «Führer» für die auf den undefinierbaren SA-Geist verpflichtete Parteiarmee spielte, hatte der SA-Führer Schneidhuber bereits im Herbst 1930 in treffenden Formulierungen deutlich gemacht, als er den Nationalsozialismus als «einzig und allein auf dem Führer Adolf Hitler und seiner Idee» basierend definiert und die Bedeutung des «Kennwortes Hitler, unter dem alles zusammenhält», hervorgehoben hatte.[157]

In einem in der Chronik des NSDAP-Gaues Ost-Hannover abgedruckten Bericht eines SA-Truppführers wird der Versuch unternommen, die Begegnung eines «braunen Kämpfers» mit seinem obersten Führer zu beschreiben. Schauplatz der Handlung ist Braunschweig, der Berichterstatter hat das große Glück, anläßlich einer Parade vor Hitler vorbeimarschieren zu dürfen:

«Da steht er: Unser Führer!

Wir heben die Hand zum Gruße, schauen ihm freudig in seine klaren Augen, wir haben ihn gesehen, zum erstenmal, unseren Führer Adolf Hitler, und wir wissen nun, daß es keinen zweiten wie ihn gibt. Wie ein stilles Gebet klingt es da in meinem Herzen, und nur ein Gedanke drängt sich immer wieder durch: ‹Herrgott erhalte ihn uns!›

Nie im Leben werde ich diesen Augenblick vergessen.»[158]

Einem anderen alten Kämpfer gelingt es in seiner Schilderung, dem Erlebnis der Begegnung mit dem «Führer» eine fast erotisch anmutende Suggestion zu verleihen:

«Der Führer ist an den Bahnhof gekommen, um seine Berliner S. A. abzuholen. Wie der Satan flitzt die S. A. und tritt in zwei Gliedern an. Und jetzt fährt der Führer langsam die Front ab . . . langsam . . . ganz langsam . . . von einem Mann zum andern . . . und jedem sieht er ins Auge . . . jedem einzelnen . . . und jeder gibt diesen ruhigen, ernsten Blick zurück . . . du bist der Führer . . . wir gehören dir . . . mach mit uns, was du willst . . . was du willst . . .»[159]

Hitler verstand es seinerseits, seine Person als die eigentliche Identität der Parteiarmee darzustellen. So heißt es etwa in einer Rede, die er am 7. März 1931 im Münchner Hackerkeller hielt: «Es ist unmöglich, die SA. aufzulösen; denn sie ist keine Organisation, sondern ein Wesenskern, der in der Hauptsache aus mir selbst besteht. Ich bin die SA. und Ihr gehört zur SA. Ihr seid die SA. und ich gehöre zu Euch.»[160]

e) Konflikte in und um die SA

Die ohne Zweifel bestehende starke Bindung der SA-Basis an den «Führer», die einer Heilserwartung gleichkam, konnte aber nicht darüber hinwegtäuschen, daß die in den Jahren 1931/32 enorm expandierende Parteiarmee sich einer Reihe von schwerwiegenden Konflikten ausgesetzt sah.

Erstens verschärften sich die schon länger bestehenden Gegensätze zwischen der SA-Basis und der SA-Führung. Während die unteren und mittleren SA-Führer, also diejenigen, die Einheiten bis zur Größenordnung eines Sturmbannes führten, selbst noch aktiven Anteil am Alltag der SA hatten und somit einen relativ homogenen Bestandteil der Parteiarmee bildeten, verlief oberhalb dieser Ebene eine Trennungslinie.[161] Sie schied die sogenannten «Höheren SA-Führer» (also nach dem Reglement[162] von 1931 die Ränge vom Standartenführer aufwärts) vom Rest der SA. Im

Unterschied zur SA-Basis waren die höheren SA-Führer fast ausschließlich Kriegsteilnehmer und hatten offensichtlich einen noch wesentlich
eindeutigeren mittelständischen Hintergrund als die SA-Basis.[163] Insbesondere unter den ranghöchsten SA-Führern befanden sich ganz überwiegend ehemalige Berufsoffiziere und Freikorpsführer, die häufig sogar
adeliger oder ausgesprochen großbürgerlicher Herkunft waren. Diese
SA-Elite war durch das Berufsethos des preußisch-deutschen Offiziers
geprägt und zeichnete sich durch ein ausgesprochen entwickeltes Standes-
bewußtsein aus.

So waren etwa, als im September 1932 mit den «Obergruppen» eine
neue Ebene in der SA-Hierarchie geschaffen wurde, alle fünf neu ernannten «Obergruppenführer» ehemalige Weltkriegsoffiziere: Wolf Heinrich
Graf von Helldorf, geboren 1896, hatte sich nach dem Ende des Weltkriegs dem Freikorps Roßbach angeschlossen und war Teilnehmer des
Kapp-Putsches gewesen. Viktor Lutze, Anfang 1932 41 Jahre alt, hatte
aktiv am Kampf gegen die französische Besatzungsmacht im Ruhrgebiet
teilgenommen. Manfred Freiherr von Killinger, Jahrgang 1886, kaiserli-
cher Seeoffizier und während des Weltkrieges Befehlshaber eines Torpe-
dobootes, war nach Kriegsende Bataillonsführer im Freikorps Ehrhardt,
dann Leiter der militärischen Abteilung der Organisation Consul geworden und hatte an den Oberschlesienkämpfen teilgenommen. Anschließend war er Führer des «Wikingbundes» in Sachsen gewesen. August
Schneidhuber, 1932 44 Jahre alt, hatte es im Ersten Weltkrieg bis zum
Major gebracht. Hans Georg Hofmann, geboren 1873, war Führer eines
Bataillons im Freikorps Epp gewesen, hatte sich an der Niederschlagung
des kommunistischen Aufstandes in Hamburg im Jahre 1919 beteiligt,
war sodann von der Reichswehr übernommen worden, wo er bis zum
Rang eines Obersten aufgestiegen war; 1926 offiziell aus der Armee
ausgeschieden, hatte er in Wirklichkeit weiterhin mit der Aufstellung von
illegalen Reichswehrreserven zu tun und war erst Anfang 1931 endgültig
aus den Diensten der Armee ausgeschieden.

Auch unter den SA-Gruppenführern dominierten ähnliche Biogra-
phien: Zu nennen sind hier etwa der ehemalige Leutnant Edmund Heines,
Angehöriger des Freikorps Roßbach, Baltikumkämpfer und Kapp-
Putsch-Teilnehmer, verurteilt wegen Beteiligung an einem Fememord;
der Freikorpskämpfer und Wehrverbandsführer Siegfried Kasche, der
Korvettenkapitän der Reserve Dietrich v. Jagow, die Weltkriegsoffiziere
und Freikorpskämpfer Friedrich Karl Freiherr von Eberstein und Gerret
Korsemann; Wilhelm Stegmann, Leutnant a. D., Angehöriger des Frei-
korps Epp, Führer im Bund Oberland, oder Hans von Tschammer und
Osten, Weltkriegsoffizier und ehemaliges Mitglied im Jungdeutschen
Orden. Die Gruppenführer gehörten den Kriegsjahrgängen 1885 bis 1900
an, nur einer (Kasche, geboren 1903) hatte nicht mehr aktiv am Krieg

teilnehmen dürfen, Kampferfahrung hatte er dafür jedoch noch als jugendliches Mitglied eines Freikorps sammeln können.[164]

Aber nicht nur durch ihr Alter und ihre soziale Stellung unterschieden sich die höheren SA-Führer gravierend von der Masse der SA-Mitglieder; die Tätigkeit der SA-Elite spielte sich in einem Bezugsrahmen und auf dem Hintergrund von Erfahrungen ab, die sich fundamental von denen der SA-Basis unterschieden.

Während sich die SA-Basis, von der Wirtschaftskrise hart getroffen und im ständigen, meist mit Gewalttätigkeiten verbundenen Einsatz für die Partei stehend, zunehmend radikalisierte und sich eine Gegenwelt schuf, in der bandenähnliche Strukturen, ein primitiver Gewaltkult und die durch Hitler symbolisierte Hoffnung auf eine schlagartige Verbesserung der individuellen Situation nach der Machtergreifung dominierten, setzten die höheren SA-Führer ihre Politik der Militarisierung der SA fort und versuchten auf ihre Weise, den Gesamtapparat der Parteiarmee perfektionistisch durchzuorganisieren. «Unten» der in vorderster Linie stehende Aktivist, der «Frontkämpfer», der den «Kopf hinhalten» und die «Dreckarbeit» erledigen mußte oder – wenn nicht gerade im «Einsatz» – einen großen Teil seiner Zeit in «Bereitschaft» im Mief der SA-Heime und Sturmlokale verbrachte; «oben» die betriebsame Atmosphäre einer militärischen Stabsorganisation mit detaillierter Planarbeit und ausgefeilter Befehlstechnik, selbstverständlich mit adrett uniformierten Adjutanten und Ordonnanzen, Dienstwagen und komfortablen Büros ausgestattet. Als ein Beispiel für die beachtliche personelle Ausstattung der SA-Kommandoebene sei hier auf den Stab der Untergruppe Berlin verwiesen, der im Herbst 1931 nicht weniger als 19 hauptamtliche Führer und Referenten, ferner acht männliche und vier weibliche Hilfskräfte sowie eine ständige Stabswache umfaßte.[165] «Die Zahl der bei den Stäben befindlichen Führer wächst bereits zu stark», heißt es etwa in einem Bericht des SA-Generalinspekteurs; manche Führer glaubten offensichtlich, «daß es einen guten Eindruck macht, wenn sie einen großen Stab haben».[166] Hier baute sich langsam, aber stetig ein gefährliches Konfliktpotential auf.

Kritik mußte insbesondere die Tatsache herausfordern, daß sich der exklusive Charakter der höheren SA-Führerschaft auch in einer weitgehenden Abschließung nach unten zeigte: Bevorzugt ergänzte man sich durch standesverwandte Quereinsteiger, während die Aufstiegsmöglichkeiten für die alten Kämpfer der SA begrenzt blieben. Auch als man sich im Zuge des rasanten Wachstums der SA 1931 gezwungen sah, eine «Reichsführerschule» für das Führungskorps der Parteitruppe einzurichten, hatten altgediente, aber mittellose SA-Angehörige keine Chance: Da nur aufgenommen wurde, wer seine Lehrgangskosten ganz oder zu einem erheblichen Teil selbst tragen konnte, setzten sich die Kurse ganz überwiegend aus finanzkräftigen, dem Mittelstand zuzurechnenden SA-Angehörigen zusammen.[167]

Die wachsende Entfremdung der höheren SA-Führer von der Basis zeigte sich in einer ganzen Reihe von Unmutsäußerungen. So machte etwa im Dezember 1931 der Generalinspekteur der SA darauf aufmerksam, daß in der SA die Schlagworte «Stabsbonze» und «Verbonzung» kursierten, seiner Ansicht nach deutliche Hinweise auf das Entstehen einer «gefährliche(n) Stimmung» in der Parteiarmee[168], während sich Röhm gezwungen sah, die SA-Führer ausdrücklich dazu aufzufordern, bei Märschen ihre Männer zu Fuß zu begleiten und nicht per Kraftwagen nebenher zu fahren.[169] Fälle von Korruption und Schikanen untergebener SA-Leute verschärften die Mißstimmung an der Basis. So wurde beispielsweise der Führer einer SA-Standarte in Hessen-Darmstadt im August 1931 wegen Unterschlagungen von SA-Geldern ausgeschlossen, sein Nachfolger blieb nur ein Jahr auf diesem Posten, bis er wegen undurchsichtiger Geschäfte seinen Abschied nehmen mußte. Sein Stabsleiter folgte einige Monate später, weil er, stark alkoholisiert, seine SA-Leute «geschliffen» hatte.[170]

Während die Kritik der SA-Basis am Lebensstil der höheren SA-Führer wuchs, konnte es nicht ausbleiben, daß die allgemein bekannte Homosexualität Röhms immer offener angesprochen wurde und sich allmählich die Vorstellung breit machte, die SA-Führung insgesamt verschwende den Kampfgroschen des einfachen SA-Mannes in ausschweifenden gleichgeschlechtlichen Orgien. Dabei kam die offene Kritik an Röhm offensichtlich nicht zuerst aus der SA (wo es gar keine Basis zu ihrer Formulierung gegeben hätte), sondern wurde zuerst von führenden Mitgliedern der Partei ausgesprochen. Anlaß hierzu bot sich, nachdem die gerüchteweise bekannte Neigung des SA-Stabschefs zweifelsfrei und öffentlich bewiesen worden war. Hatten bereits im Sommer 1931 Veröffentlichungen über die «Warme Bruderschaft im Braunen Haus» (so die Schlagzeile der über nationalsozialistische Interna im allgemeinen recht gut informierten «Münchner Post» vom 22. Juni 1931) recht eindeutige Belege gebracht, wurden schließlich im März 1932 Briefe veröffentlicht, die Röhm während seiner bolivianischen Zeit an einen befreundeten Arzt geschickt hatte und die ein offenes Bekenntnis zu seiner Homosexualität enthielten.[171] Eine zunächst gegen die Verbreitung angestrengte Beleidigungsklage mußte Röhm zurückziehen, nachdem bekannt geworden war, daß er selbst in einem früheren Verfahren die Echtheit der Briefe bestätigt hatte.[172] Verschiedene Strafverfahren wegen Vergehens gegen den § 175 wurden gegen ihn angestrengt. Zwar kam es zu keiner Verurteilung, doch in einem Fall blieb er nur deshalb ungeschoren, weil ihm selbst der aktive Part nicht nachgewiesen werden konnte; seine Anwesenheit am einschlägig beleumdeten Tatort war aber gerichtskundig geworden.[173]

Innerhalb der Partei ging man nun zum direkten Angriff auf den SA-Stabschef vor. So schrieb etwa der Leiter der Organisationsabteilung II der Parteileitung, Konstantin Hierl, auch im Namen weiterer NS-Führer, an Hitler, er halte «ein weiteres Verbleiben Röhms in seiner Stellung für die Bewegung untragbar und zerstörend aus äußeren und inneren Gründen». Viel schwerwiegender als «seine Perversitäten» als solche sei die Tatsache, daß er «nicht von sich aus freiwillig die Folgerungen zieht aus der unhaltbaren Lage, in die er die Bewegung und Sie, seinen Freund [!], gebracht hat...»[174] Auch Martin Bormann, der Leiter der Hilfskasse und Schwiegersohn des Parteirichters Buch, setzte die Axt an; er wandte sich mit seiner Beschwerde wegen des «die Partei schädigenden Verhaltens Röhms» an Heß, zu diesem Zeitpunkt Privatsekretär Hitlers: «Meinetwegen mag sich Jemand in Hinterindien mit Elefanten und in Australien mit Känguruhs abgeben, es ist mir herzlich gleichgültig. Für mich und alle wirklichen [!] Nationalsozialisten gilt nur die Bewegung, nichts anderes. Was oder wer aber der Bewegung nützt, ist gut, wer ihr schadet, ist ein Schädling und mein Feind.»[175]

Mit der Kritik Hierls und Bormanns an Röhm ist bereits der zweite große Konflikt angesprochen, den die NSDAP in den Jahren vor der Machtergreifung zu bewältigen hatte: Die nach wie vor bestehenden Spannungen zwischen SA und Partei. Im Zentrum dieses Konflikts standen zwei Probleme: Die dauernd angespannte Finanzlage der Parteiarmee und die Frage der Zuständigkeit für die Ernennung von SA-Führern sowie für den örtlichen «Einsatz» der Stürme, die von Ortsgruppen- oder Kreisleitern angefordert worden waren, ohne zuvor die zuständige SA-Führung zu konsultieren. Das Verhältnis der SA zur politischen Organisation der Partei sei, so heißt es in einem Bericht des Generalinspekteurs, dort «gut, stellenweise sogar sehr gut, wo die politische Leitung ihren geldlichen Verpflichtungen nachkommt und wo sie sich nicht in Führerfragen der SA einmischt».[176] Gerade die Abführung der für die SA bestimmten Beträge, so heißt es in einem weiteren Bericht des Generalinspekteurs, mache in vielen Fällen noch Schwierigkeiten; hierüber sei die Parteiarmee «äußerst erbittert».[177]

Welche Formen der Konflikt zwischen Partei und SA annehmen konnte, soll am Beispiel Ostpreußen verdeutlicht werden. Während des Jahres 1931 bildete sich in der dortigen Parteiorganisation eine Oppositionsgruppe gegen den Gauleiter Koch, der auch der ostpreußische SA-Führer Litzmann angehörte. Als der Versuch, Koch auszuhebeln, fehlschlug, legte eine ganze Reihe von Parteifunktionären ihre Ämter nieder und schloß sich der SA an, die damit zum Oppositionszentrum gegen Koch wurde. Koch, der der SA vorwarf, sie handle ohne Abstimmung mit der Gauleitung und säe Mißtrauen gegen die politische Führung, verweigerte die weitere Zusammenarbeit mit Litzmann. Der wiederum konterte mit dem Vorwurf, die Parteiführung erfülle nicht ihre finanziellen Verpflichtungen gegenüber der SA. Im Januar 1932 hatte sich der Konflikt so weit zugespitzt, daß in Teilen des Gaues die Kooperation zwischen Partei und Parteiarmee zum Erliegen gekommen war. Im Herbst des gleichen Jahres verweigerten Teile der SA der Partei die Unterstützung für die Reichstagswahlkampagne.[178]

Es hat den Anschein, daß bei vielen Auseinandersetzungen zwischen Partei und Parteiarmee nicht um grundsätzliche ideologische Fragen gestritten wurde, sondern daß es sich um reine Kompetenzkonflikte handelte, die sich ganz einfach aus dem stark entwickelten Eigengewicht und Selbstbewußtsein der SA ergaben. Allerdings standen im Hintergrund doch unterschiedliche Auffassungen über die Frage der politischen Taktik. Während die sich radikalisierende SA zunehmend stärker zur direkten Aktion, zum «Losschlagen» drängte, ermahnte Hitler immer wieder zur Einhaltung des sogenannten «legalen» Kurses. In zahlreichen Ansprachen des Parteiführers an «seine» SA spielte dieses Thema eine auffallend große Rolle. Doch die permanenten Ermahnungen Hitlers zur «Legalität» konnten die wachsende Unruhe in der SA nicht verhindern. Ein Schlaglicht auf die an der SA-Basis herrschende Stimmung wirft eine hektographierte Erklärung, mit der drei langjährige Hamburger SA-Angehörige im September 1930 ihren Austritt aus der Partei auf spektakuläre Weise begründeten. Das Bekenntnis zur Legalität, so heißt es hier, habe die NSDAP dazu genötigt, «die SA in den Parteiapparat einzugliedern und diesem unterzuordnen. Trotz des Bekenntnisses zur Legalität läßt man aber die SA unbewaffnet auf die Straße gehen, wo sie gezwungen ist, sowohl gegen die Übergriffe des Systems, als auch gegen die bewaffneten Truppen der KPD und SPD zu kämpfen. Den Straßenkampf bestehen und die Revolution wollen heißt aber durchblicken [lassen], daß wir bald marschieren. Begreiflicherweise mußte deshalb SA und Pg annehmen, daß dieses ‹Losgehen› entsprechend vorbereitet wäre. Tatsächlich ist dieses nicht der Fall... So entstand ein ungeheurer Zwiespalt unter den SA-Leuten, der sie oft zur Verzweiflung trieb. Man muß nur einmal unbewaffnet in einen nächtlichen Überfall verwickelt worden sein, um diese moralische [!] Belastung zu kennen».[179]

Schließlich war die SA in einen dritten Konflikt verwickelt: Sie mußte sich mit der immer stärker werdenden SS auseinandersetzen. Trotz nomineller Unterstellung der SS unter die Oberste SA-Führung hatte die Schutzstaffel im November 1930 eine weitgehende organisatorische Eigenständigkeit durchsetzen können. Ihre Aufgabe bestand in erster Linie im parteiinternen «Polizeidienst», was insbesondere den persönlichen Schutz Hitlers und anderer führender NS-Größen bedeutete. Hinzu kam der sogenannte «Sicherheitsdienst» als eine Art Geheimdienst der NSDAP. Schon von dieser Aufgabenstellung her empfand sich die SS als eine besondere Elite innerhalb der NS-Bewegung, die, ausschließlich dem Willen des Parteiführers verpflichtet, sein zuverlässiges Instrument zur Bewältigung innerparteilicher Krisen sein sollte und wollte. Die auffallende schwarze Uniformierung der SS, besondere Aufnahmekriterien, wie etwa die Einführung einer Mindestgröße, ein strikter, auch den privaten Bereich umfassender Verhaltenskodex (so wurden z. B. bereits im Dezember 1931 rassebiologische Richtlinien für das Heiratsverhalten der SS-Männer erlassen), die Betonung einer scharfen SS-Disziplin, die «unbedingten Gehorsam» verlangte, und vor allem die auffallend starke Rekrutierung von SS-Angehörigen aus gesellschaftlich privilegierten Schichten waren weitere eindeutige Belege für den elitären Charakter der SS. Die zahlenmäßig bewußt klein gehaltene SS (die angestrebte Stärke von 10% der SA wurde erst 1933 erreicht) unterschied sich damit sichtbar von den braunen Haufen der SA-Landsknechte.[180]

Das Hauptproblem im Verhältnis zwischen beiden Teilorganisationen der NS-Bewegung lag in dem permanenten Versuch der SS, gerade die «besten» SA-Angehörigen in ihre Reihen herüberzuziehen. So lagen etwa der Hamburger SA-Führung eine ganze Reihe Beschwerden über massive Abwerbungen von SA-Leuten durch die SS vor; einzelne SA-Einheiten führten Klage über «verschiedene Disziplinwidrigkeiten und parteischädigende Handlungen der SS» oder monierten eine «unerhört wühlende Werbetätigkeit innerhalb unseres Sturmes». In einem Fall, so wußte ein Sturmbannführer über die Abwerbemethoden der Konkurrenz zu berichten, sei ein SA-Mann nachdrücklich auf die «ausgezeichnete Kameradschaft in der SS hingewiesen» und dabei gezielt darauf aufmerksam gemacht worden, «daß beispielsweise für Trinken in der SS immer gesorgt würde».[181]

Auch der Generalinspekteur der SA beschwerte sich in einem Bericht über «die wenig kameradschaftliche Art der Werbung der SS Führer und Männer in der SA».[182] Als weiteren Grund für die Spannungen nannte er die «vielfach von den SS-Führern den SS-Männern anerzogene Überheblichkeit gebenüber der SA und anderen Pg., die sich nicht nur in Reden, sondern auch in anmaßendem Verhalten gegenüber anderen zeigt». Das elitäre Gehabe der SS, so ein Hamburger Sturmführer, habe «überall in der S.-A.» den Eindruck entstehen lassen, «daß der S.-A.-Mann im Vergleich zum S.-S.-Mann als Nationalsozialist zweiter Klasse betrachtet wird. Dabei muß festgestellt werden, daß diese Einstellung anscheinend von amtlicher Seite der S.-S. genährt wird».[183] Solche Zustände, so heißt es in dem Schreiben weiter, «sind auf die Dauer nicht haltbar, da sie zersetzend in beiden Lagern wirken und die Kampfkraft der N. S. D. A. P. schwächen». Der Führer der Hamburger SA beschwerte sich in einem Schreiben an die SA-Gruppe Nordsee über die «Überheblichkeit» der SS, die sich beispielsweise darin äußerte, daß SS-Angehörige SA-Leute nicht mehr

grüßten, ja es sei sogar «in den Mienen der SS-Männer im Augenblick des
Passierens ... der offene Ausdruck der Mißachtung» zu beobachten.[184]
«S. S. und S. A. reiben sich wie harte Mühlsteine»[185] lautete denn auch das
– durchaus zu verallgemeinernde – Fazit, das ein SS-Truppführer aus Kiel
zog, als er in einem an die SS-Führung gerichteten Brief das miserable
Verhältnis der beiden Parteiorganisationen vor Ort beschrieb.

6. SA und NSDAP auf dem Weg zur Macht

Die Minderheitsregierung Brüning bot der NSDAP in mehrfacher Weise
günstige Voraussetzungen für ein weiteres Wachstum: Der antiparlamentarische Kurs des Regierungschefs war – darauf ist bereits hingewiesen
worden – eine permanente Verletzung demokratischer Grundsätze und
schien somit die Agitation der Partei gegen die Unzulänglichkeiten des
Weimarer «Systems» zu bestätigen. Ein Reichspräsident, der sein Amt als
eine Art Stellvertretung für die von ihm gewünschte Wiedereinführung
der Monarchie ansah, und ein in der Öffentlichkeit blaß wirkender
Reichskanzler waren keine überzeugenden Repräsentanten des demokratischen Staates. Die rigorose Sparpolitik Brünings wirkte sich zudem
krisenverschärfend aus und hinterließ in der Bevölkerung angesichts einer
Arbeitslosenzahl, die während des gesamten Jahres 1931 über vier Millionen lag und im Winter 1931/32 auf über sechs Millionen stieg, den
katastrophalen Eindruck einer sozialstaatlichen Verantwortungslosigkeit.
Schließlich konnte sich Brüning nicht entschließen, offensiv gegen die
NSDAP vorzugehen. Zwar kam eine Regierungsbeteiligung der Nationalsozialisten bzw. eine Zusammenarbeit mit ihnen im Reichstag nicht in
Frage, jedoch hoffte der Kanzler, die NSDAP durch Koalitionen in den
Ländern in seine Politik einbinden zu können. Diese Spekulation ließ ihm
eine gewisse taktische Rücksichtnahme auf die NSDAP geraten erscheinen: So konnte er sich nicht entschließen, gegen den von der NSDAP
gestellten thüringischen Innenminister Frick wegen dessen pronationalso-
zialistischer Personalpolitik vorzugehen, noch wollte er die Betätigung
von Beamten für die NSDAP generell untersagen, obwohl in Denkschrif-
ten des Reichs- bzw. des Preußischen Innenministers der «hochverräteri-
sche» Charakter der Partei herausgestellt worden war.[186] Als im November 1931 im hessischen Boxheim Dokumente gefunden wurden, die
exakte Pläne für einen nationalsozialistischen Staatsstreich enthielten,
bemühte sich Brüning, die Bedeutung der Affäre herunterzuspielen,
fanden doch zur gleichen Zeit Verhandlungen zwischen dem Zentrum
und der NSDAP über die Bildung einer Regierung in Hessen statt.[187]

Im Herbst 1931 nutzte die NSDAP die relativ laxe Haltung der
Regierung ihr gegenüber, um die SA in zwei spektakulären Veranstaltungen vorzuführen. Am 11. Oktober 1931 paradierte die SA zusammen mit

Stahlhelm-Einheiten in Bad Harzburg, um so symbolisch den Zusammenschluß rechtsgerichteter Kräfte in einer «Nationalen Front» zu demonstrieren.[188] Allerdings machte Hitler bei dieser Veranstaltung durch sein brüskierendes Verhalten (er verließ beispielsweise das Podium nach dem Vorbeimarsch seiner SA und SS) deutlich, daß er auf ein wirklich enges Zusammengehen mit diesen reaktionären Partnern keinen Wert legte. Wenige Tage später demonstrierte er indes seinen absoluten Führungsanspruch auf der politischen Rechten, als er in Braunschweig, wo die Nationalsozialisten in einer Koalitionsregierung saßen, das bisher gigantischste SA-Treffen abhalten ließ.[189] An die 100 000 SA-Männer sollen bei dieser Gelegenheit an ihrem Parteiführer vorbeiparadiert sein – eine machtvolle Demonstration, nicht zuletzt auch darauf angelegt, interne Streitigkeiten innerhalb der NS-Bewegung nach außen zu verdecken. Wenn Hitler an diesem Tag erklärte, man stehe «einen Meter vor dem Sieg», so entsprach das der allgemeinen Stimmungslage innerhalb von NSDAP und SA. Das Braunschweiger Treffen markiert den Zeitpunkt, von dem ab die Siegeshoffnungen vieler nationalsozialistischer Parteigänger konkrete Formen annahmen. Diese durch die Parteipropaganda massiv angeheizte und ganz auf die Person Hitlers konzentrierte Zuversicht motivierte zwar in den nächsten Monaten die Basis zu weiterem Engagement für die Partei, sie schuf aber auch eine hochgeschraubte Erwartungshaltung gerade gegenüber der Person des «Führers». Während des ganzen folgenden Jahres 1932 sollte der in unmittelbarer Nähe geglaubte, aber stets wieder verschobene nationalsozialistische Sieg die Stimmungslage der SA im dramatischen Wechsel zwischen Euphorie und begeistertem Aktivismus einerseits sowie bodenloser Enttäuschung und Lethargie andererseits hin- und herpendeln lassen.[190] Hält man sich gleichzeitig die geschilderten Konfliktlagen – SA-Basis gegen SA-Führung, SA gegen Politische Organisation, SA gegen SS – vor Augen, so wird deutlich, daß die NSDAP im Jahre 1932 auf eine Zerreißprobe zusteuerte. Die unmittelbare Vorgeschichte der «Machtergreifung» war keineswegs der triumphale, unaufhaltsame Siegeszug der NSDAP, als den ihn die Nationalsozialisten später darstellten, sondern eher eine von heftigen innerparteilichen Krisen und eruptiven Stimmungsumbrüchen der Parteigenossen begleitete Zitterpartie.

Es war nicht zuletzt die durch ihn selbst immer wieder beschworene Gewißheit des nahen Sieges, die Hitler dazu veranlaßte, bei den im Frühjahr 1932 angesetzten Reichspräsidentenwahlen den Beweis anzutreten, daß er schon die Mehrheit der Bevölkerung hinter sich hatte: Der nationalsozialistische Parteiführer trat gegen Hindenburg an. Das Stimmenergebnis des ersten Wahlganges, das Hitler mit rund 11 Millionen Stimmen weit hinter (dem durch eine von den Deutschnationalen bis zu den Sozialdemokraten reichende große Koalition getragenen) Hindenburg mit seinen über 18 Millionen Wählern sah, führte zu einem völligen Umschlagen der optimistischen Stimmung in Hitlers Anhängerschaft: Schlagartig machte sich eine tiefe Depression breit. Hier zeigte sich die Kehrseite der NS-Propagandataktik, die allzusehr auf eine sich selbst tragende Siegeserwartung gesetzt hatte. Dies galt insbesondere für die SA, die in der auf die Wahl folgenden Nacht durch einen reichsweiten Alarm in Bereitschaft versetzt worden war und nun deprimiert in ihren Quartieren herumsaß. Ob man sich nun darauf vorbereitet hatte, nach dem erwarteten Sieg Hitlers öffentliche Einrichtungen zu besetzen, einer Reaktion des politischen Gegners vorbeugen wollte (so waren Gerüchte im Umlauf, die einen «Putsch» oder zumindest provozierende Aktionen gegen einen gewählten Reichspräsidenten namens Hitler prophezeiten[191]) oder ob man nur unkontrollierte Ausschreitungen der SA hatte vermeiden wollen – in jedem Fall hatte man vielerorts an eine unmittelbar bevorstehende letzte Abrechnung geglaubt, an einigen Orten waren eifrige SA-Aktivisten sogar dazu übergegangen, Weltkriegs-Waffen aus alten Verstecken hervorzuholen.[192]

Allerdings gelang es der Parteiführung schnell, den Stimmungseinbruch zu überwinden, indem sie die Parteibasis sofort für den zweiten Wahlgang einspannte; er war nötig geworden, da Hindenburg trotz seines Erfolges keine absolute Mehrheit errungen hatte. Sie lenkte nun die Siegeserwartungen vorsichtig von einem Erfolg in den Reichspräsidentenwahlen ab und richtete sie auf die 14 Tage später stattfindenden Landtagswahlen. Als Hindenburg dann mit 19 Millionen Stimmen erneut siegte, konnte Hitler die immerhin über 13 Millionen eigenen Stimmen als gute Voraussetzung für einen Erfolg in den unmittelbar bevorstehenden Landtagswahlen interpretieren. Er trieb die Partei zu verstärkter Wahlkampfarbeit an und konnte so einen erneuten Stimmungseinbruch verhindern. Tatsächlich gelang dann der NSDAP in verschiedenen Ländern, vor allem in Preußen, ein erdrutschartiger Erfolg; in Oldenburg konnte sie sogar die Regierung übernehmen.

Trotz des ausgezeichneten Abschneidens der NSDAP hatte sich aber gerade in den größeren Ländern (neben Preußen etwa in Bayern und Württemberg) auch gezeigt, daß die Partei aufgrund ihrer weitgehend isolierten Stellung ihren erheblichen Stimmenzuwachs nicht in eine Übernahme von Exekutiv-Funktionen umzuwandeln vermochte. Diese Erfahrung wie auch das Ergebnis der Präsidentenwahlen mußte erneut Zweifel nähren, ob die NSDAP überhaupt durch Wahlen an die Macht zu bringen wäre, ob der von Hitler eingeschlagene Legalitätskurs letztlich erfolgreich sein könnte.

Nicht zuletzt die Alarmierung der SA nach dem ersten Wahlgang zur Reichspräsidentenwahl sowie das erneut den umstürzlerischen Charakter der Parteiarmee belegende Material, das wenige Tage später bei Hausdurchsuchungen durch die preußische Polizei aufgefunden wurde, veranlaßten den Reichsinnenminister, der in dieser Frage starkem Druck von seiten der Länder ausgesetzt war, zur Revision seiner bisherigen Politik gegenüber den nationalsozialistischen Unruhestiftern. Hatte General Groener, zugleich Reichswehrminister, bisher Bedenken der militärischen Führung Rechnung getragen, die ein offenes Einschreiten gegen die SA wegen des in ihr organisierten Wehrpotentials vermeiden wollte, so entschloß er sich nun, für ein Verbot der SA einzutreten, das schließlich am 13. April in Kraft gesetzt wurde.[193]

So bemerkenswert dieser Schritt auch war und so sehr die Verbotsmaßnahmen die nationalsozialistische Agitation auch behinderten, so wenig bedeutete das Verbot ein definitives Aus für die SA. Tatsächlich war man seitens der Partei über die bevorstehenden Maßnahmen informiert gewesen und hatte Zeit genug gehabt, sich auf die Illegalität vorzubereiten.[194] Wenn auch die spektakulären öffentlichen Auftritte nun praktisch nicht mehr möglich waren, so bereitete es keine besondere Mühe, den organisatorischen Zusammenhalt der SA innerhalb der Parteiorganisation in getarnter Form zu erhalten. Die örtlichen Polizeiorgane waren oft nicht dazu in der Lage oder auch nicht bereit, die Verbotsmaßnahmen effektiv durchzusetzen und die SA-Verbände wirklich zu zerschlagen. Häufig verrät die Sprache der Polizei- und Behördenberichte Ohnmacht, Laxheit oder auch offene Sympathie angesichts der nationalsozialistischen Agitation. So heißt es etwa in einem Bericht des Bezirksamts Neustadt a. d. Aisch vom Juli 1932: «Der Terror in Neustadt a. d. Aisch besteht lediglich darin, daß etwa 60–70% der Bevölkerung hitlerisch eingestellt sind und daß deshalb die zahlenmäßig schwachen Sozialisten und Kommunisten sich nicht aufspielen können. Unterdrückt oder belästigt werden sie ohne Grund nicht.»[195]

Gerade die auf dem Land oder in Kleinstädten stationierten Gendarmen konnten durch ihre Einbindung in ein soziales Umfeld, das durch einen scheinbar unaufhaltsamen Siegesmarsch der NSDAP bestimmt wurde, keine geeigneten Exekutionsorgane einer kompromißlosen Haltung gegenüber dieser Partei sein, zumal ihnen von den Nationalsozialisten, bei denen sie natürlich namentlich bekannt waren, unverhüllt vor Augen gehalten wurde, welche Folgen ein Sieg der Hitler-Partei für ihre weitere Karriere haben werde. Häufig war die Polizei auch rein kräftemäßig überfordert, so daß die alte Polizeiregel zur Anwendung kam, bei einem nicht zu verhindernden Gesetzesverstoß lieber wegzusehen, als sich durch ein möglicherweise erfolgloses Einschreiten der Lächerlichkeit preiszugeben.[196] Man darf auch nicht übersehen, daß die Polizei bereits in erheblichem Umfang von den Nationalsozialisten unterwandert war. So hatten beispielsweise Wuppertaler Polizeibeamte bereits 1931 einen «SA-Polizeisturm» gegründet[197], während in Hamburg im August 1932 NS-

Sympathisanten einen «Kameradschaftsbund nationaler Polizeibeamter» bildeten.[198] In Beantwortung einer Umfrage der SA-Führung übermittelte die Offenbacher SA-Standarte 168 im Dezember 1934 der vorgesetzten Brigade die Namen von zehn Polizeiangehörigen, die sich bereits «vor der Machtübernahme im Sinne der Partei aktiv betätigt» hätten und damit offensichtlich für eine besondere Förderung qualifiziert erschienen. Diesem Bericht kann man entnehmen, daß seit Juli 1932 eine örtliche «Fachschaft Polizei» innerhalb der Partei existierte. Einzelne Beamte werden dafür gelobt, daß sie «Versammlungen trotz Verbot für Polizeibeamte besucht hätten», über einen anderen Polizisten heißt es, er habe bei Aufmärschen beobachtet, «wie sich die Polizeibeamten gegenüber der NSDAP verhielten» und diejenigen «namhaft» gemacht, die «gegen die Bewegung waren». Von einem weiteren Beamten, so der Bericht, «konnte man immer Informationen bekommen, die für unsere Bewegung wichtig waren».[199]

Auf die gleiche Umfrage reagierte die Brigade 50 (Darmstadt) mit einer Liste von 21 Polizeibeamten, die «die Bewegung vor der Machtübernahme förderten und ihr unbestreitbare Dienste leisteten». So hatten z. B. verschiedene Polizeibeamte bei Durchsuchungen wissentlich Waffen und Munition übersehen oder vertrauliche Informationen an die SA preisgegeben. Ein Polizeihauptwachtmeister hatte gegen die KPD gerichtete Flugblätter angefertigt und diese «nachts während seiner Dienstgänge verbreitet». Ein anderer Hauptwachtmeister wurde dafür gelobt, daß er zur Abfassung eines Protokolls über einen verbotenen SA-Marsch den örtlichen SA-Führer hinzugezogen hatte; gemeinsam hatten sie «die Sache so gedreht, daß sie natürlich ins Wasser fiel».[200]

Durch das SA-Verbot sahen sich die vor allem in der Parteiarmee anzutreffenden innerparteilichen Kritiker des «legalen» Kurses in ihrer Ansicht bestätigt, daß der Weimarer Staat durch skrupulöses Wohlverhalten nicht zu beeindrucken war. Gerade die im Zuge des Verbots erfolgende Schließung der SA-Heime hatte erhebliche Auswirkungen für viele mittellose Braunhemden und trug zu deren weiterer Radikalisierung bei. Der wachsende Druck, unter den die Parteileitung geriet, brachte Goebbels in einer Tagebucheintragung auf die Formel: «Wir müssen in absehbarer Zeit an die Macht kommen. Sonst siegen wir uns in Wahlen tot.»[201]

In dieser Situation setzte Hitler auf eine Entscheidung durch eine Neuwahl zum Reichstag. In geheimen Verhandlungen mit Schleicher stellte er in vager Form die Unterstützung der Partei für ein rechtsgerichtetes Kabinett v. Papen in Aussicht und konnte als Gegenleistung eine Auflösung des Reichstages und eine Aufhebung des SA-Verbotes durchsetzen. Im Laufe des Monats Mai schuf Schleicher hierfür die entscheidende Voraussetzung, indem er die Vertrauensstellung Brünings beim Reichspräsidenten systematisch unterminierte und ihn so zur Demission zwang. Seine nationalsozialistischen Partner wurden hierüber auf dem laufenden gehalten, wie Goebbels in seinem Tagebuch vermerkte: «Wir bekommen Nachricht von General Schleicher: die Krise geht programmgemäß weiter.»[202] Absprachegemäß wurde der Reichstag am 4. Juni aufgelöst; die Aufhebung des SA-Verbots erfolgte nach anfänglichem Zögern immerhin noch so rechtzeitig, daß sich das Propaganda- und Terrorpotential der Parteiarmee im Wahlkampf voll entfalten konnte. Die Ausschaltung der sozialdemokratisch geführten preußischen Regierung, die v. Papen am 20. Juli staatsstreichartig durch einen Reichskommissar ersetzte, beseitigte ein wesentliches Hindernis auf dem Weg zu einer nationalsozialistischen Machtübernahme.

Die nun wieder auf vollen Touren laufende Propaganda- und Terrormaschinerie der SA ließ erneut die Skepsis über die Richtigkeit des eingeschlagenen Wegs zurücktreten und die scheinbar unmittelbar bevorstehende Machtübernahme in den Blick rücken.

In der Tat brachten die Wahlen vom 31. Juli 1932 der NSDAP einen weiteren großen Stimmengewinn: Sie konnte die Zahl ihrer Mandate auf 230 verdoppeln und war damit stärkste Fraktion, war jedoch mit etwas über 37% der Stimmen von einer absoluten Mehrheit weit entfernt. Die Masse der Anhängerschaft wollte jedoch das von der Parteiführung immer und immer wieder abgegebene Versprechen des unmittelbar bevorstehenden Sieges endlich eingelöst sehen – Legalität hin, Legalität her. Offensichtlich versuchten nun Teile der SA, sich über das Legalitätsgebot offen hinwegzusetzen und die Auseinandersetzung mit der Staatsmacht in einen Bürgerkrieg hineintreiben zu lassen. So kam es am 1. August, also einen Tag nach den Reichstagswahlen, in Königsberg zu einem regelrechten Aufstand der SA, die die Stadt mit einer Welle von Bombenanschlägen und Attentaten auf prominente Nazi-Gegner überzog. So wurden u. a. ein kommunistischer Stadtrat, der Herausgeber der sozialdemokratischen «Königsberger Volkszeitung» und der im Zuge des preußischen Staatsstreichs vom 20. Juli abgesetzte ehemalige Regierungspräsident von Königsberg (ein führender Politiker der DVP in der Provinz) ermordet, weitere Mordversuche fanden statt. In den nächsten Tagen wurde diese Terrorkampagne auf die gesamte Provinz Ostpreußen ausgedehnt, neue Morde waren zu verzeichnen, in einigen Orten kam es zu gezielten Angriffen auf jüdische Geschäfte.[203] Einen Tag nach dem Beginn dieser Ereignisse in der Provinz Ostpreußen, am 2. August, ging auch die schlesische SA zum bewaffneten Terrorismus über: Es wurden zahlreiche Bombenanschläge und Feuerüberfälle auf Sozialdemokraten und Kommunisten, ebenso auf Konsumläden sowie auf Zeitungsverlage und Büros konkurrierender Parteien verübt. Im Gegensatz zu Ostpreußen, wo die SA-Führerschaft offensichtlich die Kontrolle über die revoltierende Basis verloren hatte, wurden die Aktionen in Schlesien im

Der fortgesetzte Terror der SA trieb die Republik in eine bürgerkriegsähnliche Situation: Polizisten mit Karabinern im Anschlag schützen einen SA-Marsch durch ein «rotes» Braunschweiger Viertel, dessen Bewohner die Straße meiden und ihre Fenster geschlossen halten; die Fahnengruppe einer größeren SA-Formation marschiert demonstrativ am Berliner Karl-Liebknecht-Haus, der Zentrale der KPD, vorbei.

erheblichen Umfang durch die SA-Führung vorbereitet und gesteuert. In der Nacht vom 9. auf den 10. August erreichte diese Kampagne ihren Höhepunkt: Allein im Raum Görlitz kam es innerhalb weniger Stunden zu dreißig Zwischenfällen, vorwiegend Anschläge auf Sozialdemokraten und Konsumgeschäfte. Diese Aktionen waren von der örtlichen SA-Führung sorgfältig vorbereitet worden, und zwar mit dem erklärten Ziel, die schwebenden Verhandlungen über die Neubildung der Reichsregierung durch terroristischen Druck zu beeinflussen. Auch in einer großen Zahl anderer Orte kam es zu Übergriffen: So wurde in Lauban der örtliche Arbeitsnachweis in die Luft gesprengt, in Oppeln wurde ein Sympathisant der Kommunisten erschossen. Die furchtbarste Tat ereignete sich in Potempa: Eine Gruppe von SA-Leuten, stark angetrunken und bewaffnet mit allerlei Schlag- und Schießwerkzeug, drang in die Behausung eines arbeitslosen polnischen Gelegenheitsarbeiters, der als Anhänger der KPD galt, ein, schlug und trat ihn auf viehische Weise und erschoß anschließend den Sterbenden.[204] Sowohl in Ostpreußen wie in Schlesien zeigte sich aber, daß diese Art des Terrorismus an entschlossener staatlicher Gegenwehr scheitern mußte: Nach einigen Tagen war die Polizei Herr der Lage, hatte zahlreiche Festnahmen durchgeführt, der Bewegungsspielraum der SA in beiden Provinzen war durch staatliche Maßnahmen erheblich eingeschränkt worden. Ein Sondergericht, das aufgrund einer am 9. August bekanntgegebenen Notverordnung des Reichspräsidenten zusammentrat, verurteilte die Hauptbeteiligten am Potempa-Mord noch im gleichen Monat zum Tod. Sympathiekundgebungen Hitlers, Görings und Röhms zugunsten der Verurteilten enthüllten den Zynismus, mit dem die Partei ihren «legalen» Kurs verfolgte.

Die trotz solcher Erklärungen aber immer noch als gültige Parteilinie ausgegebene Legalitätstaktik Hitlers erfuhr aber gerade in diesen Tagen ebenfalls einen empfindlichen Rückschlag, wurde doch am 13. August der Anspruch auf das Kanzleramt, den Hitler aus dem Wahlerfolg abgeleitet hatte, durch Hindenburg schlankweg zurückgewiesen. Für die politische Taktik Hitlers, ja für sein Prestige als Parteiführer überhaupt, war dies eine empfindliche Niederlage. Innerhalb der Partei und besonders in der SA drängte die Enttäuschung über die bereits sicher geglaubte und wieder einmal verhinderte Machtübernahme den Wahlerfolg fast völlig in den Hintergrund. Der Tagebuchschreiber Goebbels sah angesichts der desparaten Lage gerade die Position der noch am gleichen Tag informierten SA-Führerschaft bedroht: «Für sie ist es am schwersten. Wer weiß, ob ihre Formationen gehalten werden können. Nichts ist schwieriger, als einer siegesgewissen Truppe zu sagen, daß der Sieg aus den Händen geronnen ist.»[205] In dieser Situation versuchte Röhm, durch einen Aufruf im «Völkischen Beobachter» – unter dem Titel: «Kameraden, die Rotfront und Reaktion erschossen» – den Elan der SA-Männer und ihre Hoffnung auf eine grundlegende Veränderung der Verhältnisse nach einer NS-Machtübernahme erneut zu beleben: «Die nationalsozialistische Bewegung ist ihrem Ursprunge und ihrem Ziele nach eine revolutionäre Bewegung. Sie erstrebt vielmehr eine grundlegende Neugestaltung des Staates nach Wesen und Inhalt, ein Ersetzen veralteter und verbrauchter Einrichtungen durch vollkommen neue. Das bedeutet Revolution. Der Träger dieses revolutionären Gedankens kann nur der SA-Mann sein.»[206]

Als Mitte September der Reichstag erneut aufgelöst wurde, machten sich innerhalb der Parteiführung Zweifel breit, ob es noch einmal gelingen würde, die in ihren Hoffnungen enttäuschte Anhängerschaft in einer neuen Kampagne zu stimulieren und noch einmal auf Sieg zu programmieren. Die tiefe Frustration, die nun die SA erfaßte, läßt sich äußerlich an einer Stagnation der Mitgliedszahlen ablesen: War es während der ersten acht Monate des Jahres 1932 noch einmal gelungen, die Zahl der SA-Männer erheblich zu steigern (nämlich von 290 000 im Januar auf 397 000 im Juni und schließlich auf 455 000 im August), so kehrte sich der Trend vom September ab um: Die Zahlen fielen von 446 000 auf 435 000 (Oktober) und schließlich auf 432 000 (November). Im Dezember 1932 und im Januar 1932 stagnierte der Mitgliederstand bei 427 000.[207]

Eine durch die SA-Führung Ende September bei ihren regionalen Untergliederungen angestellte Umfrage[208] macht deutlich, daß die Stimmung innerhalb der Parteiarmee, die sich bereits seit Anfang des Jahres in einem permanenten Wahlkampf befand, sich einem kritischen Punkt näherte. In einem großen Teil der Antworten auf diese Umfrage wird die Stimmungslage äußerst negativ gekennzeichnet; auch dort, wo sie als «gut» eingestuft wird, geschieht dies fast nie ohne Einschränkungen. Neben den Klagen über die miserable finanzielle Lage der SA, die, so wird beispielsweise aus Braunschweig berichtet, die «Unterhaltung und Durchschleppung» der Arbeitslosen immer schwieriger mache, dominierten vor allem die enttäuschten Hoffnungen über die in greifbarer Nähe geglaubte Machtübernahme. Vor allem unmittelbar nach den Wahlen, so wird berichtet, sei ein «Stimmungseinbruch», ein «Sinken der Zuversicht» zu verzeichnen gewesen. Die SA sei zu sehr auf die Machtübernahme festgelegt worden, kritisierte die Obergruppe Hannover, man habe sich «den Übergang der Macht in die Hände der NSDAP in sehr sprunghafter und durchschlagender Form vorgestellt», heißt es deprimiert aus Hamburg. Die Reaktion auf diese Enttäuschungen ging vor allem in zwei Richtungen: Einerseits machte sich Ratlosigkeit und Apathie breit; «sichtlich gedrückt», «niedergedrückt», «sehr niedergeschlagen», heißt es in den Berichten, von «Miesmacherei» ist die Rede. Der Wahlkampf, so meinte die Hamburger SA-Führung, verspräche im Hinblick auf die Machtübernahme ja nichts Wesentliches, die Ungewißheit wirke sich wie ein «Bleigewicht» aus. Aus Ostholstein, wo man der

Untergruppe gerade wegen nicht entrichteter Gebühren die Fernsprechanlage gesperrt hatte, meinte man, im Falle einer längeren Verzögerung der Machtübernahme durch die Regierung v. Papen seien die «Folgen für uns nicht absehbar».

Vor allem machte sich auch wachsende Unruhe bemerkbar: In Aachen etwa verspürte man «hier und da eine gewisse Ungeduld», in Hessen-Darmstadt drängte die SA zum «Losschlagen» und aus Baden heißt es: «Die hochgespannten politischen Erwartungen der letzten Zeit einerseits, auf der anderen Seite wirtschaftliches Elend, ja Hunger, verlange nach einer erlösenden Tat.»

Aus dieser Ungeduld war deutlich Kritik an Partei und Parteiführung herauszuhören. Aus Danzig wurde beispielsweise gemeldet, man habe «kein Verständnis» für die Einführung neuer (teurerer) Uniformen, neuer Dienststellenabzeichen der Politischen Leiter und für das Fernbleiben «wehrfähiger» Parteigenossen vom SA-Dienst. Vor allem aber wird in den Stimmungsberichten die politische Taktik der Parteiführung kritisiert: Die Mehrheit wünsche «die Legalität zum Teufel», berichtet die SA-Gruppe Südwest, und aus Danzig war zu erfahren: «Die SA ist von dem Gedanken beherrscht, daß der legale Weg nicht gangbar ist.»

Die – folgt man den Berichten – teilweise schon mit ersten Erfolgen seitens der regionalen SA-Führer eingeleiteten Gegenmaßnahmen bestanden charakteristischerweise natürlich nicht in politischer Überzeugungsarbeit. Diskussionen über die Politik des Parteiführers, so berichtete etwa Hannover, seien nun «endgültig abgebogen», das «schädliche Politisieren» sei «überwunden», heißt es stolz am Niederrhein. Statt dessen bemühte man sich, den «Kampfgeist» der SA durch ablenkende Beschäftigungstherapie wiederherzustellen: Da der nächste Wahlkampf noch nicht angelaufen war, setzte man, wie etwa die Untergruppe Schlesien, «verstärkte Ausbildung, Sportfeste und Felddienstübungen» an oder verschrieb zur «Hebung der Stimmung» die «Ausbildung an Waffen und das Exerzieren an Waffenattrappen». «Erhöhte Ausbildung im Geländedienst», «Ausbildung und soldatische Erziehung überhaupt» werden als weitere Disziplinierungsmaßnahmen genannt.

Die unzufriedene Stimmung innerhalb der SA richtete sich nicht nur gegen die Parteileitung und ihren politischen Kurs, sondern gleichzeitig auch und in besonders heftiger Weise gegen ihre Konkurrenten von der SS. So kam es im September 1932 während eines Lehrgangs der Reichsführerschule der SA zu einem Eklat, nachdem Himmler einen Vortrag über die «Geschichte der SS» gehalten hatte. Ein Lehrgangsteilnehmer berichtet in seinem Tagebuch über die sich anschließende Aussprache: «Die Besprechung mit dem Reichsführer Himmler verlief recht laut und stürmisch, da im ganzen Reich die Gegensätze zwischen SA. und SS. noch immer nicht gemildert bzw. behoben sind, sondern im Gegenteil sich nach den Äußerungen aller Reichsführerschüler dauernd verschärft haben.» Es sei immer wieder «die Sonderstellung der SS. Leute bekrittelt, sowie die dauernde Werbung der SS. innerhalb der SA. als äußerst schlecht empfunden» worden. Einzelne Teilnehmer, so der Bericht weiter, hätten darauf hingewiesen, daß mit tätlichen Angriffen von SA-Leuten zu rechnen sei, so daß man im Ergebnis festhalten müsse: «Die Aussprache, die vermittelnd wirken sollte, hatte nicht den geringsten Erfolg, sondern hat die Gegensätze höchstens verschärft.»[209]

Eine weitere schwere Belastungsprobe zeichnete sich aber seit Sommer 1932 noch auf einem anderen Gebiet ab: Gregor Straßer[210], Vertreter des «linken» Parteiflügels, stellte, zunehmend eigenständig handelnd, dem totalen Oppositionskurs der Parteiführung eine Alternative entgegen. Er setzte auf eine begrenzte Kooperation mit einer rechtsautoritären Regierung, konkret auf die Unterstützung eines Kabinetts Schleicher durch die NSDAP. Damit aber war der unumschränkte Führungsanspruch Hitlers in Frage gestellt. Als die Reichstagswahlen vom November 1932 der NSDAP einen empfindlichen Rückschlag brachten (34 Mandate gingen verloren), hatte auch die Politik des Parteiführers eine Niederlage erlitten, während das Ergebnis Straßer, der sich im Wahlkampf bewußt moderat gegeben hatte, recht zu geben schien.

Der Stimmenrückgang hatte wiederum einen katastrophalen Stimmungseinbruch innerhalb der NSDAP zur Folge. Verhandlungen über eine Kanzlerschaft Hitlers scheiterten wie bereits nach den letzten Wahlen. Als in dieser verfahrenen Situation Straßer selbständig Verhandlungen im Sinne seiner Kooperations-Überlegungen mit dem im Dezember zum Kanzler ernannten Schleicher aufnahm, kam es zur offenen Auseinandersetzung: Straßer legte seine Ämter nieder, eine Parteispaltung schien im Bereich des Möglichen. Tiefgreifende Zerwürfnisse innerhalb der Gesamtbewegung, Zweifel am Legalitätskurs und an der Führungskunst Hitlers, allgemeine Ermüdungserscheinungen infolge des oft unter miserablen persönlichen Lebensbedingungen betriebenen Dauerwahlkampfes, gleichzeitig wachsende Bereitschaft zum gewaltsamen Umsturz und zum allgemeinen «Losschlagen» bestimmten die Situation innerhalb der SA am Ende des Jahres 1932.

In einem Neujahrsbefehl[211] an die SA- und SS-Führer (letztere wurden eher der Form halber mit angesprochen) versuchte Röhm, dieser angespannten Situation gerecht zu werden. Die Dramatik der Lage schien ihm einen Vergleich mit dem Jahre 1918 nahezulegen: Damals, so Röhms Argumentation, habe die Führung die Nerven verloren, und auch heute werde Sieger bleiben, wer die Nerven behalte. «Die Träger dieses größten geschichtlichen Kampfes, den Deutschland seit Jahrhunderten geschaut hat, in der vordersten Kampffront sind die Kämpfer der SA und SS. Als ihre verantwortlichen Führer habt ihr, Führer der SA und SS, Euch freiwillig kraft eigenen Willens und Entschlusses an die Spitze des Kampfes gestellt.» Gleichzeitig sah Röhm sich aber auch veranlaßt, vor sich ausbreitender «Empfindlichkeit», «Nörgelsucht», «Gereiztheit» und «Besserwisserei» innerhalb der SA zu warnen. «Revolutionär» zu sein, so mahnte er seine Mannen, hieße nicht, «ungebunden und undiszipliniert zu sein». Gerade eine «revolutionäre Truppe» ziehe ihre Kraft aus innerer Geschlossenheit und Disziplin. Seine Sorgen vor der wachsenden Unruhe innerhalb der SA werden deutlich, wenn Röhm das Führerkorps direkt auf seine Verantwortung bei der Disziplinierung der Parteiarmee anspricht: «Bewahrt ihr daher, Führer der SA und SS, schärfste Manneszucht und Unterordnung denen gegenüber, die Euch überstellt sind und fordert aber auch das gleiche von den Euch Unterstellten. Und sucht nicht immer persönliche Gründe, wenn Ihr zur Rechenschaft oder Verantwortung gezogen werdet, sondern fragt Euch vor allem, ob nicht dienstliche Notwendigkeiten dies erfordern.» Und: «Wenn sich die Widrigkeiten, Schwierigkeiten und Hindernisse türmen, wenn die Geschosse eines uns materiell noch überlegenen Feindes auf uns niederprasseln, uns Verluste zufügen, und da und dort zurückwerfen, uns niederhalten und fast zu Boden zwingen, da erst kann sich der wahre Führer der Truppe zeigen und bewähren. Und wenn die Truppe einmal mutlos zu werden beginnt und murrt, da ist es allein der Führer, der sie wieder empor und schließlich doch zum Siege vorreißt. Ein Führer darf nie verzagen, nie sich versagen... Ich weiß, welche unerhörte Nervenbelastung in dieser schweren Notzeit auf dem einzelnen Führer ruht, erkenne die Sorgen des Truppenführers in all ihren Zweigen. Bevor Ihr aber einmal Euch versagt, beißt die Zähne zusammen und werdet wieder hart.» Mit einem Aufruf «zum letzten Appell» entließ Röhm seine Parteiarmee in das Jahr 1933: «In Eurer Hand, SA- und SS-Führer, ist es letzten Endes gelegen, ob über bürgerliche Halbheit und geistlose Reaktion hinweg der Weg zum Bolschewismus freigegeben wird, oder ob Ihr mit entschlossen seid, dem braunen und schwarzen Korps den Stempel aufzudrücken, der es befähigt, das eine heilige Ziel zu erzwingen: ‹Deutschlands Freiheit und Ehre›.»

Typisch für die zwischen Skepsis und Hoffnung schwankende Stimmung in der Partei zu Beginn des Jahres 1933 dürfte eine Tagebucheintragung des Berliner Gauleiters Goebbels sein (der sich allerdings wegen einer gesundheitlichen Krise seiner Frau ohnehin in einer Depressionsphase befand): «Das neue Jahr! Sehr böse sieht es aus. Aber ich hoffe.»[212]

In der NSDAP konzentrierte man jetzt alle Anstrengungen auf die Landtagswahlen in Lippe. In einem der kleinsten deutschen Länder, das nur 100000 Wählerstimmen zu bieten hatte, veranstaltete die Partei noch einmal einen beispiellosen Wahlrummel. Tatsächlich gelang es denn auch am 15. Januar, mit 39,5% das Ergebnis der Reichstagswahlen vom November um 5 Prozentpunkte zu verbessern, jedoch blieb man hinter den

Ergebnissen der Juli-Wahl zurück. Die Parteipropaganda setzte alles daran, die positiven Aspekte dieses Resultats zu betonen, so daß die Depression innerhalb der NSDAP zumindestens nach außen einigermaßen verdeckt werden konnte.[213]

Wie labil jedoch tatsächlich das Verhältnis zwischen Partei und SA war, zeigte sich am Beispiel der Gruppe Franken, wo es noch Ende 1932 zu einer weiteren offenen Auflehnung innerhalb der Parteitruppe kam.[214]

Die Ursachen der sogenannten «Stegmann-Revolte» reichten bis in den Juli 1932 zurück. Seinerzeit hatte es eine heftige Auseinandersetzung zwischen Stegmann und dem selbstherrlichen Gauleiter Streicher gegeben, als Stegmann gegen den Widerstand Streichers den Führer der SA in Nürnberg absetzen wollte. Eine zweite Streitfrage bildete die leidige SA-Finanzierung: Die SA war mit den Zuschüssen der Gauleitung, die hinter den von der Parteiführung vorgeschriebenen Sätzen zurücklagen, unzufrieden. Als die Ansbacher SA Fahrtkostenzuschüsse, die ihr von der Partei zugesagt worden waren, nicht erhielt und der deswegen protestierende Ortsgruppenleiter abgesetzt wurde, kam es auf einer in Ansbach abgehaltenen SA-Führertagung zu einer offenen Auseinandersetzung zwischen Streicher und der dortigen SA, die von Stegmann aus der Veranstaltung abgezogen werden mußte, um Gewalttätigkeiten zu vermeiden. Streicher beschwerte sich nun bei der Obersten SA-Führung über das Verhalten Stegmanns. In München beschloß man, die Angelegenheit zu untersuchen, und entzog Stegmann als erstes den Befehl über die ihm unterstehende Untergruppe Mittelfranken. Nach diversem Hin-und-Her und mehrfachen Rücktrittsangeboten Stegmanns kam es am Silvestertag zu einer Aussprache zwischen Streicher und Stegmann, die nur scheinbar mit einer Versöhnung endete. Denn nach dem Gespräch erneuerte Streicher verleumderische Vorwürfe gegen Stegmann, wobei er ihm u. a. die Unterschlagung von SA-Geldern vorwarf. Stegmann ging nun zum Gegenangriff über, indem er die ihm unterstellten Führer zu einer Treueerklärung bewegte, zwei Anhänger Streichers in SA-Führungspositionen absetzte und schließlich auf eigene Initiative die Führung über die Untergruppe Mittelfranken erneut übernahm. Um vollendete Tatsachen zu schaffen, ließ er deren Geschäftsstelle in Nürnberg besetzen. Wie bei den Stennes-Meutereien in Berlin kam es nun auch in Nürnberg zu gewalttätigen Auseinandersetzungen zwischen den sich befehdenden Parteiformationen, die Polizei mußte schlichtend eingreifen. Obwohl Stegmann, der nach wie vor seine Loyalität gegenüber der NS-Bewegung und ihrem Führer erklärte, hierauf abgesetzt wurde, stand die Mehrheit der fränkischen SA zu ihrem alten Führer. Am 14. Januar kam es jedoch zu einem Gespräch zwischen Hitler und Stegmann, bei dem der SA-Führer eine Unterwerfungserklärung unterschrieb.

Obwohl die Angelegenheit damit erledigt schien, setzte sich die Meuterei innerhalb der mittelfränkischen SA ohne Zutun Stegmanns fort, ein Beweis dafür, daß die Auseinandersetzung eben nicht als ein rein persönlicher Konflikt zwischen Stegmann und Streicher zu werten ist. Die mittelfränkische SA veröffentlichte einen Aufruf, der harte Kritik an Streicher enthielt und den Verbleib Stegmanns auf seiner Position forderte. Als ein Vermittlungsversuch der Münchner Parteileitung am Widerstand Streichers scheiterte, kam es zum offenen Bruch: Stegmann trat aus der NSDAP aus, ein Teil der Mitglieder folgte ihm. Stegmann gründete nun das «Freikorps Franken», das etwa 2000–3000 Mitglieder gehabt haben dürfte. Mit dieser Namensgebung knüpfte er bewußt an die Tradition der frühen SA als Wehrverband an, wie sie seit 1925 von der Parteiführung abgelehnt wurde. Öffentliche Erklärungen des Freikorps richteten sich denn auch gegen das «Bonzentum» der Partei und beschworen soldatische Werte. Sie enthielten eine klare Absage an den Legalitätskurs und forderten dazu auf, «brutalen und revolutionären» Widerstand gegen die Republik zu leisten. Mit dieser Forderung nach direkter Aktion hatte Stegmann die Grundstimmung, die zu diesem Zeitpunkt in weiten Teilen der SA herrschte, getroffen. Auch in anderen Gebieten des Reiches bildeten ehemalige SA-Leute oppositionelle Gruppen, so etwa in Kassel, wo im Dezember 1932 einige Hundert die Parteiarmee wegen Unterschlagungen gespendeter Lebensmittel durch einen Sturmbannführer verließen und eine «Kampfgemeinschaft» bildeten; auch hier kam es zu tätlichen Auseinandersetzungen zwischen rivalisierenden Nationalsozialisten.[215] Direkt an Stegmann wandten sich andere Gruppen ehemaliger SA-Leute, so etwa ein «Freikorps Ruhr» oder ein «Freikorps Oberrhein», zu einer Kooperation kam es aber nicht mehr. Wäre die nationalsozialistische Regierungsübernahme noch einige Wochen hinausgezögert worden, so hätte Stegmanns Revolte durchaus Chancen gehabt, andernorts Unterstützung zu finden und sich zu einer reichsweiten Rebellion in der SA auszudehnen. Mit der Regierungsübernahme Hitlers waren alle diese Anstrengungen aber schlagartig überholt: Der Kurs des Parteichefs hatte sich eben doch als erfolgreich erwiesen. Stegmanns Gruppe, die noch Ende Januar begann, Versammlungen und Aufmärsche im Nürnberger Raum abzuhalten, konnte noch bis Mitte März agitieren, dann wurde sie aufgelöst.

IV.

Die SA als verhinderte «Revolutionsarmee» (1933–1934)

1. Der Terror der SA nach dem 30. Januar 1933

Nach dem Vorbild des bereits von Goebbels im Rundfunk kommentierten Triumphzuges der Berliner Nationalsozialisten marschierten am Abend des 30. Januar 1933 in zahlreichen deutschen Städten SA-Einheiten zu Fackelzügen und Siegeskundgebungen auf. Aber nicht das Gefühl der Genugtuung nach jahrelangem «Kampf» bestimmte die Grundstimmung der Parteiarmee, sondern die Erwartung, das so lang ersehnte Signal zum «Losschlagen» nun endlich zu erhalten. Von der Partei- und SA-Führung gezielt gestreuten Andeutungen hatte man entnehmen können, es werde nach einer nationalsozialistischen Machtübernahme erst einmal die «Straße frei gegeben» oder, wie eine andere in der SA beliebte Umschreibung für die Begleichung alter Rechnungen lautete, «24 Stunden Freizeit» gewährt.[1] Die vor allem in den letzten Monaten in der SA angestauten Frustrationen und Aggressionen verlangten dringend nach einem Ventil. In einer im Jahre 1936 veröffentlichten Schrift wird ganz offen ausgesprochen, mit welchen Erwartungen die SA-Männer diesem «Tag der Rache» entgegensahen: «Sie haben an ihn geglaubt, und er war ihre einzige Hoffnung, wenn sie auch nichts mehr hoffen konnten. Ist diese Rache ein Recht? Ist sie nicht Pflicht nach dem Siege? Sie sehen sie so.»[2]

Tatsächlich bremste die Parteiführung zunächst ab: Der Legalitätskurs mußte einstweilen beibehalten werden. Rücksichtnahme auf die deutschnationalen «Einrahmer» in der Regierung und die Hoffnung, der «Machtergreifung» durch einen Sieg bei den für den 5. März anberaumten Reichstagswahlen einen verfassungsmäßig korrekten Anstrich geben zu können, zwang zu einer Dämpfung der an der Basis aufwallenden Rachegelüste. Wieder einmal wurde die SA statt dessen auf ihr erprobtes Aktionsfeld, den Wahlkampf, verwiesen: Hier konnte sie, ihre bekannten gewalttätigen Praktiken noch beträchtlich steigernd, einen Teil ihrer Energie ablassen, während die «große» Abrechnung einstweilen noch verschoben wurde. Im Zusammenspiel mit behördlichen Maßnahmen, wie etwa Versammlungs- und Redeverboten, die nach dem Erlaß der Notverordnung zum «Schutze des deutschen Volkes»[3] vom 4. Februar 1933 in großzügiger Manier verhängt werden konnten, und weithin gedeckt durch die Polizei, die sich insbesondere über den Kommissar für das preußische Innenministerium, Göring, im größten Teil des Reichs in der Hand des neuen Regimes befand, gelang es ihr fast mühelos, den Wahlkampf ihrer Gegner, vor allem natürlich der Linksparteien, nahezu völlig zum Erliegen zu bringen. Welches Klima jetzt schon bestand, dokumentiert die offizielle Geschichte der Berliner SA: Einen Umzug des Reichsbanners sah man etwa als ausgesprochene «Frechheit» an (natürlich wurde dieses Ärgernis sogleich «auseinandergeschlagen»), und eine sozialdemokratische Veranstaltung, auf der gar noch ein jüdischer Abgeordneter reden wollte, konnte da «selbstverständlich ... nicht mehr geduldet werden»; der «Judenlümmel» entging nur knapp der drauflosprügelnden Meute.[4]

Noch während des Wahlkampfes wurde innerhalb des Staatsapparates die Institutionalisierung des Terros vorbereitet. Vor allem im bereits gleichgeschalteten Preußen kam es rasch zu einem umfangreichen Revirement innerhalb der Polizei, bei dem zahlreiche SA-Führer, insbesondere als Polizeipräsidenten, einrückten. Nachdem Göring bereits am 17. Februar die preußische Polizei in einem Runderlaß[5] unmißverständlich darüber aufgeklärt hatte, daß sie sich gefälligst kompromißlos in den Dienst der neuen Machthaber zu stellen habe, wurde am 22. Februar eine «Hilfspolizei» aufgeboten, die SA und SS Gelegenheit gab, durch Überstreifen einer Armbinde ihren Rachefeldzug als Wahrnehmung einer staatspolitischen Aufgabe zu deklarieren.[6]

Der Brand des Reichstages, von den Nationalsozialisten als Signal zu einem kommunistischen Aufstand hingestellt, lieferte den Vorwand für eine weitere Ausdehnung der Machtbasis des Regimes: Mit der Notverordnung zum «Schutze von Volk und Staat» vom 28. Februar 1933[7] war der Ausnahmezustand geschaffen worden, Eingriffe in die Eigenständigkeit der Länder waren jetzt auf legale Weise möglich, Verfassungsrechte konnten nun pauschal außer Kraft gesetzt werden. Das neue Instrument wurde zunächst – mit freundlicher Unterstützung der frisch ernannten Hilfspolizisten – zu einer völligen Zerschlagung des kommunistischen Parteiapparates (soweit dieser noch nicht in den Untergrund abgetaucht war) genutzt. In dieser Situation wurde es immer schwieriger, die schon stark ausgehöhlte Fassade des «legalen Weges» noch aufrechtzuhalten. Die SA, die jetzt Blut geleckt hatte, war immer mühsamer von einem großen Rundumschlag auch gegen ihre übrigen Gegner abzuhalten. Röhm sah sich daher veranlaßt, in einem Aufruf an SA und SS vom 4. März an «Treue und Disziplin» als «Grundpfeiler der Braunen Armee» zu erinnern. Es sei «mit aller Schärfe gegen Elemente vorzugehen, die Mißvergnügen in den eigenen Reihen erregen, hetzen und auf eigene Faust Vergeltung üben oder Ausschreitungen begehen und zu ihnen auffordern». «Provokateure und Spitzel» seien am Werk, um «die berechtigte Empörung der S.A. und S.S.-Männer über Frechheiten und Ausschreitungen unserer Gegner für eigensüchtige Zwecke zu mißbrauchen und sie zu unbedachten Handlungen aufzureizen». Nur kurze Zeit gelte es noch auszuhalten, denn: «Der Tag der Vergeltung und der Sühne für alle Eure Not und Verfolgung kommt.»[8]

Nach der Wahl vom 5. März, der der Koalition zwar nicht den erhofften überwältigenden Sieg, aber immerhin die Mehrheit eintrug, war dieser Tag gekommen. Der «Kampf gegen den Marxismus» lieferte den Vorwand, weit über das sozialistische Spektrum hinaus gegen tatsächliche und vermeintliche politische Gegner vorzugehen und so die Gleichschaltung von Staat und Gesellschaft einzuleiten. Auf die Regierungsübernahme im Januar folgte nun die eigentliche «Machtergreifung», die sogenannte nationalsozialistische «Revolution».[9]

SA- und SS-Kommandos besetzten Partei- und Verbandsbüros, Rathäuser und Zeitungsverlage, erzwangen die Freigabe von nationalsozialistischen Strafgefangenen, nahmen ihre Gegner fest und mißhandelten sie. Es war ein besonderes Charakteristikum der folgenden Monate, daß der so entfachte Druck von «unten» vielfach erst die Voraussetzungen für die Eingriffe von «oben» schuf. Schubweise gingen die SA-Stürme gegen sorgsam voneinander isolierte Zielgruppen vor und führten durch die Mobilisierung des «Volkszorns» de facto Zustände herbei, die anschließend von der politischen Führung legalisiert wurden.

Als erstes wurden im März 1933 die noch nicht von den Nationalsozialisten gestellten Landesregierungen beseitigt: NS-Anhänger, vor allem SA, sorgten durch Demonstrationen und Übergriffe auf staatliche Einrichtungen für das Maß an Unruhe, das der Reichsregierung den Vorwand lieferte, zur Herstellung von Ruhe und Ordnung Reichskommissare in die Länder zu entsenden.

Beispielhaft hierfür sind die Ereignisse in Bayern, wo sich die Gefahr linksgesteuerter Unruhen angesichts der unangefochtenen Stellung der rechtskonservativen Regierung Held am schwersten konstruieren ließ. Seit dem Morgen des 9. März kommt es in der Münchner Innenstadt zu Aufmärschen und Demonstrationen von SA-Formationen und anderen NS-Anhängern. Ein erster Versuch einer nationalsozialistischen Delegation unter Führung Röhms, den Ministerpräsidenten zur Übergabe der Regierungsgeschäfte an die Nationalsozialisten zu veranlassen, wird von diesem ohne weiteres abgelehnt. Im Laufe des Nachmittags lädt sich aber die Stimmung in der Stadt immer mehr auf, schießlich kommt es zu Besetzungen von Zeitungsredaktionen und Gewerkschaftshäusern. Damit ist die Situation so weit eskaliert, daß der Reichsinnenminister die Einsetzung des Generals v. Epp als Reichsstatthalter in Bayern mit dem Argument begründen kann, «Sicherheit und Ordnung» wiederherstellen zu müssen, die Übergabe der Regierungsgeschäfte für den nächsten Tag wird vereinbart. Damit hat die SA ihre Rolle als «Medium zur temporär befristeten Paralysierung und Desorientierung des Staatsapparates»[10] erfüllt. Noch in der Nacht werden führende Vertreter der alten Regierung von SA-Kommandos festgenommen, der Innenminister Stützel, der in den vergangenen Jahren wiederholt durch eine harte Linie gegenüber den Nationalsozialisten hervorgetreten war, wird schwer mißhandelt.

Ganz ähnlich gestaltete sich der Ablauf der nationalsozialistischen Machtergreifung in zahlreichen Städten und Gemeinden, wo die Bürgermeister zum Rücktritt gezwungen und kommissarische Nachfolger eingesetzt wurden. Die Aufforderung, das Hissen der Hakenkreuzfahne auf dem Rathaus zuzulassen, war häufig der äußere Anlaß für den Einsatz der SA, der vielerorts durch Brutalitäten und erniedrigende Gemeinheiten gegenüber den lokalen Repräsentanten des Weimarer «Systems» geprägt war. Das Organ der Parteiarmee, der «SA-Mann», konnte bereits für den auf die Reichstagswahl folgenden Montag vermelden, daß auf den Rathäusern von Kassel, Chemnitz, Altona, Essen, Karlsruhe, Freiburg, Darmstadt, Recklinghausen, Münster und zahlreichen anderen Städten die rote Fahne mit dem NS-Symbol wehte. Zusätzlich wurden auf eine Anordnung des Reichskommissars für das Preußische Innenministerium, Göring, die Regierungspräsidenten und Oberpräsidenten angewiesen, das Hissen von Hakenkreuz- und schwarz-weiß-roten Fahnen zuzulassen.[11]

Für die Mannheimer Nationalsozialisten[12] war die Ernennung des Gauleiters Wagner zum Reichskommissar für das badische Polizeiwesen in der Nacht vom 8. auf den 9. März 1933 das Startsignal für die Machtergreifung in der Stadt. Man sammelte sich zu einer Kundgebung vor dem Schloß und marschierte von hier aus zum Rathaus, wo eine schwarz-rot-goldene Fahne verbrannt wurde. Anschließend wurde das Rathaus besetzt und eine nationalsozialistische Flagge gehißt; der sozialdemokratische Oberbürgermeister Heimerich, der gegen diese Maßnahme protestierte, wurde von SS-Leuten auf den Balkon geführt und dem nationalsozialistischen Mob präsentiert, der ihn lautstark ausbuhte. Anschließend wurde Heimerich vom Führer der örtlichen SA-Standarte für abgesetzt erklärt. Nach diesen Vorfällen gesundheitlich stark angeschlagen, mußte sich der Oberbürgermeister in ein Krankenhaus begeben, wo er unter «Schutzhaft» gestellt wurde. Fünf Tage später war in der lokalen NS-Zeitung nachzulesen, daß der zu diesem Zeitpunkt immer noch in Haft befindliche Heimerich um seine «Beurlaubung» gebeten habe.

Auch um den Kölner Oberbürgermeister Adenauer schließt sich seit den Reichstagswahlen vom 5. März der Ring der nationalsozialistischen Drohungen immer enger. So wird Adenauer gezwungen, an städtischen Gebäuden Hakenkreuzflaggen aufziehen zu lassen, eine Veranstaltung, bei der er sich angesichts maßloser Vorwürfe gegen seine Person rechtfertigen will, wird verhindert, die Polizeiführung erklärt, seine Anweisungen nicht mehr ausführen zu können. Seine Person wird das Ziel von Drohungen: Ein von der SA gestellter Trupp «Hilfspolizei» bewacht rund um die Uhr sein Haus; gerüchteweise wird ihm zugetragen, die SA wolle ihn auf den Kölner Neumarkt schleppen, um ihn dort der Masse vorzuführen. Sein letzter öffentlicher Auftritt als Oberbürgermeister findet am 12. März statt; danach entschließt er sich, in Berlin persönlich Beschwerde über seine Entmachtung zu führen. Während er unterwegs in die Reichshauptstadt ist, wird das Rathaus besetzt und ein kommissarischer Nachfolger ausgerufen.[13]

In Augsburg[14] hingegen «ergriffen» die Nationalsozialisten die Macht, ohne die Person des von der Bayerischen Volkspartei gestellten Oberbürgermeister zunächst anzutasten. Auch hier begannen die Ereignisse mit dem üblichen symbolischen Akt: Der Gauleiter besetzte am Morgen mit Hilfe der SA das Rathaus, die historische Fassade wurde mit einer Hakenkreuzflagge verziert, später kamen eine schwarz-weiß-rote und eine weiß-blaue Fahne hinzu. Angesichts dieser Ereignisse versammelte sich der Ältestenrat unter Vorsitz des Oberbürgermeisters Bohl und beschloß einen formellen Protest, verhielt sich im übrigen jedoch abwartend. Das moderate Verhalten Bohls veranlaßte die NSDAP-Führung, sich mit der endgültigen Übernahme der Stadtverwaltung Zeit zu lassen: Man wartete die auf gesetzlichem Wege erfolgende Gleichschaltung des Gemeinderates zunächst ab, um Bohl dann mit der nationalsozialistischen Mehrheit im August auf legalem Wege zu entlassen. Aber bereits am 9. März, noch während der nationalsozialistische Anhang die Flaggenhissung feierte, zeigten auch die Augsburger Nationalsozialisten unverhohlen ihre Brutalität: SA und SS begannen mit Unterstützung der Polizei, die Stadt mit einer Terrorwelle zu überziehen. Bis Ende März wurden über 300 Personen festgenommen, in erster Linie kommunistische und sozialdemokratische Funktionäre, aber auch jüdische Bürger und prominente Angehörige der BVP.

Neben der Gleichschaltung von Ländern und Gemeinden standen für die SA im Monat März vor allem Aktionen gegen sozialdemokratische Einrichtungen auf der Tagesordnung. Bei der Besetzung von Geschäftsstellen und Zeitungsverlagen wurde das Mobiliar verwüstet, Archive geplündert, Mitarbeiter der Partei zusammengeschlagen und verschleppt. Diese Aktionen schlossen am 10. Mai mit der Beschlagnahmung aller im Besitz der Partei befindlichen Vermögenswerte ab. Häufig im Zusammenhang mit den Aktionen gegen die SPD kam es bereits im März zur Besetzung von Gewerkschaftshäusern, so etwa am 7. in Kassel[15] und am 8. in Breslau[16]. Bis Anfang April lagen dem Vorstand des Allgemeinen Deutschen Gewerkschaftsbundes 160 Meldungen über nationalsozialistische Übergriffe auf gewerkschaftliches Eigentum bzw. Funktionäre der Organisation vor, 46 Gewerkschaftshäuser waren noch besetzt.[17] Durch ihre Aktionen hatte die SA die Widerstandskraft dieses Gegners «getestet»: Die Reaktion der Gewerkschaftsspitze war aber nicht, wie innerhalb der NSDAP befürchtet, der Aufruf zum Generalstreik, sondern eine überaus deutlich bekundete Bereitschaft zur Anpassung, so daß die nationalsozialistische Führung dann am 2. Mai sicher sein konnte, den endgültigen Schlag gegen die Gewerkschaften ohne größere Probleme durchführen zu können.

Offensichtlich überrascht war man an der Spitze der neuen Regierung über das Ausmaß spontaner antijüdischer Ausschreitungen. So nahm die Berliner SA am 9. März eine Razzia im Berliner «Scheunenviertel» vor, bei der zahlreiche Ostjuden verhaftet und in Konzentrationslager überstellt wurden.[18] Bereits zu dieser Zeit kam es örtlich zu Aktionen gegen jüdische Geschäfte: So veranlaßte die Mannheimer SA am 13. März jüdische Geschäftsinhaber zur Schließung ihrer Läden.[19] In Breslau drangen ebenfalls am 13. März SA-Trupps in das Gerichtsgebäude ein, mißhandelten jüdische Richter und Anwälte und jagten sie aus dem Gebäude.[20] Am Abend des gleichen Tages trat im hessischen Gedern die örtliche SA an, um die schon lange ersehnte «Abrechnung» mit den Juden vorzunehmen. Unter dem Gejohle einer immer stärker anwachsenden Menschenmenge drangen die SA-Leute in die Häuser jüdischer Bürger ein, nahmen «Waffendurchsuchungen» vor und verprügelten, wen sie antrafen.[21] In Büdingen wurde am Abend des 15. März eine größere Zahl der am Ort ansässigen jüdischen Männer durch SA-Leute aus ihren Wohnungen geholt und in eine Gastwirtschaft gebracht, wo man sie – entsprechend dem jeweiligen Rachebedürfnis der SA – eine unterschiedliche Zahl von Kniebeugen machen ließ und sie körperlichen Mißhandlungen aussetzte. Am späten Abend wurden diese Ausschreitungen durch einen Gendarmeriebeamten beendet, der auf Anweisung des Landrates eingriff. Bezeichnenderweise war die gesamte Aktion von zwei auswärtigen SA-Trupps ausgeführt worden, die zuvor von Büdinger SA-Angehörigen mit den lokalen Gegebenheiten vertraut gemacht worden waren – eine Rollenverteilung, die im Zusammenhang mit dem Pogrom vom 9. November 1938 wiederkehren sollte.[22] Aufmärsche von SA-Einheiten vor Berliner Gerichten am 31. März führten dazu, daß der preußische Justizminister wenige Tage später die Justizbehörden anwies, jüdischen Anwälten «kraft Hausrecht» das Betreten von Gerichtsgebäuden zu verweigern, um ähnliche «spontane» Aufwallungen des «Volkszornes» zu verhindern.[23] Nicht zuletzt unter dem Eindruck der schockierten Reaktion des Auslands bemühte sich die NS-Führung, die Welle von antisemitischen Ausschreitungen in «geordnete» Bahnen zu lenken, indem sie für den 1. April einen Boykott aller jüdischen Geschäfte ankündigte. Die vor den jüdischen Geschäften, aber auch vor Praxen jüdischer Rechtsanwälte und Ärzte aufgebauten SA-Wachen sollten diesen kontrollierten

Volkszorn symbolisieren. Für diesen «Schutz» wurden den betroffenen Kaufleuten später Rechnungen von der SA zugestellt.[24]

Die letzte dieser Aktionswellen rollte im Mai und Juni gegen die rechtskonservativen «Bündnispartner» der Nationalsozialisten ab: Zwar ging man mit den Anhängern von Stahlhelm und DNVP insgesamt gesehen glimpflicher um als mit den Gegnern von links, doch kam es durchaus auch zu tätlichen Angriffen. Eine an Hindenburg gerichtete umfangreiche Beschwerde des Vorsitzenden des «Deutschnationalen Arbeiterbundes» und Mitglied des Preußischen Landtages, Rüffer, führt zwei solche Fälle an: Danach war eine deutschnationale Versammlung im holsteinischen Wilster, an der Rüffer selbst teilgenommen hatte, durch örtliche Nationalsozialisten gesprengt worden; der Veranstalter, ein Tierarzt, war bei dieser Aktion regelrecht aus dem Saal hinausgeprügelt worden, während man Anstalten gemacht hatte, ihn selbst die Treppe herunterzuwerfen. Als ehemaliger Frontkämpfer und Kriegsversehrter, so wandte sich Rüffer eindringlich an den Reichspräsidenten, empfände er es als besonders schmerzlich, von «jungen, unreifen Burschen niedergeschlagen» zu werden. Ferner schilderte Rüffer einen Vorfall, der sich in Berlin abgespielt hatte: Bei der Sprengung einer deutschnationalen Versammlung durch Nationalsozialisten hatte es auf seiten der DNVP-Anhänger mehrere Schwerverletzte gegeben.[25]

Nachdem es den Deutschnationalen durch solche Gewaltakte immer schwerer gemacht worden war, überhaupt in der Öffentlichkeit aufzutreten, erfolgte Ende Juni ihre eigentliche Ausschaltung: Während der Stahlhelm am 21. Juli gezwungen wurde, sich der SA zu unterstellen, wurden gleichzeitig Einrichtungen des wenige Tage vorher von den Deutschnationalen gegründeten «Kampfrings der monarchistischen Bewegung Deutschlands» im Rahmen einer Polizeiaktion besetzt. Hierbei kam es zu erheblichen Ausschreitungen: So wurde beispielsweise der Geschäftsführer der DNVP in Ostpreußen, Krieger, bei seiner Vernehmung durch die SA erheblich mißhandelt. Ebenso wurden zahlreiche Arbeitslager, die der Stahlhelm für erwerbslose Mitglieder eingerichtet hatte, von SA-Trupps besetzt.[26] Mit dem Rücktritt Hugenbergs am 27. Juni und der Selbstauflösung der «Deutschnationalen Front» (so nannte sich die DNVP seit Mai) war das Schicksal der deutschnationalen «Einrahmer» besiegelt.[27]

Die Reihenfolge, in der die SA gegen die von ihr ausgemachten Gegner vorging, ergab sich nicht nur aus der Logik des nationalsozialistischen Machteroberungskalküls, sondern sie entsprach der Rangordnung, die diese stigmatisierten Zielgruppen seit Jahren im Feinddenken der Parteiarmee besaßen. Es bedurfte im Grunde keiner subtilen Feinsteuerung des SA-Terrors durch die Parteiführung: In der Definition ihrer Feindbilder waren sich Partei und SA trotz vorhandener Gegensätze ja einig. Die Führung konnte so eine Taktik der langen Leine anwenden, ließ die SA zuweilen etwas vorpreschen, griff gelegentlich korrigierend ein. Weder lief in den ersten Monaten des Jahres 1933 ein exakter Fahrplan der Machtergreifung ab, noch wurde die NS-Führung von einer spontanen Erhebung der SA mitgerissen: Partei und SA erfüllten unterschiedliche, teilweise antagonistische Funktionen, die sich aber ergänzend einsetzen ließen.

Die terroristischen Begleiterscheinungen dieser Entwicklung, die summarischen und wahllosen Verhaftungsaktionen, die Verschleppung von politischen Gegnern, die unkontrollierbaren Racheaktionen, Folter und Morde – all dies konnte aus der Sicht der NS-Führung den Umsturz nur beschleunigen und gab zudem dem revolutionären Personal die Gelegenheit, seinen aufgestauten Rachegelüsten freien Lauf zu lassen. Gerade das unkontrollierbare und unberechenbare Element im Vorgehen der SA (das sich von dem späteren Terror der disziplinierteren SS unterschied) schuf eine Atmosphäre allgemeiner Verunsicherung, die jede Form oppositioneller Haltung gegenüber dem Regime außerordentlich erschwerte. Insbesondere war es Ziel der Nationalsozialisten, diejenigen Personen, die als Kristallisationskerne resistenter Gruppen hätten fungieren können, aus ihrem Umfeld herauszulösen und über einen längeren Zeitraum in die uneingeschränkte Verfügungsgewalt von SA und SS zu bringen, um ihnen hier in einer von Gewalt und Verzweiflung geprägten Atmosphäre die Aussichtslosigkeit jeglichen Widerstandes vor Augen zu führen und ihre Persönlichkeiten zu zerbrechen.[28] Die «wilden» Verhaftungen von SA und SS traten somit neben die polizeiliche «Schutzhaft», die gegen eine große Zahl von Personen im Rahmen der staatlich organisierten Gegnerbekämpfung verhängt wurde. Fundierte Schätzungen gehen von einer Gesamtzahl von über 100000 Inhaftierten aus. Die gleichfalls geschätzte[29] Zahl von 500–600 Ermordeten ist vermutlich zu niedrig angesetzt; eine systematische Zusammenstellung aller Opfer der «Machtergreifung» steht bedauerlicherweise bisher aus. In der Anfangsphase dieser Terrorwelle wurden die Arretierten in die SA-Lokale und -Heime verschleppt, die sich nun in regelrechte Folterhöhlen verwandelten. Die gleiche Funktion hatten vielfach «eroberte» Gebäude der politischen Gegner. Allein für die Reichshauptstadt wird eine Zahl von weit über 100 dieser Inquisitionsstätten der SA angenommen.[30]

Welche exzessiven Formen der Terror der SA in dieser Frühphase des Dritten Reiches bereits erreichen konnte, macht ein Bericht der Chemnitzer Polizei für die Zeit vom April bis Juni 1933 deutlich.[31] Der Bericht hebt die Tätigkeit dreier SA-Einheiten hervor: Zwei Stürme hatten in Heimen des Arbeiterturnvereins «Wachen» eingerichtet, während die sogenannte «Stabswache» Quartier im «Hansahaus» bezogen hatte, wo sich der Sitz der örtlichen SA-Führung sowie der Parteileitung befand.

Von diesen Stützpunkten aus, so der Bericht, organisiere die SA eigenmächtig Verhaftungen, die ohne Mitwirkung der Polizei erfolgten. Die auf diese Weise Verschleppten seien dort «Verhören» ausgesetzt, bei denen die SA mit «Gummiknüppeln und sonstigen Gegenständen» prügele. Es seien Fälle zu verzeichnen, «wo die Opfer angebunden, nackt ausgezogen und bis zur Bewußtlosigkeit geprügelt wurden». Man habe sie mit glühenden Eisen traktiert und sie in eine Kiste gepackt, wo sie «wie eine Schlange zusammengerollt» die Nacht verbringen mußten. Die Behandlung habe teilweise zur Folge gehabt, «daß fast kein Fleckchen heile Haut am ganzen Körper mehr zu sehen» gewesen sei. Der Bericht führt eine große Zahl von Einzelfällen auf, in denen eine Behandlung der Geschundenen im Krankenhaus notwendig wurde. Insgesamt waren sieben Tote zu verzeichnen, darunter drei junge Arbeiter, die offensichtlich wegen des Absingens der «Internationale» festgenommen worden waren. Ihre Leichen, die Spuren schwerer Mißhandlungen aufwiesen, wurden in einem Teich aufgefunden. Besonders hervorgehoben wird der Fall eines jüdischen Rechtsanwaltes, Aufsichtsratsvorsitzender einer internationalen Firma und dekorierter Weltkriegsteilnehmer, der von SA-Leuten aus der Wohnung abgeholt und erschossen wurde. Seine Ermordung sei offensichtlich von der SA-Untergruppe Chemnitz verfügt worden.

Der Polizei, so der Bericht weiter, sei die Situation völlig aus der Hand geglitten. Als ein Polizeikommando von 35 Beamten den Versuch unternommen habe, Nachforschungen über einen Verschleppten in einer der Folterstätten anzustellen, seien ihnen SA-Leute mit «entsicherter Pistole in der Hand und mit gezückten Messern gegenübergetreten». Nur mit Mühe habe ein Zusammenstoß verhindert, der Auftrag unter diesen Umständen nicht ausgeführt werden können.

Als Folgen dieses blutigen Treibens, so die Einschätzung des Berichts, haben sich «eine große Unruhe und Unsicherheit» der Stadt bemächtigt. Zwar glaubte man im Juli, als man den Bericht an die vorgesetzten Dienststellen weiterleitete, die Situation mittlerweile wieder unter Kontrolle gebracht zu haben, doch in einem Zusatzvermerk vom Oktober 1933 wird diese Einschätzung korrigiert: Es wird von drei Fällen berichtet, in denen SA-Leute tätlich gegen Polizisten vorgegangen seien, so «daß die uniformierte Polizei sich kaum mehr gegen SA einzuschreiten wagt».

Auch in vielen anderen Städten kommt es zur Errichtung solcher Folterzentralen: So richtet sich beispielsweise der Nürnberger «SA-Sturm z. B. V.» auf der Burg häuslich ein, bezieht Wachräume und teilt Gefangenenzellen ab. Zahlreiche politische Gegner werden auf die Burg geschleppt und «Verhören» unterzogen, die aus dem Burgkeller dringenden Schreie der Mißhandelten sind zum Teil so laut, daß sie die Erklärungen der Touristenführer im oberen Teil der historischen Anlage stören. Wie in vielen anderen Orten bildet sich eine spezifische Form der Kooperation zwischen Polizei und SA, zwischen formal-legaler staatlicher Repression und «wildem» Terrorismus heraus: Auf der Burg werden durch die SA-Leute Geständnisse erpreßt, die anschließend im Polizeipräsidium zu Protokoll gebracht werden; weigert sich der Gefangene hier, die erzwungene Aussage zu unterschreiben, wird mit der Rückführung auf die Burg gedroht.[32]

Der Höhepunkt dieser offenen Terrorisierung der Bevölkerung wird im Juni 1933 im «roten» Berliner Vorort Köpenick erreicht. Am Morgen des 21. Juni beginnt die SA mit einer großangelegten Razzia, in deren Verlauf mehrere Hundert Einwohner, meist Kommunisten und Sozialdemokraten, festgenommen, in die Sturmlokale geschleppt und dort mißhandelt werden. In der darauffolgenden Nacht erschießt ein junger Sozialdemokrat in Notwehr drei SA-Leute, als diese in das Haus seiner Eltern eindringen. Dieses Ereignis bringt die in Köpenick eingesetzte SA zur Raserei. Eine große Zahl weiterer Opfer, insgesamt über 500, wird verschleppt. Geradezu unvorstellbar sind die Torturen, die den Arretierten nun in diesen Folterstätten zugefügt werden. Nicht weniger als 91 Personen sind am Ende der «Köpenicker Blutwoche» ermordet, unter ihnen der ehemalige sozialdemokratische Ministerpräsident von Mecklenburg-Schwerin, Johannes Stelling.[33]

Während die SA sich so in allen größeren Städten ihre ersten Terrorstützpunkte schuf, kam es auf dem flachen Land zur Einrichtung von fliegenden Kommandos. So zog etwa im März und April 1933 ein Trupp von SA-Hilfspolizisten mit dem Auftrag durch den Landkreis Kassel, Waffenverstecke ausfindig zu machen. Mit Hilfe der örtlichen SA wurden KPD-Mitglieder zusammengetrieben und Verhören unterzogen, bei denen systematisch geprügelt und mit Erschießungen gedroht wurde. Zwanzig Jahre später wurde der Hauptverantwortliche, ein 1933 24jähriger ehemaliger Fremdenlegionär, von einem bundesdeutschen Gericht wegen insgesamt 44 festgestellter Körperverletzungen zu fünf Jahren Zuchthaus verurteilt.[34]

Neben solchen überfallartigen und improvisierten Gewaltaktionen, die sich häufig vor einer entsetzten lokalen Öffentlichkeit abspielten, trat seit dem Frühjahr 1933 das Konzentrationslager als eine permanente, nach außen abgeschirmte Institution des Terrors. Die SA beschritt damit denselben Weg, den unabhängig von ihr zur gleichen Zeit SS, Polizeiapparat sowie einzelne NS-Potentaten einschlugen.

Noch im März 1933 wurde in einer ehemaligen Brauerei in Oranienburg, etwa 50 km nördlich von Berlin, das erste der SA unterstehende KZ eingerichtet. Ursprünglich war das Gelände als Arbeitsdienstlager der Sturmabteilung vorgesehen gewesen. Die Gefangenen wurden unter menschenunwürdigen Bedingungen im Kühlkeller des Gebäudekomplexes untergebracht. Die verheerenden Zustände im Lager wurden durch

Nach der «Machtergreifung»: Besetzung eines Gewerkschaftshauses (oben); Gegner wurden nach «wilden» Verhaftungen in Konzentrationslagern der SA zusammengetrieben und mißhandelt (unten: Appell in Oranienburg).

einen in die Tschechoslowakei geflohenen sozialdemokratischen Häftling publik gemacht; unter dem Namen des hier hochgradig belasteten Lagerkommandanten erschien daraufhin in Deutschland eine schönfärberische Darstellung, die sich gegen die «Greuelhetze über Oranienburg» richtete.[35]

In Wuppertal wurde durch den zum Polizeipräsidenten ernannten örtlichen SA-Führer ein KZ in der ehemaligen Putzwollefabrik Kemna eingerichtet. In dem dreistöckigen Gebäude wurden zeitweise mehr als 1 000 Gefangene untergebracht. Häftlingsberichte schildern spezielle Mißhandlungsmethoden, die sich die dort stationierte SA einfallen ließ: Die Gefangenen wurden z. B. mit äußerster Anstrengung in einen viel zu engen Kleiderspind hineingepreßt, in dem sie stundenlang ausharren mußten und in den als zusätzliche Schikane Zigarettenrauch hineingeblasen wurde, sie mußten mit Petroleum, Kot oder sonstwie beschmierte Salzheringe zu sich nehmen, ohne danach ihren Durst löschen zu können oder wurden «zum Baden» in die am Gelände vorbeifließende eiskalte Wupper hineingetrieben.[36]

In der Jugendherberge Hohnstein in Sachsen richtete die SA im März 1933 ein «Schutzhaftlager» ein. Insgesamt etwa 5 600 Häftlinge wurden hier bis zum August 1934 arretiert, darunter 100 Frauen. Auf dem «Schleifstein», einem Felsenplateau, mußten die neu ins Lager gekommenen Häftlinge wochenlang «exerzieren», d. h. sie wurden, den ständigen Mißhandlungen der SA-Wärter ausgesetzt, bis zur völligen Erschöpfung einem perversen «Drill» unterzogen. An diese Phase schloß sich für die meisten Häftlinge der «Arbeitseinsatz» an, in der Regel waren dies schwerste Erdarbeiten im Straßenbau.[37]

Der schlesische SA-Führer Heines schuf sich im April 1933 mit dem Lager Dürrgoy bei Dresden eine Art Privat-KZ, in dem insbesondere eine Reihe prominenter Sozialdemokraten, darunter der regelrecht aus Berlin entführte Reichstagspräsident Paul Löbe, eingesperrt wurde.[38] Weitere Konzentrationslager der SA wurden im April 1933 in Sonnenburg bei Küstrin und im Mai 1933 in einer ehemaligen Spinnfabrik in Sachsenburg errichtet.[39]

Es wäre aber ein Mißverständnis, wollte man den Terror der SA nur als gezielte, zeitlich gestaffelte Aktionen gegen die verschiedenen Gegner des Nationalsozialismus begreifen. Die im Zuge der Machtergreifung begangenen Gewalttätigkeiten waren eben nicht nur ein von der politischen Führung eingesetztes Instrument zur Niederhaltung und Einschüchterung Andersdenkender, sondern ein von der SA-Basis ausgehender, elementarer, zunehmend unkontrollierter Ausbruch von Gewalt. Eine mehrere Hunderttausend Mitglieder umfassende Organisation, in der überwiegend frustrierte arbeitslose Jugendliche zu fanatisierten Schlägern herangezogen worden waren, hatte über Monate die Möglichkeit, weitgehend ohne staatliche Gegenmaßnahmen befürchten zu müssen, ja sogar durch regierungsoffizielle Erklärung und die Polizeimacht unterstützt, das in ihr angesammelte Gewaltpotential in vollen Zügen auszuleben.

Diese Belästigung und Terrorisierung der Bevölkerung durch die SA läßt sich am Beispiel Hamburg in allen Facetten nachzeichnen. SA-Leute fielen durch arrogantes und provozierendes Verhalten auf, das sich nicht nur gegen offensichtliche Gegner, sondern allgemein gegen die Einwohnerschaft der Stadt richtete. So beschwerte sich ein 57 Jahre alter Mann, der sich als NS-Sympathisant bezeichnete, über die im Parteigebäude stationierte SA-Wache, die ihn, als er sich dort nach öffentlich angekündigten Arbeitsbeschaffungsmaßnahmen erkundigte, unter wüsten Beschimpfungen aus dem Gebäude verwiesen hatte. Andere SA-Angehörige hatten es sich zur Gewohnheit gemacht, willkürlich Passanten anzuhalten und sie mit vorgehaltener Pistole nach Waffen zu durchsuchen. Als sich die Besatzung eines S-Bahnzuges weigerte, die Fahrt fortzusetzen, weil ein Trupp von etwa 50 SA-Leuten den Fahrkartenkauf mit der Bemerkung «Bezahlt wird nicht» verweigerte, wurde der Fahrer von drei SA-Leuten mit Revolvern bedroht. Auffallend häufig kam es gerade in Lokalen zu Zwischenfällen. Uniformierte SA-Leute stellten typische Kneipenstreitigkeiten als Angriffe auf die ruhmreichen Soldaten des Führers hin und brachten sie zur Eskalation, indem sie ihre Waffe zogen oder mit Hilfe herbeigeholter «Kameraden» die Einrichtung demolierten. Dies war gewissermaßen ein Nachklang des jahrelang vor allem im Kneipenmilieu geführten Kleinkriegs. Das neue Selbstbewußtsein der Parteiarmee als staatlich bestelltes Organ mußten beispielsweise zwei Besucher eines Lokals erleben: Als sie an einem von SA- und SS-Leuten besetzten Tisch vorbeigehen wollten, wurden sie mit der Bemerkung «Ihr geht hier beim Staat vorbei, wenn Ihr das nicht anständig tut, trete ich Euch in den Arsch» dazu aufgefordert, ihre Hände aus den Taschen zu nehmen, der anschließende Wortwechsel artete in eine Schlägerei aus. Beschwerden über das nächtliche Gegröle betrunkener SA-Männer und über kollektives Urinieren am dafür nicht bestimmten Platz fügen sich in das Bild einer protzend zur Schau gestellten «Jetzt-Kann-Uns-Keiner-Mehr»-Haltung ein. SA-Leute nutzten ihre neue Macht insbesondere, um rein private Streitigkeiten zu ihren Gunsten zu entscheiden. So beschwerte sich eine in einer Kellerwohnung lebende Witwe auf der Parteigeschäftsstelle über einen das Parterre bewohnenden Nachbarn, mit dem sie seit längerem wegen eines Fleckchens Hinterhofgartens im Streit lag: «Seit 14 Tagen trägt S. S.A.-Uniform; aber gerade in dieser Uniform ergeht er sich besonders wüst in Beschimpfungen gegen mich.»[40]

Während solche Beschwerden aus der Bevölkerung für die neuen

Machthaber zunächst wenig Anlaß boten, dem zügellosen Treiben der SA Einhalt zu gebieten, übten einige andere Klagen, an hoher und höchster Stelle vorgetragen, durchaus ihre Wirkung aus.

So wandte sich das Auswärtige Amt wegen Ausschreitungen von SA- und SS-Leuten gegen ausländische Diplomaten an den Reichsinnenminister, der daraufhin die Landesregierungen auf den «besonderen Wunsch des Herrn Reichskanzlers» aufmerksam machte, die Vorfälle genauestens untersuchen zu lassen. Sensibel reagierte das Regime daneben vor allem auf die sogenannten «Eingriffe in die Wirtschaft». Bezeichnenderweise wurde eine Sammlung diesbezüglicher Beschwerden seit April 1933 in der Reichskanzlei angelegt. So führte der Staatssekretär im Reichswirtschaftsministerium Klage über einen Aufmarsch einer SA-Abteilung vor der Börse, die der Forderung nach Rücktritt des Börsenvorstandes Nachdruck verleihen sollte. Reichsbankpräsident Schacht beschwerte sich über ständige Eingriffe in die Zusammensetzung von Bankdirektionen durch NS-Fachorganisationen. Einer weiteren Beschwerde der Reichsbank zufolge hatte ein Angestellter der Dresdner Bank in ultimativer Form die Aufnahme in den Vorstand gefordert und damit gedroht, diese Beförderung, wenn nötig, mit Hilfe der SA zu erzwingen. In den Antworten auf solche Beschwerden kommt der Wille der neuen Regierung (und insbesondere des Regierungschefs selbst) zum Ausdruck, solche Vorfälle in jedem Fall zu verhindern; ein von Heß gezeichneter Erlaß verbot allen Angehörigen der NSDAP, namentlich den Mitgliedern von NSBO, SA und SS, in die «inneren Verhältnisse von Wirtschaftsunternehmungen, Industrie, Banken usw. selbständig einzugreifen, gegen Gewerkschaften vorzugehen, Absetzungen vorzunehmen und dergl.»[41] Etwa zur gleichen Zeit erreichten verschiedene Beschwerden deutschnational orientierter Persönlichkeiten den Reichspräsidenten, die sich gegen die Absetzung von Wahlbeamten aus den eigenen Reihen sowie gegen Übergriffe auf deutschnationale Parteieinrichtungen wandten.[42]

Ein Bericht[43] der bayerischen politischen Polizei vom April 1933 über «Hausdurchsuchungen» der SA stellt einen wichtigen Hinweis auf den fließenden Übergang von SA-Übergriffen und gewöhnlichen kriminellen Handlungen dar. In letzter Zeit, so der Bericht, seien überfallartige nächtliche Durchsuchungen durch Trupps vorgenommen worden, die sich aus SA- bzw. SS-Uniformen tragenden Personen sowie aus angeblichen Polizeibeamten in Zivil zusammensetzten. Hierbei seien stets «Geldbeträge, Schmuckstücke und sonstige Wertgegenstände entwendet» worden. Der Bericht vermutete zwar verkleidete Kommunisten als Täter, wollte aber auch die Möglichkeit nicht ausschließen, «daß es sich bei den Tätern tatsächlich um Angehörige der SA oder SS handelt», nämlich «kommunistische Elemente oder Berufsverbrecher», die in jüngster Zeit «ohne genügende Prüfung der einzelnen Persönlichkeit» aufgenommen worden seien.

In eine ganz andere Richtung gingen die Aktivitäten von SA-Einheiten aus dem bayerisch-österreichischen Grenzraum, die die politische Polizei im Juni 1933 auf den Plan riefen. Eine – offensichtlich auf eigene Initiative handelnde – Gruppe von Münchner Nationalsozialisten war auf die Idee gekommen, gewaltsam in die innenpolitischen Verhältnisse des Nachbarlandes einzugreifen. Zu diesem Zweck nahm man umfangreiche Erkundungen im oberbayerischen Alpengebiet vor und versuchte, die örtlichen Parteigenossen für eine grenzüberschreitende Aktion zu gewinnen, was, so ein Polizeibericht, zur Konsequenz hatte, daß «ein großer Teil der im Alpenvorlande gelegenen SA-Formationen den Plan des Einmarsches nach Österreich mit größter Begeisterung aufgenommen hat». An der Grenze hatten SA- und SS-Leute bereits eine Reihe von Zwischenfällen provoziert; als Termin für eine Grenzüberschreitung größerer Einheiten an den Grenzkontrollstellen Mittenwald und Kiefersfelden war der 11. Juni vorgesehen. Durch das Eingreifen der Polizei konnte die Aktion aber verhindert werden.[44]

Hält man sich das Gesamtbild, das diese Berichte und Beschwerden bieten, vor Augen, so wird klar, daß sich aus der Sicht der nationalsozialistischen Führung im Sommer 1933, nach der Kaltstellung des rechtskonservativen Blocks, die Gefahr abzeichnete, die SA könne ihren gewalttätigen Aktivismus nun gegen Ziele richten, die nicht mehr mit der Politik des Regimes im Einklang standen, und damit das gerade im Rohbau errichtete Gebäude des neuen Staates zum Einsturz bringen. Der Zeitpunkt schien gekommen, die «braunen Bataillone» wieder zu demobilisieren.

2. Die Forderung nach Fortsetzung der «nationalsozialistischen Revolution»: Strategie zur Integration der SA-Basis

An einem zentralen Ort, den «Nationalsozialistischen Monatsheften», trat Röhm im Juni 1933 solchen Absichten in einem programmatischen Artikel entgegen. Unter der Überschrift «S.A. und deutsche Revolution» stellte er fest: «Ein gewaltiger Sieg ist errungen. Nicht *der* Sieg schlechthin.» SA und SS bezeichnete Röhm als «die Grundpfeiler des kommenden [!] nationalsozialistischen Staates»; sie seien «die kämpferisch-geistigen Willensträger der deutschen Revolution». Im neuen Deutschland stünden die «disziplinierten braunen Sturmbataillone der deutschen Revolution Seite an Seite mit der bewaffneten Macht. Nicht als ein Teil von ihr.» Die SA sei vielmehr – neben Reichswehr und Polizei – ein «dritte(r) Machtfaktor des neuen Staates mit besonderen Aufgaben». Wer, so fährt Röhm fort, frage, was SA und SS nach vollzogener Machtergreifung «eigentlich immer noch wollten», der habe nichts begriffen: Denn «die nationale Erhebung ist uns nicht Sinn und Zweck unseres Kämpfens, sondern nur eine Teilstrecke der deutschen Revolution, die wir durchschreiten müssen, um zum *nationalsozialistischen Staat,* unserem letzten Ziel, zu gelangen!» Dieses letzte Ziel, das er als «ein neues, in einer geistigen Revolution aus nationalistischem und sozialistischem Geist wiedergeborenes Deutschland» beschrieb, sei aber «noch längst nicht erreicht. Und solange das wirkliche nationalsozialistische Deutschland noch der Erfüllung harrt, hört der erbitterte, leidenschaftliche Kampf der S. A. und S. S. nicht auf.» Als eigentlicher Gegner der Revolution stellte er die «Spießer und Nörgler» dar, die «Gleichgeschalteten», diejenigen, die sich an nationalen Symbolen berauschten, ohne selbst kämpfen zu wollen. Dieses Feindbild entsprach völlig seinen seit dem Ende des Ersten Weltkriegs entwickelten Ressentiments gegen das «Zivile», das er als Antipode zu seiner soldatischen Mentalität begriff. Mit einem Blücher-Zitat bekräftigte er bei dieser Gelegenheit noch einmal seine Auffassung: «Die Politiker sollten nicht verderben, was der Soldat mit seinem Blute erkämpft hat.» In «reaktionären Widerständen», in «Unfähigkeit», in «Trägheit» und nicht zuletzt in dem «im Denken mancher ‹Gleichgeschalteter› und sogar mancher heute ‹nationalsozialistisch› sich nennender Würdenträger minderen Grades spukende Gespenst, daß Ruhe die erste Bürgerpflicht sei», sah er den «Verrat an der deutschen Revolution». Gerade angesichts ihrer «namenlosen Opfer» aus der Kampfzeit würden «S. A. und S. S. nicht dulden, daß die deutsche Revolution einschläft oder auf halbem Wege von den Nicht-Kämpfern verraten wird».

Trotz seiner dröhnenden Rhetorik konnte Röhm aber nicht darüber hinwegtäuschen, daß sein Revolutionsbegriff unter einem Mangel an politischen Inhalten litt. «Deutsche Revolution» – das bedeutete für ihn zunächst schlicht die Fortsetzung des Aktionismus seiner braunen Armee, ein weiteres Anrennen der «Kämpfer», der «politischen Soldaten» gegen die Gesellschaft der satten und schlaffen Bürger. In seiner einäugig-soldatischen Denkweise war das Ziel dieser Revolution reduziert auf eine Militarisierung der Gesellschaft, auf ihre umfassende Ausrichtung auf den «SA-Geist». Der Soldat hatte wieder die Führung in Staat und Gesellschaft zu übernehmen, die Politik hingegen mußte nach seinen Bedürfnissen gestaltet werden.

Wenn Röhm die SA als «dritten Machtfaktor» neben Reichswehr und Polizei mit «besonderen Aufgaben» stellte, so hatte er damit also keineswegs die Umwandlung der Parteiarmee in eine Art Miliz als Endziel seiner Politik vor Augen. Mit dem «dritten Machtfaktor» sollte vielmehr erst die Basis geschaffen werden, die den wahren Soldaten des Nationalsozialismus die Kontrolle des politischen Geschäfts erlauben sollte. Indem

Röhm seine braune Armee zum Gralshüter der NS-Revolution erklärte, hatte er seine seit Beginn der zwanziger Jahre erhobene Forderung nach dem Primat des Militärs gegenüber der Politik erneuert. Unverändert stand denn auch in seinen 1933 und 1934 neu verlegten Memoiren die Forderung, daß «in einem Machtstaat ... der Soldat die erste Stelle einnehmen» müsse.[45]

Die Revolution weiter zu treiben hieß für Röhm, den Einfluß der wahren «kämpferischen» Kräfte innerhalb der nationalsozialistischen Bewegung gegenüber den konservativen Koalitionären und den von ihnen schon mit dem Bazillus der Verbürgerlichung infizierten Elementen innerhalb der NS-Bewegung zu vergrößern. In seiner Gleichsetzung des wahren Revolutionärs mit dem Typ des antibürgerlich ausgerichteten politischen Soldaten meldete er den Anspruch der SA an, innerhalb des neuen Staates die führende Rolle zu übernehmen und sich nicht mit der Aufgabenstellung einer Hilfstruppe der Partei zufrieden zu geben. Am Ende seines Artikels in den «Nationalsozialistischen Monatsheften» hatte Röhm denn auch eine deutliche Warnung an die «Spießerseelen» gerichtet: «Ob es ihnen paßt oder nicht, wir werden unseren Kampf weiterführen. Wenn sie endlich begreifen, um was es geht: *mit* ihnen! Wenn sie nicht wollen: *ohne* sie! Und wenn es sein muß: *gegen* sie!»

Mit seiner von so massiven Drohgebärden begleiteten Kritik am politischen Kurs der neuen Regierung hatte Röhm überdeutlich gezeigt, daß er seine Rolle als SA-Stabschef keineswegs als die eines Befehlsempfängers der Parteiführung ohne eigenen politischen Willen verstand. Wer ihn aufgrund seines in politischen Fragen eher passiven Verhaltens in den Jahren 1931/32 so eingeschätzt hatte, der hatte sich gründlich getäuscht. Vielmehr hatte Röhm sich seinen Widerspruchsgeist, den er schon während seiner militärischen Karriere und seinen Aktivitäten in der bayerischen Wehrverbandsszene gegenüber Vorgesetzten und Mitstreitern bewiesen hatte, in vollem Umfang bewahrt; hielt er doch – wie er im Jahre 1923 in einem Memorandum geschrieben hatte – den «Mut, dem Vorgesetzten die Wahrheit zu sagen und den Kopf für das als recht Erkannte einzusetzen», geradezu für eine «soldatische Pflicht»[46] – und um nichts anderes als um seinen Kopf sollte es in der jetzt von ihm bestrittenen Auseinandersetzung denn auch gehen.

Die Art und Weise, in der Röhm die Gegner der «deutschen Revolution» beschimpfte, erinnert sehr stark an seine frühere (etwa in seinen Memoiren nachzulesende[47]) Polemik gegen die Kräfte, die seiner Ansicht nach im Herbst 1918 zu feige gewesen waren, den politischen Umsturz der Linken und die darauf folgende militärische Niederlage aufzuhalten. Paradoxerweise waren es gerade die Erfahrungen der Novemberrevolution, die ihn persönlich so stark motiviert hatten, seine Forderung nach der «deutschen Revolution» in lautstarker Manier zu erheben: Er hatte sich

selbst nie von dem Vorwurf freisprechen können, im Herbst 1918 nicht
«wie ein Soldat» gehandelt und statt dessen den lauen Politikern das Feld
überlassen zu haben. Im Entscheidungsjahr 1933, das für ihn mindestens
die gleiche historische Tragweite hatte, wollte er nicht noch einmal
versagen, sondern nun mit vollem Einsatz seiner, der «wahren», «deutschen» Revolution zum Sieg verhelfen.

Angesichts der massiven Kritik Röhms und der von ihm ausgestoßenen
Drohung begann die nationalsozialistische Führung, Gegenmaßnahmen
einzuleiten. Gerade der von Röhm so hervorgehobene «revolutionäre»
Druck von unten mußte die Befürchtungen verstärken, weitere innenpolitische Unruhen und Mitbestimmungsforderungen könnten nur auf
Kosten der gerade in der Macht etablierten NSDAP erfolgen und mußten
zudem die konservativen Kräfte aus Wirtschaft, Armee und Beamtentum,
die gerade erst begonnen hatten, sich dem Nationalsozialismus zur Verfügung zu stellen, verprellen.

In einer Ansprache vor den Reichsstatthaltern[48] erklärte Hitler denn
auch am 6. Juli 1933 die nationalsozialistische Revolution sozusagen offiziell für beendet. Die Revolution, so meinte der «Führer», sei «kein
permanenter Zustand»; den «freigewordenen Strom der Revolution»
müsse man nun «in das sichere Bett der Evolution hinüberleiten». Die
Reichsstatthalter machte er ausdrücklich dafür verantwortlich, «daß nicht
irgendwelche Organisationen oder Parteistellen sich Regierungsbefug-
nisse anmaßen, Personen absetzen und Ämter besetzen» – solche Maßnahmen seien alleine Angelegenheit der Reichsregierung.

Fünf Tage später bekräftigte Reichsinnenminister Frick in einem Rundschreiben[49] diesen Standpunkt. Wer jetzt noch, so schrieb er, «von einer
Fortsetzung der Revolution oder von einer zweiten Revolution» rede, der
müsse sich darüber im klaren sein, «daß er sich damit gegen den Führer
selbst auflehnt und dementsprechend behandelt wird», solche Äußerungen stellten eine «Sabotage der nationalen Revolution» dar. In einer eine
Woche später im «Angriff» abgedruckten Rede[50] erläuterte Goebbels in
ähnlicher Weise sein Revolutions-Verständnis: «Revolutionen, die zur
Anarchie treiben, verdienen diesen Namen nicht... Die Regierung hält
ein waches Auge über jene getarnten bolschewistischen Elemente, die von
einer zweiten Revolution sprechen...» Auch Göring griff in seiner Eigen-
schaft als preußischer Ministerpräsident in den Revolutionsstreit ein: Er
erklärte am 22. Juli eine Amnestie für alle Straftaten, die im Zuge der
«Errichtung des nationalsozialistischen Staates» begangen worden seien,
begrenzte allerdings deren zeitlichen Rahmen auf «die Zeit bis zur Errichtung des nationalsozialistischen Staates, d. h. bis zur Erklärung der Beendigung der Revolution durch den Führer und Kanzler». Nach diesem
Zeitpunkt aber würden «alle mit den Strafgesetzen nicht im Einklang
stehenden Handlungen, gleichviel von wem sie begangen sind, unnach-

sichtlich geahndet werden».[51] Am gleichen Tag warnte Heß[52] in einem
Zeitungsartikel SA und SS vor «Spitzeln und Provokateuren», die sie
zur «Mißhandlung von Gegnern zu verleiten» suchten, um daraufhin
«Greuellügen» im Ausland zu verbreiten.

Vor allem aber begannen staatliche Instanzen damit, das von der SA in
Frage gestellte Gewaltmonopol des Staates wiederherzustellen. Seit Mai
ging der Chef der preußischen Gestapo, Diels, gegen Konzentrationslager
der SA vor, «verstaatlichte» sie oder überstellte die Gefangenen in staatliche KZ.[53] Im Juli wurde im Preußischen Justizministerium eine Zentral-
staatsanwaltschaft errichtet, die sich insbesondere um heikle Ermittlun-
gen gegen Angehörige der NS-Bewegung kümmern sollte.[54] Dies war
ganz offensichtlich ein Versuch der Justiz, den im Frühsommer 1933 in
Teilen des Reichsgebiets infolge der wilden Aktionen der SA eingetretenen «Rechtsstillstand» aufzuheben. Im August 1933 kam es schließlich zur
Entlassung der SA-Hilfspolizei.[55]

Diese überaus deutlichen Absagen und Warnungen zwangen Röhm
zunächst, seine öffentliche Forderung nach einer Fortsetzung der NS-
Revolution etwas zu dämpfen. Tatsächlich gab er aber sein eigentliches
Ziel, die SA zu einem erstrangigen Machtfaktor des Dritten Reiches zu
machen, in keiner Weise auf. Dazu veranlaßten ihn nicht nur machtpolitische Ambitionen, sondern er handelte vor allem unter dem Zwang, nach
Abschluß der «Kampfzeit» und nach Beendigung der Gleichschaltungs-
aktionen neue Ziele und neue Aktionsfelder für die braune Armee zu
finden. «Während die politischen Leiter die höchsten Staatsstellen erklim-
men und auch die SS in der Lage ist, bis zu den Stürmen herab eine
gerechte Finanzierung durchzuführen», so hatte er selbst in einem Schreiben an den Reichsschatzmeister der NSDAP feststellen müssen, «hat die
SA das Gefühl nach erkämpftem Sieg zur Seite gedrückt und benachteiligt
zu werden».[56] Röhm hatte aber jetzt nicht nur die Erwartung der SA-
Mitglieder nach individueller Versorgung einzulösen, sondern es galt
generell, die Rolle der Organisation innerhalb des Herrschaftssystems zu
definieren, nachdem ihre beiden bisher vordringlichen Aufgaben, Propaganda und Terror, immer stärker durch die Organe des neuen Staates
übernommen worden waren.

Röhm verfolgte nun die Strategie, zunächst die Parteiarmee zu vergrößern und organisatorisch zu verselbständigen, um sodann mit diesem
Gewicht im Rücken staatliche Funktionen zu usurpieren, ohne dabei die
Organisation als ganze in den Staatsapparat einbinden zu lassen. Wie
schon in den letzten Jahren der Weimarer Republik glaubte er, durch eine
zahlenmäßige Verstärkung der SA machtpolitische Fakten schaffen zu
können, an denen die Parteiführung nicht mehr würde vorbeigehen
können; diese Aufgabe entsprach zudem am besten seinen «soldatischen»
Interessen und Fähigkeiten. Die zum Zeitpunkt der Regierungsüber-

nahme erheblich unter 500 000 Mann starke SA dürfte bis Mitte 1934 auf
etwa viereinhalb Millionen Mitglieder gewachsen sein, wobei allerdings
etwa 1,4 Millionen zur neugebildeten SA-Reserve II gehörten, die sich
vorrangig aus älteren Angehörigen gleichgeschalteter Verbände zusam-
mensetzte.[57] Auch ein erheblicher Teil der in der zweiten Jahreshälfte 1933
innerhalb der Kern-SA zu verzeichnenden Neuzugänge ergab sich aus der
Eingliederung der nationalen Wehrverbände, vor allem des Stahlhelm,
sowie aus dem mehr oder weniger zwangsweisen Anschluß von (Wehr-)
Sportorganisationen und verschiedener anderer Gruppierungen. Günstig
auf den Mitgliederzuwachs wirkte sich vor allem aus, daß die SA im
Gegensatz zur Partei während der Machtergreifungsphase zunächst keine
Mitgliedersperre verhängte und auch nach deren Einführung im Juli
Hintertüren für Neuaufnahmen offenhielt.[58] Dadurch überstieg die zahlenmäßige Stärke der SA die der NSDAP; die Quote der Parteimitglieder
unter den SA-Männern dürfte unter 30% gelegen haben.[59] Somit konnte
es nicht ausbleiben, daß durch den enormen Zugang neuer Mitglieder, die
häufig – vor allem wenn sie aus den gleichgeschalteten Organisationen
stammten – keine engeren Bindungen mehr zur Partei hatten, und,
verstärkt durch die hohe Fluktuationsquote sowie durch die ständigen
(wegen der Vergrößerung notwendigen) Umgruppierungen, die gesamte
Organisation einen noch labileren Charakter als vor 1933 erhielt. Diese
Gefahr wurde von Röhm aber bewußt in Kauf genommen; als Truppenführer gewohnt, in Regimentern und Divisionen zu rechnen, setzte er
ganz darauf, daß schon die quantitative Vergrößerung automatisch seine
politische Machtbasis verstärken werde. Hinzu kam, daß die Organisation
durch ihre ständige Vergrößerung einstweilen vorwiegend mit sich selbst
beschäftigt war: Aufnahme, Eingliederung und Ausbildung der neuen
Mitglieder, organisatorische Umstellungen, Ernennungen neuer Führer –
dies mochte, zumal die Expansion auch glänzende Aufstiegsmöglichkeiten bot, einen Teil der Organisation zumindest für eine gewisse Zeit von
der Problematik einer unsicheren SA-Zukunft ablenken. Die Strategie,
durch konsequente Vergrößerung der Organisation eine Machtbasis für
noch genauer zu definierende Aufgaben zu schaffen und mit Hilfe der
großen Zahl die politische Führung gleichsam zu erdrücken, barg aber
auch erhebliche Risiken: Der Erwartungsdruck, der von den Mitgliedern
ausging, wuchs proportional zur Organisationsstärke, während gleichzeitig die Homogenität der Parteiarmee und damit ihre Zuverlässigkeit und
Handhabbarkeit beständig abnahmen.

Mit der gewaltig anschwellenden Organisation im Rücken versuchte
Röhm nun, in die staatliche Exekutive einzugreifen. Im Zuge der «Machtergreifung» war es zur Besetzung zahlreicher Spitzenpositionen in Ländern und Kommunen durch SA-Führer gekommen. Besonders Bayern
hatte begonnen, sich zu einer starken Bastion der Sturmabteilung zu

entwickeln: Röhm war im März 1933 zum «Staatskommissar z. b. V.» ernannt worden und hatte sogleich die Bestellung weiterer Sonderkommissare zur Beaufsichtigung der Verwaltung veranlaßt.[60] Auch in anderen Ländern, namentlich in Preußen, war es ihm gelungen, SA-Führer als Verwaltungskommissare einzusetzen. Der Versuch, aus diesem Kommissarwesen eine dauernde Kontrolle der SA über den Staatsapparat zu errichten, schlug allerdings genauso fehl wie die Bemühungen, sich innerhalb des Verfolgungs- und Terrorapparates des Regimes festzusetzen: In Bayern und in Preußen wurden im Oktober 1933 Rolle und Aufgaben der SA-Kommissare neu definiert. Jetzt «SA-Sonderbevollmächtigte» und «SA-Sonderbeauftragte» genannt, hatten sie nur noch beratende Aufgaben und fungierten als bloße Verbindungsmänner zur SA. Das restliche Störpotential, das die von der SA bestellten Kontrolleure jetzt noch für die Verwaltung darstellten, wurde nach dem 30. Juni 1934 im gesamten Reichsgebiet beseitigt.[61] Die SA versuchte auch, Kompetenzen aus dem staatlichen Bereich herauszulösen und in eigene Regie zu übernehmen: Trotz hartnäckiger Bemühungen gelang es Röhm aber nicht, eine eigene SA-Strafgerichtsbarkeit (nach dem Vorbild der Militärjustiz) zu erhalten,[62] dafür konnte aber eine «SA-Feldpolizei»[63] aufgestellt werden, die gegenüber den eigenen Mitgliedern anstelle der staatlichen Polizei Exekutiv-Funktionen übernahm. Die Verleihung eines hohen staatlichen Amtes an Röhm, nämlich seine Ernennung zum Reichsminister ohne Geschäftsbereich, war auch nicht viel mehr als eine Art Trostpflaster für entgangene staatliche Pfründe: Ihr kam nur äußerliche Bedeutung zu.[64]

Dagegen gelang Röhm in einem wichtigen Punkt Anfang 1934 ein Erfolg: Er konnte die Finanzierung der SA durch Reichsmittel durchsetzen. Im Zeitraum zwischen Mai 1933 und Januar 1934 flossen der SA aus Mitteln des Reichsinnenministers fast 21 Millionen Reichsmark zu, zwischen Februar und Mai 1934 wurden monatlich acht Millionen Mark bereitgestellt.[65] Im April 1934 wurde eine feste Etatisierung der SA-Stäbe von der Brigade aufwärts vorbereitet, für die kleineren SA-Einheiten wurden Durchschnittsbeträge angesetzt, die nach Ermessen der Standarten zu verteilen waren.[66] Die hiernach den Stäben zur Verfügung gestellten Beträge reichten aber nach deren Auffassung in keiner Weise aus, um die laufenden Büro- und Fahrtkosten zu decken[67], zumal Röhm im Oktober 1933 ein generelles Sammlungsverbot[68] für die SA erlassen hatte, war er doch zu der Erkenntnis gekommen, daß unter dieser «allgemeinen Bettelei» die «Beliebtheit der SA im Volke» leide. Hinsichtlich der staatlichen Finanzierung der Parteiarmee hatte man sich aber in der SA-Führung weit höhere Ziele gesetzt: Demnach wollte man die Besoldung von nicht weniger als 74 000 SA-Führern und -Unterführern durchsetzen, also beispielsweise pro Sturm fünf Mann Kaderpersonal auf Staatskosten bezahlen. Hierzu wären Reichszuschüsse von monatlich über 27 Millionen Reichsmark notwendig gewesen.[69]

Worauf es Röhm aber vor allem ankam, das zeigte sich rein äußerlich in der jetzt einheitlich durchgeführten Uniformierung der SA, in einer weiteren Angleichung des «SA-Dienstes» an das militärische Vorbild, in einem Ausbau der Sonderverbände, wie etwa «Flieger-» oder «Marine-SA», kurz in der nach 1933 verstärkt fortgesetzten Militarisierung der Parteiarmee: Sie sollte eine selbständige bewaffnete Macht werden.

Im Frühjahr und Sommer 1933 war eine intensive Kooperation[70] zwischen Reichswehr und SA verabredet worden: Die Reichswehr hatte die SA als Dachorganisation für sämtliche vor- und paramilitärische Aktivitäten im Reich anerkannt. In Fortführung ähnlicher Einrichtungen aus der Spätphase der Weimarer Republik bauten SA und Militär nun gemeinsam ein Netz von Schulen zur vormilitärischen Ausbildung auf, in denen Reserven für die Reichswehr herangebildet werden sollten. Außerdem wurde mit der Einbeziehung von SA-Einheiten in den Grenzschutz begonnen. Während die Armee die Rolle der SA auf die vormilitärische Ausbildung und die Bereitstellung von Reserven begrenzen wollte, ohne ihr ein wesentliches Mitspracherecht oder gar eine Führungsrolle innerhalb der Landesverteidigung zuzugestehen, gingen die Pläne Röhms weiter. Wenn er die SA als drittes bewaffnetes Organ neben Reichswehr und Polizei bezeichnet hatte, so stellte er sich ein selbständiges Miliz-Heer, ein Millionen Männer umfassendes Volksheer vor, das auch im Innern die Herrschaft des Nationalsozialismus sichern sollte. Diese Idee war im Grunde eine ins Gigantische gesteigerte Version der Wehrverbandskonzeption, wie sie Röhm aus seiner Tätigkeit in Bayern vor dem November 1923 kannte. In diesem Szenarium hatte die Reichswehr eher Hilfsfunktionen zu erfüllen; sie sollte vor allem die Kader für die Ausbildung der Reserven und die notwendigen militärischen Spezialisten bereitstellen. Innerhalb der SA konnte so der Eindruck entstehen, die Politik Röhms ziele darauf ab, vollends den «Fels der Reichswehr in der braunen Flut»[71] der SA untergehen zu lassen.

Tatsächlich beanspruchte Röhm immer lauter eine Führungsrolle im militärischen Bereich. Als er am 1. Dezember 1933 zum Reichsminister ernannt wurde, ließ er verlauten, die SA sei nun in seiner Person in den Staatsapparat eingebaut worden.[72] Ein so in Aussicht genommenes «SA-Ministerium» dachte er möglicherweise später mit den Kompetenzen eines Reichswehrministers zu vereinigen.

Solche Ambitionen riefen natürlich die Reichswehrführung auf den Plan, der ohnehin zahlreiche Elemente in der SA-Führung suspekt waren und die bereits seit Herbst 1933 auf der SA-Seite eine wachsende Mißstimmung registriert hatte. So häuften sich beispielsweise Beschwerden über Auseinandersetzungen zwischen SA-Angehörigen und Reichswehrsoldaten, bei denen es teilweise zu Tätlichkeiten der Braunhemden gekommen war.[73] Da zudem ein Dissens[74] über die Besetzung von Führungspositionen innerhalb des militärischen Grenzschutzes, in den die SA immer stärker hineindrängte, entstanden war, spitzte sich der Konflikt um die Jahreswende 1933/34 zu: Die Frage der künftigen Wehrverfassung des Reiches stand nun zur Debatte.

Aber auch auf ein ganz anderes Gebiet dehnte Röhm seinen Einfluß aus: Er ließ sich zum Präsidenten des Deutschen Akademischen Austauschdienstes wählen und versuchte, die SA-Hochschulämter, die ursprünglich nur für den Wehrsport zuständig sein sollten, zu einer Basis für weitere Eingriffe in den Universitäts- und Wissenschaftsbereich auszubauen.[75]

Darüber hinaus zeigte sich in verschiedenen Maßnahmen deutlich eine durchgängige Tendenz zur organisatorischen Verselbständigung der SA: Ein straff organisierter Presseapparat[76] wurde aufgebaut, der innerhalb der kontrollierten Öffentlichkeit des Dritten Reiches ein Monopol für Informationen über die SA beanspruchte. Im Erlaß einer eigenen «Dienststrafordnung» finden sich Ansätze zu einem eigenen «SA-Recht»[77], mit dessen Hilfe die Autonomie der Parteiarmee legalisiert werden sollte. Kontakte zur Industrie eröffneten der SA einen kontinuierlich fließenden Geldstrom: Mit der «Adolf-Hitler-Spende der deutschen Wirtschaft» wurde eine Art Sondersteuer (bzw. ein Schutzgeld) erhoben, die offensichtlich zu einem erheblichen Teil der SA zugute kam, zusätzliche Mittel stellte der IG-Farben-Konzern zur Verfügung.[78] Schließlich knüpfte Röhm auch selbständig Beziehungen zum Ausland[79] an. Ursprünglich geschah dies, um Besorgnisse über eine Gefährdung des demilitarisierten Status Deutschlands durch die SA abzubauen. In einer regelrechten Kampagne versuchte Röhm, die militärische Harmlosigkeit der SA zu dokumentieren – ganz im Gegensatz zu seinen Bekundungen gegenüber der Reichswehr, der er sich als starker Partner anbot. Mit Hilfe von aufwendigen gesellschaftlichen Veranstaltungen, aber auch in Einzelgesprächen, wie etwa mit dem französischen Botschafter François-Poncet, den er mehrmals traf, suchte er Kontakt zu den ausländischen Missionen in Berlin aufzunehmen. Zur Intensivierung seiner Auslands-Beziehungen richtete er im März eigens ein «Ministeramt» innerhalb der Obersten SA-Führung ein – selbstverständlich gegen den Widerstand des Auswärtigen Amtes. So dilettantisch und erfolglos seine Bemühungen auf diesem Gebiet letztlich auch waren, in Ansätzen zeigte sich eine eigene «SA-Außenpolitik». Sie rundet das Bild ab: Sieht man die verschiedenen Ambitionen Röhms im Zusammenhang, so zeigt sich hier in Umrissen ein «SA-Staat», unabhängig von Partei und Regierung, ausgestattet mit weitreichenden Kompetenzen in der Polizei, im militärischen Bereich und in der öffentlichen Verwaltung. Tatsächlich aber blieb die Realität weit hinter diesem Anspruch zurück: Ende 1933 war es der SA nur im Ansatz gelungen, staatliche Funktionen zu usurpieren. Bezeichnend für diese «Erfolge» war aber, daß sie in erster Linie der oberen SA-Führung zugute gekommen waren; zahlreiche höhere Chargen waren in gut ausgestattete staatliche Positionen übergewechselt, die Finanzierung des gesamten Führungsapparates der SA war gesichert.

3. Probleme der SA
nach Abschluß der «Machtergreifung»

Demgegenüber war die Situation vieler einfacher SA-Mitglieder nach wie vor miserabel; ihre Lage hatte sich trotz der umfangreichen Aktivitäten von SA- und Parteiführung in den ersten Monaten nach der Machtergreifung noch kaum verbessert.[80] Obwohl SA-Leute bei der Arbeitsvermittlung bevorzugt berücksichtigt werden sollten und zu diesem Zweck SA-Verbindungsmänner in die Arbeitsämter entsandt worden waren, obwohl die Arbeitgeberverbände in einer Vereinbarung vom Sommer 1933 zugesagt hatten, «an einer Sonderaktion zwecks Einstellung von arbeitslosen Angehörigen der nationalen Wehrverbände mitzuwirken»[81], erwies sich eine massenhafte Beschäftigung von SA-Leuten als außerordentlich problematisch. Offensichtlich bestanden sowohl in den Arbeitsämtern als auch in den Betrieben erhebliche Reserven gegen eine solche bevorzugte Beschäftigung aus politischen Gründen. So hatten beispielsweise die Arbeitgeberverbände ihre Zusage vom Sommer 1933 ausdrücklich mit der Einschränkung verbunden, man könne nicht versprechen, «unabhängig von Arbeitsbedarf und fachlicher Eignung eine bestimmte Anzahl Arbeitsloser dieser Kreise bis zu einem bestimmten Zeitpunkt in die Betriebe einzustellen». In einem Rundschreiben der SA-Führung hieß es: «Alte Kämpfer klagen über schlechte Entlohnung und wenig nationalsozialistisches Verständnis der Arbeitgeber. Bei diesen mitunter wenig Neigung zur Einstellung alter SA-Männer.»[82] Tatsächlich dürfte der Arbeitslosenanteil unter den SA-Leuten wie vor 1933 noch weit über dem Reichsdurchschnitt gelegen haben. Dies lag zum einen ganz einfach an der überaus hohen Konzentration von Arbeitslosen in der Parteiarmee, die sich nach dem 30. Januar 1933 eher noch verstärkt haben dürfte, da gerade unter den neuen Mitgliedern eine erhebliche Anzahl war, die sich von ihrem Beitritt eine bevorzugte Einstellung erhoffte. Für die SA-Führung entstand hier ein circulus vitiosus, da jeder Erfolg auf dem Gebiet der Arbeitsbeschaffung die Attraktivität der SA für weitere Arbeitslose heben mußte. Schuld an der schleppenden Wiedereingliederung der SA-Angehörigen in den Arbeitsprozeß dürften aber auch die psychologischen Folgen von Kampfzeit und Machtergreifungsphase gewesen sein. In der halbkriminellen Subkultur der SA war ein gesellschaftliches Außenseitertum entstanden, das eine Resozialisierung durchaus zum Problem werden ließ; gerade nach der wilden Hatz auf die politischen Gegner im Zuge der Gleichschaltungsmaßnahmen befand sich die SA immer noch in einem Ausnahmezustand.

Geradezu typisch ist etwa eine Beschwerde[83] des Bürgermeisters von Wandsbeck, die der Führer der Hamburger SA an die betroffene SA-Standarte weiterleitete. Der Bürgermeister, dem es gelungen war, «eine Anzahl von SA-Männern in den verschiedensten städtischen Betrieben unterzubringen», beklagte, daß «diese Männer unangenehm auffallen, sowohl durch Unpünktlichkeit als auch durch Nichterscheinen zum Dienst und sonstige schlechte Arbeitsleistungen». Des weiteren beschwerte sich der Bürgermeister, es würden in den städtischen Betrieben tätige SA-Angehörige während der Arbeitszeit zum «Dienst» in der Parteiarmee befohlen – ein weiteres Moment, das die Arbeitgeber generell zur Zurückhaltung bei der Einstellung von SA-Männern bewogen haben dürfte. So sah sich denn auch Röhm veranlaßt, in einer Verfügung[84] darauf hinzuweisen, es sei zwar «ein erfreulicher Beweis der Dienstbereitschaft», wenn «z. B. Heizer von Fabrikanlagen oder Eisenbahner ihre Arbeitsstelle vorzeitig verließen, um dem Befehl ihres SA.-Führers zu folgen»; andererseits dürfe man jedoch den hierdurch entstehenden Schaden, der «in der kaum aufstrebenden Wirtschaft hervorgerufen» werde, nicht übersehen.

In sehr plastischer Weise beschreibt ein 1936 erschienener SA-Roman[85] die Anpassungsschwierigkeiten, denen sich die braunen Kämpfer nach erfolgter politischer Wende gegenübersahen: «Der SA-Mann wandelt sich vom Staatsfeind zum Staatsbürger. Was bedeutet das? Es bedeutet, daß die Männer der SA., die endlose Jahre gegen den Staat der Vergangenheit gekämpft hatten, nun beginnen sollen, am Aufbau des neuen Reiches zu helfen. Das wäre eine Selbstverständlichkeit. Sie ist es, und die SA. ist zu ihr bereit. Aber dennoch bedeutet sie für diese SA. eine große innere Wandlung. Und das ist so, weil die Männer der SA. in dem jahrelangen harten und erbitterten Kampf gegen die Macht des Staates zu revolutionären Menschen geformt wurden, in denen die Auflehnung zum Prinzip geworden ist. Das ist jetzt eine Gefahr, die nicht zu vermeiden war. Für den Kampf der SA. waren keine Bürger zu gebrauchen. Landsknechte, Idealisten, Menschen voller Unruhe, ewige Soldaten, haben ihn ausgefochten. Ihr unruhiges Blut fließt auch jetzt noch in der SA. Kann es so schnell zur Ruhe kommen? Aber es ist nicht nur das... Alles ist auf einmal ganz anders geworden. Der nationalsozialistische Staat ist geboren. In ihm sind seine Führer die Minister, die Beamten sollen Diener seines Staates sein, und die Polizisten sind seine Kameraden geworden, die er grüßen muß. Die Achtung vor Gesetz und Staatsautorität ist für den SA.-Mann nun eine Pflicht geworden, die er als erster zu beweisen hat, weil man sie von ihm als Vorbild im neuen Staate erwartet. Er ist der Repräsentant dieses ganzen Landes geworden, weil er die Bewegung verkörpert, die es erobert hat. Das ist eine schwere Verantwortung. Wird sich der SA.-Mann ihrer immer und stets bewußt werden?»

Die gleiche Schrift[86] verrät auch, daß nicht nur das Verhältnis zur Staatsautorität in den «unruhigen» Jahren der SA gelitten hatte, sondern daß die «zum Prinzip» erhobene Auflehnung eben auch die Gewöhnung an die Regelmäßigkeit des Arbeitsprozesses zum Problem hatte werden lassen:

«Die alten Kämpfer, Landsknechte und Soldaten fügen sich der neuen Ordnung. Sie muß wohl sein. Das begreifen sie. Aber es ist schwer für sie, weil sie ein Leben voller Ungesetzlichkeit hinter sich gebracht haben. Man will sie in den Arbeitsprozeß des neuen Staates eingliedern. Das ist notwendig, es ist eine selbstverständliche Pflicht. Doch auch sie birgt Probleme. Verlangt sie nicht von den alten Kämpfern, die der Staat aus einer jahrelangen Arbeitslosigkeit reißt, daß sie sich der Ordnung der neuen Arbeitsplätze fügen? Das ist schwer für diese Männer, denen alles dies gleichgültig und verächtlich wurde, weil der Inhalt ihres ganzen Lebens der Kampf war. Aber das ist nicht alles. Verlangt man von den alten Kämpfern auch, daß sie sich auf diesen Arbeitsplätzen als ihren neuen Vorgesetzten Männern unterstellen sollen, denen sie sich durch ihr Erleben ungeheuer überlegen fühlen, weil sie in ihnen Bürger erkennen, die von ihrem gewaltigen und bitteren Ringen nichts gespürt haben?»

Diese geradezu einfühlsame Schilderung der Probleme, die aus der Sicht des «alten Kämpfers» bei der Wiedereingliederung in den Arbeitsprozeß auftraten, entsprach auffallend den von der staatlichen Bürokratie im Frühjahr 1933 unter dem Stichwort «Eingriffe in die Wirtschaft» registrierten Disziplinlosigkeiten der SA, die die nationalsozialistische Führung dazu veranlaßt hatten, sich eindeutig im Sinne der «Wirtschaft» zu entscheiden. Die geringe Bereitschaft des SA-Mannes, sich einer von «bürgerlichen» Vorgesetzten kontrollierten Arbeitsdisziplin zu unterziehen, und das rabiate Auftreten von SA-Trupps in Börsen, Banken und Konsumgenossenschaften vermitteln eine Vorstellung von den Erwartungen, die die SA-Basis an die Machtergreifung gestellt hatte: Viele SA-Leute hatten geglaubt, sich im Zuge der nationalsozialistischen «Revolution» in Aufsichts- und Kontrollfunktionen aufschwingen zu können, um auf diese Weise an der Umerziehung der Bevölkerung mitzuwirken und im übrigen ihren Aggressionen gegen «die da oben» freien Lauf zu lassen. Auch wenn das «Revolutions»- oder «Sozialismus»-Verständnis der SA ohne ein gesellschaftspolitisches Programm blieb und in erster Linie dazu diente, zentrale Schlagworte des politischen Gegners propagandistisch zu besetzen, so drückte dieser verbale Radikalismus doch auch die ständig wachsende Erwartung der SA-Basis aus, daß die Übernahme der Macht durch die NSDAP zu einer schlagartigen Verbesserung der eigenen Situation in irgendeiner Form führen werde. Die überzogene Erwartungshaltung, vor der der Generalinspekteur der SA bereits im Dezember 1931 gewarnt hatte[87] («Viele SA Männer und Führer glauben, mit dem Regierungsbeginn der NSDAP seien sie besoldete Offiziere und Unteroffiziere...»), hatte sich nicht erfüllt, die bereits damals prophezeiten massiven Enttäuschungen traten nun ein. Als sich nun aber in der zweiten Jahreshälfte 1933 abzeichnete, daß nicht nur die massenweise Übernahme von SA-Leuten auf gut dotierte Versorgungsposten in Polizei, Militär und Verwaltung nicht zustande kam, sondern selbst die Beschäftigung der SA-Männer mit einfachsten Hilfsarbeiten zumindest kurzfristig nicht in vollem Umfang sicherzustellen war, sahen sich viele SA-Leute vollends um die Früchte des so hart erkämpften Sieges beraubt. Innerhalb der SA machten sich wieder jene Unlustgefühle breit, die schon in der Kampfzeit, vor allem im Herbst 1932, die Parteiarmee gelähmt hatten: Man fühlte sich durch «die da oben» betrogen, sah sich als ewig an der Nase herumgeführte «Frontschweine». Dieser Unmut richtete sich in erster Linie an die Adresse der Parteiführerschaft, während sich die offene Kritik an der SA-Spitze in diesem Zeitraum offensichtlich noch in Grenzen hielt. Eine Verfügung Röhms vom Mai 1934 macht aber die Sensibilität deutlich, mit der man innerhalb der SA-Führung diesen Problemkomplex verfolgte: Anläßlich des Ausschlusses eines SA-Führers warnte Röhm ausdrücklich vor «Exzessen ... die das Ansehen der SA schädigen oder geeignet sind, den SA-Führer dem Volke zu entfremden», wandte sich gegen übermäßigen Genuß von Alkohol («wer alkoholische Getränke nicht verträgt ... soll Milch trinken») und verbot die «Mitnahme von Frauen oder Mädchen» in Dienstwagen der SA.[88] In massierter Form scheint Kritik am ausschweifenden Leben des SA-Führerkorps an der Basis der Parteiarmee jedoch erst nach dem 30. Juni 1934 aufgekommen zu sein; dies dürfte insbesondere für Berichte über Orgien und Verführungen junger SA-Leute durch ihre Führer gelten. Solche Vorwürfe scheinen eher nach der Ausschaltung der SA-Spitze von Seiten der Partei in die SA hineingetragen worden zu sein.[89]

Die jetzt wieder verstärkt spürbare Unruhe innerhalb der SA irritierte die SA-Führung vor allem deshalb, weil nun nicht mehr die Möglichkeit bestand, in der Manier der vergangenen Jahre die aufwallende Unzufriedenheit, die vehement gestellte Frage nach dem Sinn des ganzen Unternehmens SA, mit Wahlkampf-Aktivitäten und verstärkt angesetzter Gewalttätigkeit gegen den politischen Gegner zu überspielen. Andererseits war der Bedarf der SA an Rache- und Gewaltakten auch jetzt noch keineswegs gedeckt. In diesem Punkt hatte man weit größere Erwartungen an die nationalsozialistische «Revolution» gehabt. Das von der Parteiführung erwartete disziplinierte Verhalten war somit ein weiterer Konfliktpunkt, der die Frustration der SA-Basis erhöhte.

Aber nicht nur die enttäuschten Hoffnungen aus der «Kampfzeit» belasteten die SA, hinzu traten neue Spannungen, die sich aus der – infolge rascher Expansion so heterogenen – Zusammensetzung der Organisation nach der Machtergreifung ergaben. Vor allem traten die älteren SA-Männer der großen Zahl der neu in die eigenen Reihen hineinströmenden Mitglieder mit großem Mißtrauen gegenüber, vermutete man in ihnen doch Opportunisten, politische Trittbrettfahrer, ja man glaubte sich sogar Unterwanderungsversuchen der Kommunisten ausgesetzt. Wie zahlreiche Beschwerden aus der Mitte der SA zeigen, löste bei den alten Mitgliedern vor allem die Tatsache Verärgerung aus, daß zahlreiche gerade angeworbene Mitglieder auf der Karriereleiter an ihnen vorbeizogen oder in SA-Ausbildungslagern eine bezahlte Stellung erhielten, während alte und bewährte Sturmführer nach wie vor ohne Verdienst waren. Welche Ungerechtigkeiten hier aus der Sicht der altgedienten SA-Leute entstanden, zeigt beispielsweise die Beschwerde eines Hamburger Obertruppführers, der sich zunächst persönlich an Röhm gewandt hatte und durch diesen aufgefordert worden war, seine Klagen schriftlich niederzulegen: «Heute nun muß man feststellen, daß ein Wettrennen der ‹Neuen› um die Gunst der unteren Führer eingesetzt hat. Heute können diese Männer nicht hilfsbereit und liebenswürdig genug sein. Mit der selben Liebenswürdigkeit, mit der sie uns früher verachtet haben, heucheln sie heute Aufrichtigkeit, denn eine Uniform tragen mit Sternen, ist doch etwas Anderes, etwas Besseres.»[90]

Spannungen traten insbesondere auch bei der schrittweisen Integration der großen Masse von Mitgliedern des Stahlhelms auf.[91] Ein Rundschreiben der SA-Führung vom Juni 1934 charakterisierte das Verhalten der ehemaligen Angehörigen der Veteranenorganisation mit den Schlagworten «Dünkelhaftigkeit», «überhebliches Auftreten» und «reaktionäre Sammelbecken».[92] So war es durchaus kein Einzelfall, wenn sich etwa ein Bericht der Staatspolizeistelle Potsdam vom Dezember 1933 ausführlich mit dem «gespannte(n) Verhältnis» zwischen SA und Stahlhelm im Raum Pritzwalk beschäftigte: Stahlhelm-Angehörige erwiderten vielfach den Hitler-Gruß nicht, trugen keine Hakenkreuzarmbinden und zeigten ein «offenbar sabotierendes Verhalten» bei offiziellen Anlässen. Vorübergehend waren vier Stahlhelmführer festgenommen worden, denen man u. a. «Verächtlichmachung der Regierung» vorwarf. So hatte einer der Festgenommenen den Hitler-Gruß mit «Hitler verrecke» beantwortet, während man den übrigen die Aufnahme einer größeren Zahl von Reichsbannerleuten und KPD-Mitgliedern in noch nicht in die SA eingereihte Stahlhelmformationen vorwarf.[93] Auch aus der Hamburger SA kamen zahlreiche Berichte über Spannungen im Verhältnis zu «eingegliederten» Stahlhelmern, wobei sich auch hier bemerkenswerterweise Klagen über die Verweigerung des Hitler-Grußes häuften.[94]

Die Angst vor einer Unterwanderung der Parteiarmee durch Kommunisten ist in den internen SA-Berichten dieser Zeit besonders ausgeprägt. Tatsächlich jedoch läßt sich ein massenweiser Übertritt ehemaliger Kommunisten in die SA ebensowenig nachweisen wie für die Zeit vor der Machtergreifung.[95] So hat Fischer in seinem Buch «Stormtroopers» die Personalakten von insgesamt 2 560 (allerdings nicht nach repräsentativen Gesichtspunkten ausgewählten) SA-Angehörigen auf eine Mitgliedschaft in einer früheren Organisation hin untersucht.[96] Hierbei zeigte sich, daß nur 90 einer anderen politischen Partei und 212 anderen aktivistischen Verbänden angehört hatten. Von den früheren Parteimitgliedern waren 44 in der KPD, 29 in der SPD und 27 in verschiedenen anderen Organisationen gewesen. In der zweiten Zahl waren 25 Mitglieder linker Verbände enthalten, während 131 im Stahlhelm, 39 in Freikorps, 13 in anderen Rechtsverbänden und zwei in der Katholischen Jugend organisiert gewesen waren. Die Gesamtzahl der früheren Kommunisten betrug also nur etwa 1,7% und lag weit unter der Zahl derjenigen, die zuvor Mitglieder rechtsgerichteter Gruppierungen gewesen waren. Weitere Zahlen verdanken wir Reiches[97] Untersuchung zur Geschichte der Nürnberger SA, der aus einem «Sample» von insgesamt 340 SA-Angehörigen bei 79 eine frühere Mitgliedschaft in anderen Organisationen feststellen konnte. Von diesen 79 hatten 58 paramilitärischen Organisationen angehört, und zwar bis auf eine Ausnahme (ein Mitglied des Reichsbanners) rechtsgerichteten Gruppierungen: 16 waren Mitglieder diverser Freikorps gewesen, neun kamen aus den Einwohnerwehren und 32 aus dem Stahlhelm bzw. der Reichsflagge. Neun waren Mitglieder von Parteien gewesen, die als Vorläufer der NSDAP angesehen werden können, zwölf hatten anderen Parteien angehört, darunter drei der KPD und drei der SPD. Der Anteil ehemaliger Kommunisten lag somit unter einem Prozent.

Die in der Literatur zuweilen anzutreffende Vorstellung,[98] es seien 1933 ganze Kolonnen kommunistischer Kampfgruppen geschlossen in die SA eingetreten und hätten hier sogenannte «Beefsteak-Stürme» (außen braun, innen rot) gebildet, scheint angesichts solcher Zahlen erheblich übertrieben. Eine wichtige Rolle bei der Überschätzung des ehemaligen kommunistischen Einflusses haben offensichtlich die Memoiren des zwielichtigen ersten Gestapo-Chefs Diels gespielt, der, bestrebt, seinen eigenen Anteil am Terror der Machtergreifungsphase herunterzuspielen, die kühne, nicht weiter erläuterte Schätzung wagte, es seien unter den zwischen Januar und November 1933 in die Berliner SA neu Eingetretenen «wohl siebzig Prozent ehemalige Kommunisten» gewesen.[99] Mit dieser, im Jahre 1950 publizierten Behauptung setzte Diels eine bestimmte Argumentationslinie fort, die sich in zahlreichen NS-Schriftstücken der Jahre 1933/34 finden läßt: Kritik an Ausschreitungen und Übergriffen der SA wurde gerne mit Hinweisen auf kommunistische Unterwanderungsversuche versehen, da man so – unter dem Vorwand, auf bolschewistische

Wühlarbeit aufmerksam machen zu wollen – recht offen Mißstände in der Parteitruppe anprangern konnte.[100]

Die somit weniger durch gezielte kommunistische Unterwanderung als durch unkontrolliertes Wachstum zustandegekommene Unzufriedenheit und interne Spannungen in der Parteiarmee hatten aber zur Folge, daß die hohe Gewaltbereitschaft in der SA auch nach der Niederkämpfung der verschiedenen Gegnergruppen und trotz der eindeutigen Warnungen aus der Parteispitze immer wieder zum offenen Ausbruch kam.

So sah sich Reichsinnenminister Frick im Oktober 1933 veranlaßt, in einem an die Länder gerichteten Rundschreiben auf immer «wieder neue Übergriffe unterer Führer und Mitglieder der SA» einzugehen. Insbesondere, so beklagte Frick, hätten SA-Führer und SA-Männer «selbständig polizeiliche Handlungen vorgenommen», ohne dazu ermächtigt gewesen zu sein. Frick machte es den zuständigen Landesbehörden zur «Pflicht», gegen diese «Übergriffe und Ausschreitungen» mit aller Energie vorzugehen. SA-Angehörige seien nur noch in Ausnahmefällen, unter strikter Aufsicht der Polizei, als Hilfspolizisten heranzuziehen.[101] Eine Hamburger SA-Brigade mußte den ihr unterstehenden Stürmen im gleichen Monat ausdrücklich und «aus gegebener Veranlassung» verbieten, daß «aus marschierenden Kolonnen heraus Passanten, die die Fahnen und Hoheitszeichen der Bewegung nicht grüßen, geschlagen oder sonstwie zur Rechenschaft gezogen werden». Auch dürften solche Angriffe nicht durch SA-Männer oder Angehörige begangen werden, die die marschierende Kolonne begleiteten;[102] die alte SA-Taktik, Mitglieder der Organisation in Zivilkleidung auf dem Trottoir als «Watte» mitmarschieren zu lassen, war offensichtlich immer noch im Gebrauch! Eine Woche später beschwerte sich die Polizeibehörde Hamburg bei den örtlichen SA-Stäben über die «Anmaßung polizeilicher Rechte» durch Nationalsozialisten und machte ausdrücklich darauf aufmerksam, daß sie künftig gegen jeden, der, ohne Polizist zu sein, «Haussuchungen vornimmt, Verhaftungen anordnet, Schußwaffen benutzt . . ., unter Bedrohung mit Schußwaffen irgendwelche Handlungen von anderen Personen verlangt, rücksichtslos wegen Amtsanmaßung, Hausfriedensbruch, Freiheitsberaubung und Nötigung» vorgehen werde.[103] Typisch für das ungebrochene Rowdytum war ein Ereignis, das sich im Oktober in Neustadt/Oberschlesien abspielte: Ein Polizeibeamter, der des Nachts eine Gruppe laut singender SA-Leute angehalten hatte und den Führer der Gruppe festnehmen wollte, wurde von der Meute tätlich angegriffen. Der Trupp zog dann durch die Stadt, rempelte Passanten an und begann schließlich eine Schlägerei mit Reichswehrsoldaten in Zivil.[104] Der Inspekteur der Geheimen Staatspolizei stellte für die Reichskanzlei eine Liste von Gewalttätigkeiten zusammen, in die SA-Leute im gesamten Reichsgebiet allein in der zweiten Februarwoche verwickelt worden waren: In Berlin und in Köln war jeweils ein

SA-Mann durch Kameraden schwer verletzt worden. Ein Berliner SA-Mann wurde versehentlich von einem Scharführer angeschossen und verstarb darauf im Krankenhaus. Ebenfalls in Berlin wurde ein nichtuniformierter Polizeibeamter, nachdem er von einem SA-Mann grundlos aufgefordert worden war, sich auszuweisen, ebenso unmotiviert zu Boden geschlagen. In Wuppertal kam es zu einer Schlägerei in einem Lokal, in deren Verlauf ein SA-Mann, vermutlich von einem Kameraden, einen Halsdurchschuß erhielt. Berlin war wiederum der Schauplatz einer anderen Kneipenschlägerei zwischen einem SA- und einem SS-Mann, ebenso kam es hier zur Verhaftung von 15 SA-Leuten, die eine Vorstellung des «Kabaretts der Komiker» massiv gestört hatten.[105] Im März 1934 veranstaltete die örtliche SA im mittelfränkischen Gunzenhausen einen regelrechten Pogrom: Ein SA-Trupp drang, auf der Suche nach «arischen» Gästen, in ein einem Juden gehörendes Gasthaus ein und demolierte es. Anschließend zog der Mob durch den Ort, überfiel Juden in ihren Wohnungen, schlug die Bewohner und verschleppte sie in das örtliche Gefängnis; zwei Opfer dieses spontanen Haßausbruches fanden den Tod.[106]

Die SA-Führung mußte sich den Vorwurf gefallen lassen, in den vergangenen Monaten nicht nur durch ihre vagen Revolutionsparolen, sondern auch durch ihre zweideutige Einstellung zum Thema «Disziplin» die anhaltenden Ausschreitungen der Parteiarmee nicht im erforderlichen Umfang unterbunden zu haben. So hatte Röhm in einer Anordnung vom 31. Juli 1933 sorgsam «jede Handlung» von SA-Männern, «die zwar den geltenden gesetzlichen Bestimmungen nicht entspricht, aber dem ausschließlichen Interesse der SA dient», von «anderen Übergriffen» unterschieden. War die SA hier einerseits dazu aufgefordert worden, gegen die – auf eigene Faust handelnden – «Schänder des SA-Ehrenkleides» mit der rücksichtslosesten Schärfe vorzugehen («Wir müssen ... jede Regung eines Ungeistes, einer SA-widrigen Einstellung mit Stumpf und Stiel sofort und gründlich ausrotten.»), war ihr auf der anderen Seite großzügig gestattet worden, daß «als Sühne für den Mord an einem SA-Mann durch den zuständigen SA-Führer bis zu 12 Angehörige der feindlichen Organisation, von der der Mord vorbereitet wurde, gerichtet werden».[107] Seit Ende 1933 aber rückte die SA-Führung von ihrer früher eher opportunistischen Einstellung gegenüber kriminellen Akten ab. Hatte man beispielsweise Vorbestrafte früher stets großzügig aufgenommen, so wurden nun alle nach der «Machtergreifung» eingetretenen Kriminellen wieder entfernt, gleichzeitig eine große Zahl der vor dem 30. Januar 1933 Verurteilten ausgeschlossen.[108] Grundsätzlich war man bemüht, gegen die verstärkt auftretende Mißstimmung innerhalb der Parteiarmee durch eine Verschärfung der Disziplin vorzugehen. Diesem Zweck sollte die große Zahl von Anordnungen dienen, die sich in der ersten Jahreshälfte 1934

Juden gehörten zu den bevorzugten Opfern der Übergriffe der Parteitruppe (oben: SA-Posten vor einem jüdischen Geschäft während des Boykotts vom 1. April 1933). Auch nach der Entmachtung der SA am 30. Juni 1934 blieben die deutschen Juden Ziele des SA-Terrors, der mit dem Pogrom vom 9. und 10. November 1938 seinen Höhepunkt erreichte (brennende Synagoge in München).

über die SA-Gruppen und -Obergruppen ergoß. Die bemängelten Punkte
umfaßten dabei so unterschiedliche Phänomene wie «schlechte Körper-
haltung», «Rücksichtslosigkeit» im Straßenverkehr, «Frechheiten in der
Kritik» und «Einmischung in kirchenpolitische Dinge».[109] Schon die
große Zahl dieser Disziplinierungsversuche macht aber deutlich, wie es
um Zucht und Ordnung in der Parteiarmee in Wahrheit bestellt war und
wie schwierig es für die Führung zu diesem Zeitpunkt war, die Parteiarmee noch einigermaßen unter Kontrolle zu halten. So sah auch Röhm sich
in einem Rundschreiben vom 1. Februar 1934 gezwungen, folgende Fest-
stellung zu treffen: «Ich habe die Wahrnehmung gemacht, daß manche
meiner letzten Anordnungen teilweise reichlich spät, teilweise überhaupt
noch nicht vollzogen wurden... Wenn in dieser Richtung jetzt nicht
Wandel geschaffen wird, so werde ich ihn bei den verantwortlichen
Führern schaffen. Ich werde mich durch Stichproben vom Vollzug meiner
Anordnungen bei den untersten Einheiten überzeugen. Diejenigen Führer, die meine Befehle nicht vollzogen haben, werde ich rücksichtslos zur
Rechenschaft ziehen.»[110]

Hier zeigte sich bereits, daß der zunehmenden Unzufriedenheit innerhalb der Parteitruppe mit disziplinierenden Maßnahmen allein nicht
beizukommen war. So sah sich Röhm seit Anfang 1934 verstärkt veranlaßt, neben seinen Ambitionen in der großen Politik, auch die wachsende
Unzufriedenheit und Unruhe innerhalb der SA direkt anzusprechen. Sehr
deutlich äußerte er seine Besorgnis etwa in einem Rundschreiben vom
Februar 1934 («Betrifft: Stimmmung in der SA»):

«Der alte SA-Mann, der alle die Jahre her treu und brav und mit
unerhörter Begeisterung seine oft schweren Pflichten erfüllt und ohne zu
klagen die Opfer jahrelangen Kampfes willig ertragen hat, fühlt sich
mancherorts durch den seit dem denkwürdigen Januar 1933 erfolgten
Zugang von Millionen junger Kämpfer zur SA in den Hintergrund
gedrängt... Der alte SA-Mann, der sich auch nach dem Siege schönere
Früchte seiner Opfer erwartet hat, als sie ihm nun teilweise geboten
werden, der unverzagt alles Elend der Arbeitslosigkeit getragen hat in der
Hoffnung auf bessere Zeiten, der sich sein billiges, dünnes Braunhemd
und seine bescheidenen Ausrüstungsstücke vom Munde abgespart und
abgehungert hat, muß nun sehen, daß andere, die während des Kampfes
durch vornehme Zurückhaltung glänzten, in Posten einrückten, die der
Kämpfer für sich in Anspruch nimmt. Er muß erleben, daß der Arbeitgeber da und dort unumschränkter und rücksichtsloser herrscht wie je
zuvor. Er muß erleben, daß er – nach jahrelanger Arbeitslosigkeit nun
endlich in Lohn und Arbeit gebracht – von diesem kärglichen Lohn mehr
abgezogen bekommt, denn jemals früher.»

Hinzu kämen, so Röhms weitere Kritik, «unfähige Unterführer», die
«womöglich auf Grund besonderer Bedingungen noch gar nicht sehr

lange das Ehrenkleid der SA tragen» und nun «die ihnen unterstellten SA-Männer durch rohes, einfältiges Schimpfen und blödes Anbrüllen in rüdestem Kasernenhofton unseligen Angedenkens verärgern und verletzen». «Alle die vorgenannten Erscheinungen zusammengenommen», so fuhr Röhm fort, «müssen natürlich letzten Endes dazu führen, auch den besten Geist zu verderben. Diese Gelegenheit wird selbstverständlich von unlauteren Elementen, Spitzeln und sonstigen Lumpen, die sich naturgemäß auch in unsere Reihen eingeschlichen haben, zu dem Versuch benutzt, den anständigen und gutgläubigen SA-Mann irre zu machen und zu verletzen.» Zur Abstellung solcher Mißstände ordnete Röhm vor allem an, in Zukunft bei Beförderungen schärfere Maßstäbe anzulegen: «Die alten Kämpfer sind bei gleicher Eignung vor den jungen SA-Männern in jedem Falle zu bevorzugen.» Die vor 1932 eingetretenen Mitglieder sollten sogleich pauschal befördert werden. Indem Röhm aber gleichzeitig einen Unterschied zwischen «Dienstgrad» und «Dienststelle» einführte, sorgte er aber auch dafür, daß die Inhaber der neuen Ränge nicht automatisch auch Befehlsbefugnisse erhielten.[111] Daneben verordnete Röhm nach dem bewährten Rezept vergangener Jahre Beschäftigungstherapie: Verstärkter SA-Dienst wurde angesetzt, mit groß angelegten Geländeübungen, Märschen und Kriegsspielen sollte die eigentliche Funktionslosigkeit der Parteiarmee verschleiert werden. Den neuen SA-Mitgliedern, so hieß es offiziell, mußte das fehlende Kampferlebnis vermittelt werden; wie aber, so meint der Autor eines zeitgenössischen SA-Romans, könne dies besser geschehen «als auf Lastautofahrten und Märschen!»[112]

Nachdem die staatlichen Arbeitsbeschaffungsmaßnahmen nur unzureichend gewirkt hatten, setzte die SA ihre eigenen Bemühungen fort, ihre erwerbslosen Mitglieder zu beschäftigen. So wurde im November 1933 damit begonnen, sogenannte «Technische Lehrstürme» aufzustellen: Hier sollten arbeitslose SA-Leute aus technischen und handwerklichen Berufen in Lehrwerkstätten weitergebildet bzw. wieder an die mittlerweile ungewohnte Regelmäßigkeit des Arbeitsalltages herangeführt werden. Für jede der etwa 120 SA-Brigaden war ein Lehrsturm vorgesehen, für den durch die staatliche Arbeitsverwaltung Mittel bereitgestellt wurde.[113] Anfang 1934 wurde zusätzlich damit begonnen, bei jeder Brigade ein «Hilfswerklager» einzurichten. Für die hier zusammengefaßten Unterstützungsempfänger zahlte die Arbeitsverwaltung eine Pauschalsumme an die SA. Die Zahl der von diesen Maßnahmen betroffenen SA-Leute dürfte durchschnittlich zwischen 15 000 und 20 000 gelegen haben; teilweise wurden sie auch an Waffen ausgebildet.[114]

Neben diesen Arbeitsbeschaffungsmaßnahmen wurde das von Partei und SA in den Jahren vor der Machtergreifung dicht geknüpfte Netz von Hilfsmaßnahmen weiter ausgebaut und durch mehr oder weniger freiwillige umfangreiche Spenden von privater Seite ergänzt.[115] So erklärten sich beispielsweise der «Reichsverband Deutscher Lederhändler» und der «Reichsverband des Deutschen Schuhmacherhandwerks» im November 1933 zu einer reichsweiten «Sohlenspende» für bedürftige SA- und SS-Männer bereit.[116] Der in den Akten der Hamburger SA enthaltene Schriftwechsel mit zahlreichen Unternehmen dokumentiert, wie systematisch und nachhaltig um solche Spenden nachgesucht wurde: So wurde die Deutsch-Amerikanische Petroleum AG um die «kostenlose Überlassung eines Quantums Betriebsstoffes und Oeles» gebeten, die Hamburg-Amerika-Linie wurde durch eine Brigade «um 2 Matratzen und für 2 Betten einige Wolldecken ... zur Vervollständigung ihres Wachraums» ersucht, die Gaswerke wurden wiederholt gebeten, Lastwagen für Wochenendfahrten zur Verfügung zu stellen, und die Elektrizitätswerke sollten mit Glühbirnen aushelfen.[117]

Interne Beförderungen, Disziplinierungsaktionen und eine geradezu beschäftigungstherapeutische Suche nach neuen Aufgaben, Arbeitsbeschaffungsmaßnahmen und soziale Betreuung genügten aber nicht, um die Unzufriedenheit innerhalb der SA zu beseitigen. In dieser Situation griff die SA-Führung zu einem weiteren Integrationsmittel: Um Röhm wurde ein regelrechter Personenkult entfacht; der von Statur und Ausstrahlung her eigentlich kaum zur charismatischen Führergestalt geeignete «Stabschef» (so lautete ja seine offizielle Bezeichnung nach wie vor) sollte die Einheit der Parteiarmee symbolisieren. Gleichzeitig muß in dem nun um die Person Röhms betriebenen Brimborium natürlich auch der Versuch gesehen werden, den Angriffen gegen das Privatleben Röhms die Spitze zu nehmen, hatte man sich doch bereits im Februar 1933 gezwungen gesehen, durch die Verbreitung einer Broschüre den gegen den Stabschef erhobenen Vorwurf der Homosexualität öffentlich zurückzuweisen.[118] Seit Frühjahr 1933 begann nun das Organ der Parteiarmee, der «SA-Mann», eine regelrechte Kampagne, um Röhm als den etwas rauhen und kantigen, aber doch im Kern herzensguten und ehrlichen, dazu noch frontbewährten Kameraden und Führer darzustellen.[119] Im April 1933 etwa veröffentlichte das Organ eine ganzseitige Lobeshymne auf den «vorbildliche(n) Stabschef jener herrlichen Truppe», der als «Mensch ein Kamerad im edelsten Sinne des Wortes» sei. Zur Entschuldigung der privaten Liebhabereien seines Helden fiel dem Autor sodann folgender Vergleich ein: «Ist uns Goethe weniger wert, weil er auffallend polygam veranlagt war? Beeinträchtigt Schopenhauers Frauenhaß die Größe seines Genies? Wird unsere Schiller geltende Verehrung geringer, weil dieser Nationalheros sich oftmals am Gestank fauler Äpfel begeisterte?»

Dem so in die deutsche Geistesgeschichte Eingereihten wurde im Juni 1933 Gelegenheit gegeben, in der gleichen Zeitung anläßlich des Jahrestages einer Weltkriegsschlacht, an der er selbst teilgenommen hatte, aus eigener Feder seine Kriegserlebnisse zu schildern. Im Juli wurde in großer

Aufmachung über die Einweihung eines «Ernst-Röhm-Hauses» in Nürnberg berichtet, im Mai des nächsten Jahres erschien ein Jubelartikel über
die Umbenennung einer SA-Ausbildungsstätte in «Ernst-Röhm-Schule».

Besichtigungsreisen und Inspektionen des Stabschefs gerieten in der
Berichterstattung des Blattes immer mehr zur reinen Personality Show
für einen angeblichen Volks-Tribun; seine Reden, jetzt nicht mehr nur
«soldatisch-knapp» wie in der Kampfzeit, sondern pompös angelegt,
wurden selbstverständlich in vollem Wortlaut abgedruckt. Das alles
wurde noch übertroffen durch die Ehrungen, die die Zeitung Röhm aus
Anlaß seines 46. Geburtstages im November 1933 angedeihen ließ: Während eine Ausgabe auf ihrer Titelseite eine Würdigung des «Treuhänders
der deutschen Revolution» vornahm, findet sich in der nächsten Nummer
eine detaillierte Schilderung der Gratulationscour beim «geliebten Stabschef».

Auffälligerweise wurde durch diese Propaganda um den SA-Stabschef
der vor der Machtergreifung in fast jeder Ausgabe des Blattes gepriesene
Hitler fast völlig aus seinen Spalten gedrängt. Ganz offensichtlich versuchte Röhm, durch solche propagandistischen Maßnahmen den «Füh-
rer-Glauben» der SA-Leute, der für ihre Bindung an die Organisation
stets eine zentrale Rolle gespielt hatte, nun auf seine Person zu projizieren.

Vor allem aber nahm Röhm gegen Ende des Jahres 1933 seine – im
Sommer 1933 angesichts des massiven Widerspruchs der Parteiführung
zunächst zurückgestellten – Forderungen nach dem Primat des Soldaten
innerhalb des Nationalsozialismus und nach der Fortsetzung der «deutschen Revolution» wieder auf. In einem groß aufgemachten Artikel im
«SA-Mann» ließ er sich zu dem Thema «Die S.A. im neuen Staat»[120] unter
anderem wie folgt aus: «Wenn der Soldat um einer guten oder schlechten
Politik willen kämpfen und werben soll, will er über diese Politik auch zu
bestimmen haben!» Der Nationalsozialismus, so meinte Röhm, bedeute
«die Auflehnung des Soldatentums ... gegen das widersinnige Prinzip
einer Führung der Politik durch Menschen und Kräfte, die nicht bereit
oder fähig sind, für die Folgen ihres Tuns mit Leib und Leben einzutreten». Im Januar 1934 definierte er in einer ebenfalls groß herausgestellten
Rede[121] die Rolle des SA-Mannes als die «Fleischwerdung einer heroischen Geisteshaltung»; ob seine eigene Statur bei den Zuhörern eine
Ahnung davon aufkommen ließ, welche «Geisteshaltung» hier «Fleisch
geworden» war, ist nicht überliefert. In seiner Rede jedenfalls bezeichnete
er es als «den Willen des Führers, daß seine waffenlosen braunen Soldaten
unnachsichtig darüber wachen, daß nicht Bürokratie und Spießertum das
in der nationalsozialistischen Revolution Errungene durch Paragraphen-
reiterei und allzu temperierte ‹Selbstgenügsamkeit› zunichte mache».
Vielmehr sei «der Weg der deutschen Revolution zu dem aus nationalistischem *und* sozialistischem Geiste erneuerten Deutschland ... noch nicht

beendet». Nun gelte es, «den letzten Volksgenossen hineinzuziehen in den seelischen und geistigen Umbruch der Nation. Und hierin liegt die Sendung der S.A. für die Zukunft.» Die Betonung des «seelisch-geistigen» wie auch die jetzt häufiger von ihm gebrauchte Bezeichnung der SA als «Willensträger der nationalsozialistischen Revolution» können aber nicht als Indiz dafür gewertet werden, daß Röhm etwa seine Revolutionsforderung auf den rein weltanschaulichen Bereich verschoben hätte. Der Ton, den er in einem Beitrag für die «Nationalsozialistischen Monatshefte» vom Januar 1934 anschlug, macht dies deutlich: «Kampf war ihr Weg, die nationalsozialistische Revolution ihr Ziel. Dieses Ziel ist noch nicht erreicht. Und bis zum endlichen und endgültigen Sieg, in dem sich die Einheit nationalen und sozialistischen Wollens vollendet, werden die S. A. und S. S. weitermarschieren, angreifen und – wenn es sein muß – sterben für die Idee des Hakenkreuzes, unter dem Volk und Staat zusammenwuchsen zur Nation!»

Die in ihrer Zielrichtung allgemein gehaltene, im Ton aber düster-drohende Revolutionsforderung erschien Röhm offensichtlich als das beste Mittel, einerseits die noch unerfüllten Erwartungen seiner SA-Leute auf ein neues Ziel auszurichten und andererseits die nationalsozialistische Führung dazu zu bewegen, seinen machtpolitischen Ambitionen, vor allem im Bereich des Militärs, in irgendeiner Form nachzugeben. Neben seinem ganz persönlichen Drang zu Höherem, seiner unnachgiebigen Forderung nach dem Primat des Soldaten, trieben ihn zu solchen rhetorischen Kraftakten vor allem die trotz aller Disziplinierungsversuche zunehmenden Spannungen innerhalb der Sturmabteilung, hervorgerufen durch die außerordentliche Heterogenität der aufgeblähten Organisation und die Aversionen der SA-Basis gegen ihre Führer. Nachdem sich alle anderen Anstrengungen, wie Fürsorge- und Beschäftigungsmaßnahmen, verschärfter SA-Dienst und Militarisierung der Organisation als untaugliche Mittel erwiesen hatten und sich die SA-Männer nicht mehr, wie in der Zeit vor 1933, durch rastlose Aktivität in Wahlkampf- und Terroreinsätzen von ihrer miserablen Lage ablenken ließen, bot sich in der Revolutionsparole eine Metapher, die geeignet schien, den Mitgliedern einen neuen Erwartungshorizont zu bieten und so eine integrierende Wirkung auf die auseinanderdriftende Organisation auszuüben. Vor allem die Tatsache, daß die Revolutionsforderung sich an die Parteiführung richtete, erlaubte es Röhm, den von der Basis ausgehenden Erwartungsdruck von ihrer eigenen Führerschaft fort auf die Partei zu lenken und sich selbst zum soldatischen Fürsprecher dieser Forderungen zu machen. Nachdem seine schon vor der Machtergreifung bestehenden Konflikte mit NSDAP und SS nach 1933 um den Dauerstreit mit den konservativen Koalitionspartnern und den etablierten Kräften in Militär und Verwaltung erweitert worden war, mußte es ihm besonders wichtig erscheinen, nun zumindest innerhalb seiner eigenen Organisation Ruhe zu bewahren.

Dabei richtete sich seine drohende Kritik an der Parteiführung keineswegs gegen die Person des «Führers». Ganz im Gegenteil, bis zum Juni 1934 sollte seine Verehrung für Hitler bruchlos erhalten bleiben, wenn er auch jetzt genausowenig wie in der Vergangenheit bereit war, in ihm den unumschränkten Führer zu sehen, ihm statt dessen als gleichberechtigtem «Freund» und «Kampfgenossen» gegenübertrat. Das besonders herzliche und persönlich gehaltene Schreiben[122], in dem Hitler ihm unter dem 31. 12. 1933 für die «unvergänglichen Dienste» dankte und ihn für das neue Jahr seiner Freundschaft versicherte, mochte in ihm, in seiner naiv-aufrichtigen Art, den Eindruck verstärken, der Dissens der letzten Zeit sei lediglich auf die ihm übelwollende Umgebung des «Führers» zurückzuführen.

Die Parteiführung nahm Röhms erneute Forderung nach der Fortsetzung der Revolution aber sogleich auf. In der gleichen Ausgabe der «Nationalsozialistischen Monatshefte», in der Röhms Aufsatz erschienen war (gleichzeitig auch im «Völkischen Beobachter») wurde ein Artikel Heß', gleichsam als Korrektiv, placiert, der eine deutliche Warnung an Röhm enthielt: «Für die S.A. oder sonstige Teilorganisationen der Partei besteht heute und für künftige Zeiten nicht die geringste Notwendigkeit, ein Eigendasein zu führen. Es besteht keine Notwendigkeit – mehr noch, es wäre ein Schaden für die Gesamtheit, wenn sie ihren Eigennutz vor den Gemeinnutz der Partei stellten. Und die Billigung des Führers fänden sie niemals. Ebenso wenig würden ja die alten Kämpfer – gleichgültig in welcher Untergliederung sie sich befinden – Verständnis hierfür aufbringen.»

Am 2. Februar griff Hitler selbst in die Auseinandersetzung ein. In einer Ansprache vor den Gauleitern betonte er laut Protokoll, es seien «Narren, die da behaupten, die Revolution sei nicht beendet; dies lediglich mit der Absicht, sich selbst an bestimmte Stellen zu setzen». Es gäbe in der Bewegung «Menschen, die unter Revolution nichts anderes verständen, als einen dauernden Zustand des Chaos».[123]

Neben seinem Streit um die NS-Revolution kündigte sich für Röhm auch auf einem anderen Gebiet neuer Zündstoff an. Nach dem Rückzug Deutschlands aus der Genfer Abrüstungskonferenz und seinem Austritt aus dem Völkerbund im Oktober 1933 war die Aufrüstung aus dem Stadium allgemeiner Planungen in eine Phase konkreter Vorbereitungen getreten. Da nun jede im Sinne des Versailler Vertrages illegale Militarisierung, wie sie etwa die Ausbildung von Reserven innerhalb der SA darstellte, als Anlaß für Sanktionen gegen das Reich dienen konnte, forderte die Reichswehrführung mit Nachdruck, alle Aufrüstungsbestrebungen schon aus Geheimhaltungsgründen bei ihr zu konzentrieren, und drängte auf eine baldige Entscheidung für eine Armee auf der Grundlage der allgemeinen Wehrpflicht. Um die Jahreswende hatte man eine Zusage Hitlers zugunsten einer Wehrpflichtarmee in der Hand, durch die die Milizpläne Röhms obsolet geworden waren.[124]

Am 1. Februar übersandte Röhm – in Beantwortung eines Memorandums des Reichswehrministers – Blomberg eine Denkschrift und legte damit in offizieller Form seine Ansicht über die künftige Rolle der Reichswehr dar, die er auf die Funktion eines reinen Ausbildungsheeres herabgedrückt sehen wollte. Der aufs äußerste alarmierte Minister stellte daraufhin in einer Befehlshaberbesprechung fest, der Versuch einer Einigung mit der SA sei gescheitert, Hitler müsse nun entscheiden. In der Reichswehrspitze war man sich darüber einig, eine offene Konfrontation zunächst zu vermeiden und sich statt dessen darauf zu konzentrieren, gegenüber der politischen Führung besonderes Wohlverhalten zu zeigen, um sich auf diese Weise positiv von der stets aufmüpfigen SA abzuheben. Hitlers Entscheidung lag zu diesem Zeitpunkt bereits unverrückbar fest: Der «Führer» konnte bei seinen Aufrüstungsplänen weder auf das in der Reichswehr versammelte Potential an militärischem Sachverstand verzichten, noch konnte er es sich leisten, angesichts der derzeitigen innenpolitischen Lage sich die Armee und die hinter ihr stehenden konservativen Kräfte, geschart um die Symbolfigur des Reichspräsidenten, zu Gegnern zu machen.

Am 28. Februar rief Hitler die Spitzen von SA und Wehrmacht zusammen, um ihnen seine Entscheidung über die künftige Wehrverfassung mitzuteilen. Für seine Pläne, so betonte er, sei eine Miliz im Sinne Röhms ungeeignet, es käme nur eine Wehrmacht mit allgemeiner Wehrpflicht in Frage. Deutlich warnte er die SA-Führung davor, ihm in der gegenwärtigen Situation Schwierigkeiten zu machen. Im unmittelbaren Anschluß an seine Rede unterzeichneten Röhm und Blomberg eine Vereinbarung, in der die ungeteilte Verantwortung der Reichswehr für alle Fragen der Kriegsvorbereitung und Kriegsführung festgelegt wurde. Der SA wurden lediglich, unter strikter Aufsicht des Ministeriums, Aufgaben im Rahmen der vormilitärischen Ausbildung, im Grenzschutz und bei der Mobilmachung übertragen. Damit war Röhm mit seinen militärischen Ambitionen etwa soweit wie im Sommer 1933, von einer Führungsrolle im militärischen Bereich konnte keine Rede sein. Bei einer sich an die Unterzeichnung anschließenden Zusammenkunft mit SA-Führern machte Röhm seinem Unmut über diese Zurücksetzung Luft; seine Kritik, die auch vor dem Verhalten Hitlers nicht Halt machte, wurde vom Obergruppenführer Lutze Heß hinterbracht – vermutlich eine wichtige Station auf dem Weg zum 30. Juni 1934.

Zwar fügte sich Röhm nach außen hin den von Hitler verkündeten Richtlinien, tatsächlich wollte und konnte er sich aber mit der ihm zugewiesenen Rolle nicht zufrieden geben. So erneuerte er wiederholt und an markanter Stelle seine Forderung nach einer Fortsetzung der NS-Revolution: In einer großangelegten Rede vor dem diplomatischen Korps und der Auslandspresse bezeichnete er beispielsweise «Ordnung und Disziplin der SA.» als «die Ausdrucksform eines neuen deutschen Lebensstils, der sich von der SA. aus auf das gesamte deutsche Leben ausdehnen wird. Die SA – das ist die nationalsozialistische Revolution!»[125] Im Mai äußerte er sich anläßlich eines Besuchs bei bayerischen SA-Einheiten, man höre «immer und immer wieder, daß die Revolution längst vollendet sei. Wenn es nach diesen Spießerseelen ginge, wäre allerdings die Revolution längst vorbei. Wir aber lassen uns nicht täuschen. Unsere Wachsamkeit kann durch das Sprüchlein von Ruhe und Ordnung nicht eingeschüchtert werden, denn wir wissen, daß die Ruhe und Ordnung, welche jenen den Blick trübt, nur so lange besteht, als die S. A. hart und konsequent die Macht des neuen Deutschland verkörpert.»[126]

Parallel zu solchen rhetorischen Kraftübungen betrieb Röhm aber auch eine verstärkte Militarisierung der SA: In den «Hilfswerklagern» entstanden mit den «SA-Stabswachen» in ständiger Bereitschaft stehende, bewaffnete Einheiten. Bei der Ansammlung von Waffen konnten seitens der SA recht beträchtliche Fortschritte gemacht werden: Immerhin 177000 Karabiner und 1900 Maschinengewehre wurden bei der Entwaffnung der SA im Sommer 1934 aufgefunden.[127] Ferner wurden gerade im Frühjahr 1934 die «Kriegsspiele» des Stabschefs, großangelegte Geländeübungen und Mobilmachungen von SA-Einheiten, intensiviert: So wurden etwa in Berlin 15 Sonntage lang umfangreiche Aufmärsche der SA veranstaltet.[128]

Neben seinen weiteren Bemühungen um Kontakte zu ausländischen Persönlichkeiten – seine Rede vor Diplomatischem Korps und Auslandspresse im April war hier ein Höhepunkt – sondierte Röhm auch in Kreisen, die der NS-Regierung offenkundig ablehnend gegenüberstanden; so nahm er beispielsweise Kontakte mit dem Ex-Kanzler v. Schleicher auf.[129]

Obwohl alle diese Aktivitäten darauf hindeuteten, daß Röhm weitere Kollisionen mit der Parteiführung durchaus einkalkulierte, so kann doch keine Rede davon sein, daß er im Frühjahr 1934 systematisch einen SA-Putsch vorbereitete. Gerade er als Militär dürfte sich darüber im klaren gewesen sein, daß seine braune Armee viel zu heterogen war, um ihm bei einem Aufstand geschlossen zu folgen, und daß auch der Kampfwert der ihm ergebenen Teile weit unter dem von Polizei und Reichswehr lag. Auch sein persönliches Verhalten vor dem 30. Juni war keineswegs das eines entschlossenen Revolutionärs; in Berichten von Zeitgenossen erscheint er eher lustlos, resigniert und krank.[130] Obwohl ihr nach der «Niederschlagung» des angeblichen Staatsstreich-Versuches sämtliche Unterlagen der SA zur Verfügung standen, sollte es denn auch nicht einmal der nationalsozialistischen Führung gelingen, irgendwelche konkreten Belege für einen Putsch-Versuch Röhms ans Tageslicht zu bringen.

Röhm versuchte statt dessen im Frühjahr 1934, konsequent seine
bisherige Politik des weiteren Ausbaus und der Verselbständigung der SA
fortzusetzen, in der Hoffnung, mit Hilfe der gigantischen und autonomen
Organisation im Rücken letztlich der NS-Führung doch noch seinen
Willen aufzwingen zu können. In der Konsequenz dieser Politik lag aber
eine von Röhm nicht einkalkulierte Eigendynamik, die dazu führte, daß
mit der Zahl der Mitglieder auch ihre Erwartungen wuchsen, Heterogenität und Spannungen innerhalb der Organisation zunahmen. Viele Maßnahmen Röhms, wie etwa seine aggressive Rhetorik, der um ihn entfachte
Personenkult, seine Selbstdarstellungen auf diplomatischem Parkett, die
Disziplinierung und Militarisierung der SA, erfolgten zu einem erheblichen Teil mit Blick auf die Situation innerhalb der Parteiarmee: Sie waren
Versuche, die Geschlossenheit innerhalb der Organisation zu bewahren
und die Mitglieder durch das Aufzeigen neuer Perspektiven von der
gegenwärtigen Misere abzulenken.

4. Vorgeschichte und Verlauf des 30. Juni 1934

Exakt läßt sich der Verlauf des Entscheidungsprozesses, der schließlich
zur Ausschaltung der SA-Spitze am 30. Juni 1934 führte, nicht mehr
rekonstruieren. Infolgedessen wird – wie bei verschiedenen anderen
folgenschweren Ereignissen in der Geschichte des Dritten Reiches –
insbesondere die Rolle Hitlers durchaus unterschiedlich beurteilt: Steht
auf der einen Seite[131] der machiavellistisch handelnde Diktator im Mittelpunkt der Darstellung, so daß der Ablauf der Ereignisse als konsequente
Verwirklichung seines Entschlusses beschrieben werden kann, wird andererseits[132] die eigenständige Rolle anderer Repräsentanten des Regimes
bzw. einzelner Dienststellen betont und insgesamt eine gewisse, radikale
Lösungen begünstigende Eigendynamik des Herrschaftsapparates hervorgehoben; nach dieser Interpretation sei der anfangs eher unentschlossene Hitler von den Ereignissen mehr oder weniger mitgerissen worden,
seine so demonstrativ herausgestellte Führerschaft sei nichts anderes als
eine dezisionistische Pose. Möglicherweise läßt sich dieser Widerspruch
aber bis zu einem gewissen Grad auflösen, offenbarte sich der «Führerwille» doch häufig in so allgemeiner Form, daß die diensteifrig bereitstehenden Exekutivorgane ihn zwar als energischen Anstoß zum Handeln
empfinden konnten und sich bei ihrem weiteren Vorgehen auch ausdrücklich auf ihn beriefen, ihnen jedoch genügend Raum gelassen wurde,
um Eigeninitiativen und selbständige Lösungsansätze zu entwickeln.

Um die jeweiligen Handlungsanteile in der Vorgeschichte des 30. Juni
etwas genauer zu bestimmen zu können, erscheint es am sinnvollsten,

zunächst die Lage im Frühjahr 1934 in etwa so zu beschreiben, wie sie sich
der Führung des Dritten Reiches aufgrund der ihr zur Verfügung stehenden Informationen dargeboten haben mag.

Allgemein läßt sich sagen, daß ein gutes Jahr nach dem 30. Januar 1933
trotz weitgehender Gleichschaltung aller staatlichen und gesellschaftlichen Institutionen die nationalsozialistische Diktatur noch keineswegs in
der Bevölkerung fest verankert war. Dies wäre auch von einer Partei,
deren Stimmenanteil bei freien Wahlen maximal 37,3% betragen und sich
zudem zum größten Teil aus Protestwählern zusammengesetzt hatte,
kaum anders vorstellbar gewesen.

Die Unzufriedenheit, die sich im Frühjahr 1934 in zahlreichen Berichten niederschlug, ist demnach nicht als eine abrupt ausbrechende Krisen-
stimmung zu sehen, sondern eher als die eigentlich unvermeidliche Rück-
besinnung vieler Deutscher auf die triste Normalität, die vorübergehend
im Jahre 1933 durch eine nationale Aufbruchsstimmung überlagert worden war. Nun, am Ende des Winters 1933/34, zeigte sich, daß die von den
Nationalsozialisten angekündigte schnelle Verbesserung der krisenhaften
wirtschaftlichen Lage nur in einem wesentlich längeren Zeitraum zu
erreichen war. Die Stimmungsberichte dieser Monate vermitteln ein
ambivalentes Bild: Einerseits wird die allgemeine Lage als «ruhig und
hoffnungsvoll» gekennzeichnet, während andere Berichte von einer «gewissen Niedergeschlagenheit» oder einem «bedenklichen Vertrauensverlust» sprechen.[133] So herrschte insbesondere Mißmut über die nach wie
vor hohe Arbeitslosigkeit: Von den über sechs Millionen Arbeitslosen
waren im Frühjahr 1934 erst etwa ein Drittel in reguläre Beschäftigungs-
verhältnisse gelangt.[134] Die Unzufriedenheit innerhalb der Arbeiterschaft
kam konkret bei den Abstimmungen über die in den Betrieben neu
eingeführten «Vertrauensräte» zum Ausdruck: Die Ergebnisse waren so
schlecht, daß sie nie veröffentlicht wurden.[135] Die Gefahren kommunistischer Untergrundarbeit bildeten denn auch stets einen der Hauptpunkte in
den Lageberichten der Behörden. Aus der Landwirtschaft kamen Klagen
über das Erbhofrecht, dessen besondere Schutzmaßnahmen die bäuerliche
Kreditschöpfung beeinträchtigten, sowie über die im Rahmen des
«Reichsnährstandes» errichtete Agrarordnung mit ihren Zwangsmaß-
nahmen und als zu niedrig empfundenen Ablieferungspreisen.[136] In kon-
fessionellen Kreisen herrschte zudem Verunsicherung über den künftigen
Kurs der staatlichen Kirchenpolitik. So war insbesondere das Schicksal
der katholischen Vereine umstritten, während in der protestantischen
Kirche der Versuch des neu ernannten «Reichsbischofs», die Landeskir-
chen gleichzuschalten, für erhebliche Unruhen sorgte. Dieses Bild allgemeiner Unruhe und Unzufriedenheit wird durch die zahlreichen Klagen
über das «bonzenhafte» Gehabe der Parteifunktionäre abgerundet.

In dieser eher von Unzufriedenheit als fundamentaler politischer Opposition gegenüber dem Regime bestimmten Grundstimmung bildete die SA unter Röhm einen Herd ständiger Unruhe. Trotz aller eindeutigen Zurechtweisungen seitens der Partei und selbst durch den «Führer» hatte die SA immer wieder die Forderung nach einer Fortsetzung der NS-Revolution gestellt, eine Anerkennung als selbständiger bewaffneter Machtfaktor gefordert. Hinter dieser Forderung der SA-Führung stand ein nur mühsam im Zaum gehaltenes, unzufriedenes, weitgehend ver-armtes, potentiell gewalttätiges Millionenheer, das keineswegs als eine im nationalsozialistischen Sinne durchgeformte Organisation zu sehen war, sondern äußerst unterschiedliche Elemente in sich barg: Diese Mammutorganisation mit ihrem uneingelösten Machtanspruch weiter zu dulden hieß aber, die gerade erreichte Verständigungsbasis mit den konservativen Kräften in Beamtentum, Reichswehr und Wirtschaft zu gefährden.

Gerade in bürgerlich-nationalistischen Kreisen verfolgte man die Span-nungen innerhalb der NS-Bewegung mit der größten Aufmerksamkeit: Sie nährten die Hoffnung, es werde vielleicht doch noch möglich sein, die totalitäre Parteidiktatur in eine gemäßigte autoritäre Herrschaft unter stärkerer Beteiligung bürgerlicher Kräfte umzuwandeln. Die weite Kreise ziehenden oppositionellen Strömungen fanden einen gewissen Mittel-punkt in der Person des Vizekanzlers v. Papen und seiner unmittelbaren Umgebung, vor allem bei seinen Mitarbeitern Jung, v. Bose und v. Tschirsky. Ein Ansatzpunkt schien sich in der Nachfolge des alters-schwachen v. Hindenburg zu bieten: Die Wiedereinführung der Monar-chie[137], so glaubte man, wäre die beste Garantie zur Eindämmung des Nationalsozialismus. Innerhalb der Reichswehr stieß diese Wiederbele-bung des monarchischen Gedankens zwar nicht auf die erhoffte Gegen-liebe. Hier zeigte man betont Anpassungsbereitschaft an das Regime, aber die überdeutlich bekundete Loyalität stand und fiel letzten Endes natürlich mit dem Anspruch der Armee auf das Monopol als Waffenträger der Nation. So verband sich der Problem-Komplex SA (also der uneingelöste Machtanspruch der SA-Führung und die Unruhe der Basis) im Frühjahr 1934 mit einer Reihe weiterer brisanter Fragen: Offen waren die künftige Wehrverfassung, die Person und die Stellung des neuen Staatsoberhauptes und die Stärke des bürgerlich-konservativen Elements im zukünftigen «Dritten Reich». Nimmt man alles zusammen, so stand die Grundord-nung des nationalsozialistischen Deutschland zur Debatte.

Innerhalb der für die «innere Sicherheit» zuständigen Dienststellen läßt sich seit Anfang 1934 eine verschärfte Haltung gegenüber der SA feststel-len. Im Januar erhielt der Chef des preußischen Geheimen Staatspolizei-amtes, Diels, eigenen Angaben zufolge, von Hitler den Auftrag, Material gegen die SA zu sammeln. Anfang Februar erging der gleiche Auftrag an Reichswehrdienststellen.[138] Nachdem im April Himmler zum Inspekteur

der Gestapo und Heydrich zum Leiter des Staatspolizeiamtes ernannt
worden waren, wurde die Sammlung von Belastungsmaterial gegen
die SA offensichtlich systematisiert, ohne jedoch zu wirklich verwert-
baren Resultaten zu führen.[139] Die Reichswehr startete im April eine
«Wehrpropaganda»-Kampagne, in der die Armee – mit deutlicher
Spitze gegen die SA – zum «alleinigen Waffenträger der Nation» erklärt
wurde.[140] Im Mai wurden die militärischen Dienststellen erneut angewiesen, über Verstöße der SA gegen die im Februar geschlossene
Vereinbarung zu berichten.[141] Offensichtlich kam es noch im Mai zu
einer lockeren Kooperation zwischen Gestapo und Reichswehrdienststellen, ein regelmäßiger Nachrichtenaustausch setzte ein.[142] Immer
stärker zeichnete sich nun eine Front gegen die SA ab, in der Himmler und Heydrich als zentrale Bindeglieder fungierten, während die
beiden Flügel durch die Reichswehr und die im Staatsapparat festge-
setzte Partei, verkörpert vor allem durch Göring und Heß, gebildet
wurden.

Die verhärtete Haltung blieb der SA nicht verborgen: Im Mai erging
eine Anweisung Röhms an die Parteiarmee, ihrerseits systematisch Berichte zum Thema «Feindseligkeiten gegen die SA»[143] zu sammeln.

Mit dem Bekanntwerden einer ernsthaften Erkrankung Hindenburgs
im Mai und seiner Abreise auf sein Gut in Ostpreußen Anfang Juni
erreichten die Ereignisse ein neues Stadium. Die wichtigste Stütze der
Konservativen hielt sich nun, durch seine Krankheit ohnehin fast ak-
tionsunfähig, weit entfernt vom Entscheidungszentrum auf, der Handlungsspielraum der NS-Führung war damit erheblich ausgeweitet worden. Am 11. Mai lief ein bereits seit Wochen vorbereiteter Propagan-
dafeldzug gegen «Miesmacher» und «Nörgler» an, der im Juni noch
einmal eine beträchtliche Steigerung erfuhr. Hatte Goebbels zum Auf-
takt dieser Kampagne bereits verkündet, man werde «den Kritikern im
Lande von Angesicht zu Angesicht entgegentreten, ... sie zur Rede stellen und sie dem Volke in ihrer ganzen verbrecherischen Haltung zeigen»[144], so drohte Hitler am 17. Juni, «die schon geballte Faust der
Nation werde jeden niederschmettern.., der es wagt, auch nur den
leisesten Versuch einer Sabotage zu unternehmen»[145], und es war wiederum Goebbels, der vier Tage später die Gegner des Regimes warnte,
die angewandte «Großmut» falsch zu deuten; schon bald würden sie
«unsere Entschlossenheit verstehen lernen».[146] Alle diese Angriffe richteten sich aber keineswegs, auch nicht zwischen den Zeilen, gegen die
SA, sondern ausschließlich gegen «Miesmacher» im bürgerlich-konservativen Lager. In der Passage der Goebbels-Rede vom 11. Mai, die sich
auf die SA bezog, hatte der Propagandaminister sogar ausdrücklich
deren Verdienste hervorgehoben («nicht eine Kriegs-, sondern eine
Friedenstruppe, eine Truppe der Ordnung und Disziplin») und im übri-

gen Töne anklingen lassen, die sich von der «revolutionären» Rhetorik Röhms eigentlich nicht grundsätzlich unterschieden.

Anfang Juni, wohl unmittelbar nach der Abreise Hindenburgs, war es zu einer unerwarteten Entspannung im Verhältnis Röhm–Hitler gekommen. Nach einem langen persönlichen Gespräch (dem letzten übrigens) hatte Röhm eine Kur angetreten und überraschenderweise einen generellen «Urlaub» der SA für den Monat Juli verfügt. Entscheidend hierfür war vermutlich die internationale Situation: Einen Monat lang Deutschland ohne die ständigen Umzüge und paramilitärischen Übungen der SA zu sehen sollte das in Frankreich und Großbritannien vorhandene Mißtrauen gegenüber unkontrollierten deutschen Militarisierungsbestrebungen abbauen helfen, letztlich also der Reichswehr den Rücken für ihre Aufrüstungsbestrebungen freihalten.[147]

In dem von ihm am 8. Juni unterzeichneten Urlaubsbefehl machte Röhm jedenfalls zweierlei deutlich: Offenbar glaubte er nicht an eine unmittelbar bevorstehende Auseinandersetzung mit dem Regime, gleichzeitig hielt er es aber für notwendig, seine Position zu bekräftigen und ein weiteres Beispiel für seine aggressive Tonart zu liefern: «Ich erwarte, daß dann am 1. August die SA wieder voll ausgeruht und gekräftigt bereit steht, um ihren ehrenvollen und schweren Aufgaben zu dienen, die Volk und Vaterland von ihr erwarten dürfen. Wenn die Feinde der SA sich in der Hoffnung wiegen, die SA werde aus ihrem Urlaub nicht mehr oder nur zum Teil wieder einrücken, so wollen wir ihnen diese kurze Hoffnungsfreude lassen. Sie werden zu der Zeit und in der Form, in der es notwendig erscheint, die gebührende Antwort erhalten.»[148.]

Die Stimmung der SA und ihr Verhältnis zur Partei waren zwar auch im Juni 1934 recht gespannt, Anzeichen für eine dramatische Verschlechterung oder gar für eine unmittelbar bevorstehende offene Auseinandersetzung zeigten sich allerdings nicht. Berichte[149] von SA-Standarten aus dem hessischen Raum über die allgemeine Lage im zweiten Quartal 1934 vermitteln ein uneinheitliches Bild: Einerseits wird die Stimmung als «gut» bezeichnet, während sie andernorts als «nicht immer befriedigend» geschildert wird bzw. von «eine(r) gewisse(n) Mißstimmung» die Rede ist. Zum Verhältnis zur Politischen Organisation der Partei heißt es «erträglich», «keine Reibungen, aber auch keine engeren Bindungen», «zu allem gut, zumal [!] engere Bindungen nicht mehr bestehen und man das Empfinden hat, sich auseinander zu leben». Übereinstimmend wird das relativ schlechte Verhältnis zu staatlichen Behörden geschildert. Die SA-Führung glaubte zur gleichen Zeit, «Auszüge aus eingelaufenen Berichten, u. Presseveröffentlichungen» dahingehend deuten zu müssen, in den eigenen Reihen werde eine «systematische Erregung von Mißstimmung, Enttäuschung und Unzufriedenheit durch Spitzel, Provokateure, Miesmacher, Nörgler» betrieben, während man im Verkehr mit der Partei «unleidliche Verhältnisse» feststellte. Irritiert nahm man ferner Spekulationen der Auslandspresse zur Kenntnis, der bevorstehende Urlaub sei ein Vorzeichen für den Abbau bzw. die Auflösung der Parteiarmee.[150] Solche Gerüchte kursierten Mitte Juni auch bereits innerhalb der Parteiarmee: So wurde etwa in der Hamburger SA von ehemaligen Stahlhelmern die Auffassung verbreitet, Röhm werde von seinem Urlaub nicht mehr zurückkehren.[151]

Gleichzeitig machte sich die Frustration vieler SA-Leute nach wie vor in gewalttätigen Zwischenfällen Luft, ohne daß hier im Vergleich mit vergangenen Monaten eine qualitative Steigerung zu verzeichnen gewesen wäre. So heißt es in einem Befehl einer Hamburger Brigade, man habe «gewiß Verständnis für Frohsinn, ausgelassene Kameradschaft und auch Alkoholgenuß», gegen hierbei entstehende «Streitigkeiten, Schlägereien usw.» müsse aber entschieden vorgegangen werden.[152] Zwei Wochen später verwies eine andere, ebenfalls in Hamburg stationierte Brigade auf einen früheren Befehl, demzufolge jeder SA-Mann «nicht nur berechtigt, sondern verpflichtet» sei, gegen Gegner «die Faust zu gebrauchen», fügte aber einschränkend hinzu, dies dürfe weder «unter dem Einfluß des Alkohols» geschehen, noch sei der «SA-Dolch als Angriffswaffe» zu gebrauchen.[153] Der «Standortführer» der Münchner SA sah sich im April 1934 veranlaßt, ausdrücklich darauf hinzuweisen, daß «die Zucht der SA- und SS-Männer noch sehr zu wünschen übrig» ließe: «Raufereien und Schlägereien untergraben das Ansehen der Bewegung.» Da diese Ausschreitungen meistens nach Mitternacht erfolgten, wurde im Wiederholungsfall ein «Zapfenstreich» für das Stadtgebiet angedroht; es folgte eine Liste von «verbotenen» Lokalen.[154]

Wenn die SA im Juni 1934 nach wie vor eine erhebliche Belastung für das Regime darstellte, dann vor allem wegen der zahlreichen unkontrollierten und unüberlegten Aktionen ihrer Basis. Die SA-Führung hingegen war unfähig, solche Unmutsäußerungen ihrer Braunhemden effektiv zu stoppen und die Masse der Mitglieder zur Durchsetzung ihres so oft betonten Machtanspruchs in eine Erfolg versprechende politische Strategie einzubinden. Die SA-Führung befand sich somit trotz ihrer selbstbewußten und aggressiven Rhetorik in der Defensive sowohl gegenüber der Masse der Mitglieder wie gegenüber ihren Gegnern in Reichswehr und konservativem Lager, in SS und Partei.

Der entscheidende Anstoß, der die Säuberungsaktion vom 30. Juni 1934 auslösen sollte, kam so auch nicht aus der viel zu sehr mit sich selbst beschäftigten SA, sondern von der Gruppe um den stellvertretenden Regierungschef v. Papen. Der Vizekanzler hielt am 17. Juni an der Universität Marburg seine vielbeachtete, von seinem Mitarbeiter Jung entworfene Rede[155], in der er schonungslose Kritik am Regime übte. Dabei hatte sich der Vizekanzler namentlich gegen die rigide Presselenkung des

Propagandaministeriums gewandt, die «Vorherrschaft» einer einzigen Partei als «Übergangszustand» bezeichnet, staatliche Eingriffe in konfessionelle Angelegenheiten kritisiert, den Kampf des Regimes gegen angeblichen «Intellektualismus» als zutiefst «geistlos» hingestellt und den ganz offen benannten «Terror» «als Ausfluß eines bösen Gewissens» bezeichnet. Die schärfste Formulierung hatte v. Papen gegenüber den Befürwortern einer zweiten nationalsozialistischen Revolution gebraucht, indem er ihnen entgegengehalten hatte, «daß einer zweiten Welle leicht eine dritte folgen kann, daß, wer mit der Guillotine droht, am ehesten unter das Fallbeil gerät». Diese «Marburger Rede» war eine offene Provokation; während der gesamten nationalsozialistischen Ära sollte nie wieder von einer prominenten Persönlichkeit in Deutschland mit einer solchen Schärfe öffentlich Kritik am Regime geübt werden. Als das Propagandaministerium die weitere Verbreitung der Rede, die bereits in weiten Bevölkerungskreisen starke Beachtung gefunden hatte, zu unterbinden suchte, protestierte v. Papen am 19. Juni bei Hitler und drohte, Hindenburg seinen Rücktritt anzubieten.[156] Die damit faktisch verbundene Regierungskrise wurde von Hitler aber geschickt überspielt, indem es ihm gelang, den drohenden Beschwerdegang v. Papens bei Hindenburg hinauszuzögern. In den nächsten Tagen reifte beim Reichskanzler die Entscheidung heran, nicht abzuwarten, bis das konservative Lager eine Front gegen ihn aufgebaut hatte, sondern durch eine direkte Aktion das Blatt zu wenden. Die Aussicht, am 1. August wieder mit einer «voll ausgeruhten und gekräftigt» bereitstehenden SA konfrontiert zu werden, setzte den äußersten zeitlichen Rahmen für seine Überlegungen.

In dieser Situation hielt Heß, in der Frühphase des Regimes als «Stellvertreter des Führers» einer der intimsten Vertrauten Hitlers, am 25. Juni über den Kölner Reichssender eine Rede[157], der im Hinblick auf den 30. Juni größte Bedeutung beizumessen ist. Zwar stand diese Ansprache noch im Kontext der Anti-Miesmacher-Kampagne, auffallenderweise jedoch richtete Heß den Vorwurf der Sabotage am nationalsozialistischen Staatsaufbau eindeutig und gezielt gegen die SA: Er warnte nämlich «jene idealistischen Leichtgläubigen unter meinen Parteigenossen..., die manchmal in der Erinnerung an den Heroismus und die herrliche Kameradschaft in den Kampfzeiten der Bewegung dazu neigen, sich Provokateuren zuzuwenden, die Volksgenossen gegeneinanderzuhetzen versuchen und dieses verbrecherische Spiel mit dem Ehrennamen einer ‹zweiten Revolution› bemänteln». Unmißverständlich drohte er: «Wehe dem, der die Treue bricht, im Glauben durch eine Revolte der Revolution dienen zu können! Armselig, die da glauben, auserwählt zu sein, durch agitatorisches Handeln von unten dem Führer revolutionär helfen zu müssen.»

Mögen diese deutlichen Worte nun eine letzte Warnung an die Adresse der SA gewesen sein oder bereits Teil einer Rechtfertigungsstrategie für die beschlossene Ausschaltung Röhms und seines Anhangs – in jedem Fall markiert die Rede den Zeitpunkt, an dem mit Sicherheit der Entschluß feststand, in der momentanen Krise gegen die Parteiarmee Front zu machen. Die allmähliche Verschärfung des Tons gegenüber der SA, die man aus den öffentlichen Erklärungen der Parteispitze zum Thema «zweite Revolution» seit dem Sommer des Jahres 1933 entnehmen kann, und die gegen die Parteiarmee gerichteten Aktivitäten von Reichswehr und SD vermitteln auf den ersten Blick den Eindruck, daß diese Entscheidung über Monate herangereift, die Ausschaltung der SA-Spitze das Ergebnis langfristiger generalstabsmäßiger Planung war. Sieht man die Vorgeschichte des 30. Juni unter diesem Vorzeichen, so wäre die Beurlaubung der Parteiarmee die entscheidende List und die Rede Heß' die vorletzte Stufe in einem seit langem laufenden Countdown. Gegen eine langfristige Planung der vorgetäuschten «Röhm-Revolte» spricht aber die allgemeine innenpolitische Atmosphäre der ersten Jahreshälfte 1934, in der die unter nationalsozialistischer Führung stehende Regierung noch keineswegs souverän die Szene beherrschte, sondern mit diversen Unsicherheitsfaktoren zu rechnen hatte: Aus der Sicht des Regimes stellten nicht nur das revolutionäre Getöse der SA sowie die Opposition v. Papens schwere Belastungen dar, sondern die Regierung hatte so schwierige Probleme zu lösen wie die Hindenburg-Nachfolge, die künftige Wehrverfassung oder die Rolle der Kirchen im Dritten Reich, während sie gleichzeitig mit einer gewissen unzufriedenen Grundstimmung der Bevölkerung und einer nahezu vollständigen außenpolitischen Isolierung konfrontiert war. In dieser Situation suchten die verschiedenen Machtblöcke und Gruppierungen nach Orientierungen, begannen damit, ihre Positionen gegeneinander abzustecken oder Bündnisse miteinander abzuschließen, so daß sich erst ganz allmählich so etwas wie eine einigermaßen überschaubare politische Landschaft herausbildete. Erst im Mai zeichnete sich eine stabile Kooperation zwischen Reichswehr, Himmler und Göring ab, erst Mitte Juni ging v. Papen auf Konfrontationskurs. Bis zu diesem Zeitpunkt hätten sich aber auch ganz andere machtpolitische Konstellationen ergeben, hätten der SA ganz andere Rollen und Aufgaben zufallen können. In der ausdrücklichen Verteidigung der SA durch Goebbels am 11. Mai wird deutlich, daß noch zu diesem Zeitpunkt in der NS-Führung Alternativen zur Ausschaltung der Parteiarmee denkbar waren und noch keineswegs eine geschlossene Front gegen Röhm bestand. Diese relative Offenheit der Situation bis wenige Wochen vor dem 30. Juni 1934 läßt es durchaus denkbar erscheinen, daß die nach dem Gespräch zwischen Röhm und Hitler Anfang Juni eingetretene Entspannung durchaus Chancen gehabt hätte, sich zu einem dauerhaften Arrangement zwischen Partei und Parteiarmee zu entwickeln; die bis dahin innerhalb der Gestapo und

Reichswehr feststellbare Mobilisierung gegen die SA erscheint zu diesem Zeitpunkt noch reversibel. Die trotz Konfrontation und Auseinandersetzung um die zweite Revolution noch bestehende Brücke zwischen Partei- und SA-Führung wurde erst nach der Aktion v. Papens abgebrochen. Diese völlig neue Konstellation ließ die zwischen Partei und SA eingetretene vorübergehende Entspannung abrupt in eine Konfrontation neuer Qualität umschlagen. Es wäre somit vermutlich verfehlt, sich den im Zentrum des Entscheidungsprozesses stehenden Hitler in dieser Situation als langfristig planenden Strategen vorzustellen. Vielmehr befand er sich in den Monaten vor dem 30. Juni in einer außerordentlich unübersichtlichen Situation, wurde von unterschiedlichen Seiten mit Informationen und Gerüchten beliefert, um dann, als sich v. Papen ihm offen entgegenstellte, mit untrüglichem Machtinstinkt schlagartig zu erfassen, daß damit die Konstellation eingetreten war, in der man mit der Niederschlagung eines «Putsches» Röhms mit einem Streich das innenpolitische Problemknäuel entwirren konnte. Die Berichte aus Hitlers unmittelbarer Umgebung zeigen denn auch, wie der Diktator sich am 29. und 30. Juni selbst in einen psychischen Ausnahmezustand hineinsteigerte.

Wenn aber, so ließe sich einwenden, das Regime die eigentliche Bedrohung in dem aufmüpfigen konservativen Steigbügelhalter der Machtergreifung sah, warum wurde dann der Schlag nicht direkt und ausnahmslos gegen v. Papen und seinen Anhang geführt, warum mußte dann ein SA-Aufstandsversuch konstruiert und anschließend niedergeschlagen werden? Auch zur Beantwortung dieser Frage kann man nur Wahrscheinlichkeitsargumente ins Feld führen: Eine ausschließlich gegen Angehörige der konservativen Rechten gerichtete Aktion hätte wie ein Bumerang wirken können. Sie hätte in breiten Kreisen der Bevölkerung und insbesondere in der gesellschaftlichen Elite Opposition hervorgerufen. Das Beziehungsgeflecht der konservativen Rechten war auch zu dicht, als daß ein solcher Schlag auf einen kleinen Personenkreis hätte begrenzt werden können. Es war nicht auszuschließen, daß sich der Reichspräsident noch zu einem Protest hätte aufraffen, die Reichswehr sich möglicherweise hätte auflehnen können. Die SA hätte womöglich einen isolierten Schlag gegen ihren schärfsten Kritiker v. Papen als Aufforderung aufgefaßt, die «zweite Revolution» zu verwirklichen, die Balance der Macht hätte sich erheblich zu ihren Gunsten verschoben. Auf der anderen Seite aber war die SA ein vergleichsweise geeignetes Angriffsziel. Sie war isoliert, hatte die bewaffnete Staatsmacht und die Konservativen als Gegner, war in der Bevölkerung und sogar bei vielen Parteigenossen unbeliebt. Gerade ihr paramilitärischer Charakter machte sie verwundbar: Gegen die deutlich von der Basis abgegrenzte Führungsschicht ließ sich relativ leicht ein Enthauptungsschlag führen; die Waffenaufkäufe der SA und ihre Übungen ließen sich ausgezeichnet als Putschvorbereitungen deuten. Zusammen mit dem spektakulären Schlag gegen den angeblich aufgedeckten «Röhm-Putsch» konnten sodann die konservativen Kritiker um v. Papen auf relativ unauffällige Weise ausgeschaltet werden. Möglichem Widerstand, der bei einem isolierten Schlag gegen die Konservativen zu befürchten gewesen wäre, wurde auf diese Weise nahezu jede Legitimation entzogen, da die gegen die SA gerichtete Hauptaktion ja genau jene Mißstände beseitigte, die v. Papen öffentlich in Marburg kritisiert hatte. Im Ergebnis zeigte sich denn auch, daß die Aktion vom 30. Juni das Bündnis zwischen Nationalsozialismus und konservativen Eliten in Armee, Bürokratie und Wirtschaft durch die Beseitigung des Unsicherheitsfaktors SA gestärkt hatte; die Tatsache, daß im Zuge der Aktion gegen Röhm einige Vertreter des konservativen Papen-Kreises und die Militärs v. Schleicher und v. Bredow ihr Leben verloren, wurde zwar in bürgerlichen Kreisen schmerzlich vermerkt, jedoch offensichtlich als unvermeidbarer Preis für die dringend benötigte Stabilität aufgefaßt.

Etwa eine Woche vor dem 30. Juni wurde damit begonnen, SS und Reichswehr auf einen bevorstehenden Putsch der SA einzustimmen und entsprechende Gegenmaßnahmen vorzubereiten, ohne daß zu diesem Zeitpunkt bereits ein Termin festlag.[158] Um den 25. Juni wurden die SS- und SD-Führer aus dem Reich nach Berlin gerufen, wo ihnen Himmler und Heydrich eine unmittelbar bevorstehende Revolte der SA ankündigten und sie in die vorbereiteten «Abwehrmaßnahmen» einwiesen. Die Tatsache, daß der Einsatz der SS auf ein «Stichwort» erfolgen sollte (und nicht aufgrund des angeblichen Putsches selbst), wirft ein bezeichnendes Bild auf die hier praktizierte Art von Staatsschutz. Der Reichswehr waren für die bevorstehende Aktion wichtige flankierende Maßnahmen zugedacht. Man informierte die Armee etwa um die gleiche Zeit wie die SS/SD-Organe über einen angeblich bevorstehenden Putsch und veranlaßte sie, für die SS-Einheiten, die den eigentlichen Stoß führen sollten, Waffen, Transportraum sowie Unterbringungsmöglichkeiten in Reichswehrkasernen zur Verfügung zu stellen. Ferner stellte die Reichswehr für den Fall, daß die SS auf stärkeren Widerstand stoßen solle, umfangreiche Eingreifreserven bereit.[159] Diese Vorbereitungen und gezielt gestreute Gerüchte, Falschmeldungen und fingierte SA-Geheimbefehle sorgten dafür, daß sich innerhalb von Armee und SS die Spekulationen über das Verhalten der SA verselbständigten und als Nachrichten über tatsächliche Putschvorbereitungen an die verschiedenen Nachrichtendienste zurückkamen: Die Gegner der SA waren alsbald wohl nicht mehr in der Lage, zwischen konstruierter und realer Aufstandsgefahr zu unterscheiden, bei Reichswehr und SS herrschte reichsweit Alarmstimmung. Wilde Gerüchte über die bevorstehende Absetzung Röhms machten die Runde, vereinzelt kam es zu örtlichen Alarmierungen der SA und zur Bereitstellung von Waffen. Am Abend des 29. Juni wurde eine Münchner SA-

Standarte alarmiert: Des Nachts zogen etwa 3 000 SA-Männer randalierend durch die Stadt, die lautstark ihre Bereitschaft bekundeten, jedem
«Verrat» an der SA entgegenzutreten. Durch Eingreifen des Gauleiters
und Innenministers Wagner gelang es allerdings noch in der Nacht, die
aufgebrachten SA-Männer zu veranlassen, wieder nach Hause zu gehen.[160] Seitens der Militärs bemühte man sich nun auch offiziell, nach
außen hin deutliche Distanz zur SA zu dokumentieren. So wurde Röhm
am 28. Juni aus dem «Verband der Deutschen Offiziere» ausgestoßen, und
am 29. Juni veröffentlichte der «Völkische Beobachter» einen Artikel des
Wehrministers Blomberg, in dem dieser den Schulterschluß der Armee
mit dem neuen Staat verkündete.

Am 28. Juni konnten die technischen Vorbereitungen bei SS und
Reichswehr als abgeschlossen bezeichnet werden. Um «nach außen den
Eindruck absoluter Ruhe zu erwecken», wie es später eine offizielle
Darstellung[161] der Ereignisse formulierte, begab sich Hitler an diesem Tag
in Begleitung von Göring und Lutze nach Essen, um an der Hochzeit des
dortigen Gauleiters Terboven teilzunehmen. Hier dürfte der Zeitpunkt
für die Aktion festgelegt worden sein, möglicherweise unter dem Eindruck alarmierender Nachrichten aus Berlin, die ein unmittelbar bevorstehendes Zusammentreffen Papen–Hindenburg und wachsende Unruhe
in der SA vermeldeten. Von Essen aus befahl Hitler am Abend des 28. Juni
Röhm telefonisch, für den 30. Juni um 10 Uhr an seinem Urlaubsort Bad
Wiessee eine SA-Führerbesprechung einzuberufen. Gleichzeitig begannen
die Vorbereitungen für den bevorstehenden Coup: Die ersten Alarmbefehle gingen hinaus, Göring flog zurück nach Berlin, um die hier vorgesehenen Aktionen einzuleiten.[162]

In der Nacht fliegt Hitler, in Begleitung von Goebbels und Lutze, nach
München, wo er in der ersten Morgendämmerung eintrifft. Dort wird er
vom Gauleiter Wagner und zwei Reichswehroffizieren in Empfang genommen. Möglicherweise erfährt er hier zum ersten Mal von dem vor
wenigen Stunden beendeten Umzug der Münchner SA-Standarte. Jedenfalls hat es den Anschein, daß er sich jetzt entschließt, das Tempo der
gesamten Aktion zu verschärfen und eine blutige Abrechnung vorzunehmen. Vom Flughafen begibt sich der «Führer» samt Begleitung ins
Innenministerium und läßt die SA-Führer Schmid und Schneidhuber
(letzterer gleichzeitig Polizeipräsident der Stadt) dorthin zitieren. Er hält
ihnen die nächtliche Aktion der Münchner SA vor, macht den offensichtlich völlig Überraschten «Verrat» und Teilnahme an einer gegen ihn
gerichteten Verschwörung zum Vorwurf und reißt ihnen eigenhändig die
Schulterstücke herunter. Beide werden auf der Stelle verhaftet und in das
Gefängnis Stadelheim verbracht.

Nachdem Hitler sich versichert hat, daß München vollständig unter
seiner Kontrolle ist, verläßt er etwa gegen fünf Uhr morgens das Innenmi-

nisterium und begibt sich auf schnellstem Wege, begleitet von Goebbels und Lutze und einem Kommando ausgesuchter SS-Leute, in das etwa 50 Kilometer entfernte Bad Wiessee, ohne das Eintreffen der Verstärkungen aus Berlin und Dachau abzuwarten.

In der Wiesseer Pension Hanselbauer herrscht an diesem Morgen noch absolute Ruhe, da die bereits zur Führerbesprechung eingetroffenen SA-Führer selbstverständlich am Vorabend ausgiebig gezecht haben und ihren Rausch ausschlafen. Somit gelingt es der kleinen Gruppe aus München, sämtliche Anwesenden vollständig zu überrumpeln.

Hitler läßt es sich nicht nehmen, Röhm höchstpersönlich aus dem Bett heraus zu verhaften und ihn in hysterischem Ton mit Vorwürfen zu überhäufen. Daß der Breslauer SA-Führer Heines sein Bett mit einem jungen SA-Mann geteilt haben soll, wirkt sich offensichtlich anregend auf die sexuelle Phantasie der Beteiligten aus, die in den nächsten Wochen und Monaten die Bad Wiesseer Pension als wahren Ort des homosexuellen Lasters darzustellen bestrebt sein werden.

Während die Verhaftung der SA-Führer noch im Gang ist, bahnt sich eine kritische Situation an, als plötzlich ein Lastwagen mit bewaffneten Angehörigen der SA-Stabswache aus München, alles verschworene und kampferprobte Anhänger Röhms, am Schauplatz des Geschehens eintrifft; doch Hitler kann den Führer des Kommandos bluffen und ihn zur Rückkehr nach München veranlassen.[163]

Während die festgenommenen SA-Führer in das Gefängnis München-Stadelheim gebracht werden, fährt Hitler mit seiner Begleitung nach München zurück. Unterwegs läßt er die ihm entgegenkommenden SA-Führer anhalten, verfügt ihre Festnahme oder fordert sie auf, sich seiner Wagenkolonne anzuschließen. Gleichzeitig werden auch die auf dem Münchner Hauptbahnhof eintreffenden SA-Führer durch die SS in Empfang genommen. Um die Mittagszeit trifft Hitler in der Parteizentrale, dem Braunen Haus, ein. Vor einer größeren Zahl von SA- und Parteiführern begründet er sein Vorgehen mit den moralischen Verfehlungen und dem Verrätertum Röhms und seiner Freunde. Ein Putsch habe unmittelbar bevorgestanden und habe nur durch entschlossenes Handeln verhindert werden können. Bei dieser Gelegenheit gibt er auch die Ernennung Lutzes zum neuen SA-Stabschef bekannt. Schließlich hakt er auf einer von der Stadelheimer Gefängnisverwaltung angefertigten Liste der inhaftierten SA-Führer sechs Namen ab und befiehlt Dietrich, die Betreffenden zu liquidieren. Die SA-Führer Schneidhuber, Schmid, Heydebreck, Hayn, v. Spreti und Heines werden noch am gleichen Tag durch ein SS-Kommando in Stadelheim erschossen. Auch dieses Verfahren, das zu Diskussionen mit dem Gefängnisdirektor und dem bayerischen Justizministers Hans Frank führt, die die Formlosigkeit des Verfahrens beanstanden, deutet auf den im-

provisierten Charakter der gesamten Operation hin. Gegen 18 Uhr fliegt
Hitler wieder nach Berlin zurück.[164]

Hier hatte inzwischen Göring, nachdem ihm Goebbels gegen 10 Uhr
ein vorher verabredetes Stichwort übermittelt hatte, umfangreiche Verhaftungen und Erschießungen vornehmen lassen.[165] Auch die Berliner
Ereignisse zeigten, wie improvisiert der Terror des 30. Juni war. Besonders aufschlußreich erscheint in diesem Zusammenhang eine Erklärung,
die Göring auf einer Pressekonferenz am Abend des gleichen Tages abgab:
«Ich habe meine Aufgabe erweitert, indem ich auch gegen diese Unzufriedenen (gemeint waren Schleicher und der Kreis um v. Papen) einen Schlag
führte.»[166] Ganz offensichtlich kam es demnach im Verlauf des 30. Juni auf
Seiten der Verfolger zu einer zweiten Eskalation der Ereignisse: Nachdem
Hitler sich offenbar am Morgen spontan entschlossen hatte, die angesetzte
SA-Führerbesprechung nicht abzuwarten, sondern sogleich in Bad Wiessee zuzuschlagen, sah sich der mit dieser dramatischen (möglicherweise
durch seine eigene Informationspolitik mitherbeigeführten) Zuspitzung
der Ereignisse konfrontierte Göring dazu veranlaßt, selbständig Verhaf-
tungslisten zu erweitern bzw. Liquidierungen anstelle von Inhaftierungen
entweder selbst anzuordnen oder in das Ermessen der Gestaposchergen zu
stellen. Der in jedem Fall von Göring vor der Öffentlichkeit verantwor-
tete, gegen «diese Unzufriedenen» gerichtete Schlag traf vor allem die
konservativen Kräfte um den Vizekanzler v. Papen. Während über v. Papen selbst Hausarrest verhängt wurde, wurden seine engsten Mitarbeiter
Jung und v. Bose ermordet, letzterer bei der Erstürmung der Vizekanzlei
durch ein SS-Kommando. Ebenso wurde der Ministerialdirektor Klausener, Führer der «Katholischen Aktion», in seinem Büro im Reichsver-
kehrsministerium von einem Killerkommando erschossen. Unter den
Opfern des 30. 6. befanden sich aber ebenso diverse andere Gegner Hitlers
aus vergangenen Jahren: General und Vizekanzler a. D. v. Schleicher
wurde von zwei Zivilisten in seiner Wohnung aufgesucht, wo er und seine
Frau auf der Stelle erschossen wurden. In seiner Wohnung ermordet
wurde auch Schleichers langjähriger Mitarbeiter, Generalmajor Kurt von
Bredow. Der ehemalige Reichsinspekteur in der Parteileitung und enge
Vertraute Gregor Straßers, Paul Schulz, konnte sich, schwer verletzt, nur
durch eine waghalsige Flucht dem gleichen Schicksal entziehen. Die über
den Kreis der SA-Führer hinauszielenden Berliner Mordaktionen scheinen ein Signal gewesen zu sein, überall im Reich alte Rechnungen mit
Nazi-Gegnern zu begleichen: v. Kahr, der bayerische Generalstaatskommissar des Jahres 1923, der den «Hitler-Putsch» verhindert hatte, fiel der
Mordaktion ebenso zum Opfer wie der 1932 als innerparteilicher Rivale
Hitlers aufgetretene Gregor Straßer. Je länger die Aktion andauerte, desto
willkürlicher wurde verhaftet und gemordet. Teilweise nutzten lokale SS-
Führer die Situation, um alte Rechnungen mit den verhaßten Konkurren-

ten von der SA, prominenten Nazi-Gegnern oder auch mit mißliebigen
Figuren aus den eigenen Reihen zu begleichen, in mindestens einem Fall
kam es im Zuge der mörderischen Geschäftigkeit zu einer Exekution
infolge einer Namensverwechslung. In Schlesien, am Ende der Weimarer
Republik Schauplatz eines systematischen SA-Terrors, scheint die Aktion
der dortigen SS-Führung regelrecht über den Kopf gewachsen zu sein: SS-
Kommandos gingen völlig willkürlich zu einer allgemeinen Säuberungsaktion gegen SA-Führer und NS-Gegner vor. Das so in seinen Auswirkungen immer schwerer zu überschauende Unternehmen wurde von
Hitler am Morgen des 2. Juli offiziell für beendet erklärt. Eine erhaltene
Liste der Liquidierten weist 83 Namen auf, darunter 50 SA-Angehörige.[167] Durch eine Überprüfung und Ergänzung dieser Liste sind namentlich insgesamt 85 Opfer[168] des 30. Juni bekannt; Schätzungen gehen
von einer Gesamtzahl von 150 bis 200 Personen aus.[169]

Röhm, das ursprüngliche Hauptziel der Aktion, war am 30. Juni noch
verschont worden, da Hitler sich die Entscheidung über die Liquidierung
seines alten Kampfgefährten selbst vorbehalten hatte und die Entscheidung hinauszögerte. Erst gegen Mittag des nächsten Tages entschloß er
sich, auch den SA-Stabschef ermorden zu lassen: Der Leiter des KZ
Dachau, Eicke, und der Führer der dortigen Lagerwache besorgten das
blutige Geschäft.

V.

Die gezähmte Parteiarmee
(1934–1945)

1. Säuberung und Reorganisation der SA

Alle Berichte über die Reaktion der Bevölkerung auf die Mordaktion vom 30. Juni bieten übereinstimmend ein Bild breiter Zustimmung. Die große Mehrheit der Deutschen sah in den Ereignissen dieses Tages in erster Linie die Beseitigung eines gefährlichen Unruhepotentials, durch das sie sich in den vergangenen Jahren bis in ihre Privatsphäre hinein belästigt gefühlt hatte. Angesichts der wiederhergestellten «Ruhe und Ordnung» war man offensichtlich bereit, die staatsterroristischen Begleiterscheinungen der Aktion, einschließlich der Liquidierung Unbeteiligter, hinzunehmen, zumal der volle Umfang der blutigen Abrechnung verschleiert werden konnte. Offensichtlich vermochten gerade die vom Regime zur Rechtfertigung der Aktion herausgestellten «moralischen» Motive zu überzeugen: Die «unnatürliche» Homosexualität der SA-Führer, ihr verschwenderischer Lebensstil und ihr Landsknechts-Gebaren waren allgemein als anstößig angesehen worden, während die ebenfalls in offiziellen Erklärungen herausgestellte «mutige» und «entschlossene» Haltung Hitlers, sein «Durchgreifen», geradezu begeistert aufgenommen wurde und nicht unerheblich dazu beitrug, die Führerverehrung zu einem konstitutiven Element der NS-Herrschaft auszuprägen. Äußerst geschickt verstand es das Regime in diesen Wochen, der sich in der letzten Zeit in der Bevölkerung aufgestauten Unzufriedenheit mit dem Hinweis auf die Missetaten der entmachteten SA-Führer zu begegnen.[1]

Vor dem Hintergrund dieser allgemeinen Zustimmung konnte das Regime sicher sein, daß auch die nachträgliche Legalisierung der Morde keinen Widerspruch finden würde. So verabschiedete das Kabinett am 3. Juli ein Gesetz, in dem die «zur Niederschlagung hoch- und landesverräterischer Angriffe am 30. Juni, 1. und 2. Juli 1934 vollzogenen Maßnahmen» aus Gründen der «Staatsnotwehr» für «rechtens» erklärt wurden.[2] Diese Bestimmung bedeutete eine wesentliche Zäsur in der Verfassungsgeschichte des Dritten Reiches, war hier doch die endgültige Auslieferung noch existierender rechtsstaatlicher Elemente an das nationalsozialistische Willkürregime vollzogen worden.

Vielfach wurde in der Bevölkerung nun auch die Forderung erhoben, die Säuberung auf die gesamte SA auszudehnen; zu solchen Maßnahmen war das Regime ohnehin entschlossen. Auf den 30. Juni folgte für die SA ein umfassender Prozeß der Säuberung und Reorganisation. Zunächst wurden eine ganze Reihe von Maßnahmen und Einrichtungen beseitigt, die allzu augenfällig das Machtgefühl der alten SA-Führung symbolisierten: So wurde die Stabswache der Obersten SA-Führung aufgelöst[3], die Verfügung vom Mai, derzufolge alle gegen die SA gerichteten «Feindseligkeiten» systematisch zu sammeln waren, aufgehoben[4] und alle in den vergangenen Monaten großzügig ausgegebenen Dauerfreifahrtscheine der Reichsbahn überprüft[5]; allzu luxuriöse «Dienstwagen» mußten abgeschafft werden[6], während gleichzeitig ausdrücklich die bisherige Praxis verboten wurde, wegen der kostenlosen Überlassung von «Leihwagen» an Privatfirmen heranzutreten.[7] Das Röhm'sche Ministeramt wurde ebenso aufgehoben wie das einstmals so rührige Presseamt bei der Obersten SA-Führung.[8] Das bisher dem Obersten SA-Führer unterstellte NSKK wurde mit den aus der Parteiarmee herausgelösten Motorstürmen vereinigt und zu einer eigenständigen NS-Formation erhoben.[9]

Neben diesem organisatorischen Rückbau konzentrierte sich die neue SA-Führung unter Viktor Lutze darauf, innerhalb der Organisation die Wiederherstellung der Normalität zu propagieren. Eine erste Gelegenheit hierzu bot sich, als Ende Juli der allgemeine SA-Urlaub ablief. In einer aus diesem Anlaß erlassenen Verfügung bemühte sich Lutze, einen Kontrapunkt zu Röhms aggressivem Urlaubsbefehl vom Juni zu setzen:

«Damit tritt die SA in unserem Volk wieder voll in Erscheinung, um sich ihrer Aufgabe mit Entschlossenheit in vorderster Front hinzugeben. Allerdings in einem anderen Sinn, als das in der Urlaubsverfügung der nunmehr beseitigten Verräter zum Ausdruck kam. Die SA will und muß zurück zu dem alten Kurs, der sie groß und stark werden ließ und von dem sie künstlich gegen ihren Willen abgelenkt wurde. Schlichtheit, vorbildliche Haltung in und außer Dienst, Verbundenheit mit Volk und Bewegung sind die Grundsätze der SA, in denen sie sich mit dem Führer verbunden weiß und die sie zum kraftvollen, unzerbrechlichen Instrument in seiner Hand machen.»[10]

Ein Schlaglicht auf die Stimmung der wieder aus dem Urlaub zurückgekehrten Truppe wirft ein Bericht der SA-Gruppe Kurpfalz[11] vom 9. August 1934: «Die Erschütterungen seelischer Art durch den 30. 6.», so der Bericht, «sind bei den meisten der Männer und Führer verebbt, seitdem der Dienst wieder aufgenommen ist». Die allgemeine Haltung der SA bei einem Appell der Gruppe sei «sehr gut und stramm» gewesen. Allerdings bestehe «in der gesamten SA nur eine Frage nach klarer Aufgabenstellung». Unverändert glaubte man weiterhin an Beschäftigungstherapie als Antwort auf Zweifel und Unzufriedenheit: «Marschieren ist das beste Gegenmittel gegen Diskussionen.»

Hauptziel der nun einsetzenden SA-Reorganisation war die Verringerung der SA-Stärke durch eine systematische Säuberung der Mitgliedschaft. «Die früher durch den Terror von politischen Gegner(n) und Staat bewirkte Auslese», so hieß es hierzu in einer Verfügung Lutzes, «kann jetzt nur durch erhöhte Anforderungen erreicht werden».[12] Zu diesem Zweck wurden die SA-Gruppen ermächtigt, selbstständig die Entlassung von Mannschaften und Unterführern vorzunehmen. Neben einer großen Zahl von SA-Männern, die die Organisation infolge von Wehrdienst oder auswärtiger Arbeitsaufnahme verließen, wurden offensichtlich alle körperlich nicht mehr tauglichen, alle sich passiv verhaltenden sowie alle in irgendeiner Form undisziplinierten Mitglieder entlassen. Dabei wurde die Entlassung inaktiver SA-Männer mit allgemeinen Formulierungen wie «Nachlässigkeit im Dienst» oder «Dienstversäumnisse und Interessenlosigkeit» begründet, während für die Entfernung wegen mangelnder Disziplin in erster Linie «SA-widriges Verhalten», daneben vor allem «Trunkenheit» oder das Begehen einer Straftat angeführt wurde.[13] Systematisch wurden nun alle Vorbestraften, die zu einer Zuchthausstrafe verurteilt worden waren, aus der Organisation entlassen.[14]

Die Säuberung der SA-Führerschaft hingegen wurde zentral vorgenommen: Für alle Dienstränge vom Sturmführer aufwärts wurde ein «Sondergericht der Obersten SA-Führung»[15] eingerichtet, das sich ab März 1935 «Disziplinargericht» der Obersten SA-Führung nannte. Eine Auswertung der Spruchpraxis dieses Gremiums, die Mathilde Jamin vorgenommen hat, ergibt folgendes Bild: Zwischen 1934 und 1939 wurden etwa 1900 SA-Führer, das heißt ca. 15–18% aller Ränge vom Sturmführer aufwärts, disziplinarisch bestraft. Die Zahl der insgesamt zur Verhandlung kommenden Verfahren verteilte sich zeitlich wie folgt: 1934: 269, 1935: 933 und 1936: 405 Fälle, danach sank die Zahl kontinuierlich weiter ab. Jamin hat auch 700 Disziplinarstrafen, die 1934 und 1935 ausgesprochen wurden, systematisch untersucht. Die für die Disziplinierung angegebenen Gründe lassen sich demnach in drei Gruppen einteilen: Erstens wurden SA-Führer wegen Unterschlagungen von SA-Geldern bestraft (in der Regel genügte bereits der Versuch), zweitens wegen verschiedenster Arten von Gewalttätigkeiten, wobei die üblichen Wirtshausschlägereien und sonstigen Alkoholdelikte dominierten, drittens wegen Verstößen gegen die «Moral», wobei nicht nur Vergehen gegen den § 175 eine Rolle spielten, sondern auch ehewidriges Verhalten und wiederum das leidige Problem des Alkoholismus.[16]

Die Säuberung der SA war demnach in erster Linie nicht ein politischer Akt, etwa eine gezielte Beseitigung sozialrevolutionärer Tendenzen, sondern ganz einfach die Durchsetzung desjenigen Maßes an Disziplin, das durch führende Vertreter des Regimes seit Sommer 1933, seit dem offiziell verkündeten Ende der «NS-Revolution», immer wieder von der SA-Spitze eingefordert worden war. Für die in der «Kampfzeit» systematisch erzeugte Sondermoral der SA, in den Jahren 1933/34 nur halbherzig von

der SA-Führung bekämpft, durch ihre Revolutionstiraden sogar angeheizt, war nun kein Platz mehr. Charakteristisch für die Bemühungen um
mehr Disziplin sind etwa die nachhaltigen Anstrengungen der SA-Führung, die Appelle der Stürme aus den alten SA-Lokalen heraus in öffentliche Gebäude, Schulen, Turnhallen oder Parteiheime zu verlegen.[17] Anstelle der innerhalb der SA früher propagierten rabaukenhaften Lands-
knechtsmentalität trat nun das Vorbild des bescheidenen, ordentlichen, an
Entbehrungen gewohnten SA-Mannes, der neben dem «Dienst» in der
Parteiarmee zugleich seinen beruflichen und familiären Pflichten nachkam.

Im Ergebnis führten die Säuberungen zu dem gewünschten erheblichen
Absinken der SA-Stärke. Im August 1934 hatte die SA 2,9 Millionen
Mitglieder, im September des gleichen Jahres waren es knapp 2,6, im
Oktober 1935 1,6, im April 1938 1,2 Millionen, im Januar 1940 noch
900 000.[18] Dabei ging man nun auch ernsthaft daran, die noch verblie-
nen SA-Männer zu Parteimitgliedern zu machen: Während im November
1935 noch etwa knapp zwei Drittel der SA-Angehörigen keine Parteigenossen waren, waren es im April 1938 bereits nahezu die Hälfte, fast
ebenso viele galten als Parteianwärter, nur noch etwa 10% waren noch
nicht in die NSDAP eingetreten.[19]

Für die Neuaufnahme von Mitgliedern in die SA wurden strenge
Maßstäbe eingeführt. Sie sollte nach den Grundsätzen «beschränkte Zahl»
und «höchste Qualität» erfolgen und sich prinzipiell auf die Jahrgänge
zwischen dem 18. und dem 21. Lebensjahr beschränken. Die Werbung
hatte sich in erster Linie auf die Wehrmachtentlassenen zu konzentrieren.
Die formelle Aufnahme erfolgte erst nach einem positiven Votum einer
Auslesekommission. Nach einem Quotensystem wurde jeder SA-Gruppe
eine Höchstzahl von Neuaufnahmen zugewiesen.[20]

Parallel zur Verringerung der SA wurde auch eine Reform der Gliederung durchgeführt. Die SA wurde jetzt schematisch in Altersklassen
eingeteilt: In die aktive SA (zwischen 18 und 35 Jahren), in die aktive SA-II
(35–45 Jahre und körperlich schwächere jüngere Jahrgänge) sowie in die
SA-Reserve. Von der früheren Übung, auch körperlich leistungsfähige
ältere Mitglieder weiter «Dienst» in aktiven Stürmen leisten zu lassen,
ging man damit ab. Im wesentlichen wurde die alte Einteilung in Obergruppen – Gruppen – Brigaden – Standarten – Sturmbanne – Stürme
beibehalten.[21]

Im «SA-Dienst» traten nun Wehrsport sowie andere Formen vor- und
nachmilitärischer Ausbildung eindeutig in den Vordergrund. Hierzu
sollten im allgemeinen zwei Abende in der Woche und zwei Sonntage im
Monat angesetzt werden, vor einer größeren zeitlichen Belastung wurde
ausdrücklich gewarnt.[22] An den SA-Mann wurden nun andere Anforderungen gestellt als in der «Kampfzeit» oder in der Phase der Machtergrei-

fung: Nicht mehr die tägliche Bewährung als «Kämpfer» und Propagandist im Dienste der Bewegung war gefragt, sondern schlicht die – strikt kontrollierte – regelmäßige Teilnahme am SA-Dienst und die auf vielerlei Weise unter Beweis zu stellende körperliche Leistungsfähigkeit.[23] Vom SA-Mann wurde der Erwerb des SA-Sportabzeichens erwartet, zahlreiche Großveranstaltungen und Meisterschaften wurden abgehalten, wie etwa der «Hanseaten-Gepäckmarsch», der «Viktor-Lutze-Gepäckmarsch» oder die «Deutschen Gepäckmarschmeisterschaften», die «SA-Wintersportkämpfe», die in Berlin stattfindenden «Reichswettkämpfe» der SA und schließlich– als Höhepunkt während des Parteitages – die «NS-Kampfspiele». Neben diesen internen Sportveranstaltungen trat die SA bei zahlreichen Gelegenheiten an die Öffentlichkeit: Sie marschierte bei den vielfältigen NS-Feiern und Gedenktagen auf, wurde im Katastrophenschutz und bei Absperrungen eingesetzt, beteiligte sich an Luftschutz- und Gasübungen und wurde bei Sammlungen aktiv, so etwa im Rahmen des «Winterhilfswerks» oder auch bei Altmaterialsammlungen – im übrigen durchaus immer noch in der altbewährten, halb erpresserischen Manier. So wurde die SA beispielsweise im Sommer 1938 im Zuge der «Schrottsammelaktion» damit beauftragt, sämtliche noch vorhandenen eisernen Vorgärtenzäune zu entfernen, wobei privaten Hausbesitzern «nahegelegt» werden sollte, den demontierten Zaun kostenlos herauszugeben.[24] Bei «Feuerschutzwochen»[25] und ähnlichen «volkserzieherischen» Kampagnen konnte man ebenfalls auf die Mithilfe der SA setzen.

Die SA war somit zwar außerordentlich beschäftigt, sie war jedoch kein Machtfaktor des Dritten Reiches mehr. Das militärähnliche Training für Wehrmachtreservisten bzw. für Angehörige der Jahrgänge, die vor Kriegsbeginn noch nicht einberufen wurden, war sicherlich ein nicht zu unterschätzender Beitrag zur deutschen Aufrüstung. Jedoch kam dieses Training im Endeffekt nicht der SA zugute, sondern war eine reine Hilfsfunktion für den ehemaligen Konkurrenten auf dem Gebiet der Landesverteidigung, die Wehrmacht. Die SA war zur Veteranenorganisation der alten Kämpfer und zum politisch einflußlosen Wehrsportverband abgesunken. Sie vertrat weder eigenständige politische Forderungen noch erkennbar originäre Ziele. Eine Mitgliedschaft in der SA galt im allgemeinen als eine der «harmloseren» Möglichkeiten, sich innerhalb der nationalsozialistischen Bewegung zu engagieren.

2. Frustration und latente Gewaltbereitschaft

Auch wenn in offiziellen Verlautbarungen immer wieder betont wurde, daß der einzelne SA-Mann nichts mit dem «Verrat» der SA-Führerschaft gemein habe und seine moralische «Ehre» unantastbar sei, so konnte es doch nicht ausbleiben, daß die Ereignisse vom 30. Juni 1934 und die anschließende Entmachtung der SA ihr Prestige erheblich beschädigten. So verstärkte sich insbesondere die elitäre Einstellung der SS gegenüber der SA weiter. Trotz oftmals wiederholter Verbote setzte die SS ihre Anstrengungen fort, die «besten» Elemente der SA abzuwerben, und ließ durch ihr Verhalten häufig eine gewisse Verachtung gegenüber den Braunhemden durchblicken. Das relativ schlechte Verhältnis zur schwarz uniformierten Eliteorganisation, so ein Lagebericht einer SA-Standarte aus dem hessischen Raum vom Januar 1935, ergebe sich aus einem «Überheblichkeitsgefühl der SS., von der die SA nicht weiß, woher die Berechtigung genommen wurde». Von «einem gegenseitigen Verhältnis», so eine in Darmstadt stationierte SA-Brigade, könne zur Zeit «kaum die Rede» sein: «Die SS sondert sich ganz offenkundig ab.»[26]

Große Probleme bereitete der SA vor allem die Tatsache, daß auch ihr Ansehen in der deutschen Bevölkerung ganz allgemein nach dem 30. Juni stark abgesunken war. Wegen ihres Rowdytums ohnehin nicht gerade beliebt, sahen sich SA-Leute nun häufig mit unverhohlener Mißachtung oder gar offener Schadenfreude ehemaliger Gegner konfrontiert.[27] So wurden in der SA-Führung nach dem 30. Juni 1934 eine große Zahl von Fällen[28] registriert, in denen man wegen «Beleidigung» der SA Strafanträge gestellt, jedoch keine Verurteilung hatte erreichen können. Die Gerichte waren nun vielfach nicht mehr bereit, persönliche Attacken auf uniformierte SA-Leute, etwa die bekannten Wirtshausauseinandersetzungen, als Angriff auf die Institution SA zu bewerten. Die in der SA verbreitete Unsicherheit spiegelt beispielsweise ein Befehl eines Sturmbanns aus dem Wallfahrtsort Altötting vom November 1934 wider, in dem die unterstellten Stürme aufgefordert wurden, jeweils einen SA-Mann damit zu beauftragen, die «jetzige Stimmung» der Bevölkerung über die SA zu erforschen.[29]

Eine der Hauptaktivitäten der SA nach dem 30. Juni 1934 war nach wie vor – bis weit in die dreißiger Jahre hinein – die Bekämpfung der Arbeitslosigkeit gerade unter altgedienten SA-Leuten. Denn immer noch traten bei der Beschäftigung gerade dieser Gruppe große Schwierigkeiten auf. So heißt es etwa in einem Bericht der SA-Gruppe Kurpfalz[30] vom Juli 1935, im badischen Grenzgebiet seien noch viele alte SA-Leute arbeitslos, denn: «Die Industrie lehnt mit wenigen Ausnahmen den SA-Mann als Arbeiter ab. Der alte SA-Mann ist den Herren Unternehmern ein unangenehmer Mitarbeiter. Diese Herren schätzen es nicht, von diesen SA-Männern in SA-mäßiger, offener Weise die Wahrheit gesagt zu bekommen.» Ähnlich berichtete die Brigade Offenbach, das Verhalten der Arbeitgeber zur Frage der Unterbringung von SA-Leuten sei «unterschiedlich und gibt immer noch zu Klagen Anlaß».[31]

Solche Berichte veranlaßten die Reichsregierung im Sommer 1935, eine weitere Sonderaktion[32] zur Unterbringung der vor dem 14. September

1930 zur Bewegung gestoßenen Mitglieder zu unternehmen, für die 10% der neu zu besetzenden Beamtenstellen des unteren und des einfachen mittleren Dienstes reserviert werden sollten, obwohl für diese altgedienten Kämpfer eigentlich bereits zwei Jahre zuvor eine Sonderaktion zur bevorzugten Unterbringung im öffentlichen Dienst durchgeführt worden war. Auch die der Wiedereingewöhnung in das Arbeitsleben dienende Ausbildung in den Hilfswerklagern ging nach dem 30. Juni 1934 zunächst weiter: So befanden sich im Jahre 1935 bis zu 17 000 Mann gleichzeitig in den Lagern[33], die allerdings im Laufe der kommenden beiden Jahre abgebaut wurden.[34]

Für die tatsächliche Entwicklung der Arbeitslosigkeit innerhalb der SA liegen einige Zahlen aus Hamburg vor. In der dortigen Brigade 12 waren im Januar 1934 noch 825 Erwerbslose vorhanden, im März 1935 waren es 994, im November 1936 334 und im Dezember 1937 noch 383. Während dieses Zeitraumes dürfte sich aber die Mannschaftsstärke der Brigade von knapp 11 000 (Oktober 1934) um etwa die Hälfte verringert haben[35], so daß die statistische Erfolgsbilanz vermutlich in erster Linie dem Ausschluß arbeitsloser SA-Leute und nicht den Arbeitsbeschaffungsmaßnahmen zu verdanken gewesen sein dürfte. Bei den 1936 und 1937 noch Arbeitslosen handelte es sich überwiegend um über 35 Jahre alte SA-Männer, wobei (in einer Zeit starker Facharbeiternachfrage) hier vor allem zwei Berufsgruppen mit auffällig hohen Zahlen vertreten waren: Ungelernte Arbeiter (57 bzw. 75) sowie kaufmännische und Büroangestellte (93 bzw. 98).[36] Erfolgreicher war man hingegen bei der Unterbringung der SA-Männer, die schon vor der Machtergreifung in der «Bewegung» gewesen waren: Zählte man im September 1934 in dieser Gruppe noch 224 Arbeitslose, so waren es im Januar 1935 noch 111, im November 1936 hingegen nur noch 27 und im Dezember des kommenden Jahres 28.

Die schlagartige Entmachtung der SA am 30. Juni 1934 und der sich daraus ergebende jähe Prestigeverlust sowie das zumindest in den Jahren 1934/35 noch nicht gelöste Problem der Arbeitslosigkeit hatten zur Folge, daß in der SA noch über einen relativ langen Zeitraum eine desparate Stimmung vorherrschend war. So heißt es in einem Bericht der Gruppe Kurpfalz vom Juli 1935, die «wirtschaftlich schlechten Verhältnisse des alten Kämpfers, der die Seele der SA und der Träger des SA-Geistes ist, wirkt sich auf die ganze SA-Stimmung verheerend aus. Hinzu kommt noch die derzeit ungeklärte Allgemeinlage der SA.» Wer könne es denn auch, so fragte der Berichterstatter, dem SA-Mann «Übel nehmen, wenn er im Laufe der Zeit SA-müde wird.» In einem im folgenden Monat abgefaßten Bericht der gleichen Gruppe wird die Stimmung der SA als «sehr schwankend» bezeichnet, vor allem wirke sich sehr ungünstig aus, «daß für die SA bisher noch kein klares Einsatzgebiet geschaffen wurde».[37] Damit war das Hauptdilemma des SA-Selbstverständnisses angesprochen: Die – trotz aller paramilitärischen Anstrengungen – Funktionslosigkeit der Organisation. Die SA-Führung unternahm erhebliche Anstrengungen, an diesem Kernproblem vorbeizulavieren, indem sie zum einen jede Gelegenheit benutzte, den heldenhaften und selbstlosen Einsatz der Parteiarmee in der «Kampfzeit» zu einem SA-Mythos hochzustilisieren, und zum anderen stets und ständig den «soldatischen» Erziehungsauftrag der SA herausstellte. Bezeichnend für diese Bemühungen sind etwa die Formulierungen, die sich in einer Sammlung von Ansprachen des SA-Gruppenführers Hanns Ludin finden lassen. Ludin bezeichnete die SA als die «eigentliche Kampftruppe der nationalsozialistischen Bewegung», sie sei «erlebter Nationalsozialismus». In der Zukunft stellte Ludin den SA-Männern den Auftrag, «Wegbereiter des nationalsozialistischen Soldatentums in Stadt und Land» zu sein. Dieses Soldatentum, so wurde gleich klargestellt, solle sich aber nicht in einem paramilitärischen Übungsbetrieb erschöpfen, sondern in erster Linie im Sinne einer sich aus der geostrategischen Lage Deutschlands zwingend ergebenden Werthaltung («der deutsche Mensch muß ein soldatischer Mensch sein») verstanden werden, die er mit den Begriffen «Tapferkeit, Treue, Opferbereitschaft, Entschlossenheit, Gehorsam und Kameradschaft» kennzeichnete. Der Mythos der vergangenen Kämpfe um die innenpolitische Macht und der Idealismus eines nicht in militärische Funktion tretenden Soldatentums waren also der wolkige Ersatz, den Ludin seinen Männern anstelle einer wirklich wesentlichen Aufgabenstellung anzubieten hatte. Schließlich rettete er sich aus diesem Dilemma mit einer Formulierung, die die Funktionslosigkeit der abgehalfterten Parteiarmee zum eigentlichen Sinn des «SA-Dienstes» erhob: «SA-Mann sein, heißt eine Sache um ihrer selbst willen tun!»[38]

Die nach wie vor in weiten Teilen der SA bestehende Frustration fand ihr Ventil wie in den vergangenen Jahren in unkontrollierten Gewaltausbrüchen. Mit einer gewissen Zwangsläufigkeit konzentrierten sich solche Angriffe vor allem auf Juden, waren doch Aktionen gegen Vertreter des Staates, gegen deutschnationale Kreise oder gegen Wirtschaftsunternehmungen in der offiziell propagierten Harmonie der nationalsozialistischen «Volksgemeinschaft» weitgehend ausgeschlossen. Bemerkenswert häufig traten solche antisemitischen Aktionen im Frühjahr und Sommer 1935 auf; örtlich entstand eine regelrechte Pogromstimmung. So kam es im Mai 1935 zu antijüdischen Ausschreitungen in München: Nichtuniformierte SA-Trupps und mit ihnen sympathisierende Nationalsozialisten drangen in zahlreiche jüdische Geschäfte ein, trieben die Kunden hinaus und erzwangen die Schließung der Läden. Der Versuch des nationalsozialistischen Mobs, eine Polizeiwache zu stürmen, führte zu heftigen Auseinandersetzungen zwischen SA- und SS-Angehörigen und der Polizei.[39] Bei einer Propagandaaktion, die die Breslauer SA im Juli 1935 gegen die

«Rassenschande» durchführte, kam es ebenfalls zu erheblichen Ausschreitungen. Eine SA-Formation, die einen «Propagandamarsch» in der Stadt veranstaltete, wurde in bewährter Weise von nicht uniformierten SA-Angehörigen begleitet, die auf Personen, die sie für Juden hielten, einprügelten. Trupps von ebenfalls nicht uniformierten SA-Leuten drangen in Cafés ein und schlugen jüdische Gäste.[40] In zahlreichen anderen deutschen Städten kam es zu Boykottaktionen gegen jüdische Geschäfte, die zum Teil demoliert wurden. Vielerorts wurden ferner Aufenthaltsverbote für Juden in Schwimmbädern, Erholungsanlagen, Kinos usw. ausgesprochen. Erst Ende August ebbte diese Welle antisemitischer Aktionen, die zu einem erheblichen Teil von der SA mitgetragen worden war, wieder ab.[41]

Aber auch die allgemeine, nichtjüdische Bevölkerung war nach dem 30. Juni 1934 keineswegs sicher vor Übergriffen der SA. Dies verdeutlicht z. B. ein Befehl der SA-Gruppe Kurpfalz, der die unterstellten Einheiten auffordert, «unverzüglich Vorsorge zu treffen und energisch darauf hinzuwirken, daß anläßlich von Propagandamärschen usw. Volksgenossen nicht verprügelt werden, wenn sie die Sturmfahnen nicht grüßen oder irgendwelche abfälligen Bemerkungen machen».[42] Ein Hamburger Parteigenosse wandte sich im September 1935 an den Gauleiter: Er hatte miterlebt, wie ein Bekannter, der eine Sturmfahne eines vorbeimarschierenden SA-Trupps zu spät bemerkt hatte, von drei Personen in «abgetragener Zivilkleidung» in «rücksichtsloser, ja gemeiner Weise» zusammengeschlagen worden war. Wegen eines weiteren Vorfalls zur Rede gestellt, ließen die Schläger – mit der Begründung «fünf Jahre gekämpft, und viele seien unter dieser Fahne gefallen» – durchblikken, daß solche «Abreibungen» für sie gängige Praxis waren. «Man sah den Leuten an, daß sie sich einen ‹Spaß› draus machten, und mit einem lächelnden Gesicht und mit funkelnden Augen suchten sie ihre Opfer», kommentierte der Beschwerdeführer.[43] Ein Befehl der Hamburger SA-Brigade 12 vom 24. Januar 1936 verbot «erneut», aus «einer marschierenden Kolonne oder sonstwie aus einer zusammengezogenen SA-Einheit herauszuspringen, um berechtigt oder unberechtigt einen Zivilisten zu schlagen, der aus Unachtsamkeit oder Feindschaft es unterläßt, die Sturmfahnen zu grüßen».[44]

Die Gewalttaten konnten sich aber auch gegen Angehörige der eigenen Organisation richten. Ein Bericht[45] eines SA-Führers über «eine endlose Kette von unglücklichen Ereignissen», die sich während einer einzigen Nacht im SA-Lager des Nürnberger Reichsparteitages von 1934 abspielten, ist ein wichtiges Dokument für den selbstzerstörerischen und sinnlosen Charakter der Gewalttaten, die durch die von Selbstzweifeln geplagten und durch Frustrationserlebnisse geprägten SA-Angehörigen begangen wurden. Folgendes hatte sich zugetragen:

«Den Reigen eröffnete die Meldung, daß ein Großteil der SA bei den Gruppen Ostmark ... und Niederrhein vollständig besoffen und in gereizter, einer Meuterei zu befürchten lassender Stimmung sei.

Die nächste Meldung (ca. 1 Uhr) sprach schon von einer richtiggehenden Schlägerei zwischen den beiden Gruppen, wobei es mehrere Verletzte (Dolch) gab.

Nächste Meldung: Ein vermutlich Irrer sucht, mit Dolch bewaffnet, das Gruppenführerzelt. Auf dem Weg sticht er drei Kameraden zusammen, wovon noch 2 in der Nacht gestorben sind. Fast gleichzeitig bringt man nebenan zu uns einen Sterbenden, der angeb. aus den Raufereien geholt wurde.

Nächste Meldung: Ins Lager zuürckkehrende SA hält jeden Wagen an, verprügelt die Insassen und wirft mit Flaschen und Steinen die Wagenfenster ein, falls der Fahrer sich weigert, die unmöglichste Belastung durch die SA sich aufzubürden. Die Heimkehrer waren Horden, aber keine SA-Männer. Eine Verbindung mit Standartenführer Reimann ergibt den Einsatz der gesamten Nürnberger Polizei. Das vom OSAF-Marschblock belegte Zelt nimmt Häftlinge, Krakeler und in der Hauptsache Besoffene auf...

Eben wird wieder gemeldet, daß man aus der Latrine einen Sterbenden gezogen hat, der im Rausch hineinfiel und nach ¼ Stunde an Chlorgasvergiftung starb. Das Gleiche wiederholt sich am Morgen. Um 4 Uhr ist Ruhe im Lager...

Das Ergebnis der Montagnacht sind: 6 Tote, ca. 30 Schwerverletzte und Leichtverletzte, außerdem ca. 20 durch Autounfall Verletzte, welche durch Überlastung, Anhängen, Auf- und Abspringen hervorgerufen wurden.»

Diese Beispiele verdeutlichen das große Gewaltpotential, das auch nach dem 30. Juni 1934 in der SA vorhanden war und das nur allmählich durch Verringerung der Organisation, durch eine Disziplinierung des Dienstablaufs und durch Arbeitsbeschaffungsmaßnahmen abgebaut werden konnte. Während sich der SA-Mann der «Normalität» des NS-Alltags anpaßte und sich durch die Übernahme verschiedenster Hilfsfunktionen als ein zwar nicht besonderes Prestige genießendes, jedoch immerhin akzeptiertes Mitglied der nationalsozialistischen Gesellschaft bewährte, bestand die in der SA angesammelte Gewaltbereitschaft in latenter Form weiter und kam von Zeit zu Zeit wieder zum Ausbruch. Dieser in der alten SA-Garde immer noch vorhandene Hang zur Gewalttätigkeit wurde, so scheint es, durch eine bestimmte, von der SA-Führung propagierte Haltung in einem gewissen Umfang unterstützt: Im Gegensatz zu der der SA nach 1934 zugewiesenen Rolle eines Veteranen-, Wehrsport- und allgemeinen Hilfsverbandes wurde SA-intern immer noch die zentrale Rolle der Parteiarmee als treue Kampftruppe des «Führers» betont, die am Tage X bereit stehen würde, um die durch die «Verräter» um Röhm beschmutzte «Ehre» der SA wiederherzustellen. Die SA, so kündigte beispielsweise Gruppenführer Ludin in einer Ansprache im Jahre 1935 an, «wird sich in ihrer Treue zum Führer von niemand überbieten lassen. Sie ist gewillt, allen Feinden unseres Staates, so wie in guten alten Zeiten, die Zähne zu zeigen. Sie bleibt, was sie war: Nationalsozialistisch, stark in der Liebe und stark im Haß!»[46] Noch deutlicher wird die innenpolitische Drohfunktion, in der sich die SA nach wie vor sah, in einem Befehl über die Durchführung von Propagandamärschen der SA im Juni 1937 ausgesprochen: «Ich wünsche, daß durch solche Märsche die Popularität der SA eine weitere Steigerung erfährt, daß jedermann in Deutschland sich wie in der Kampfzeit bewußt wird bzw. bewußt bleibt, daß die SA ständig für die Idee des Nationalsozialismus marschiert und nie rasten wird, um die Herzen und Sinne aller Deutschen für diese Idee zu begeistern. Die Öffentlichkeit soll aber auch immer wieder von neuem erkennen, daß die SA zu jeder Zeit einsatzbereit und schlagfertig steht für den Fall, daß man das Werk des Führers anzutasten wagt.»[47]

3. Rückkehr zum Terror: Der Pogrom vom November 1938

Der Einsatz der SA während des Judenpogroms am 10. November 1938 ist angesichts der an der SA-Basis nach wie vor vorhandenen Mentalität nicht als eine überraschende und eigentlich kaum verständliche Abkehr von der in den letzten Jahren eingeschlagenen «harmlosen» Linie der SA zu werten.[48] Vielmehr fand hier ein eruptiver Ausbruch eines in den vergangenen Jahren durch Beschäftigungstherapie, Ablenkungsmanöver, soziale Befriedung und Dezimierung nur mühsam unter Kontrolle gehaltenen Gewaltpotentials statt. Die am 10. November so massiv in Erscheinung tretende Brutalität der SA erklärt sich somit zum einen aus der in der Parteiarmee aufgestauten Verbitterung, die nach dem für die Organisation typischen Wechsel-Mechanismus von Frustration und Aggression nach einem Ventil suchte. Zum anderen mußte der am Abend des 9. November von der politischen Führung befohlene Angriff auf die deutschen Juden in der SA ein Gefühl der Genugtuung aufkommen lassen, griff das Regime doch nun, nachdem es jahrelang legale Methoden bevorzugt hatte, auf die aus der Kampfzeit bewährten Formen des direkten Terrors zurück, so daß die Chance zur Rehabilitierung der Parteiarmee gekommen schien.

Der Novemberpogrom muß vor dem Hintergrund einer seit Frühjahr 1938 verschärften antisemitischen Politik gesehen werden, die die Vertreibung und wirtschaftliche Ausplünderung der im Reichsgebiet noch vorhandenen Juden zum Ziel hatte. Im Zuge dieser neuerlichen antisemitischen Maßnahmen war überall im Reichsgebiet vor allem zum Boykott jüdischer Geschäfte und Händler aufgerufen worden, es waren aber auch Anschläge auf Synagogen vorgekommen oder – wie in Nürnberg und München – jüdische Gotteshäuser aufgrund behördlicher Verfügungen abgerissen worden. Ihren besonderen Akzent erhielt diese Politik durch die Annexion Österreichs im März 1938. Österreich, mit seiner vor allem in Wien konzentrierten starken jüdischen Minderheit, wurde nach dem «Anschluß» ein wichtiges Betätigungsfeld der nationalsozialistischen «Judenpolitik»: In einer Art Zeitraffer wurden die verschiedenen, im «Altreich» seit 1933 durchgeführten antisemitischen Maßnahmen nun in der «Ostmark» installiert. Dieses forcierte Vorgehen hatte insbesondere auch eine ganze Reihe von Gewaltakten zur Folge und führte insgesamt zu einer Stärkung der radikalen Linie der gesamten deutschen Judenpolitik, in der in den vergangenen Jahren der «legale» Weg dominiert hatte.

Die Gewalttätigkeiten gegenüber den österreichischen Juden kulminierten in Wien im Oktober 1938 in einer Welle antisemitischer Ausschreitungen, die bereits ähnliche Züge wie die Ereignisse vom 10. November trugen. Ziel dieser Maßnahmen war, die jüdischen Einwohner durch systematische Terrormaßnahmen aus der Stadt zu vertreiben. Am 4. Oktober drangen SA-Leute in Zivil gewaltsam in zahlreiche Wohnungen ein und schickten die Bewohner zum Donaukanal und zum Ostbahnhof, von wo sie angeblich nach Palästina transportiert werden sollten. In den folgenden Tagen wurden Fensterscheiben jüdischer Wohnungen und Geschäfte eingeworfen, es fanden wilde Verhaftungsaktionen statt, Juden wurden wahllos verprügelt, Synagogen geschändet und in Brand gesteckt. Möglicherweise fungierten diese Ausschreitungen als eine Art Test für die im November folgende reichsweite Aktion.[49]

Den Vorwand für den am 9. ausgelösten und im wesentlichen am 10. November 1938 durchgeführten Pogrom[50] bildete das Attentat des siebzehnjährigen polnischen Juden Herschel Grünspan auf den Legationssekretär an der deutschen Botschaft in Paris, Ernst vom Rath. Grünspans Verzweiflungstat war eine Reaktion auf die Ende Oktober durchgeführte gewaltsame Vertreibung polnischer Juden aus Deutschland, unter denen sich auch seine Eltern befunden hatten. Am Tag des Attentats, am 7. November 1938, war die deutsche Presse instruiert worden, die Tat dahingehend zu kommentieren, daß sie die «schwersten Folgen für die Juden in Deutschland haben muß». Bereits am folgenden Tag kam es daraufhin zu antijüdischen Ausschreitungen. So wurden etwa in Kassel und anderen nordhessischen Gemeinden Synagogen und jüdische Läden angegriffen und beschädigt.[51] Auch in Münden, in der angrenzenden preußischen Provinz Hannover, kam es zu solchen Übergriffen, ein erster Versuch, die Synagoge anzuzünden, konnte gerade noch verhindert werden.[52] Der Zeitpunkt des Todes des schwerverletzten vom Rath am

Nachmittag des 9. November bot dem Regime eine hervorragende Möglichkeit, den durch die Pressekampagne bereits so erfolgversprechend
vorbereiteten «spontanen» Volksaufstand gegen die Juden wirkungsvoll
zu inszenieren. Auf der Versammlung der führenden Parteigenossen im
Münchner Rathaussaal, die wie jedes Jahr zum Gedenken an den Marsch
auf die Feldherrnhalle stattfand, wurde Hitler um 21 Uhr die Todesnach-
richt übergeben. (Vermutlich war dies bereits ein Teil der Inszenierung,
denn die allgemein erwartete Todesmeldung dürfte dem «Führer» bereits
am Nachmittag bekannt geworden sein.[53]) Kurze Zeit später verließ
Hitler nach einer kurzen Besprechung mit Goebbels die Versammlung.
Der Propagandaminister hielt nun vor der versammelten Parteiführerschaft eine scharf antisemitische Rede, in der er – u. a. auf die bereits
stattgefundenen antijüdischen Ausschreitungen verweisend – die kaum
verhüllte Aufforderung an die Versammelten richtete, im großen Stil
Vergeltungsaktionen gegen die reichsdeutschen Juden einzuleiten.[54] Die
weiteren Schritte zur Durchführung des Pogroms lassen sich beispielhaft
anhand eines Berichts[55] des Führers der Gruppe Nordmark der SA,
Mayer-Quade, rekonstruieren. Als Mayer-Quade am Abend des 9. November in München von der bevorstehenden Aktion erfuhr, bot er sofort
dem Gauleiter von Schleswig-Holstein, Hinrich Lohse, die «Mitwirkung
der SA-Gruppe Nordmark freiwillig und unaufgefordert an». Hierauf
instruierte er gegen 23.20 Uhr seinen «Stabsführer» in Kiel wie folgt: «Ein
Jude hat geschossen. Ein deutscher Diplomat ist tot. In Friedrichstadt,
Kiel, Lübeck und anderswo stehen völlig überflüssige Versammlungs-
häuser. Auch Läden haben diese Leute bei uns noch. Beide sind überflüs-
sig. Es darf nicht geplündert werden. Es dürfen keine Mißhandlungen
vorkommen. Ausländische Juden dürfen nicht angefaßt werden. Die
Aktion muß in Zivil durchgeführt werden und um 5.00 Uhr beendet
sein.»

Der so instruierte Stabsführer faßte die dem Befehl zugrundeliegende
Intention sogleich richtig auf, nämlich als Aufforderung, «die Synagogen
im Gruppengebiet mit Männern in Zivil zu vernichten, desgleichen die
Läden der reichsdeutschen Juden zu zerstören». Zu diesem Zweck alar-
mierte er die Führer der SA-Brigaden bzw. Standarten in Schleswig,
Lübeck, Heide und Pinneberg und befahl einer Reihe von örtlichen SA-
Führern, in Zivil in sein Büro zu kommen; die meisten waren leicht
erreichbar, da sie sich, nach der örtlichen Feier zum 9. November, noch in
verschiedenen Lokalen aufhielten. Die versammelten SA-Führer, zu denen u. a. auch der Kreisleiter, verschiedene SS-Führer sowie Gestapo-
Leute stießen, waren sich schnell darüber einig, alle in Kiel ansässigen
Juden festzunehmen und ins Polizeipräsidium zu bringen. Für die Aktionen gegen die Wohnungen und Läden wurde jeweils ein Rädelsführer
bestimmt, dem drei bis vier Mann zugeteilt wurden. «Diese Aktion

begann schlagartig um 3.45 Uhr.» «In der spontanen Erregung über die jüdische Mordtat», so heißt es weiter in dem Bericht, «... waren alle Anwesenden einheitlich der Meinung, daß Blut mit Blut bezahlt werden müßte und daß für den ermordeten Parteigenossen vom Rath mindestens zwei Juden aus Kiel mit dem Tode zu büßen hätten. Es wurde deshalb auf einer Liste, die X. [ein Angehöriger des SD] hatte, und die einige der politisch gefährlichsten Juden enthielt, diejenigen festgestellt, die sich noch in Kiel aufhielten.» Nachdem man die Opfer bestimmt hatte, wurden zwei – je aus einem SA- und einem SS-Mann sowie einem Beamten der Staatspolizei bestehende – Kommandos aufgestellt, durch die die beiden Opfer «verhaftet und bei der geringsten Regung erschossen werden» sollten – offensichtlich nur eine Umschreibung der gerade zuvor klar gefaßten Mordabsicht. «Gegen Morgen wurde bekannt, daß die beiden Juden in schwerverletztem Zustand in der Chir. Klinik der Universität eingeliefert worden seien. Damit war die Aktion abgeschlossen.»

Überall im Reichsgebiet wurde in dieser Nacht die SA in ähnlicher Weise – entweder über die SA-Gruppen oder über die Kreis- bzw. Ortsgruppenleiter der Partei – alarmiert. Häufig platzte die Nachricht ebenfalls in «kameradschaftliche Zusammenkünfte», die im Anschluß an die offiziellen Trauerfeiern abgehalten wurden und wohl Gelegenheit geboten haben dürften, in einer alkoholisiert-sentimentalen Atmosphäre Erinnerungen an die «Kampfzeit» auszutauschen. Außerdem waren an diesem Abend in zahlreichen Städten die Formationen der Partei aufmarschiert, um der mitternächtlichen Vereidigung von SS-Anwärtern beizuwohnen, die von Hitler per Rundfunkübertragung von München aus zelebriert wurde.

Während des Pogroms vom 10. November kam es erneut zu jener «bewährten» Arbeitsteilung zwischen Parteiführung und SA, zwischen zentraler Befehlsgebung und örtlicher Spontaneität, wie sie vor allem die Machtergreifungsphase gekennzeichnet hatte. Die politische Führung gab eine allgemein gehaltene Aufforderung zum aggressiven Vorgehen, in diesem Rahmen hatte sich dann die Eigeninitiative der örtlichen SA-Einheiten zu bewähren. Diese Aufgabenteilung wurde in einem Untersuchungsbericht des Obersten Parteigerichts auf die Formel gebracht, «daß es dem aktiven Nationalsozialisten aus der Kampfzeit selbstverständlich ist, daß Aktionen, bei denen die Partei nicht als Organisator in Erscheinung treten will, nicht mit letzter Klarheit und in allen Einzelheiten befohlen werden. Er ist infolgedessen gewohnt, aus einem solchen Befehl mehr herauszulesen, als wörtlich gesagt ist, wie es auf der Seite des Befehlsgebers vielfach Übung geworden ist, im Interesse der Partei – gerade wenn es sich um illegale politische Kundgebungen handelt – nicht alles zu sagen und nur anzudeuten, was er mit dem Befehl erreichen will.» Diese Art der Kommunikation schloß demnach, das wies der Bericht sodann an Beispielen detailliert nach, das Risiko ein, daß einzelne SA-Führer im Übereifer über das Ziel hinausschossen. Für diesen Fall standen Gestapo und Polizei bereit, die durch gesonderte Befehle aufgefordert waren, zu verhindern, daß die Aktion in völlige Anarchie ausartete. Trotz gelegentlicher Mißverständnisse und Mißgriffe war aber diese Form der intuitiv zu erfassenden Befehlsgebung in der NS-Bewegung so gut eingespielt, daß die Aktionen dieser Nacht auch ohne einen umfassenden Gesamtplan nach einem erstaunlich ähnlichen Handlungsmuster abrollten.[56] SA-Trupps in Zivil, denen sich häufig auch andere Parteigenossen anschlossen, drangen gewaltsam in Synagogen ein, verwüsteten das Mobiliar, zerstörten oder entwendeten die Ritualien und brannten anschließend die Gotteshäuser ab. Ebenso drangen Trupps gewaltsam in Geschäfte und Wohnungen ein, schlugen und mißhandelten die von ihnen angetroffenen Juden, verwüsteten die Einrichtung und nahmen mit, was ihnen wertvoll erschien. In einzelnen von Juden bewohnten Häusern zogen sich die Zerstörungen über Stunden hin, bis buchstäblich jeder im Hause vorhandene Gegenstand unbrauchbar gemacht worden war: Die Möbel wurden systematisch zerschlagen, sämtliches Glas und Porzellan zerbrochen, Vorhänge und Bettwäsche zerfetzt und Bilder zerschnitten. Noch in der Nacht wurde ein großer Teil der deutschen Juden festgenommen, viele wurden in den kommenden Tagen in Konzentrationslager überstellt.

In vielen Orten wurden die Aktionen während des ganzen 10. November fortgesetzt. Als typisch für diesen Tag können die Ereignisse in der Gemeinde Ilvesheim angesehen werden, über die ein im Mai 1946 verkündetes Gerichtsurteil[57] folgende Feststellungen machte:

«Dem SA Sturm W. unter Führung des Sturmführers W. war die Leitung der Aktion und Ausführungen der Zerstörung aufgetragen. W. ... ließ zum ebengenannten Zweck gegen sechs Uhr vormittags einen Teil der Angehörigen seines Sturmes alarmieren, antreten und alsdann vor die Synagoge in Ilvesheim marschieren. Die Synagoge wurde «im Sturm» genommen und dann gemeinschaftlich mit anderen Personen aus der Volksmenge, die alsbald vor der Synagoge zusammenliefen, Bänke, Fenster, Kronleuchter und andere Einrichtungsgegenstände teils beschädigt, teils zerstört, ins Freie auf einen Haufen geworfene Bücher und Einrichtungsgegenstände wurden in Brand gesteckt. In der im selben Gebäude befindlichen Wohnung der Jüdin H. wurde der Hausrat teils demoliert oder zerstört, teils geplündert. Das gleiche geschah in anderen Judenwohnungen in Ilvesheim. Einige Juden waren schon vor Beginn der Aktion durch die SA auf das Rathaus gebracht worden, um dort bis zur Beendigung der Aktion festgehalten zu werden ... Nach der Beendigung der gegen die Synagoge gerichteten Aktion begaben sich mehrere Personen nach dem jüdischen Friedhof in Ilvesheim und setzten dort die Aktion durch Beschädigung der Gräber und insbesondere durch Umwerfen der Grabsteine fort.»

Ein Gericht, das im Mai 1949 über die Ausschreitungen in Wölfersheim (Kreis Friedberg) verhandelte, rekonstruierte folgenden Sachverhalt:[58]

«Um die Mittagszeit gegen 13 Uhr sammelte sich vor dem Wölfersheimer Sturmlokal eine größere Anzahl von SA-Leuten in Zivilkleidung. Man marschierte dann in einem geschlossenen Zug zu den beiden Anwesen der jüdischen Familien H. und R. Dort drang die SA in Anwesenheit eines großen Teiles der Wölfersheimer Bevölkerung in die beiden gegenüberliegenden Häuser ein. Im Innern wurden Geschirr und sonstige Einrichtungsgegenstände zerschlagen und die Bürger J. und K. R. erheblich mißhandelt. Im Anschluß an die ungefähr 1 Stunde dauernden, in der Hauptsache von der SA begangenen Ausschreitungen, wurden die Häuser R. von der anwesenden Menschenmenge ausgeplündert. Diese Plünderungen dauerten bis zu den Abendstunden an. Auch in den Nachtstunden machten sich einzelne Personen in den beiden Anwesen zu schaffen. Sachen wurden zerschlagen, geplündert oder auf die Straße geworfen. Darüber hinaus verbrannte man die vorgefundenen Geschäftspapiere und Schuldscheine, um den jüdischen Bürgern jede Möglichkeit zu nehmen, ihre noch ausstehenden Geldforderungen zu realisieren.»

Bei der Durchführung des Pogroms wandte die SA häufig die Taktik an, nicht am eigenen Heimatort, sondern in einer Nachbargemeinde loszuschlagen, so daß es in Augenzeugenberichten dann stets die «andere SA» gewesen war, die die Untaten verübt hatte. Die Haltung der Bevölkerung zu diesen Ereignissen scheint, soweit sie sich aus Erlebnisberichten und Zeugenaussagen rekonstruieren läßt, unterschiedlich gewesen zu sein: Viele wurden durch das Spektakel der lärmenden Zerstörung und durch die brennenden Synagogen angezogen und verharrten teils sensationslüstern, teils angewidert und entsetzt an den Tatorten. Stimmungsberichte deuten darauf hin, daß die Aktion mehrheitlich keine Zustimmung in der Bevölkerung fand.[59] Soweit während der Ereignisse selbst Empörung offen geäußert wurde, bezog sie sich allerdings häufig offensichtlich in erster Linie auf das «Sinnlose» der Zerstörungen; statt Möbel und Waren zu zerschlagen, so die des öfteren anzutreffende Ansicht, solle man sie doch an die Menge verteilen.[60] Bemerkenswert häufig wird aber auch, wie in den oben zitierten Beispielen Ilvesheim und Wölfersheim, über die aktive Teilnahme der Bevölkerung an den Ausschreitungen und Plünderungen berichtet. So warf beispielsweise in Großen-Linden (Landkreis Gießen) eine «große Menge von johlenden Schulkindern», die von ihren Lehrern geschlossen herangeführt worden waren, die Fensterscheiben eines von einer jüdischen Familie bewohnten Hauses ein; die Jugendlichen gerieten schließlich dermaßen «außer Rand und Band», daß ihre Erzieher sie nach Hause schicken mußten.[61] In Büdingen waren es vor allem Jugendliche und Schulkinder, die in die jüdischen Wohnungen eindrangen; dort «zertrümmerten (sie) die Möbel und andere Einrichtungsgegenstände, zerschlugen Fensterscheiben, schlitzten die Betten auf und warfen Möbelstücke, Wäsche und andere Dinge auf die Straße».[62] Gering ist hingegen die Zahl der Fälle, in denen die Schläger, Brandstifter und Plünderer auf direkten Widerstand oder zumindest Widerspruch der Bevölkerung stießen. So muß es als ein Einzelfall angesehen werden, wenn in dem württembergischen Dorf Iberdorf am Ipf, in dem traditionell gute Beziehungen zwischen Juden und Christen herrschten, sich der örtliche SA-Führer weigerte, die Synagoge anzuzünden und, als in der nächsten Nacht auswärtige SA-Leute versuchten, das Zerstörungswerk selbst vorzunehmen, ortsansässige Bauern gemeinsam mit Juden den Brand im Entstehen löschten.[63]

Ebensowenig, wie die genaue Zahl der Opfer des nationalsozialistischen Terrors in den Monaten nach dem 30. Januar 1933 bekannt ist, ist es bis heute möglich, die Zahl der Toten des November-Pogroms genau zu bestimmen. Die von nationalsozialistischer Seite stammende Angabe von 91 Ermordeten[64] erscheint bei weitem als zu gering, hält man sich vor Augen, daß etwa allein in Nürnberg 14 Juden getötet worden sind.[65] Hinzu kommt eine große Zahl von Selbstmorden, in Nürnberg beispielsweise 10, in Wien nicht weniger als 680.[66] Vor allem aber darf nicht übersehen werden, daß, nachdem die öffentlichen Ausschreitungen am 10. November eingestellt wurden, das Morden hinter den Stacheldrahtzäunen der Konzentrationslager fortgesetzt wurde: Eine große, nicht schätzbare Zahl der in die KZ's verschleppten «Aktionsjuden» wurde in den folgenden Wochen und Monaten umgebracht.

Zumindest Goebbels scheint in der Mordnacht eine größere Zahl von Opfern einkalkuliert zu haben. Als ihm wenige Stunden nach Beginn der Aktion gemeldet wurde, ein polnischer Staatsangehöriger sei ermordet worden, die ganze Aktion drohe «auf eine gefährliche Ebene» abzugleiten, soll er, der Aussage des stellvertretenden Gauleiters von München–Oberbayern zufolge, nur lakonisch geantwortet haben, man solle sich wegen eines toten Juden nicht aufregen, in den nächsten Tagen würden Tausende daran glauben müssen. Das Oberste Parteigericht beschäftigte sich in seinem schon erwähnten Untersuchungsbericht mit einer Anzahl von zumeist durch SA-Führer begangenen Tötungsdelikten und kam zu der Schlußfolgerung, daß die meisten dieser Fälle durch die Weitergabe «teilweise nicht sehr glücklich formulierter Befehle» zustande gekommen seien. Den Betreffenden müsse aber zugebilligt werden, «aus anständiger nationalsozialistischer Gesinnung und Einsatzbereitschaft über das Ziel hinausgeschossen» zu sein. Man sah daher von einer Übergabe dieser Fälle an die ordentliche Justiz ab, auch die parteiinternen Disziplinarstrafen hielten sich in einem sehr milden Rahmen. Nur in zwei Fällen, die in dem

Schlußbetrachtung

Der endgültige Verschleiß der SA im Zeichen des Totalen Krieges steht am Ende der fast 25jährigen Geschichte der Parteiarmee. Mit diesem absoluten Endpunkt im Blick sollen thesenartig die wichtigsten Ergebnisse dieser Gesamtdarstellung der Geschichte der SA zusammengefaßt werden.

1. Seit ihren Anfängen bis zum Juni 1934 stand die SA unter dem Einfluß widersprüchlicher Konzeptionen: Als Hitler im Sommer 1921 die Parteiführung übernahm, erkannte er sogleich, daß sich der seit etwa eineinhalb Jahren im Aufbau befindliche Ordnungsdienst der Partei vorzüglich dazu eignete, als schlagkräftige Hilfstruppe bei seinen auf Provokation angelegten Propagandaaktionen zu fungieren. Im Gegensatz hierzu wollten die außerhalb der Partei stehenden Offiziere, allen voran Ehrhardt und Röhm, im Windschatten der NSDAP und mit ihrer propagandistischen Unterstützung einen militärisch einsetzbaren Wehrverband aufbauen, nachdem das ursprünglich verfolgte Konzept einer bayerischen Einheits-Wehrorganisation gescheitert war. Diese unterschiedlichen Konzeptionen standen auch dann noch unvermittelt nebeneinander, als die Parteitruppe in der zweiten Jahreshälfte 1922, vor dem Hintergrund der radikalisierend wirkenden Auseinandersetzungen zwischen Bayern und dem Reich, einen kräftigen Wachstumsschub erhielt, ihre Aktivitäten über den oberbayerischen Raum hinaus ausdehnen konnte und Anerkennung im Kreis der etablierten Rechtsverbände erfuhr. Infolge der durch die französische Ruhrbesetzung ausgelösten Turbulenzen konnte sich aber das Konzept der Militärs zunächst durchsetzen: Die SA wurde in einen Wehrverband umgestaltet, sie wurde nach militärischen Gesichtspunkten gegliedert und erhielt ein eigenes Oberkommando unter der Leitung des werbewirksamen Weltkriegsheros Göring. Durch ihre Eingliederung in die «Arbeitsgemeinschaft der Vaterländischen Kampfverbände» (bzw. in den sich dann hieraus abspaltenden «Deutschen Kampfbund») war sie dem direkten Zugriff des nationalsozialistischen Parteiführers weitgehend entzogen.

Vorgeschichte und Verlauf des Hitler-Putsches zeigen denn auch, wie die in die Mobilmachungsvorbereitungen der übrigen Verbände und der «bayerischen» Reichswehr involvierte SA Hitler mehr und mehr in Zugzwang brachte. Die bittere Erfahrung des Novembers 1923 sollte Hitler veranlassen, dem Wehrverbandskonzept und dem Putschismus eine eindeutige Absage zu erteilen. Dies brachte ihn in unmittelbaren

Gegensatz zu Röhm, der während Hitlers Gefängnisaufenthalt eifrig daran gearbeitet hatte, die SA in eine neue übergreifende Kampforganisation der radikalen Rechten, den «Frontbann», einzubringen. Nach der Freilassung Hitlers und der Neugründung der NSDAP führte dies zum Bruch zwischen den beiden Kontrahenten.

Entsprechend der eher unterstützenden Funktion, die Hitler der SA innerhalb der NS-Bewegung zugedacht hatte, vollzog sich der Wiederaufbau der Parteitruppe denn auch relativ langsam. Trotz der offiziellen Ablehnung des militärischen Vorbilds gelangte die neue SA-Führung aber erneut – unter v. Pfeffer – in die Hände ehemaliger Berufsmilitärs und Freikorpsführer, die entsprechend ihrer Mentalität ein erhebliches Stück militärisches Gehabe in die Organisation einbrachten. Mit der in schwieriger Situation im November 1930 getroffenen Entscheidung, Röhm erneut die Führung der SA anzubieten, wurden die sich abzeichnenden Verselbständigungs- und Militarisierungstendenzen in der SA eher verstärkt, da Röhm sein ursprüngliches Wehrverbandskonzept im Grunde nicht aufgegeben hatte.

Während Röhm sich in den entscheidenden «Kampfjahren» loyal gegenüber der Parteiführung verhielt, zeigte sich insbesondere nach der nationalsozialistischen «Machtergreifung» sein Festhalten am «Primat des Soldaten». Röhm versuchte, durch Vergrößerung der SA (bis auf viereinhalb Millionen Mitglieder) Partei- und Staatsführung durch eine Politik der großen Zahl gleichsam zu erdrücken. Die Tendenz zur organisatorischen Verselbständigung der SA und die nachhaltigen Versuche, staatliche Funktionen zu übernehmen, lassen in Konturen einen eigenen SA-Staat sichtbar werden. Insbesondere sah Röhm die SA als das wichtigste bewaffnete Organ des neuen Regimes, als den eigentlichen Garanten der nationalsozialistischen Herrschaft, während er der Reichswehr eine Führungsrolle auf militärischem Gebiet absprach. Der Widerspruch zur Partei- und Staatsführung, die nach erfolgter Gleichschaltung keine rechte Verwendung mehr für die «braunen Bataillone» sah und sie am liebsten demobilisiert hätte (zumal man die Wehrmacht für unverzichtbar für die Aufrüstung hielt), lag auf der Hand.

2. Bei dem im Juni 1934 blutig ausgetragenen Konflikt ging es aber nicht nur um einen Wettstreit unterschiedlicher taktischer Konzepte für die SA, sondern im Kern um die Frage des Verhältnisses zwischen Nationalsozialismus und paramilitärischer Bewegung. Die in der unmittelbaren Nachkriegsphase aus der Konkursmasse des Weltkriegsheeres entstandene paramilitärische Bewegung bildete, ebenso wie etwa die völkische Richtung oder das aus mittelständischen Existenznöten stammende Protestpotential, eine der Hauptquellen, aus denen dem Nationalsozialismus Anhänger zuströmten. Nachdem die Wehrverbände auch nach dem Ende der unruhigen Nachkriegsjahre fortbestanden und im innenpolitischen Leben

der Republik eine Rolle spielten, fungiert die SA als wichtiges Bindeglied zu diesem Lager, das aus der Sicht der NS-Bewegung ein nach wie vor wichtiges Rekrutierungspotential bildete. Dies erklärt den Handlungsspielraum, der der «militärischen» Führung der SA durch die eigentlich jede «Soldatenspielerei» ablehnende Parteileitung eingeräumt wurde.

Die Übereinstimmungen zwischen Verbänden und SA bezogen sich selbstverständlich nicht nur auf das paramilitärische Erscheinungsbild oder auf gemeinsam vertretene «soldatische» Werte. Die sich nach 1923 in politische Kampfbünde wandelnden Verbände entwickelten einen Stil der politischen Auseinandersetzung, der sich als Übertragung eines kriegerischen Freund-Feind-Denkens in die Innenpolitik, als eine Militarisierung der Politik bezeichnen läßt. Durch ihr sich vor allem in provokanten Aufmärschen äußerndes Imponiergehabe, durch ihren Versuch, den Gegner von der Straße zu verdrängen, trugen sie erheblich dazu bei, daß die Weimarer Republik nie eine Phase wirklicher innenpolitischer Stabilität erlebte. Die rechtsstehenden Verbände (die natürlich auch in ihrer Wechselwirkung mit den Kampfgruppen der politischen Linken zu sehen sind) wirkten so als Vorläufer und Wegbereiter der SA. Trotz dieser Gemeinsamkeiten unterschied sich die SA von den Wehrverbänden vor allem durch zweierlei: Im Unterschied zu der eher latenten Gewaltbereitschaft der Verbände endeten die Propagandaaktionen und Aufmärsche der SA häufig gezielt in gewalttätigen Auseinandersetzungen mit ihren Gegnern, in der SA war der «Kampf gegen den Marxismus» tägliche direkte Aktion. Zweitens konnte die SA durch ihre feste Verankerung in der NS-Bewegung den Eindruck zielgerichteten politischen Handelns erwecken, während die «Parteipolitik» ablehnenden Rechtsverbände nicht in der Lage waren, eine funktionierende Strategie zu entwickeln, um ihre Zielvorstellungen politisch durchzusetzen. Die SA erschien somit langfristig als die erfolgreichere Variante des Paramilitarismus.

3. Mit dem Herauswachsen der SA aus dem Lager der zahlreichen paramilitärischen Verbände und ihrem Ausbau zur Massenorganisation stellt sich die Frage nach dem sozialen Profil der Parteitruppe. Obwohl repräsentative Daten nicht vorliegen, zeigt die Auswertung einzelner Mitgliederlisten und anderer Hinweise, daß die SA weder eine eindeutig mittelständische noch eine proletarische Organisation war. Bemerkenswert erscheint demnach vor allem die Fähigkeit der SA, über ein bestimmtes soziales Milieu hinaus sich an das vorhandene gesellschaftliche Umfeld anzupassen. Im Gegensatz zur Tendenz neuerer Untersuchungen muß aber der Arbeiteranteil der SA als deutlich unter dem der männlichen Bevölkerung angesetzt werden, vor allem wenn man die stark ausgeprägte Jugendlichkeit der Organisation in Rechnung stellt. Innerhalb dieses Arbeiteranteils scheinen Handwerksgesellen und Landarbeiter wiederum überrepräsentiert zu sein. Generell ist zur Auswertung von statisti-

schem Material zur sozialen Komposition der SA zu sagen, daß Rückschlüsse aus Angaben zu Berufszugehörigkeiten außerordentlich problematisch bleiben, da sich die der SA zuwendenden Gruppen in einem
beispiellosen sozialen Abstiegsprozeß befanden, viele SA-Männer noch in
der Ausbildung, Berufsanfänger oder arbeitslos waren.

4. Bei der Beantwortung der Frage, was die Attraktivität der SA gerade
für die oben beschriebene Personengruppe ausmachte, lassen sich drei
Faktoren benennen, die einen Zugang zur SA besonders begünstigt haben
dürften: Erstens scheinen die etwa 1928 einsetzenden Krisen und Verfalls-
erscheinungen innerhalb der Wehrverbände der SA zahlreiche Mitglieder
aus deren Reihen zugeführt haben; die Verbände hatten demnach eine
mobilisierende Wirkung und bildeten häufig Durchgangsstation auf dem
Weg zur nationalsozialistischen Parteitruppe. Zweitens wären zu nennen
die (wenn auch häufig allzu notdürftige) Versorgung und die vielfach als
sinnvoll empfundene Aufgabenstellung, die die SA vor allem den von der
Krise betroffenen vorwiegend jugendlichen Arbeitslosen bot. Drittens
dürfte gerade der paramilitärische Stil der SA die durch Weltkrieg,
Nachkriegszeit und anhaltende Beschäftigung mit dem Kriegserlebnis
geprägte emotionelle Erfahrung vieler Jugendlicher angesprochen haben.
Hier ist auf die große Bedeutung von Kriegsspiel und Wehrerziehung für
die Jugend der Weimarer Zeit zu verweisen, die die Eingliederung in einen
paramilitärischen Verband wie die SA erheblich erleichterte. Der täglich
auf der Straße ausgetragene «Kampf gegen den Marxismus» bildete in
dieser Perspektive die konsequente Fortsetzung des Kriegsspiels, auf diese
Weise ließ sich im Nachhinein das traumatische Versagen der Vätergeneration angesichts des «Dolchstoßes» von 1918 symbolisch bewältigen.

5. Anknüpfend hieran läßt sich der innere Zusammenhalt der SA, die
zum Teil äußerst intensive Bindung der Mitglieder an die Organisation
weniger aus einer gefestigten Überzeugung für ein klar umrissenes politisches Programm erklären, sondern vor allem durch das in der SA stark
entwickelte – vor allem durch das gemeinsame Erleben geprägte – Grup-
penbewußtsein. Mit der Zunahme der Krisensymptome, mit der zunehmenden Verschärfung des innenpolitischen Kampfes und der sich hieraus
ergebenden Isolation der Parteitruppe, entstand innerhalb der SA eine
eigenständige Subkultur: Sie war geprägt durch einen gewalttätigen
Aktionismus, durch Abenteuer- und Landsknechttum. Gleichzeitig
wurde mit den SA-Heimen und -Lokalen eine SA-Innenwelt errichtet, die
für viele eine Art Ersatz-Zuhause bildete. Eine aufwendige soziale Betreuung verstärkte diese Bindung, schuf auch konkrete ökonomische Abhän-
gigkeiten. In diesen trotz aller Anstrengungen immer noch tristen Verhältnissen verkörperte die Person Hitlers die Hoffnung auf eine schlagartige Besserung der eigenen wirtschaftlichen Lage nach einer «Machtergreifung» der Bewegung.

6. Der Durchbruch der NSDAP in den Jahren 1929/1930 und ihre außergewöhnlichen Erfolge in den beiden kommenden Jahren bedeutete für die SA schnelles Wachstum, gleichzeitig aber auch erhebliche interne Belastungen sowie Spannungen mit anderen Teilen der NS-Bewegung. Vordergründig ging es bei diesen Streitigkeiten, die sich am augenfälligsten in den beiden Berliner Stennes-Revolten entluden, um Finanzfragen, tatsächlich aber handelte es sich um Machtproben zwischen der selbstbewußten, unter professionellen militärischen Führern agierenden SA und der Partei, bei denen auch der Legalitätskurs der Parteiführung zunehmend in Frage gestellt wurde. Gleichzeitig verschlechterte sich das Verhältnis zwischen SA und SS. Der SS wurde seitens der SA-«Landsknechte» vor allem ihr elitäres und arrogantes Verhalten und die Abwerbung von Braunhemden zum Vorwurf gemacht. Bei den innerparteilichen Konflikten trat die SS zudem häufig als eine Art interne Polizei der NS-Bewegung gegen die SA auf. Drittens häufte sich an der SA-Basis die Kritik an der eigenen Führerschaft, der «Bonzentum» zum Vorwurf gemacht wurde: In solchen Vorwürfen fanden die Gegensätze in den Lebenswelten von SA-Basis und SA-Führung ihren Ausdruck.

Insbesondere im letzten Jahr vor der nationalsozialistischen «Machtergreifung» reiften diese unterschiedlichen Konfliktlagen zu einer explosiven Mischung heran. Immer wieder wurde von Seiten der Partei- und SA-Führung versucht, die SA-Stürme mit der Aussicht auf einen unmittelbar bevorstehenden Sieg neu zu verstärkten Anstrengungen zu motivieren. Die dann regelmäßig sich einstellende Enttäuschung wurde mit um so größeren Mobilisierungsanstrengungen beantwortet. So zeigte das Stimmungsbarometer der SA im schnellen Wechsel Siegeseuphorie, dann aber wieder tiefe Niedergeschlagenheit, die gesamte Organisation befand sich in einem äußerst labilen Zustand. Ende 1932 war, angesichts der Aussicht, einen weiteren Krisenwinter unter den bestehenden miserablen Verhältnissen durchstehen zu müssen, eine Situation eingetreten, in der es kaum noch möglich erschien, mit Aussicht auf Erfolg an Disziplin und Opferbereitschaft der deprimierten nationalsozialistischen Sturmtruppen zu appellieren. Innerhalb der SA – deren Mitgliederzahlen nach rasantem Wachstum nun stagnierten – wurde zum einen die Forderung laut, nun endlich «Loszuschlagen», während andererseits die fränkische «Stegmann-Revolte» die Gefahr einer Abspaltung von Teilen der Parteiarmee aufzeigte.

Nach dem 30. Januar 1933 waren diese internen Spannungen zunächst vergessen. Die SA hatte Gelegenheit, ihren so lange aufgestauten Rachegelüsten freien Lauf zu lassen. Vor allem die Monate zwischen März und Juni 1933 waren durch den Terror der SA gekennzeichnet; hier spielte sich der erste Massenmord der nationalsozialistischen Ära ab. Kommunisten, Sozialdemokraten, Gewerkschaftler und auch schon Juden waren in erster Linie von diesen terroristischen Gewaltakten betroffen.

Als aber im Sommer 1933 alle Gegner niedergekämpft waren und die neue Führung das Ende der «nationalsozialistischen Revolution» verkündete, sah die SA sich wieder auf ihre internen Probleme zurückgeworfen. Im Laufe der nächsten Monate stellte sich heraus, daß die an die «Machtergreifung» gerichteten Erwartungen nicht, zumindest nicht in kurzer Zeit, einzulösen waren. Auf der anderen Seite war die Möglichkeit, die Unzufriedenheit wie in der «Kampfzeit» durch gewalttätigen Aktionismus abzureagieren, in dieser Form nicht mehr gegeben. Die von der SA-Führung erhobene Forderung nach einer Fortsetzung der «nationalsozialistischen Revolution» erscheint in dieser Situation als eine Parole, mit der den SA-Leuten einerseits ein neuer, bewußt vage gehaltener Erwartungshorizont aufgezeigt und zugleich, gerade durch die in der Forderung liegende Drohgebärde, ein gewisser Druck auf die Partei- und Staatsführung ausgeübt werden sollte. Ein Programm zur Umgestaltung der gesellschaftlichen Verhältnisse, etwa im Hinblick auf Sozialisierungsmaßnahmen, war hiermit jedoch keinesfalls gemeint.

7. Die Situation vor dem 30. Juni 1934 stellt sich demnach als unübersichtlich, durch verschiedene Konflikte und Krisen gekennzeichnet, dar. Da war zum einen der uneingelöste Anspruch der SA auf eine führende Rolle im neuen Staat, insbesondere als erster Waffenträger der Nation, zum anderen die weitverbreitete Unzufriedenheit der SA-Basis, die Röhm zur Verschärfung seiner Tonart gegenüber dem Regime zwang. Darüber hinaus begannen konservative Kräfte zunehmend selbstbewußter aufzutreten, wurde durch das erwartete Ableben des Reichspräsidenten die Frage nach dem künftigen Staatsoberhaupt aufgeworfen, während sich in der Bevölkerung allgemein eine gewisse Ernüchterung nach den hochgespannten Hoffnungen des vergangenen Jahres breit machte. Die genauere Betrachtung der Vorgeschichte des 30. Juni scheint eher dafür zu sprechen, daß die Entscheidung zur Enthauptung der SA nicht einem über Monate heranreifenden Plan entsprach, sondern eher kurzfristig (die Rede v. Papens vom 17. und die Heß-Warnrede vom 25. Juni dürften die wichtigsten Eckdaten sein) unter dem Eindruck einer sich schnell verändernden innenpolitischen Situation zustande kam. In dieser Lage war das gewaltsame Vorgehen gegen die SA die geeignete Maßnahme, um das gesamte komplizierte innenpolitische Problemknäuel mit einem Streich zu entwirren.

8. Die auf den 30. Juni 1934 folgenden Jahre sind durch zahlenmäßige Dezimierung und durch organisatorischen Rückbau der SA gekennzeichnet, die jetzt vor allem als Wehrsportorganisation und Veteranenverband fungierte und schließlich während des Zweiten Weltkrieges vorwiegend

Hilfsfunktionen für die Wehrmacht übernahm. Die Organisation scheint nach Ausschaltung Röhms in Frustration versunken zu sein, zumal die weitere Aufgabenstellung unklar blieb und sich die Bemühungen zur Arbeitsbeschaffung offensichtlich noch über einen längeren Zeitraum dahinschleppten. Latent scheint innerhalb der SA nach wie vor eine hohe Bereitschaft zu Gewalttätigkeiten bestanden zu haben, die sich schubweise in Belästigungen der Bevölkerung, aber auch in wilden Aktionen gegen Juden Luft machte. Der blutige Einsatz der SA während des Pogroms vom 10. November 1938 ist demnach nicht als überraschende Rückkehr der SA zur abgeschworenen Gewalt zu sehen, sondern eher als ein eruptiver Ausbruch eines nur mühsam unter Kontrolle gehaltenen Gewaltpotentials.

9. Die «Erfolge» der SA, so der Erklärungsansatz dieser Arbeit, resultierten nicht in erster Linie aus der Überzeugungskraft eines politischen Programms, sondern aus den vielfältigen Funktionen, die die «Subkultur» SA umfaßte: In vielerlei Hinsicht entsprach die Parteitruppe dem – zu jener Zeit so attraktiven – Modell des paramilitärischen Verbands, sie bot zugleich aber direkte Aktion und Erfolgserlebnisse im gewaltsamen Kampf um die Straße, konnte ihren Mitgliedern eine gewisse materielle Unterstützung und – noch wichtiger – den Eindruck geben, «betreut» zu werden, vermittelte – je mehr sich die innenpolitische Auseinandersetzung radikalisierte und die Organisation isoliert wurde – das Gefühl, in einer verschworenen Gemeinschaft aufgehoben zu sein und wurde schließlich zum Fokus, der die privaten wie kollektiven Illusionen und Hoffnungen der Mitgliedschaft auf das Ziel der Machteroberung bündelte. Dennoch sollte hieraus nicht die Schlußfolgerung gezogen werden, daß diese sich «unpolitisch» gebende SA der «harmlosere» Teil der NS-Bewegung gewesen sei, deren Mitglieder, angezogen von der Aussicht auf eine warme Mahlzeit, auf Beschäftigung, auf Selbstbestätigung und Gemeinschaftserlebnis, durch die NSDAP für ihre politischen Ziele manipuliert und mißbraucht worden seien. Demgegenüber muß hervorgehoben werden, daß die besondere Gefährlichkeit der SA gerade in ihrer weitgehenden Abkoppelung von politischen Inhalten, in der Verabsolutierung des «Kampf»-Motives in einer eigenständigen, bizarren Subkultur bestand. Die Tatsache, daß sich die Partei im Juni 1934 ohne auf Gegenwehr zu stoßen gegen die SA durchsetzen konnte, sollte nicht dazu verleiten, auch das in der SA der «Kampfzeit» und Gleichschaltungsphase organisierte Potential als bloße Manövriermasse der Parteiführung zu sehen. Die in der SA so deutlich hervortretende Bereitschaft zur Gewalt war somit nicht nur eine Funktion der NS-Bewegung, sondern bildete an sich ein wesentliches Grundelement des Nationalsozialismus.

Anhang

Anmerkungen

Einleitung

1 Wolfgang Sauer, Die Mobilmachung der Gewalt, in: Die nationalsozialisti-sche Machtergreifung. Studien zur Errichtung des totalitären Herrschaftssy-stems in Deutschland 1933/34, hg. v. Karl Dietrich Bracher, Wolfgang Sauer u. Gerhard Schulz, Opladen 1960, S. 685–966.
2 Heinrich Bennecke, Hitler und die SA, München 1962.
3 Andreas Werner, SA und NSDAP. SA: «Wehrverband», «Parteitruppe» oder «Revolutionsarmee». Studien zur Geschichte der SA und der NSDAP 1920–1933, phil. Diss. Erlangen–Nürnberg 1964.
4 Peter H. Merkl, The Making of a Stormtrooper, Princeton Univ. Press 1980.
5 Conan Fischer, Stormtroopers. A Social, Economic and Ideological Analysis, 1929–35, London usw. 1983.
6 Richard Bessel, Political Violence and the Rise of Nazism. The Storm Troo-pers in Eastern Germany 1925–1934, New Haven/London 1984.
7 Mathilde Jamin, Zwischen den Klassen. Zur Sozialstruktur der SA-Führer-schaft, Wuppertal 1984.

I. Von der Ordnertruppe der NSDAP zum Wehrverband

1 Grundlegend für die Erforschung der bayerischen Revolution sind eine Reihe von Untersuchungen, die Ende der sechziger Jahre im Umfeld des Münchner Ordinarius Karl Bosl entstanden und deren wesentliche Ergebnisse in dem Sammelband Bayern im Umbruch. Die Revolution von 1918, ihre Vorausset-zungen, ihr Verlauf und ihre Folgen, hg. v. Karl Bosl, München/Wien 1969, publiziert wurden. Herangezogen wurden in erster Linie die Arbeiten von Willy Albrecht (Das Ende des monarchisch-konstitutionellen Regierungssy-stems in Bayern. König, Regierung und Landtag im Ersten Weltkrieg, ebenda, S. 263–299), Karl-Ludwig Ay (Volksstimmung und Volksmeinung als Vor-aussetzung der Münchener Revolution von 1918, ebenda, S. 345–381) sowie von Heinrich Hillmayr (München und die Revolution von 1918/19. Ein Beitrag zur Strukturanalyse von München am Ende des Ersten Weltkrieges und seiner Funktion bei Entstehung und Ablauf der Revolution, ebenda, S. 453–506). Zur bayerischen Politik von der Revolution bis zum Hitler-Putsch: Hans Fenske, Konservativismus und Rechtsradikalismus in Bayern nach 1918, Bad Homburg v. d. H. usw. 1969; Bruno Thoss, Der Ludendorff-Kreis 1919–1923. München als Zentrum der mitteleuropäischen Gegenrevo-lution zwischen Revolution und Hitler-Putsch, München 1978; Bernd Steger,

Berufssoldaten oder Prätorianer. Die Einflußnahme des bayerischen Offizierskorps auf die Innenpolitik in Bayern und im Reich 1918–1924, Frankfurt
1980.

2 Zum Verlauf der Revolution: Fenske, a.a.O., S. 40 ff. sowie Albert Schwarz,
Die Zeit von 1918–1933, in: Handbuch der bayerischen Geschichte, Bd. IV,
Teil 1, hg. v. Max Spindler, S. 387–453, München 1974.

3 Fenske, a.a.O., S. 62 f.; Hillmayr, a.a.O., S. 476 ff. – Zur Stimmung im
Münchner Bürgertum siehe auch Thomas Mann, Tagebücher 1918–1921,
hg. v. Peter de Mendelssohn, Frankfurt a. M. 1979, bes. S. 58–223.

4 Fenske, a.a.O., S. 76 ff.; Horst G. W. Nußer, Konservative Wehrverbände in
Bayern, Preußen und Österreich, 1918–1933, München 1973. Zahlreiche
weitere Details enthält das als Erinnerungsbuch aufgemachte Werk des Ein-
wohnerwehr-Mitbegründers Rudolf Kanzler, Bayerns Kampf gegen den
Bolschewismus. Geschichte der bayerischen Einwohnerwehren, München
1931.

5 Thoss, a.a.O., S. 89 ff.

6 Fenske, a.a.O., S. 90 ff.

7 Thoss, a.a.O., S. 117 ff.

8 Fenske, a.a.O., S. 108 ff.; Nußer, a.a.O., S. 173 ff.

9 Fenske, a.a.O., S. 110 ff.; Nußer, a.a.O., S. 173 ff.

10 Kanzler, a.a.O., S. 72 ff.

11 Gabriele Krüger, Die Brigade Ehrhardt, Hamburg 1971, S. 72 ff.

12 Fenske, a.a.O., S. 159 ff.

13 Ebenda, S. 166 f.

14 Ebenda, S. 100 ff.

15 Thoss, a.a.O., S. 88 ff.

16 Steger, a.a.O., S. 150.

17 Ernst Röhm, Die Geschichte eines Hochverräters, München 1928.

18 Ebenda, S. 11.

19 Ebenda, S. 9.

20 Ebenda, S. 37.

21 Ebenda, S. 97.

22 Ebenda, S. 9.

23 Ebenda, S. 319.

24 Ebenda, S. 108.

25 Zur Frühgeschichte der SA: Staatsarchiv München (SAM), Polizeidirektion
München (PolDir.) 6803, Polizeiberichte v. 30. 4. 23 u. 25. 6. 23; 6804, Polizeibericht v. 3. 11. 21; Werner, a.a.O., S. 19 ff.; Bennecke, a.a.O., S. 25 ff.

26 Versammlungsbericht der Polizei v. 5. 9. 20, gedruckt in: Reginald Phelps,
Hitler als Parteiredner im Jahre 1920, in: VfZ 11 (1963), S. 274–330 (Dokument Nr. 13).

27 SAM, PolDir. 6804, Polizeibericht v. 3. 11. 21.

28 Hierzu Albrecht Tyrell, Vom «Trommler» zum «Führer». Der Wandel von
Hitlers Selbstverständnis zwischen 1919 und 1924 und die Entwicklung der
NSDAP, München 1975, S. 116 ff.; Hellmuth Auerbach, Hitlers politische
Lehrjahre und die Münchener Gesellschaft 1919–1923. Versuch einer Bilanz
anhand der neueren Forschung, in: VfZ 25 (77), S. 1–45.

29 Gedruckt in: Führer befiehl... Selbstzeugnisse aus der «Kampfzeit» der NSDAP. Dokumentation und Analyse, hg. v. Albrecht Tyrell, Düsseldorf 1969, S. 31 ff.

30 Fenske, a.a.O., S. 143 ff.; Thoss, a.a.O., S. 171 ff.

31 Fenske, a.a.O., S. 148 ff.

32 Werner, a.a.O., S. 22 ff.

33 SAM, PolDir. 6804, 10. 9. 21.

34 Werner, a.a.O., S. 41 f.

35 SAM, PolDir. 6804, 19. 10. 21.

36 SAM, PolDir. 6804: 25 Arbeiter, 36 Angestellte, 19 «Kaufmänner» (also vermutlich überwiegend kaufmännische Angestellte), 20 Handwerker, vier Selbständige, fünf Berufsbezeichnungen, die sich nicht eindeutig als Selbständige oder Angestellte identifizieren lassen, vier Beamte (darunter zwei Polizisten), ein Offizier, ein Landwirt und ein Privatier, zwölf Studenten sowie eine Reihe von Lehrlingen und Praktikanten.

37 SAM, PolDir. 6804, Polizeibericht v. 30. 4. 23; «Völkischer Beobachter» v. 7. 11. 21.

38 Werner, a.a.O., S. 45 ff.

39 Fenske, a.a.O., S. 179 ff.

40 Werner, a.a.O., S. 53.

41 Ebenda, S. 57 ff.

42 Ebenda, S. 59 f.

43 Ebenda, S. 47.

44 Rainer Hambrecht, Der Aufstieg der NSDAP in Mittel- und Oberfranken (1925–1933), Nürnberg 1976, S. 45.

45 Werner, a.a.O., S. 61.

46 Ebenda, S. 61 ff.

47 SAM, PolDir. 6804, 25. 12. 22.

48 Fenske, a.a.O., S. 185.

49 Werner, a.a.O., S. 69 ff.

50 Thoss, a.a.O., S. 222 ff.

51 Fenske, a.a.O., S. 185 ff.

52 Ebenda, S. 188 f.

53 Röhm, a.a.O., S. 158.

54 Werner, a.a.O., S. 85.

55 Ebenda, S. 88.

56 Gedruckt in Bennecke, a.a.O., S. 236 f.

57 Heinz Höhne, Der Orden unter dem Totenkopf. Die Geschichte der SS, München o. J., S. 24.

58 Werner, a.a.O., S. 91 f.

59 Röhm, a.a.O., S. 177; Werner, a.a.O., S. 100.

60 Ebenda, S. 103 ff.

61 Röhm, a.a.O., S. 182 f.

62 Werner, a.a.O., S. 111 ff.

63 Thoss, a.a.O., S. 308 f.

64 Gedruckt in: Der Hitler-Putsch. Bayerische Dokumente zum 8./9. November 1923, eingel. u. hg. v. Ernst Deuerlein, Stuttgart 1962, Nr. 2 u. 3.

65 Thoss, a.a.O., S. 316 ff.

66 Zum Hitler-Putsch und seiner unmittelbaren Vorgeschichte siehe – außer der von Deuerlein zusammengestellten Dokumentation – Harold J. Gordon jr., Hitlerputsch 1923. Machtkampf in Bayern 1923–1924, Frankfurt a. M. 1971; Hanns Hubert Hofmann, Der Hitlerputsch. Krisenjahre deutscher Geschichte 1920–1924, München 1961; Werner, a.a.O., S. 154 ff.

67 Röhm, a.a.O., S. 196.

68 Gedruckt in: Hitler-Putsch, Nr. 12.

69 Röhm, a.a.O., S. 201 ff.

II. Die SA auf «legalem» Kurs

1 Werner, a.a.O., S. 178 ff.

2 Werner, a.a.O., S. 199 ff.

3 Röhm, a.a.O., S. 289.

4 SAM, PolDir. 10138, Befehl Röhms v. 20. 5. 24; vgl. auch Werner, a.a.O., S. 206 ff.

5 SAM, PolDir. 10138, Richtlinien für die Neuorganisation der SA der NSDAP, 24. 5. 24.

6 Ebenda, Befehl betr. Neu-Uniformierung.

7 Zu Röhms Aktivitäten im Zusammenhang mit dem Frontbann siehe Werner, a.a.O., S. 202 ff.; Fenske, a.a.O.; S. 239 ff.; Röhm, a.a.O., S. 289 ff.

8 Röhm, a.a.O., S. 292.

9 Ebenda, S. 293.

10 Wolfgang Horn, Der Marsch zur Machtergreifung. Die NSDAP bis 1933, Königstein 1980, S. 165 f.

11 Vgl. Anm. 7.

12 Horn, a.a.O., S. 176 ff.

13 Röhm, a.a.O., S. 303.

14 Werner, a.a.O., S. 286. Über seine parlamentarischen Erfahrungen: Röhm, a.a.O., S. 277 ff.

15 Dietrich Orlow, The History of the Nazi Party 1919–1933, Univ. of Pittsburgh Press 1969, S. 51 f.

16 James M. Diehl, Paramilitary Politics in Weimar Germany, Bloomington/London 1977, S. 169 ff. und S. 190 ff.

17 Ebenda, S. 189 ff. Zum Stahlhelm: Volker R. Berghahn, Der Stahlhelm. Bund der Frontsoldaten 1918–1935, Düsseldorf 1966, bes. S. 64 ff.; eine komprimierte Übersicht über die Geschichte der einzelnen Verbände findet sich in: Lexikon zur Parteiengeschichte. Die bürgerlichen und kleinbürgerlichen Parteien und Verbände in Deutschland (1789–1945), 4 Bde., hg. v. Dieter Fricke u. a., Köln 1986 (hier insbesondere die Angaben zu Wehrwolf und Bund Wiking).

18 Diehl, a.a.O., S. 190 ff.; zur Programmatik und Publizistik der Verbände ebenda, S. 216 ff.

19 Bundesarchiv Koblenz (BA), R 134, Reichskommissar für Überwachung der öffentlichen Ordnung und Nachrichtensammelstelle im Reichsministerium

des Innern, Lageberichte (1920–1929) und Meldungen (1929–1933), veröffentlicht als Mikrofiches-Edition, hg. v. Ernst Ritter, München usw. 1979 (hier: Lagebericht 109 v. 20. 12. 24).

20 Vgl. die Gegenüberstellung der sich ausschließenden Konzeptionen bei Werner, a.a.O., S. 295 ff.

21 Röhm, a.a.O., S. 309; Werner, a.a.O., S. 305.

22 Röhm, a.a.O., S. 313 ff.; Werner, a.a.O., S. 308 ff.

23 Werner, a.a.O., S. 295 ff.

24 Vgl. dazu Gerhard Schildt, Die Arbeitsgemeinschaft Nord-West. Untersuchungen zur Geschichte der NSDAP 1925/26, phil. Diss. Freiburg 1964.

25 Orlow, a.a.O., S. 72 f.

26 Werner, a.a.O., S. 323 f. u. 345 f.; «Völkischer Beobachter» v. 6. 8. 26.

27 J. K. v. Engelbrechten, Eine braune Armee entsteht. Die Geschichte der Berlin-Brandenburger SA., Berlin 1937, S. 37 ff.

28 Wilfried Böhnke, Die NSDAP im Ruhrgebiet 1920–1933, Bonn-Bad Godesberg 1974, S. 123 ff.

29 Zu Baden und Schleswig-Holstein vgl. die Angaben bei Bennecke, a.a.O., S. 126. In Franken wurde J. Gattinger 1927 zum Gau-SA-Führer ernannt (Hambrecht, a.a.O., S. 120).

30 Werner, a.a.O., S. 356 ff.; hier auch einige biographische Angaben.

31 Adolf Hitler, Mein Kampf, Bd. 2 (Die nationalsozialistische Bewegung), München 1927, S. 163 ff.

32 BA, Slg. Schumacher 403, SABE 1 v. 1. 11. 26.

33 Hitler, Mein Kampf, Bd. 2, S. 179.

34 Ebenda, S. 180, 182, 188, 190 f.

35 Ebenda, S. 193 f.

36 Ebenda, S. 197 ff.

37 Vgl. dazu etwa die nach der Machtergreifung im Auftrag der SA geschriebene Geschichte der Berliner Sturmabteilung (J. K. v. Engelbrechten, a.a.O.).

38 BA, Slg. Schumacher 403, SABE 2 v. 2. 11. 26. Zu den SABE ausführlich Werner, a.a.O., S. 366 ff.

39 BA, Slg. Schumacher 403, SABE 4 v. 4. 11. 26.

40 Ebenda.

41 Ebenda, SABE 6 v. 6. 11. 26, SABE 10 v. 14. 11. 26, SABE 11 v. 11. 11. 26, SABE 13 v. 13. 11. 26, SABE 14 v. 14. 11. 26.

42 Ebenda, SABE 6 v. 6. 11. 26.

43 Eine Sammlung der «GRUSA» befindet sich in derselben Akte. Hierzu ausführlich Werner, a.a.O., S. 396 ff.

44 BA, Slg. Schumacher 403, SABE 15 v. 10. 2. 27.

45 Werner, a.a.O., S. 390. Hinzu kam noch ein Gausturm in Österreich.

46 Werner, a.a.O., S. 390 ff.

47 «Völkischer Beobachter» v. 25. 1. 28, 13. 4. 28 u. 8. 5. 28 (Angaben für November 1927 bis Mai 1928).

48 Werner, a.a.O., S. 335 u. 425.

49 Orlow, a.a.O., S. 78 ff. und Horn, a.a.O., S. 278.

50 Statistisches Jahrbuch des Deutschen Reiches 1928; Zusammenstellung der

Hamburger Wahlergebnisse bei Ursula Büttner, Hamburg in der Großen Depression. Wirtschaftsentwicklung und Finanzpolitik 1928–1931, Hamburg 1979, S. 665.

51 Engelbrechten, a.a.O., S. 40.

52 Siehe dazu die von Martin Broszat zusammengestellte Dokumentation: Die Anfänge der Berliner NSDAP 1926/27, in: VfZ 8 (1960), S. 85–118, ferner Engelbrechten, a.a.O., S. 47 ff. sowie Joseph Goebbels, Kampf um Berlin, München 1934 , S. 35 ff.

53 Goebbels, Kampf, S. 59 f.

54 Situationsbericht Februar 1927, NSDAP, Ortsgruppe Berlin, Sektion Neukölln, gedruckt in: Broszat, Anfänge, S. 110 ff.

55 Engelbrechten, a.a.O., S. 54.

56 Broszat, Anfänge, S. 112 ff.

57 Goebbels, Kampf, S. 165.

58 SAM, PolDir. 6809, insbesondere die Berichte über die Mitgliederversammlungen der NSDAP-Schwabing v. 10. 3. 27 (Nr. 565), über die Appelle der SA-Schwabing v. 22. 4. 27 (Nr. 570) und v. 13. 5. 27 (Nr. 573) sowie über die Zusammenkunft der Stürme I u. IX am 15. 5. 27 (Nr. 573).

59 Ebenda, Berichte über die Generalappelle der SA in München v. 18. 5. 27 (Nr. 574) und 25. 5. 27 (Nr. 575).

60 Ebenda, Bericht Nr. 575.

61 Zu diesem taktischen Umschwenken Orlow, a.a.O., S. 113 ff. sowie Peter D. Stachura, Der kritische Wendepunkt? Die NSDAP und die Reichstagswahlen vom 20. Mai 1928, in: VfZ 26 (1978), S. 66–99, S. 79 f.

62 Orlow, a.a.O., 102 f.; Stachura, a.a.O., S. 77 f.

63 Heinrich August Winkler, Mittelstand, Demokratie und Nationalsozialismus. Die politische Entwicklung von Handwerk und Kleinhandel in der Weimarer Republik, Köln 1972, S. 165.

64 Siehe dazu Johnpeter Horst Grill, The Nazi Party's Rural Propaganda before 1928, in: CEH 15 (1982), S. 149–185.

65 Stachura, a.a.O., S. 79.

66 «Hamburger Nachrichten», 11. 12. 27.

67 Gerhard Stoltenberg, Politische Strömungen im schleswig-holsteinischen Landvolk 1918–1933. Ein Beitrag zur politischen Meinungsbildung in der Weimarer Republik, Düsseldorf 1962, S. 143.

68 Stachura, a.a.O., S. 79.

69 «Völkischer Beobachter», 19. 4. 28.

70 Orlow, a.a.O., S. 119 ff.

71 Ebenda, S. 118 f.

72 Zum Tannenberg-Bund vgl. den Artikel in: Lexikon zur Parteiengeschichte, Bd. 4.

73 Diehl, a.a.O., S. 201 ff.

74 Ebenda, S. 203 ff.; vgl. Berghahn, a.a.O., S. 71 ff.

75 Reichskommissar, Nr. 118, 19. 6. 26.

76 Ebenda, Nr. 119, 1. 9. 26.

77 Ebenda, Nr. 118, 19. 6. 26.

78 Ebenda, Nr. 119, 1. 9. 26.

80 Alois Klotzbücher, Der politische Weg des Stahlhelm, Bund der Frontsoldaten, in der Weimarer Republik. Ein Beitrag zur Geschichte der «Nationalen
Opposition» 1918–1933, Diss. Erlangen–Nürnberg 1964, S. 135 ff. Vgl. auch
die Berichte in der «Frankfurter Zeitung» (8. 5. u. 9. 5.) sowie in der «Vossi-
schen Zeitung» (8. 5. u. 10. 5.).

81 Reichskommissar, Nr. 121, 28. 3. 27.

82 «Vossische Zeitung», 8. 5. 27.

83 Vgl. Diehl, a.a.O., S. 283 ff.

84 Vgl. Werner, a.a.O., S. 433 ff.

85 Wilhelm Weiß, Der Nürnberger Parteitag und die Wehrbewegung («Völkischer Beobachter», 10. 9. 27).

86 Zitate ebenda sowie in dem – in der gleichen Ausgabe der Zeitung erschienenen – Artikel: Der jungdeutsche Brudergedanke (Joachim Haupt).

87 Zitate in dem von Weiß verfaßten Artikel (Anm. 85) sowie in dem vom
gleichen Autor stammenden Aufsatz: Der Weg der deutschen Freiheitsbewe-
gung («Völkischer Beobachter» v. 15. 10. 27).

88 Wehrwolf und Nationalsozialismus («Völkischer Beobachter» v. 15. 10. 27).

89 Zitat in: Reichskommissar, Nr. 123, 15. 10. 27.

90 Diehl, a.a.O., S. 240 ff.; Reichskommissar, Nr. 123, 15. 10. 27.

91 Berghahn, a.a.O., S. 111 f.

92 Reichskommissar Nr. 125, 14. 4. 1928, S. 108.

93 BA, NS 23/374, Rundschreiben Bouhler v. 7. 5. 28.

94 Diehl, a.a.O., S. 269 f.

95 Stachura, a.a.O., S. 86 ff.

96 Orlow, a.a.O., S. 140 ff. sowie Peter Hüttenberger, Die Gauleiter. Studie zum
Wandel des Machtgefüges in der NSDAP, Stuttgart 1969, S. 38 ff. Zu den im
unmittelbaren Anschluß an die Führertagung vorgenommenen organisatorischen Maßnahmen in den Gauen s. «Völkischer Beobachter» v. 5. 9. 28, zum
Verhältnis Gauleitungen–Ortsgruppen die Ausgabe v. 4. 7. 28.

97 Stachura, a.a.O., S. 94 ff.

98 Stoltenberg, a.a.O., S. 145 ff.

99 Zu dieser Einschätzung vgl. Jeremy Noakes, The Nazi Party in Lower
Saxony, Oxford 1971, S. 123.

100 Stoltenberg, a.a.O., S. 147 ff.

101 Klaus Schaap, Die Endphase der Weimarer Republik im Freistaat Oldenburg
1928–1933, Düsseldorf 1978, S. 94 f.

102 Propaganda-Aktion, 24. 12. 1928, gedruckt in: Führer befiehl…, Selbstzeugnisse aus der «Kampfzeit» der NSDAP. Dokumentation und Analyse,
hg. v. Albrecht Tyrell, Düsseldorf 1969, S. 255 ff.

103 Winkler, a.a.O., S. 168 f.

104 Stachura, a.a.O., S. 95.

105 Ebenda, S. 97.

III. Die SA als Massenorganisation

1 Detlef Willi Mühlberger, The Rise of National Socialism in Westphalia 1920–1933, Ph. D., London 1975 (MS), S. 310 f.

2 Eberhart Schön, Die Entstehung des Nationalsozialismus in Hessen, Meisenheim a. Glan 1972, S. 154 f.

3 Johnpeter Horst Grill, The Nazi Movement in Baden, 1920–1945, University of North Carolina 1983, S. 181 ff.

4 Hambrecht, a.a.O., S. 201.

5 Diehl, a.a.O., S. 264 ff.

6 Statistisches Jahrbuch für das Deutsche Reich 1930, S. 316 u. 1931, S. 311.

7 Zur Geschichte von NSDAP und SA in diesem Zeitraum siehe insbesondere die Arbeiten von Werner (S. 443 ff.), Horn (S. 329 ff.), Bessel (Violence) und Fischer (Stormtroopers).

8 Fischer, Stormtroopers, S. 25 f.; diese Aufstellung wurde Fischer von Lawrence D. Stokes, Autor einer Untersuchung über die dortige NSDAP, zur Verfügung gestellt.

9 Ebenda, S. 26 ff. Der Autor hatte die Ergebnisse seiner Recherchen betr. die SA-Beschäftigungsstruktur bereits vorab an anderer Stelle veröffentlicht (Conan J. Fischer, The Occupational Background of the SA's Rank and File Membership during the Depression Years, 1929 to mid-1934, in: The Shaping of the Nazi State, hg. v. Peter D. Stachura, London 1978), war aber auf entschiedene methodische Kritik gestoßen (Richard Bessel/Mathilde Jamin, Nazis, workers and the uses of quantitative evidence, in: Social History 4 (1979), S. 111–116; vgl. auch die Fortsetzung dieser Debatte: Conan Fischer/Carolyn Hicks, Statistics and the historian: the occupational profile of the SA of the NSDAP, in: Social History 5 (1980), S. 131–138 sowie die Antwort der beiden Kritiker ebenda, S. 139 f.). Die hier zitierte Buchfassung berücksichtigt diese Bedenken insofern, als sie das Zahlenmaterial in differenzierter Form präsentiert. Dennoch scheinen nur die erwähnten Aufstellungen über Eutin und München wirklich brauchbare Aufschlüsse über die Beschäftigungsstruktur zu geben. Hingegen ist eine weitere Liste von 61 SA-Leuten, die im Jahre 1929 SA-Männer im Gau Hessen–Nassau waren, nicht repräsentativ, da sie aus einer Aufstellung von 839 Trägern des Goldenen Ehrenzeichens aus dem Jahre 1937 erschlossen wurde (diese Liste erlaubt aber nur Aussagen über den sehr kleinen Teil der SA-Leute aus dem Jahre 1929, die bis 1937 das Goldene Ehrenzeichen erwarben, nicht jedoch für die tatsächliche SA-Zusammensetzung des Jahres 1929 im Gaugebiet). Ebenso sind die beiden übrigen Aufstellungen, die aus einer Addition kleinerer Mannschaftslisten aus dem gesamten Reichsgebiet sowie aus Angaben verschiedener Polizeidienststellen über Gruppen auffälliger SA-Leute bestehen, in keiner Weise repräsentativ für die SA. Unzulässig ist auch das von Fischer angewandte Verfahren, alle ermittelten Angaben zu summieren, da diese Zahlen völlig willkürlich zustandegekommen sind.

10 Errechnet nach: Statistisches Handbuch der Hauptstadt der Bewegung für die Jahre 1927 bis 1937, München 1938, Tabelle S. 27.

11 Eric G. Reiche, The Development of the SA in Nuremberg, 1922–34, phil. Diss., University of Delaware 1972, S. 255 ff.

12 Bessel, Violence, S. 35 f.
13 Ebenda, S. 36 f.
14 Bessel/Jamin, a.a.O.
15 Hauptstaatsarchiv Wiesbaden (HAW), SA der NSDAP, Nr. 2206 a.
16 Vgl. hierzu Heinrich August Winkler, Der Schein der Normalität. Arbeiter und Arbeiterbewegung in der Weimarer Republik 1924–1930, 2. Aufl., Berlin/Bonn 1988, S. 110.
17 Halbmast. Ein Heldenbuch der SA. und SS., Berlin 1932.
18 S. 153 ff.
19 Jamin, Zwischen den Klassen, S. 371.
20 Fischer, Stormtroopers, S. 28.
21 Ausgewählte Dokumente zur Geschichte des Nationalsozialismus 1933–1945, hg. v. Hans-Adolf Jacobsen und Werner Jochmann, Bielefeld 1961, Teil B, 28. 2. 31.
22 Engelbrechten, a.a.O., S. 172 u. 190.
23 Vgl. die Angaben bei Michael H. Katzer, Ansätze zu einer Soziologie der SA bis zur Röhm-Krise, in: Soziale Bewegung und politische Verfassung, Beiträge zur Geschichte der modernen Welt, hg. v. Ulrich Engelhardt u. a., S. 798–831, S. 809; Bessel, Violence, S. 44.
24 Vgl. Anm. 15.
25 Bessel, Violence, S. 36 f. Die starke Jugendlichkeit der SA wird auch in der Untersuchung von Fischer betont, wobei allerdings zu der vom Autor angewandten Methode die bereits in Anm. 9 geäußerte Kritik angebracht erscheint.
26 Vgl. Anm. 15.
27 Vgl. Anm. 17.
28 Michael H. Kater, Generationskonflikt als Entwicklungsfaktor in der NS-Bewegung 1933, in: Geschichte und Gesellschaft 11 (1985), S. 217–243, 226 f.
29 Bessel, Violence, S. 46 f.
30 HAW, SA 2601 a.
31 Vorgeschrieben im «SABE 2».
32 Bessel, Violence, S. 46.
33 BA, Kleine Erwerbungen 569, Die SA in Sachsen vor der Machtübernahme, S. 25, zitiert nach Bessel/Jamin, Nazis, S. 115.
34 SAM, PolDir. 6824.
35 Hierzu insbesondere: Peter Loewenberg, The Psychohistorical Origins of the Nazi Youth Cohort, in: American Historical Review 76 (1971/72), S. 1457–1502; Kater, Generationskonflikt, S. 217–243; Merkl, a.a.O., S. 203 ff. u. 218 ff.
36 Michael B. Barrett, Soldiers, Sportsmen and Politicians – Military Sport in Germany 1924–1935, Diss. University of Massachusetts 1977, S. 53 (als Mikrofilm im IfZ).
37 Zitiert nach: Heinz Jacoby, Die Kriminalität der Jugendlichen in den Jahren 1930 und 1931, in: Zeitschrift für die gesamte Strafrechtswissenschaft 54 (1934), S. 85–117, S. 93.
38 Diehl, a.a.O., S. 260 ff.

39 Werner, a.a.O., S. 427.

40 «Völkischer Beobachter» v. 3. 8. 29.

41 Als Broschüre gedruckt; vgl. auch den Beitrag des Autors im «Völkischen Beobachter» v. 6. 8. 29 («Weg zum Widerstand»).

42 Werner, a.a.O., S. 355.

43 Ebenda, S. 445 f.

44 Sauer, a.a.O., S. 847.

45 BA, NS 23/354, SABE v. 28. 3. 29.

46 Werner, a.a.O., S. 404 ff.

47 Ebenda, S. 408 f.

48 Ebenda, S. 415 ff.

49 Werner, a.a.O., S. 412.

50 Engelbrechten, a.a.O., S. 102.

51 So nannte man in der SA die Angehörigen des Reichsbanners Schwarz-Rot-Gold.

52 Engelbrechten, a.a.O., S. 127.

53 Fritz Stelzner, Schicksal SA, München 1936, S. 55 (auch zitiert in Engelbrechten, a.a.O., S. 179).

54 Hans Henningsen, Niedersachsenland, du wurdest unser! Zehn Jahre Nationalsozialismus im Gau Ost-Hannover. Streiflichter aus der Kampfzeit, 1935, S. 84.

55 Ebenda, S. 87. Die geschlossene Teilnahme an Gottesdiensten war auch in anderen Regionen üblich, so beispielsweise in der fränkischen SA, die ihre sonntäglichen Propagandamärsche auf diese Weise einleiteten: Hambrecht, a.a.O., S. 206 f.

56 Geoffrey Pridham, Hitler's Rise to Power. The Nazi Movement in Bavaria, 1923–1933, London 1973, S. 126.

57 SAM, PolDir. 6822, SABE v. 10. 7. 30.

58 Bessel, Violence, S. 58.

59 Thomas Schnabel, Die NSDAP in Württemberg 1928–1933. Die Schwäche einer regionalen Parteiorganisation, in: Die Machtergreifung in Südwestdeutschland. Das Ende der Weimarer Republik in Baden und Württemberg 1928–1933, Stuttgart usw. 1982, S. 49–81, S. 53 u. 55.

60 SAM, PolDir. 6810, Bericht über eine Versammlung v. 14. 10. 30.

61 Die folgende Darstellung orientiert sich am Bericht des Landeskriminalamts Berlin v. 16. 9. 30 (SAM, PolDir. 6808) sowie an der 1931 von Stennes herausgegebenen Broschüre «Wie es zur Stennes-Aktion kam». Vgl. hierzu vor allem Werner, a.a.O., S. 461 ff. sowie Patrick Moreau, Nationalsozialismus von links. Die «Kampfgemeinschaft Revolutionärer Nationalsozialisten» und die «Schwarze Front» Otto Straßers 1930–1935, Stuttgart 1984.

62 SAM, PolDir. 6830, Lagebericht v. 15. 9. 30.

63 Schön, a.a.O., S. 129 f.

64 BA, Slg. Schumacher 403, 3. 9. 30. – Vgl. auch Wageners eigene Schilderung dieser Vorgänge: Hitler aus nächster Nähe. Aufzeichnungen eines Vertrauten 1929–1932, hg. v. H. A. Turner jr., Frankfurt a. M. usw. 1978.

65 BA, Slg. Schumacher 403, Wagener an den Generalinspekteur von SA und SS, Ulrich, 9. 9. 30.

66 Ebenda, 19. 9. 30.

67 Ebenda.

68 SAM, PolDir. 8622, 7. 11. 30.

69 Ebenda, Unterlagen für Referat SA-Führerbesprechung Sonntag 30. 11. 30.

70 Werner, a.a.O., S. 521 f.

71 BA, Slg. Schumacher 403, Bericht v. 20. 11. 30.

72 IfZ, Fa 2 (Hans Volz, Die Geschichte der SA von den Anfängen bis zur Gegenwart, Berlin 1934), S. 73, 1. 1. 31.

73 Werner, a.a.O., S. 521.

74 IfZ, Fa 107/1, 3. 2. 31.

75 «Der Angriff», 3. 2. 32, 19. 2. 31 u. 26. 2. 31. Vgl. dazu Moreau, a.a.O., S. 74 f. Der Herausgeber des «Angriffs», der Gauleiter Goebbels, suchte – so seine Tagebucheintragungen – in dieser Zeit ein erträgliches Verhältnis zu Stennes und zeigte zunehmend Verständnis für die Lage der SA, während er gleichzeitig die Müchner Parteileitung (Hitler als Person ausdrücklich ausgenommen) kritisierte: Die Tagebücher von Joseph Goebbels. Sämtliche Fragmente, hg. v. Elke Fröhlich, München usw. 1987, Teil I, Bd. 2, 11. 1. 31, 23. 2. 31, 25. 3. 31.

76 Dazu: P. Bucher, Der Reichswehrprozeß. Der Hochverrat der Ulmer Reichswehroffiziere 1929/30, Boppard 1967.

77 Aufruf Hitlers, 20. 2. 31.

78 Gedruckt in: Ausgewählte Dokumente zur Geschichte des Nationalsozialismus, Teil B.

79 SAM, PolDir. 6810.

80 Rgbl. I 1931, Datum des gleichen Tages.

81 Goebbels-Tagebücher, Bd. 2, 30. 3. 31.

82 Moreau, a.a.O., S. 73 ff. Vgl. auch den vom Reichsinnenministerium in Umlauf gebrachten Bericht v. 13. 5. 31 (SAM, PolDir. 6808). Zu den Auswirkungen des Stennes-Aufstandes in den östlichen Provinzen Bessel, Violence, S. 62 ff., speziell zu Schlesien den Aufruf des mit Stennes sympathisierenden Gausturmführers Kremser v. 2. 4. 31 (SAM, PolDir. 6825).

83 SAM, PolDir. 6832.

84 BA, Slg. Schumacher 415, Aufstellungen vom 18. 5. 31 u. 1. 2. 31.

85 Ebenda, 20. 2. 31.

86 SAM, PolDir. 6825, 21. 4. 31.

87 Werner, a.a.O., S. 553 f.

88 BA NS 23/123, Der Oberste SA-Führer, 5. 4. 32.

89 «Völkischer Beobachter» v. 21. 5. 31.

90 Diese Aktivitäten schlagen sich etwa in der Berichterstattung der Zeitung «Der SA-Mann» nieder.

91 Zu Röhms Führungsstil vgl. ebenda, z. B. die Artikel: «Stabschef Röhm bei der Stuttgarter SA» (Folge 13, April 1932) oder «Chef des Stabes Röhm bei der österreichischen S. A. (Folge 26, Oktober 1932).

92 Hierzu zahlreiche Beispiele bei Sauer, a.a.O., S. 853.

93 Die Ergebnisse wurden in einem Briefwechsel festgehalten, der gedruckt ist in: Staat und NSDAP 1930–1932, Quellen zur Ära Brüning, eingel. v. Gerhard Schulz, bearb. v. Ilse Maurer u. Udo Wengst, Düsseldorf 1977 (= Quellen zur Geschichte des Parlamentarismus und der politischen Parteien, Dritte Reihe, Bd. 3), Nr. 27 u. 28.

94 Thilo Vogelsang, Reichswehr, Staat und NSDAP. Beiträge zur deutschen Geschichte 1930–1932, Stuttgart 1962, S. 118 f.; Bessel, Violence, S. 67 ff.

95 Sie sind in verschiedenen SA-Liederbüchern gesammelt, so etwa in: Sturm- und Marschlieder, o. O. o. J.; SA-Liederbuch, München 1933; SA-Sturmlieder, Berlin o. J.

96 Zitate aus einem Tagesbefehl, den Röhm nach dem Massenaufmarsch der SA in Braunschweig am 22. Oktober 1931 erließ (BA, NS 23/354).

97 Manfred von Killinger, Die SA. In Wort und Bild, Leipzig 1933, S. 40.

98 Hermann Birn, Nur eine Schar SA, Berlin/Dresden 1936, S. 159 ff.

99 Wilfried Bade, Die S. A. erobert Berlin. Ein Tatsachenbericht, München 1941, S. 87.

100 Engelbrechten, a.a.O., S. 133.

101 Ebenda, S. 215.

102 BA, NS 23/123, 14. 11. 31.

103 Lied der Standarte 7, SA-Sturmlieder, Berlin o. J.

104 Engelbrechten, a.a.O., S. 183.

105 Werner, a.a.O., S. 405.

106 BA, NS 23/123, Der Oberste SA-Führer, Erlaß Nr. 4, 22. 4. 31; vgl. Werner, S. 406 f.

107 SAM, PolDir. 6825, 20. 2. 31.

108 Karl W. H. Koch, Männer im Braunhemd. Vom Kampf und Sieg der SA, Düsseldorf 1936, S. 134.

109 Engelbrechten, a.a.O., S. 202.

110 Koch, a.a.O., S. 126 f.

111 Ebenda, S. 130 f.

112 HAW, SA 2601 b.

113 Eve Rosenhaft, Beating the Fascists? The German Communists and Political Violence 1929–1933, London usw. 1983.

114 Koch, a.a.O., S. 209 ff.

115 Engelbrechten, a.a.O., S. 85.

116 Engelbrechten, a.a.O., S. 172; Bessel, Violence, S. 50.

117 Forschungsstelle für die Geschichte des Nationalsozialismus in Hamburg (FstHH), Manuskript Alfred Conn, S. 111.

118 Der SA-Mann, Folge 4, 26. 1. 31. Zur Einrichtung und zur Atmosphäre in den Heimen vgl. im übrigen Bessel, Violence, S. 49 ff.

119 Staatsarchiv Hamburg (SAHH), SA, B 152, Beschwerdebrief v. 11. 9. 32.

120 Die NSDAP Kreis Lübeck. Werden und Wachsen, Berlin o. J. (1935), S. 87 ff.

121 Bessel, Violence, S. 52 f.

122 Vgl. hierzu die Sammlung von Beispielen bei Fischer, Stormtroopers, S. 115 ff.; eine Anleitung für die Durchführung der verschiedenen sozialen Aktivitäten gibt auch der Entwurf für «Richtlinien zur Behebung der wirtschaftlichen Not im Winter 1931/32», der für die SA-Führerbesprechung vom September 1930 vorgesehen war.

123 Engelbrechten, a.a.O., S. 173.

124 So die Verfügung über die Fürsorge in der SA v. 26. 6. 31 (SAM, PolDir. 6822); zur Ausführung auf lokaler Ebene: Polizeibericht über einen Appell der

SA-Dachau, auf dem Fragen der Arbeitsbeschaffung behandelt wurden (ebenda, 6810, 29. 3. 32).

125 Als Beispiel siehe SAHH, SA, B 137 I, Tagesbefehl des Sturmbanns II/76 in Hamburg, 9. 9. 31.

126 BA, NS 23/123.

127 «Der SA-Mann», Folge 1, Januar 1932.

128 Fischer, Stormtroopers, S. 118 ff.; vgl. auch Claudia Koonz, Mothers in the Fatherland. Women, the Family and Nazi Politics, New York 1986, S. 70 f.

129 SAM, PolDir. 6822, v. 26. 6. 31.

130 SAM, PolDir. 6808, Bericht des Polizeipräsidenten Berlin, 16. 9. 30; vgl. auch Werner, a.a.O., S. 484.

131 Das ergibt sich etwa aus dem Bericht betr. die Aussprache zwischen Schwarz und den SA-Führern v. 30. 11. 30 (BA, Slg. Schumacher 403).

132 SAM, PolDir. 6825, Abschrift eines Schreibens der Brigade I an OSAF, 20. 3. 31; vgl. Fischer, Stormtroopers, S. 113.

133 BA, NS 23/123, Schlußbeurteilung des Generalinspekteurs zu den Vierteljahresberichten des dritten Quartals, 8. 12. 31.

134 BA, NS 23/124, 7. 7. 32.

135 Beispiele ebenda, S. 116.

136 Ebenda, S. 115; vgl. auch das Rundschreiben Röhms v. 17. 11. 31, das die Namensänderung erklärt (BA, NS 23/123).

137 Fischer, Stormtroopers, S. 128 f.

138 BA, NS 23/124, 19. 8. 32.

139 Ebenda, Rundschreiben v. 8. 1. 33.

140 Koch, Männer, S. 315 f. Ähnliche Formulierungen finden sich etwa bei Friedrich Joachim Klaehn, Mein Kamerad. Ein Handbuch der Erfahrungen, Anregungen und Ideen für SA-Führer und Politische Leiter der NSDAP, Leipzig 1934, S. 27 f.

141 Imre Lazar, Der Fall Horst Wessel, Stuttgart/Zürich 1980.

142 Jay W. Bird, Goebbels, Horst Wessel and the Myth of Resurrection and Return, in: Journal of Contemporary History 17 (1982), S. 633–650.

143 Sturm 33, Hans Maikowski. Geschrieben von Kameraden des Toten, 9. Aufl., Berlin o. J.

144 Ebenda, S. 74.

145 SAM, PolDir. 6824.

146 Fischer, Stormtroopers, S. 148 ff.

147 Ebenda, S. 154.

148 Killinger, a.a.O., S. 56.

149 Siehe Anm. 145.

150 Klaehn, a.a.O., S. 59 f.

151 Killinger, a.a.O., S. 60.

152 Folge 5, Februar 1932.

153 Koch, Männer, S. 220 f.

154 Killinger, a.a.O., S. 35 f.

155 SAM, PolDir. 6822, 17. 12. 31.

156 Killinger, a.a.O., S. 16.

157 Siehe hierzu S. 105 dieser Arbeit.

158 Henningsen, a.a.O., S. 113.

159 Bade, a.a.O., S. 143.

160 SAM, PolDir. 6809.

161 Hierzu vgl. Kater, Ansätze, S. 816ff.

162 SAM, PolDir. 6824, Verfügung des Obersten SA-Führers betr. Dienstgrad- und Dienststellenverhältnis, 28. 11. 31.

163 Zu diesen Ergebnissen kommt Mathilde Jamin in ihrer Studie zur Sozial-struktur der höheren SA-Führerschaft (Zwischen den Klassen, Wuppertal 1984). Allerdings ist ihre aufwendige statistische Arbeit für die «bewegten» Jahre der SA, also für die «Kampfzeit» und für die Zeit zwischen der Machtergreifung und dem 30. 6. 1934, nur von begrenztem Aussagewert. Die Autorin hat in den Akten des Document Centers 1134 höhere SA-Führer festgestellt, die jemals den Rang oder die Funktion eines SA-Stan-dartenführers innehatten. Zwar ist der Anteil dieser Gruppe an der Gesamt-zahl der SA-Führer in gleich hoher Stellung (Jamin schätzt 2000) relativ hoch; doch der größte Teil dieser SA-Führer erreichte den hohen Rang eben erst nach dem 30. Juni 1934, also nachdem die Parteiarmee nur noch zweit-rangige Bedeutung innerhalb der NS-Bewegung besaß. So waren nur 11,3% dieser Gruppe bereits 1933 zum Standartenführer ernannt worden und nur 19,1% in den Jahren 1933/1934. Wenn somit die Arbeit auch keine präzisen Aussagen über die Zusammensetzung der Führerschaft vor dem 30. Juni 1934 erlaubt, wird man aber wohl davon ausgehen können, daß die Sozialstruktur der in den späteren Jahren ernannten Führer sich nicht voll-kommen und grundsätzlich von der der vor dem 30. Juni 1934 ernannten Führer unterschied.

164 Zusammengestellt nach Angaben von Killinger, a.a.O., S. 66ff. sowie nach Unterlagen des BDC.

165 Engelbrechten, a.a.O., S. 185.

166 BA, NS 23/123, Schlußbeurteilung des Generalinspekteurs v. 8. 12. 31.

167 Ebenda sowie Horn, a.a.O., S. 398. Nach einem Polizeibericht waren unter den 90 Teilnehmern eines Kurses 50 Handelsvertreter und Angestellte, 21 Handwerker, 8 Angehörige freier Berufe, 8 Beamte und 4 Studenten.

168 SAM, PolDir. 6822, 17. 12. 31 sowie BA, NS 23/123, 8. 12. 31.

169 BA, NS 23/124, Verfügung des Obersten SA-Führers, 7. 7. 32.

170 Schön, a.a.O., S. 136.

171 Veröffentlicht in der «Münchner Post» v. 9. März 1932.

172 Ebenda, 16. 4. 32, 17. 7. 32.

173 Ebenda.

174 Ebenda, 24. 3. 32.

175 IfZ, Fa 36, 5. 10. 32.

176 SAM, PolDir. 6822, 17. 12. 31.

177 BA, NS 23/123, Schlußbeurteilung des Generalinspekteurs.

178 Bessel, Violence, S. 59f.

179 FstHH 922 (SA) II.

180 Zur Aufgabenverteilung zwischen SA und SS: SAM, PolDir. 6832, Befehl Hitlers v. 7. 11. 30; zu den Beziehungen zwischen beiden Organisationen allgemein: Michael Kater, Zum gegenseitigen Verhältnis von SA und SS in der

Sozialgeschichte des Nationalsozialismus von 1925 bis 1939, in: Vierteljahresschrift für Sozial- und Wirtschaftsgeschichte 62 (1975), S. 339–379, S. 545.

181 Beispiele in SAHH, SA, B 25.

182 SAM, PolDir. 6822, Der Generalinspekteur der SA an den Stabschef, 17. 12. 31.

183 SAHH, SA, B 25, Sturm 15 an die Untergruppe, 23. 6. 32.

184 BA, Slg. Schumacher 407, 5. 1. 33.

185 SAM, PolDir. 6832, Kähler an die SS-Reichsleitung, 22. 1. 32.

186 Staat und NSDAP 1930–1932. Quellen zur Ära Brüning, Nr. 12 u. 13.

187 Schön, a.a.O., S. 132ff.

188 Berghahn, a.a.O., S. 179ff.

189 Werner, a.a.O., S. 574f.

190 Zur Lage von SA und Partei im Jahre 1932 vgl. allgemein Horn, a.a.O.,
S. 340ff.

191 Mit dem Hinweis auf solche Informationen motivierte Röhm die Alarmierung:
BA, Slg. Schumacher 415, Befehl an die Gruppenführer, 2. 3. 32; über Gerüchte
betr. einen bevorstehenden Putsch berichtet auch Goebbels, ohne ihnen jedoch
Glauben zu schenken (Goebbels-Tagebücher, Bd. 2, 11. 3. 32).

192 Vgl. dazu etwa den Bericht der Polizeidirektion München über das Verhalten
von SA und SS in der Nacht v. 12. auf den 13. 3. 31: SAM, PolDir., 24. 3. 32.

193 Gotthard Jasper, Die gescheiterte Zähmung. Wege zur Machtergreifung
Hitlers 1930–1934, Frankfurt a. M. 1986.

194 So erwartete Goebbels bereits Mitte März ein SA-Verbot (Goebbels-Tagebücher, Bd. 2, 17. 3. 32).

195 Zitiert nach Hambrecht, a.a.O., S. 267.

196 Zur Überforderung der Polizei in der Provinz Hambrecht, a.a.O., S. 262ff. u.
Schön, a.a.O., S. 172ff.

197 Ulrich Klein, SA-Terror und Bevölkerung in Wuppertal 1933/34, in: Die
Reihen fast geschlossen. Beiträge zur Geschichte des Alltags unterm National-
sozialismus, hg. v. Detlev Peukert u. Jürgen Reulecke, Wuppertal 1981,
S. 45–61, S. 47.

198 Lothar Danner, Ordnungspolizei Hamburg. Betrachtungen zu ihrer Geschichte 1918 bis 1933, Hamburg 1958.

199 BA, NS 23/298, Schreiben v. 15. 12. 34.

200 BA, NS 23/306, 20. 12. 34 (in der Anlage die Meldungen der unterstellten
Einheiten).

201 Goebbels-Tagebücher, Bd. 2, 23. 4. 32.

202 Ebenda, 13. 5. 32.

203 Bessel, Violence, S. 87ff.

204 Ebenda, S. 89ff.; Paul Kluke, Der Fall Potempa, in: VfZ 5 (1957), S. 279–297
(Edition des Urteils); Richard Bessel, The Potempa Murder, in: Central
European History 10 (1977), S. 241–254.

205 Goebbels-Tagebücher, Bd. 2, 13. 8. 32.

206 «Völkischer Beobachter», 17. 8. 32.

207 BA, NS 23/337, Der Oberste SA-Führer an den Führer der Reichsführerschule,
3. 9. 35 (die Zahlen enthalten offensichtlich nicht die Angehörigen der Motor-
stürme): s. als Vergleichsziffer NS 23/123, Der Oberste SA-Führer
v. 14. 11. 33.

208 IfZ, MA 132.

209 SAM, PolDir. 6812, Auszug aus dem Tagebuch eines Lehrgangsteilnehmers, 6.–27. 9. 31.

210 Zu Straßers Haltung s. Udo Kissenkoetter, Gregor Straßer und die NSDAP, Stuttgart 1978, S. 159 ff.

211 IfZ, FA 107/1, 27. 12. 32

212 Goebbels-Tagebücher, Bd. 2, 7. 1. 33.

213 Vgl. Horn, a.a.O., S. 378.

214 Hambrecht, a.a.O., S. 370 ff., zu Stegmann ebenda, S. 317 ff.

215 Schön, a.a.O., S. 138 ff.

IV. Die SA als verhinderte Revolutionsarmee

1 Vgl. etwa die in Münchner Polizeiberichten festgehaltenen Äußerungen von SA-Führern (Appelle eines SA-Sturms v. 3. 2. 32 sowie eines Sturmbanns v. 11. 9. 31): SAM, PolDir. 6810.

2 Stelzner, a.a.O., S. 157.

3 Rgbl. I 1933, 6. 2. 33.

4 Engelbrechten, a.a.O., S. 265 ff.

5 Sauer, a.a.O., S. 864 f.

6 Ebenda, S. 866.

7 Rgbl. I 1933, 28. 2. 33.

8 «Der SA-Mann», Folge 9.

9 Zur Rolle der SA in den ersten Monaten des Dritten Reiches siehe vor allem Sauer, a.a.O., Fischer (Stormtroopers) sowie Bessel (Violence).

10 Ortwin Domröse, Der NS-Staat in Bayern von der Machtergreifung bis zum Röhm-Putsch, München 1974, S. 75 (hier auch ausführlichere Darstellung der Ereignisse, S. 62 ff.).

11 Heft 10, 11. 3. 33.

12 Herbert Hoffmann, Im Gleichschritt in die Diktatur? Die nationalsozialistische «Machtergreifung» in Heidelberg und Mannheim 1930 bis 1935, Frankfurt a. M./Bern/New York 1985, S. 149 ff.

13 Hans-Peter Schwarz, Adenauer. Der Aufstieg: 1976–1952, Stuttgart 1986, S. 347 ff.

14 Karl Filser, Augsburgs Weg in das «Dritte Reich», in: 1933 – Fünfzig Jahre danach. Die nationalsozialistische Machtergreifung in historischer Perspektive, hg. v. Josef Becker, München 1983.

15 Die Zerschlagung der Freien Gewerkschaften in Kassel 1933, Kassel 1983, S. 14 (Ausstellungskatalog).

16 Bessel, Violence, S. 108.

17 Bernd Martin, Die deutschen Gewerkschaften und die nationalsozialistische Machtübernahme. Von der Anpassungspolitik während der Präsidialkabinette zur Selbstausschaltung im totalitären Staat, in: Geschichte in Wissenschaft und Unterricht 36 (1985), Anm. 25.

18 Hans-Norbert Burkert, Klaus Matußek, Wolfgang Wippermann, «Machtergreifung» Berlin 1933, Berlin 1982, S. 64.

19 Karl Otto Watzinger, Geschichte der Juden in Mannheim 1650–1945, Stuttgart usw. 1984, S. 62.

20 Bessel, Violence, S. 105.

21 IfZ, Gg 01.25, Urteil des Landgerichts Giessen v. 14. 4. 49.

22 IfZ, Gg 01.09, Urteil des Landgerichts Giessen v. 6. 10. 49.

23 Burkert u. a., a.a.O., S. 116.

24 So geschah es zumindest in Nürnberg: Reiche, a.a.O., S. 231.

25 IfZ, Fa 199/27 (= BA, R 43 II 1195).

26 Diese Maßnahmen sollten allerdings laut Befehl Röhms v. 27. 6. 33 rückgängig gemacht werden: BA, NS 23/125.

27 Karl Dietrich Bracher, Stufen der Machtergreifung, in: Die nationalsozialistische Machtergreifung. Studien zur Errichtung des totalitären Herrschaftssystems in Deutschland 1933/34, Köln/Opladen 1960, S. 31–368, S. 211 f.

28 Vgl. hierzu Johannes Tuchel, Herrschaftssicherung und Terror – zu Funktion und Wirkung nationalsozialistischer Konzentrationslager 1933 und 1934, in: Occasional Papers des Fachbereichs Politische Wissenschaft der FU Berlin, Berlin 1983.

29 Sauer, a.a.O., S. 871.

30 Laurenz Demps, Berlin als Experimentierfeld des Terrorismus im Jahre 1933, in: Staatliche Kunsthalle Berlin, Bericht 1983, Berlin 1983, S. 105–114.

31 IfZ, F 92, 14./15. 7. 32.

32 Reiche, a.a.O., S. 228 f.

33 SA-Typen. Köpenicker Blutwoche, in: Sturz ins Dritte Reich. Historische Miniaturen und Porträts 1922/35, hg. v. Helmut Bock, Wolfgang Ruge, Marianne Thomas, Leipzig/Jena/Berlin 1983, S. 235–242; Kurt Werner, Karl Heinz Biernat, Die Köpenicker Blutwoche, Juni 1933, Berlin (O) 1958. – In der in der Bundesrepublik zum Thema «Machtergreifung» erschienenen Literatur werden diese Köpenicker Ereignisse bisher in der Regel nicht in angemessener Weise berücksichtigt.

34 IfZ, Gk 03.14, Urteil des Landgerichts Kassel v. 27. 4. 53.

35 Gerhart Seger, Oranienburg. Erster authentischer Bericht eines aus dem Konzentrationslager Geflüchteten, Karlsbad 1934 (Nachdruck Berlin 1979); Max Schäfer, Konzentrationslager Oranienburg. Das Anti-Braunbuch über das erste deutsche Konzentrationslager, Berlin 1934.

36 Klein, a.a.O., S. 49 f.; Karl Ibach, Kemna. Wuppertaler Lager der SA. 1933, Wuppertal 1948 (Nachdruck 1981); KZ Kemna 1933–1934. Eine Quellenedition, Wuppertal o. J. (1985).

37 Fritz Hackel, Von der Jugendburg Hohnstein zum «Schutzhaftlager Hohnstein», Berlin 1948.

38 Bessel, Violence, S. 116 f.

39 Tuchel, a.a.O., S. 12 ff.

40 SAHH, SA, B 109 u. 112. Alle Beschwerden stammen aus dem Zeitraum Ende Februar bis Juli 1933.

41 BA, R 43 II/1195 (auch im IfZ als Fa 199/27).

42 Ebenda.

43 BA, Slg. Schumacher 409, Rundschreiben des OSAF, 13. 4. 33.

44 SAM, PolDir. 6816.

45 Röhm, a.a.O., S. 319.
46 Auszugsweise abgedruckt in Röhm, a.a.O., S. 164.
47 Siehe hierzu S. 20 dieser Arbeit.
48 Ursachen und Folgen, Bd. 9, Nr. 2077.
49 Ebenda, Nr. 2102.
50 Rede v. 17. 7. 33, auch in: Die nationalsozialistische Revolution 1933, bearbeitet v. Axel Friedrichs, Berlin 1935, S. 61 ff. (= Dokumente der deutschen Politik, hg. v. Paul Meier-Beneckenstein).
51 Ursachen und Folgen, Bd. 9, Nr. 2104.
52 Ebenda, Nr. 2105.
53 Rudolf Diels, Lucifer ante portas, Stuttgart 1950, S. 253 ff. Zur Klarstellung der Motive Diels s. Lothar Gruchmann, Justiz im Dritten Reich 1933–1940. Anpassung und Unterwerfung in der Ära Gürtner, München 1988, S. 345 f.
54 Gruchmann, a.a.O., S. 345 ff.
55 Gerhard Schulz, Die Anfänge des totalitären Maßnahmestaates, in: Die nationalsozialistische Machtergreifung, S. 371–681, S. 476.
56 BA, NS 26/328, Röhm an den Reichsschatzmeister der NSDAP, 23. 5. 33.
57 Vgl. Mathilde Jamin, Zur Rolle der SA im nationalsozialistischen Herrschaftssystem, in: Der «Führerstaat», Mythos und Realität, Stuttgart 1981, S. 334.
58 Ebenda, S. 331 f.
59 Die SA verzeichnete Anfang 1935 einen Parteigenossenanteil von nur 31,1%. Man kann davon ausgehen, daß von den in der zweiten Jahreshälfte 1934 einsetzenden Säuberungen in erster Linie Nichtparteimitglieder betroffen waren, so daß der Anteil der Parteigenossen vor dem 30. Juni eher noch geringer gewesen sein dürfte (Parteistatistik 1935, hg. v. Reichsorganisationsleiter der NSDAP, Bd. III., München 1935, S. 81).
60 Domröse, a.a.O., S. 80 ff.
61 Schulz, a.a.O., S. 475; Jamin, Rolle, S. 339; Domröse, a.a.O., S. 208 ff.
62 Gruchmann, a.a.O., S. 412.
63 Sauer, a.a.O., S. 929.
64 Ebenda, S. 886.
65 BA, R 2/11.913 a, Bericht des Rechnungshofes v. 8. 6. 34; R 2/31.013, Aufstellung des SA-Verwaltungsamtes (Abgleichung des Geldbedarfs ...).
66 BA, R 2/31.013, Rundschreiben des Stabschefs der SA v. 3. 4. 34.
67 So übereinstimmend die Lageberichte hessischer Standarten für das zweite Quartal 1934: BA, NS 23/265.
68 BA, NS 23/126, 31. 10. 33.
69 BA, R 2/31.013, Der Oberste SA-Führer, Aufstellung Sach- und Besoldungsetat.
70 Sauer, a.a.O., S. 888.
71 Helmut Krausnick, Der 30. Juni 1934. Bedeutung – Hintergründe – Verlauf, in: Aus Politik und Zeitgeschichte, 30. 6. 54, S. 318.
72 Sauer, a.a.O., S. 938.
73 Karl Martin Graß, Edgar Jung, Papenkreis und Röhmkrise 1933/34, Phil. Diss. Heidelberg 1966, S. 184 ff.
74 Sauer, a.a.O., S. 938 ff.
75 Ebenda, S. 930 f.

76 Ebenda, S. 931.
77 Ebenda, S. 929.
78 Ebenda, S. 883.
79 Ebenda, S. 933 f.
80 Jamin, Rolle, S. 341 f.; Kater, Ansätze, S. 824 f.; Fischer, Stormtroopers, S. 84 ff.
81 SAHH, SA, B 137 I, 3. 6. 33.
82 BA, NS 23/1, Der SA-Mann und sein Arbeitsamt, 20. 6. 34
83 SAHH, SA, B 137 I, 4. 5. 33.
84 BA, NS 23/125, 10. 8. 33.
85 Stelzner, a.a.O., S. 186 f.
86 Ebenda, S. 190.
87 SAM, PolDir. 6822, 17. 12. 31.
88 BA, NS 23/127, 4. 5. 23.
89 Katers These, es habe schon vor dem 30. Juni massive Kritik der SA-Basis am Lotterleben der SA-Führerschaft gegeben, ist m. E. nur unzureichend belegt. (Ansätze, S. 822 f.)
90 FstMM. 922 (SA) II, H. an Standartenführer, 26. 4. 34; vgl. auch die bei Kater, Ansätze, zitierten Beschwerden (S. 823).
91 Kater, Ansätze, S. 807 ff.; Fischer, Stormtroopers, S. 188 f.
92 BA, NS 23/1, 14. 6. 34.
93 BA, R 43 II/1202 (= IfZ, Fa 199/28), Bericht v. 18. 12. 33.
94 SAHH, SA, B 37.
95 Auch in diesem Punkt kann die Arbeit von Fischer, Stormtroopers, die SA und Kommunisten in einem gemeinsamen «radical camp» sieht, nicht überzeugen. So heißt es beispielsweise in der auf S. 206 als Beleg für «appreciable transfers of membership between the SA and KPD» genannten Arbeit von Böhnke (über die NSDAP im Ruhrgebiet) ausdrücklich, diese Übertritte seien nur in einzelnen Fällen nachzuweisen (S. 154). Auch die von Fischer selbst zusammengestellten Angaben (s. nächste Anm.) wiedersprechen dem behaupteten massiven Transfer.
96 Ebenda, S. 55 f. Zu den Bedenken hinsichtlich der Repräsentativität der Daten vgl. die Kritik Kapitel II, Anm. 9, dieser Arbeit.
97 Reiche, a.a.O., S. 266 f. Die Zahl von 32 Stahlhelm- bzw. Reichsflagge-Angehörigen errechnet sich aus Reiches Prozentangaben.
98 So z. B. Joachim Fest, Das Gesicht des Dritten Reiches. Profile einer totalitären Herrschaft, München 1963, S. 202.
99 Diels, a.a.O., S. 207.
100 Siehe dazu beispielsweise: Im «Angriff» vom 17. 7. 33 nachgedruckte Goebbels-Rede; Rundschreiben des OSAF v. 14. 3. 33. (BA, Slg. Schumacher 409).
101 BA, R 43 II/1202, 6. 10. 33 (= IfZ, Fa 199/28).
102 SAHH, SA, B 112, Befehl der Brigade 12 v. 26. 10. 33.
103 Ebenda, 3. 11. 33.
104 Bessel, Violence, S. 127.
105 BA, R 43 II/1202, 17. 2. 34 (= IfZ, Fa 199/28).
106 Die jüdischen Gemeinden in Bayern 1918–1945. Geschichte und Zerstörung,

hg. u. bearb. v. Baruch Z. Ophir und Falk Wiesemann, München/Wien 1979, S. 189.

107 BA, Slg. Schumacher 403, OSAF v. 31. 7. 33.

108 Hierzu BA, NS 23/27, Der Oberste SA-Führer, gez. Röhm, 16. 4. 34.

109 Kater, Ansätze, S. 827.

110 BA, NS 23/126, Der Oberste SA-Führer, gez. Röhm.

111 BA, Slg. Schumacher 415, Rundschreiben v. 1. 2. 34.

112 Stelzner, a.a.O., S. 175.

113 BA, Slg. Schumacher 415, Verfügungen Röhms v. 20. 11. 33, 30. 11. 33 u. 16. 12. 33; vgl. auch Fischer, Stormtroopers, S. 130.

114 BA, R 2/18.518, Schreiben des Präsidenten der Reichsanstalt für Arbeitsvermittlung an den Reichsarbeitsminister v. 2. 3. 34 u. 10. 3. 34; Schnellbrief des Reichsarbeitsministers v. 3. 5. 34.

115 Kater, Ansätze, S. 825 ff.; Fischer, Stormtroopers, S. 113 ff.

116 BA, NS 23/1, Verfügung des OSAF, 28. 11. 33.

117 SAHH, SA, B 132.

118 Luetgebrune, Ein Kampf um Röhm, Diessen 1933; hierzu Rundschreiben der SA-Führung v. 18. 2. 33 (BA, NS 23/124).

119 Siehe hierzu die Hefte 13/33 (1. 4. 33), 25/33 (24. 6. 33), 27/33 (8. 7. 33), 20/34 (19. 5. 34), 47/33 (25. 11. 33), 48/33 (2. 12. 33).

120 Heft 50/33 (16. 12. 33).

121 Heft 3 (20. 1. 34).

122 Ursachen und Folgen, Bd. 10, Nr. 2365.

123 Ebenda, Nr. 2366.

124 Zur Auseinandersetzung zwischen Röhm und der Reichswehrführung im Winter 1933/34 vgl. Klaus-Jürgen Müller, Das Heer und Hitler. Armee und nationalsozialistisches Regime 1933–1940, Stuttgart 1969, S. 95 ff.; Hans-Jürgen Rautenberg, Drei Dokumente zur Planung eines 300000 Mann-Friedensheeres aus dem Dezember 1933, in: Militärgeschichtliche Mitteilungen 2/1977, S. 103–139; Höhne, a.a.O., S. 197 ff.

125 Als Broschüre gedruckt: Die nationalsozialistische Revolution und die SA, Berlin o. J. (1934).

126 «Der SA-Mann», Heft 20, 19. 5. 34.

127 Sauer, a.a.O., S. 946 f.

128 Engelbrechten, a.a.O., S. 290.

129 Sauer, a.a.O., S. 922 f.

130 Vgl. hierzu die Angaben bei Sauer, a.a.O., S. 945.

131 So etwa in den Darstellungen von Krausnick und Sauer.

132 So vor allem zuletzt Heinz Höhne, Mordsache Röhm. Hitlers Durchbruch zur Alleinherrschaft 1933–1934, Reinbek 1984.

133 Vgl. etwa die Zusammenstellung der entsprechenden Berichte im Bd. 1 des Werkes Bayern in der NS-Zeit, München 1977 (Zitate S. 69 u. S. 222) sowie: Bernhard Zittel, Die Volksstimmung im Dritten Reich im Spiegel der Geheimberichte des Regierungspräsidenten von Schwaben, in: Zeitschrift des Historischen Vereins für Schwaben 66 (1972), S. 1 (Zitat S. 16); Ian Kershaw, Der Hitler-Mythos. Volksmeinung und Propaganda im Dritten Reich, Stuttgart 1980, S. 59 f.

134 Timothy Mason, Sozialpolitik im Dritten Reich, Arbeiterklasse und Volksgemeinschaft, Opladen 1977, S. 126 ff.

135 Wolfgang Spohn, Betriebsgemeinschaft und innerbetriebliche Herrschaft, in: Carola Sachse, Tilla Siegel, Hasso Spode, Wolfgang Spohn, Angst, Belohnung, Zucht und Ordnung. Herrschaftsmechanismen im Nationalsozialismus, Opladen 1982.

136 J. E. Farquharson, The Plough and the Swastika. The NSDAP and Agriculture in Germany 1928–45, London/Beverly Hills 1976, S. 117 ff.

137 Vgl. Sauer, a.a.O., S. 947 f.

138 Vgl. Sauer, a.a.O., S. 948 (Anweisung Fritschs v. 2. 2. 34).

139 Vgl. Höhne, a.a.O., S. 224 ff.

140 Müller, a.a.O., S. 106 f.

141 Sauer, a.a.O., S. 948.

142 Höhne, a.a.O., S. 226 f.

143 BA, NS 23/1, 16. 5. 34.

144 Ursachen und Folgen, Bd. 10, Nr. 2373, 11. 5. 34.

145 «Völkischer Beobachter», 17. 6. 34.

146 Ursachen und Folgen, Bd. 10, Nr. 2375 c, 21. 6. 34.

147 Höhne, a.a.O., S. 228 f.

148 Ursachen und Folgen, Bd. 10, Nr. 2374, 8. 6. 34.

149 BA, NS 23/266, Standarte 61 Buchschlag, 27. 6. 34, Standarte 80 Wiesbaden, 26. 6. 34, Standarte 168 Offenbach, 27. 6. 34, Standarte 253 Wiesbaden, 27. 6. 34, Standarte M 250 Wiesbaden, 30. 6. 34.

150 BA, NS 23/1, 14. 6. 34.

151 SAHH, SA, B 37, Protokoll über eine Vernehmung am 15. 6. 34.

152 SAHH, SA, B 112, 5. 6. 34.

153 Ebenda, 21. 5. 34.

154 BA, NS 23/127, 3. 4. 34.

155 Ursachen und Folgen, Bd. 10, Nr. 2375.

156 Franz von Papen, Der Wahrheit eine Gasse, München 1952, S. 349.

157 Ursachen und Folgen, Bd. 10, Nr. 2376.

158 Vgl. Sauer, a.a.O., S. 955 ff.

159 Klaus-Jürgen Müller, Reichswehr und «Röhm-Affäre», Aus den Akten des Wehrkreiskommandos (Bayer.) VII, in: Militärgeschichtliche Mitteilungen 1/68, S. 107–144.

160 Höhne, a.a.O., S. 261 ff.

161 Mitteilung der NS-Korrespondenz v. 30. 6. 34, zitiert in: Max Domarus, Hitler. Reden und Proklamationen 1932–1945, 1. Band, Würzburg 1962, S. 399 f.

162 Ebenda, S. 394 f.

163 Zu den Ereignissen in München und Wiessee: IfZ, Gm 07.06 a, Urteil des Landgerichts München gegen Dietrich und Lippert v. 14. 5. 57, S. 76 ff.; Bericht des Hitler-Fahrers Erich Kempka, in: Ursachen und Folgen, Bd. 10, Nr. 2378 a; vgl. Höhne, a.a.O., S. 265 ff.

164 IfZ, Gm 07.06 a, S. 12 ff.; Bericht des bayerischen Justizministers Hans Frank: Im Angesicht des Galgens. Deutung Hitlers und seiner Zeit auf Grund eigener Erlebnisse und Erkenntnisse, München–Gräfelfing 1953,

S. 147 ff. (auch in: Ursachen und Folgen, Bd. 10, Nr. 2378 b); vgl. Höhne, a.a.O., S. 270 ff.

165 Ursachen und Folgen, Bd. 10, Nr. 2379; vgl. Höhne, a.a.O., S. 276 ff.

166 Die Erklärung ist abgedruckt in: Ursachen und Folgen, Bd. 10, S. 183 ff.

167 BA, NS 23/475.

168 Höhne, a.a.O., S. 319 ff.

169 Sauer, a.a.O., S. 962.

V. Die gezähmte Parteiarmee

1 Hierzu im Einzelnen: Mathilde Jamin, Das Ende der «Machtergreifung». Der 30. Juni 1934 und seine Wahrnehmung in der Bevölkerung, in: Die nationalsozialistische Machtergreifung, hg. v. Wolfgang Michalka, Paderborn usw. 1984, S. 207–218.

2 Rgbl. I, 1934, S. 529; Gruchmann, a.a.O., S. 450 f.

3 BA, NS 23/1, Anordnung Lutze v. 4. 7. 34.

4 BA, NS 23/127, Verfügung Lutze v. 17. 7. 34.

5 BA, NS 23/127, Verfügung Lutze v. 16. 7. 34.

6 So wurde beispielsweise in einer Anordnung der Obersten SA-Führung v. 20. 9. die Abgabe aller Cabriolets verfügt: BA, Slg. Schumacher 414.

7 NS 23/127, Verfügung Lutze v. 20. 8. 34.

8 Ebenda, Verfügungen Lutze v. 18. 7. 34 u. 27. 7. 34.

9 Führerbefehl v. 23. 8. 34, abgedruckt in: Oppermann, Unter den Sturmstandern des NSKK. Blätter aus der Geschichte des Nationalsozialistischen Kraftfahr-Korps, München 1936.

10 BA, NS 23/127, Befehl Lutze v. 28. 7. 34.

11 BA, NS 23/306, Anlage zum Schreiben v. 9. 8. 34, nicht gezeichnet.

12 BA, NS 23/128, Verfügung v. 15. 5. 35.

13 HAW, SA, Nr. 2601, Nr. 2407–2411 (Entlassungslisten).

14 BA 23/234, Verfügung v. 14. 10. 34.

15 BA, NS 23/210.

16 Jamin, Rolle, S. 344 ff.

17 BA, NS 23/134, Verfügung der Obersten SA-Führung, 30. 11. 37.

18 BA, Slg. Schumacher 415.

19 Ebenda sowie NS 23/120, Stand v. 20. 11. 35.

20 BA, Slg. Schumacher 407, Verfügung des Obersten SA-Führers v. 17. 10. 35.

21 BA, Slg. Schumacher 404, Neugliederungsbefehl v. 15. 12. 36.

22 BA, NS 23/128, Verfügung des Obersten SA-Führers v. 15. 5. 35; NS 23/133, Erfahrungsbericht des Stabschefs, 12. 6. 37.

23 Zum SA-Dienst in dieser Zeit s. Hans Snyckers, Tagebuch eines Sturmführers, München 1940; Das Jahr der SA (Jahrbuch); SAM, NSDAP 716, Dienstpläne der Jägerstandarte 5, April bis Juni 1938, August 1939; Jamin, Rolle, S. 354; Kater, Verhältnis, S. 364.

24 BA, NS 23/136, Verfügung der Obersten SA-Führung, 31. 8. 38.

25 BA, NS 23/127, Verfügung des OSAF, 24. 8. 34.

26 BA NS 23/265, Bericht der Standarte 17 v. 4. 1. 35 u. Bericht der Brigade 50
v. 9. 1. 35; zum Problem der unerlaubten Abwerbung: BA, Slg. Schumacher
407, Verfügungen des Obersten SA-Führers v. 22. 9. 34, 19. 2. 35 u. 28. 9. 37;
zum Gesamtkomplex der Beziehungen SA–SS ausführlich Kater, Verhältnis,
S. 364ff.

27 Zur Mißachtung der SA in der Öffentlichkeit s. die Beispiele bei Kater,
Verhältnis, S. 367f. Einen Verlust an «Geltung» der SA in der Bevölkerung
konstatierte beispielsweise auch ein Bericht der SA-Gruppe Kurpfalz
v. 27. 8. 35 (BA, NS 23/265).

28 BA, NS 23/214.

29 SAM, NSDAP 716, 17. 11. 34.

30 BA, NS 23/262.

31 BA, NS 23/265, Vierteljahresbericht Brigade 250 Offenbach, 9. 1. 35.

32 BA, Sammlung Schumacher 414: Verfügung v. 15. 6. 35.

33 BA, R 2/18.519, Schreiben des Präsidenten der Reichsanstalt für Arbeitsvermittlung und Arbeitslosenversicherung an den Reichsarbeitsminister,
11. 8. 36.

34 Ebenda, Vermerk aus dem Reichsfinanzministerium v. 27. 2. 36.

35 Siehe hierzu die Stärke-Aufstellungen in BA, Slg. Schumacher 415. Die
Gesamtstärke der Hamburger SA verringerte sich demnach von 63000 im
Oktober 1934 auf 32000 im April 1938.

36 SAHH, SA, B 150.

37 BA, NS 23/262 u. 265, 27. 8. 35.

38 Hanns Ludin, SA – marschierendes Volk, München 1939. Die Zitate sind
folgenden hier abgedruckten Reden entnommen: «Die SA» (Frühjahr 1935),
«Vom Wesen der SA (Sommer 1935), «SA-Mann heißt, eine Sache um ihrer
selbst willen zu tun» (Dezember 1935).

39 Die jüdischen Gemeinden in Bayern 1918–1945. Geschichte und Zerstörungen, hg. u. bearb. v. Baruch Z. Ophir und Falk Wiesemann, München/Wien
1979, S. 45; Kurt Pätzold, Faschismus, Rassenwahn, Judenverfolgung. Eine
Studie zur politischen Strategie und Taktik des faschistischen deutschen
Imperialismus (1933–1935), Berlin (O) 1975, S. 216ff.

40 BA, Slg. Schumacher 409, Bericht des Polizeipräsidenten in Breslau,
9. 7. 35.

41 Helmut Genschel, Die Vertreibung der Juden aus der Wirtschaft im Dritten
Reich, Göttingen usw. 1966, S. 108ff.

42 BA, Slg. Schumacher 409, 3. 8. 35.

43 SAHH, B 112, Kurt N., 21. 9. 35.

44 Ebenda, 14. 1. 36.

45 BA, NS 23/210, 13. 9. 34.

46 Ludin, SA, S. 14.

47 BA, NS 23/133, Erfahrungsbericht der Obersten SA-Führung, 12. 6. 37.

48 Jamin, Rolle, S. 356.

49 Herbert Rosenkranz, «Reichskristallnacht». 9. November 1938 in Österreich,
Wien usw. 1968, S. 45.

50 Die Ereignisse des 9./10. Novembers sind oft beschrieben worden, als neue-
ste Darstellung siehe: Wolfgang Benz, Der Rückfall in die Barbarei. Bericht

über den Pogrom, in: Der Judenpogrom 1938. Von der «Reichskristallnacht» zum Völkermord, hg. v. Walter H. Pehle, Frankfurt 1988, S. 13–51; zur historischen Einordnung als Beginn der «Etappe der forcierten Vertreibung» s. Kurt Pätzold, Der historische Platz des antijüdischen Pogroms von 1938. Zu einer Kontroverse, in: Jahrbuch für Geschichte 26 (1984), S. 193–216; zentrale Quellen sind publiziert in: Wolfgang Scheffler, Ausgewählte Dokumente zur Geschichte des Novemberpogroms 1938, in: Aus Politik und Zeitgeschichte, Nr. 44/78, S. 3–30.

51 Benz, a.a.O., S. 18 f.

52 Ulrich Popplow, Der Novemberpogrom 1938 in Münden und Göttingen, in: Göttinger Jahrbuch 28 (1980), S. 177–192.

53 So heißt es in den Erinnerungen des Reichspressechefs Dietrich, Hitler habe die Nachricht bereits vor der Veranstaltung in seiner Privatwohnung erhalten (Otto Dietrich, 12 Jahre mit Hitler, München 1955, S. 56). Auch in den Erinnerungen des Gauleiters Jordan ist davon die Rede, daß die Nachricht vom Tode vom Raths bereits vor der Münchner Veranstaltung bekanntgegeben wurde (Rudolf Jordan, Erlebt und erlitten. Weg eines Gauleiters von München bis Moskau, Leoni am Starnberger See 1971, S. 180).

54 IfZ, Nürnberger Dokumente, PS 3063. Bericht des Chefs des Zentralamts des Obersten Parteigerichts über die Vorgänge und parteigerichtlichen Verfahren im Zusammenhang mit dem 9. November 1938.

55 BA, Slg. Schumacher 409, 9. 12. 38.

56 Über die Ereignisse liegen zahlreiche Berichte vor, so etwa in: Franz Hundsnurscher/Gerhard Taddey, Die jüdischen Gemeinden in Baden. Denkmale, Geschichte, Schicksale, Stuttgart 1968; Herbert Schultheis, Die Reichskristallnacht in Deutschland nach Augenzeugenberichten, Bad Neustadt a. d. S., 1985; Reichskristallnacht in Hannover. Eine Ausstellung zur 40. Wiederkehr des 9. November 1938, Hannover 1978; s. ferner die in den Anm. 63 und 65 genannte Literatur. Im IfZ finden sich außerdem zahlreiche Gerichtsurteile, so etwa unter den Signaturen Gg 01.08, Gg 01.21 u. 23, Gm 02.05 u. 08, Gw 05.03–12.

57 Urteil Landgericht Mannheim, IfZ, Gm 02.08.

58 Urteil Landgericht Giessen v. 27. 5. 49, HZ, Gg 01.21.

59 Vgl. Gruchmann, a.a.O., S. 494; Rosenkranz, a.a.O., S. 53; Ian Kershaw, Antisemitismus und Volksmeinung, in: Bayern in der NS-Zeit. Herrschaft und Gesellschaft im Konflikt, Teil A, hg. v. Martin Broszat u. Elke Fröhlich, München/Wien 1979, S. 281–481, bes. S. 318 ff.

60 Popplow, a.a.O., S. 183; Ophir/Wiesemann, a.a.O., S. 24.

61 Urteil Landgericht Giessen v. 24. 2. 49, HZ, Gg 01.23.

62 Urteil Landgericht Giessen v. 6. 1. 49, HZ, Gg 01.08.

63 Paul Sauer, Die jüdischen Gemeinden in Württemberg und Hohenzollern. Denkmale, Geschichte, Schicksale, Stuttgart 1966, S. 143.

64 So die Angabe in dem zitierten Bericht des Obersten Parteigerichts, IfZ, PS 3069.

65 Arnd Müller, Geschichte der Juden in Nürnberg 1146–1945, Nürnberg 1968, S. 241 ff.

66 Rosenkranz, a.a.O., S. 45.

67 IfZ, PS 3063. Zur weitgehenden Ausschaltung der Justiz im Zusammenhang mit den Verbrechen der «Reichskristallnacht» vgl. Gruchmann, a.a.O., S. 484 ff.

68 Hierzu: Hans Snyckers, SA.-Wehrmannschaften – wehrbereites Volk. Die Bedeutung des Führererlasses über die SA.-Wehrmannschaften für die deutsche Wehrverfassung und für die staatsrechtlichte Stellung der SA, München 1940.

69 BA, Slg. Schumacher 409, Gruppenbefehl der Gruppe Hansa betr. Wehrmannschaften der SA, 17. 5. 40.

70 Ebenda, Niederschrift des Obersturmführers Lange, Führer der volksdeutschen Wehrmannschaften der Standarte 13.

71 Jamin, Rolle, S. 357.

72 Siehe hierzu Staatsarchiv Münster, SA Nr. 44, Erfahrungsberichte verschiedener Stürme an Standarte 471 v. November 1940 sowie Bericht der Gruppe Westfalen an die Oberste SA-Führung v. 10. 10. 40.

73 Jamin, Rolle, S. 357.

74 BA, NS 23/66, Bericht über den Einsatz der SA bei Luftangriffen (1943) sowie Berichte über die Einsätze in Hannover und Berlin.

75 SA-Standarte Feldherrnhalle (Broschüre o. O. o. J.).

76 Jamin, Rolle, S. 358.

77 SAM, NSDAP 660, 11. 8. 43.

78 BA, Slg. Schumacher 415, Anordnung Bormanns v. 21. 12. 44 (Nr. 462/44), Anordnung des Reichsschatzmeisters v. 22. 12. 44, Verfügung des SA-Stabschefs v. 28. 12. 44.

Quellenverzeichnis

Unveröffentliche Quellen

Berlin Document Center
- Personalunterlagen zu SA-Führern

Bundesarchiv Koblenz
- NS 23: SA
- R 2: Reichsfinanzminister
- Sammlung Schumacher

Forschungsstelle für die Geschichte des Nationalsozialismus in Hamburg
- Bestand SA
- Manuskript Alfred Conn

Hauptstaatsarchiv Wiesbaden
- Bestand SA

Institut für Zeitgeschichte München
- Nürnberger Dokumente
- Bestand G (= Gerichtsakten)
- Fa 2
- Fa 88
- Fa 199
- MA 132

Staatsarchiv Hamburg
- Bestand SA

Staatsarchiv München
- Bestand NSDAP
- Polizeidirektion München

Staatsarchiv Münster
- Bestand SA

Veröffentlichte Quellen

Die Anfänge der Berliner NSDAP 1926/27, bearb. v. Martin Broszat, in: VfZ 8 (1960), S. 85–118
Führer befiehl..., Selbstzeugnisse aus der «Kampfzeit» der NSDAP. Dokumentation und Analyse, hg. v. Albrecht Tyrell, Düsseldorf 1969
Der Hitler-Putsch. Bayerische Dokumente zum 8./9. November 1923, eingel. u. hg. v. Ernst Deuerlein, Stuttgart 1962
Reichskommissar für Überwachung der öffentlichen Ordnung und Nachrichtensammelstelle im Reichsministerium des Innern, Lageberichte (1920–1929) und

Meldungen (1929–1933), veröffentlicht als Mikrofiches-Edition, hrsg. v. Ernst Ritter, München usw. 1979

Staat und NSDAP 1930–1932. Quellen zur Ära Brüning, eingel. v. Gerhard Schulz, bearb. v. Ilse Maurer u. Udo Wengst, Düsseldorf 1977 (= Quellen zur Geschichte des Parlamentarismus und der politischen Parteien, Bd. 3)

Die Tagebücher von Joseph Goebbels. Sämtliche Fragmente, hg. v. Elke Fröhlich, 4 Bde., München usw. 1987

Ursachen und Folgen. Vom deutschen Zusammenbruch 1918 und 1945 bis zur staatlichen Neuordnung Deutschlands in der Gegenwart, Bd. 9 u. 10, Berlin 1966

Literaturverzeichnis

a) vor 1945

Wilfried Bade, Die S.A. erobert Berlin. Ein Tatsachenbericht, 6. Aufl., München 1941

Hermann Birn, Nur eine Schar SA, Berlin/Dresden 1936

J.K.v. Engelbrechten, Eine braune Armee entsteht. Die Geschichte der Berlin-Brandenburger SA., Berlin 1937

Joseph Goebbels, Kampf um Berlin, München 1934

Halbmast. Ein Heldenbuch der SA. und SS., Berlin 1932

Hans Henningsen, Niedersachsenland, du wurdest unser! Zehn Jahre Nationalsozialismus im Gau Ost-Hannover. Streiflichter aus der Kampfzeit, 1935

Adolf Hitler, Mein Kampf, 2 Bde., München 1925/1927

Manfred von Killinger, Die SA. In Wort und Bild, Leipzig 1933

Friedrich Joachim Klaehn, Mein Kamerad. Ein Handbuch der Erfahrungen, Anregungen und Ideen für SA-Führer und Politische Leiter der NSDAP, Leipzig 1934

Karl W.H. Koch, Männer im Braunhemd. Vom Kampf und Sieg der SA, Düsseldorf 1936

Hanns Ludin, SA – marschierendes Volk, München 1939

[Walter] Luetgebrune, Ein Kampf um Röhm, Diessen 1933

Die NSDAP Kreis Lübeck. Werden und Wachsen, Berlin o.J. (1935)

Ernst Röhm, Die Geschichte eines Hochverräters, München 1928

Ernst Röhm, Die nationalsozialistische Revolution und die SA, Berlin o.J. (1934)

Hans Snyckers, Tagebuch eines Sturmführers, München 1940

Hans Snyckers, SA.-Wehrmannschaften – wehrbereites Volk. Die Bedeutung des Führererlasses über die SA.-Wehrmannschaften für die deutsche Wehrverfassung und für die staatsrechtliche Stellung der SA, München 1940

Fritz Stelzner, Schicksal SA, München 1936

Sturm 33, Hans Maikowski. Geschrieben von Kameraden des Toten, 9. Aufl., Berlin o.J.

b) nach 1945

Michael B. Barrett, Soldiers, Sportsmen and Politicians – Military Sport in Germany 1924–1935, Ph.D. University of Massachusetts, 1977

Heinrich Bennecke, Hitler und die SA, München 1962

Wolfgang Benz, Der Rückfall in die Barbarei. Bericht über den Pogrom, in: Der Judenpogrom 1938. Von der «Reichskristallnacht» zum Völkermord, hg. v. Walter M. Pehle, Frankfurt 1988, S. 13–51

Volker R. Berghahn, Der Stahlhelm. Bund der Frontsoldaten 1918–1935, Düsseldorf 1966

Richard Bessel, Political Violence and the Rise of Nazism. The Storm Troopers in Eastern Germany 1925–1934, New Haven/London 1984

Richard Bessel, The Potempa Murder, in: Central European History 10 (1977), S. 241–254

Richard Bessel/Mathilde Jamin, Nazis, workers and the uses of quantitative evidence, in: Social History 4 (1979), S. 111–116

Wilfried Böhnke, Die NSDAP im Ruhrgebiet 1920–1933, Bonn-Bad Godesberg 1974

Karl Dietrich Bracher, Stufen der Machtergreifung, in: Die nationalsozialistische Machtergreifung. Studien zur Errichtung des totalitären Herrschaftssystems in Deutschland 1933/34, Köln/Opladen 1960, S. 31–368

Hans-Norbert Burkert/Klaus Matußek/Wolfgang Wippermann, «Machtergreifung» Berlin 1933, Berlin 1982

Laurenz Demps, Berlin als Experimentierfeld des Terrorismus im Jahre 1933, in: Staatliche Kunsthalle Berlin, Bericht 1983, Berlin 1983, S. 105–115

James M. Diehl, Paramilitary Politics in Weimar Germany, Bloomington/London 1977

Rudolf Diels, Lucifer ante portas, Stuttgart 1950

Ortwin Domröse, Der NS-Staat in Bayern von der Machtergreifung bis zum Röhm-Putsch, München 1974

Hans Fenske, Konservativismus und Rechtsradikalismus in Bayern nach 1918, Bad Homburg v. d. H. usw. 1969

Karl Filser, Augsburgs Weg in das «Dritte Reich», in: 1933 – Fünfzig Jahre danach. Die nationalsozialistische Machtergreifung in historischer Perspektive, hg. v. Josef Becker, München 1983

Conan J. Fischer, The Occupational Background of the SA's Rank and File Membership during the Depression Years, 1929 to mid-1934, in: The Shaping of the Nazi State, hg. v. Peter D. Stachura, London 1978, S. 131–159

Conan Fischer, Stormtroopers. A Social, Economic and Ideological Analysis, 1929–35, London usw. 1983

Harold J. Gordon jr., Hitlerputsch 1923. Machtkampf in Bayern 1923–1924, Frankfurt a. M. 1971

Johnpeter Horst Grill, The Nazi Movement in Baden, 1920–1945, Univ. of North Carolina Press 1983

Johnpeter Horst Grill, The Nazi Party's Rural Propaganda before 1928, in: Central European History 15 (1982), S. 149–185

Karl Martin Graß, Edgar Jung, Papenkreis und Röhmkrise 1933/34, phil. Diss. Heidelberg 1966

Lothar Gruchmann, Justiz im Dritten Reich 1933–1940. Anpassung und Unterwerfung in der Ära Gürtner, München 1988

Rainer Hambrecht, Der Aufstieg der NSDAP in Mittel- und Oberfranken (1925–1933), Nürnberg 1976

Herbert Hoffmann, Im Gleichschritt in die Diktatur? Die nationalsozialistische «Machtergreifung» in Heidelberg und Mannheim 1930 bis 1935, Frankfurt a. M./Bern/New York 1985

Hanns Hubert Hofmann, Der Hitlerputsch. Krisenjahre deutscher Geschichte 1920–1924, München 1961

Heinz Höhne, Der Orden unter dem Totenkopf. Die Geschichte der SS, Gütersloh 1967

Heinz Höhne, Mordsache Röhm. Hitlers Durchbruch zur Alleinherrschaft 1933–1934, Reinbek 1984

Wolfgang Horn, Der Marsch zur Machtergreifung. Die NSDAP bis 1933, Düsseldorf 1972, Neudruck Königstein 1980

Karl Ibach, Kemna. Wuppertaler Lager der SA. 1933, Wuppertal 1948 (Nachdruck 1981)

Mathilde Jamin, Das Ende der «Machtergreifung». Der 30. Juni 1934 und seine Wahrnehmung in der Bevölkerung, in: Die nationalsozialistische Machtergreifung, hg. v. Wolfgang Michalka, Paderborn usw. 1984, S. 207–218

Mathilde Jamin, Zwischen den Klassen. Zur Sozialstruktur der SA-Führerschaft, Wuppertal 1984

Die jüdischen Gemeinden in Bayern 1918–1945. Geschichte und Zerstörung, hg. u. bearb. v. Baruch Z. Ophir und Falk Wiesemann, München/Wien 1979

Michael H. Kater, Ansätze zu einer Soziologie der SA bis zur Röhm-Krise, in: Soziale Bewegung und politische Verfassung, Beiträge zur Geschichte der modernen Welt, hg. v. Ulrich Engelhardt u. a., S. 798–831

Michael Kater, Zum gegenseitigen Verhältnis von SA und SS in der Sozialgeschichte des Nationalsozialismus von 1925 bis 1939, in: Vierteljahresschrift für Sozial- und Wirtschaftsgeschichte 62 (1975), S. 339–379

Michael H. Kater, Generationskonflikt als Entwicklungsfaktor in der NS-Bewegung vor 1933, in: Geschichte und Gesellschaft 11 (1985), S. 217–243

Ulrich Klein, SA-Terror und Bevölkerung in Wuppertal 1933/34, in: Die Reihen fast geschlossen. Beiträge zur Geschichte des Alltags unterm Nationalsozialismus, hg. v. Detlev Peukert u. Jürgen Reulecke, Wuppertal 1981, S. 45–61

Alois Klotzbücher, Der politische Weg des Stahlhelm, Bund der Frontsoldaten, in der Weimarer Republik. Ein Beitrag zur Geschichte der «Nationalen Opposition» 1918–1933, Diss. Erlangen–Nürnberg 1964

Paul Kluke, Der Fall Potempa, in: VfZ 5 (1957), S. 279–297

Imre Lazar, Der Fall Horst Wessel, Stuttgart/Zürich 1980

Wolfgang Kopitzsch, Politische Gewalttaten in Schleswig-Holstein in der Endphase der Weimarer Republik, in: «Wir bauen das Reich» – Aufstieg und erste Herrschaftsjahre des Nationalsozialismus in Schleswig-Holstein, hg. v. Erich Hoffmann u. Peter Wulf, Neumünster 1983, S. 19–39

Helmut Krausnick, Der 30. Juni 1934. Bedeutung – Hintergründe – Verlauf, in: Aus Politik und Zeitgeschichte, 30. 6. 54, S. 317–324

Peter Loewenberg, The Psychohistorical Origins of the Nazi Youth Cohort, in: American Historical Review 76 (1971/72), S. 1457–1502

Peter M. Merkl, The Making of a Stormtrooper, Princeton University Press 1980

Patrick Moreau, Nationalsozialismus von links. Die «Kampfgemeinschaft Revolutionärer Nationalsozialisten» und die «Schwarze Front» Otto Straßers 1930–1935, Stuttgart 1984

Detlef Willi Mühlberger, The Rise of National Socialism in Westphalia 1920–1933, S. 310f.

Klaus-Jürgen Müller, Das Heer und Hitler, Armee und nationalsozialistisches Regime 1933–1940, Stuttgart 1969

Klaus-Jürgen Müller, Reichswehr und «Röhm-Affäre». Aus den Akten des Wehrkreiskommandos (Bayer.) VII, in: Militärgeschichtliche Mitteilungen 1/68, S. 107–144

Jeremy Noakes, The Nazi Party in Lower Saxony, 1921–1933, Oxford 1971

Horst G. W. Nußer, Konservative Wehrverbände in Bayern, Preußen und Österreich, 1918–1933, München 1973

Dietrich Orlow, The History of the Nazi Party 1919–1933, Univ. of Pittsburgh Press 1969

Kurt Pätzold, Faschismus, Rassenwahn, Judenverfolgung. Eine Studie zur politischen Strategie und Taktik des faschistischen deutschen Imperialismus (1933–1935), Berlin (O) 1975

Ulrich Popplow, Der Novemberpogrom 1938 in Münden und Göttingen, in: Göttinger Jahrbuch 28 (1980), S. 177–192

Geoffrey Pridham, Hitler's Rise to Power. The Nazi Movement in Bavaria, 1923–1933, London 1973

Hans-Jürgen Rautenberg, Drei Dokumente zur Planung eines 300000 Mann-Friedensheeres aus dem Dezember 1933, in: Militärgeschichtliche Mitteilungen 2/1977, S. 103–139

Eric G. Reiche, The Development of the SA in Nuremberg, 1922–34, phil. Diss., University of Delaware 1972

Herbert Rosenkranz, «Reichskristallnacht». 9. November 1938 in Österreich, Wien usw. 1968

Eve Rosenhaft, Beating the Fascists? The German Communists and Political Violence 1929–1933, London usw. 1983

Wolfgang Sauer, Die Mobilmachung der Gewalt, in: Die nationalsozialistische Machtergreifung. Studien zur Errichtung des totalitären Herrschaftssystems in Deutschland 1933/34, hg. v. Karl Dietrich Bracher, Wolfgang Sauer u. Gerhard Schulz, Opladen 1960, S. 685–966

Klaus Schaap, Die Endphase der Weimarer Republik im Freistaat Oldenburg 1928–1933, Düsseldorf 1978

Gerhard Schildt, Die Arbeitsgemeinschaft Nord-West. Untersuchungen zur Geschichte der NSDAP 1925/26, phil. Diss. Freiburg 1964

Thomas Schnabel, Die NSDAP in Württemberg 1928–1933. Die Schwäche einer regionalen Parteiorganisation, in: Die Machtergreifung in Südwestdeutschland. Das Ende der Weimarer Republik in Baden und Württemberg 1928–1933, Stuttgart usw. 1982, S. 49–81

Eberhart Schön, Die Entstehung des Nationalsozialismus in Hessen, Meisenheim a. Glan 1972

Herbert Schultheis, Die Reichskristallnacht in Deutschland nach Augenzeugenberichten, Bad Neustadt a. d. S., 1985

Gerhard Schulz, Die Anfänge des totalitären Maßnahmestaates, in: Die nationalsozialistische Machtergreifung. Stadien zur Errichtung des totalitären Herrschaftssystems in Deutschland 1933/34, Köln/Opladen 1960, S. 371–681

Peter D. Stachura, Der kritische Wendepunkt? Die NSDAP und die Reichstagswahlen vom 20. Mai 1928, in: VfZ 26 (1978), S. 66–99

Bernd Steger, Berufssoldaten oder Prätorianer. Die Einflußnahme des bayerischen Offizierskorps auf die Innenpolitik in Bayern und im Reich 1918–1924, Frankfurt 1980

Bruno Thoss, Der Ludendorff-Kreis 1919–1923. München als Zentrum der mitteleuropäischen Gegenrevolution zwischen Revolution und Hitler-Putsch, München 1978

Albrecht Tyrell, Vom «Trommler» zum «Führer». Der Wandel von Hitlers Selbstverständnis zwischen 1919 und 1924 und die Entwicklung der NSDAP, München 1975

Johannes Tuchel, Herrschaftssicherung und Terror – zu Funktion und Wirkung nationalsozialistischer Konzentrationslager 1933 und 1934, Berlin 1983 (= Occasional Papers des Fachbereichs Politische Wissenschaft der FU Berlin 7)

Thilo Vogelsang, Reichswehr, Staat und NSDAP. Beiträge zur deutschen Geschichte 1930–1932, Stuttgart 1962

Andreas Werner, SA und NSDAP. SA: «Wehrverband», «Parteitruppe» oder «Revolutionsarmee»? Studien zur Geschichte der SA und der NSDAP 1920–1933, phil. Diss. Erlangen–Nürnberg 1964

Kurt Werner/Karl Heinz Biernat, Die Köpenicker Blutwoche, Juni 1933, Berlin (O) 1958

Heinrich August Winkler, Mittelstand, Demokratie und Nationalsozialismus. Die politische Entwicklung von Handwerk und Kleinhandel in der Weimarer Republik, Köln 1972

Abkürzungsverzeichnis

Anm.	Anmerkung
BA	Bundesarchiv
CEH	Central European History
DDP	Deutsche Demokratische Partei
DNVP	Deutschnationale Volkspartei
FStHH	Forschungsstelle für die Geschichte des Nationalsozialismus in Hamburg
Gestapo	Geheime Staatspolizei
GRUSA	Grundsätzliche Anordnungen
HAW	Hauptstaatsarchiv Wiesbaden
IfZ	Institut für Zeitgeschichte
KPD	Kommunistische Partei Deutschlands
KZ	Konzentrationslager
NSBO	Nationalsozialistische Betriebszellenorganisation
NSDAP	Nationalsozialistische Deutsche Arbeiterpartei
NSKK	Nationalsozialistisches Kraftfahrkorps
OSAF	Oberster SA-Führer
PolDir.	Polizeidirektion
Rgbl.	Reichsgesetzblatt
SA	Sturmabteilung
SABE	SA-Befehl
SAHH	Staatsarchiv Hamburg
SAM	Staatsarchiv München
SD	Sicherheitsdienst
Slg.	Sammlung
SS	Schutzstaffel
VfZ	Vierteljahrshefte für Zeitgeschichte

Bildquellen

Süddeutscher Verlag 37 (u.), 196, 197

Ullstein Bilderdienst 19 (o.r.), 27 (o.), 37 (o.)

Personenregister

(Die Namen Hitler und Röhm wurden nicht berücksichtigt. Die kursiv gesetzten Seitenzahlen beziehen sich auf Abbildungen)

Adenauer, Konrad 168

Blomberg, Werner von 204, 216
Bodamer (Ortsgruppenleiter Dachau) 102
Bohl, Otto (Oberbürgermeister Augsburg) 169
Bormann, Martin 93, 148
Bose, Herbert von (Pressereferent v. Papens) 208, 218
Bredow, Ferdinand von (Generalmajor) 215, 218
Brückner, Wilhelm 100
Brüning, Heinrich 80, 81, 151, 155
Buch, Walter 45, 148

Conn, Alfred (SA-Führer Hamburg) 127, 128

Diels, Rudolf 183, 193, 208
Dietrich, Sepp (Kommandeur SS-Leibstandarte) 105, 217
Duesterberg, Theodor 77

Eberstein, Friedrich Karl Freiherr von (SA-Gruppenführer) 145
Ebert, Friedrich 66
Ehrhardt, Hermann 13, 14, 15, 25, 34, 41, 239
Eicke, Theodor (SS-Oberführer) 219
Eisner, Kurt 9, 11
Epp, Franz Ritter von 16, 46, 167
Escherich, Georg 13

François-Poncet, André 187
Frank, Hans 217
Frick, Wilhelm 151, 182, 194

Goebbels, Joseph 53, 60, 61, 62, 64, 103, 104, 138, 155, 156, 158, 162, 165, 182, 209, 213, 217, 218, 231, 236
Göring, Hermann 19, 34, 45, 46, 158, 166, 209, 213, 216, 218, 239
Groener, Wilhelm 154
Grünspan, Herschel 231

Hayn, Hans (SA-Gruppenführer) 217
Heimerich, Hermann (Oberbürgermeister Mannheim) 168
Heines, Edmund (SA-Obergruppenführer) 64, 145, 176, 217
Heiß, Adolf (Führer Reichsflagge) 40
Held, Heinrich 167
Helldorf, Wolf Heinrich Graf von (SA-Obergruppenführer) 145
Hessen, Philipp Prinz von (SA-Obergruppenführer) 92
Heß, Rudolf 148, 178, 183, 203, 204, 209, 212, 213, 244
Heydebreck, Peter (SA-Obergruppenführer) 217
Heydrich, Reinhard 208, 209, 215
Hierl, Konstantin 93, 148
Himmler, Heinrich 76, 105, 160, 208, 209, 213, 215
Hindenburg und von Beneckendorf, Paul von 66, 81, 152, 153, 158, 171, 209, 210, 212, 213, 216
Hoffmann, Johannes 13
Hofmann, Hans-Georg (SA-Obergruppenführer) 145
Hugenberg, Alfred 79, 92, 171

Jagow, Dietrich von (SA-Obergruppenführer) 145

Jarres, Karl (Oberbürgermeister Duisburg) 66
Jung, Edgar (Schriftsteller) 208, 211, 218

Kahr, Gustav Ritter von 12, 13, 14, 16, 26, 40, 41, 42, 43, 44, 218
Kallenbach, Hans (SA-Standartenführer) 82
Kanzler, Rudolf (Wehrverbandsführer) 13
Kasche, Siegfried (SA-Obergruppenführer) 145, 146
Kerrl, Hans 197
Killinger, Manfred von (SA-Obergruppenführer) 117, 142, 143, 145
Klausener, Erich (Ministerialdirektor) 218
Klintzsch, Johann (SA-Führer) *19*, 24, 25
Koch, Erich 148
Korsemann, Gerret (SA-Gruppenführer) 145
Kriebel, Hermann (Wehrverbandsführer) 33, 35, 38, 39, 47
Krieger, (DNVP-Politiker) 171

Lerchenfeld, Hugo Graf 26, 28
Litzmann, Karl (General a.D.) 104
Litzmann, Karl Siegmund (SA-Obergruppenführer) 148
Lossow, Otto Hermann von (General) 31, 33, 36, 40, 43
Löbe, Paul 176
Ludendorff, Erich 13, 22, 33, 38, 39, 41, 47, 51, 66
Ludin, Hanns (SA-Obergruppenführer) 227, 230
Lutze, Viktor 53, 145, 204, 216, 217, 221, 238

Maikowski, Hans 138, 139
Maurice, Emil (Führer Turn- und Sportabteilung der NSDAP) 23
Mayer-Quade, Joachim (SA-Obergruppenführer) 232
Möhl, Arnold von 12

Mussolini, Benito 29

Nippold (Gaugeschäftsführer) 102

Papen, Franz von 155, 156, 160, 208, 211, 212, 213, 214, 215, 216, 218
Pfeffer von Salomon, Franz *19*, 52, 53, 54, 55, 56, 93, 103, 105, 112, 115, 240
Pittinger, Otto (Wehrverbandsführer) 23, 24, 33, 34
Pöhner, Ernst (Polizeipräsident) 12
Preußen, August Wilhelm Prinz von (SA-Obergruppenführer) 92

Rath, Ernst vom 231, 233
Rathenau, Walter 28
Rauscher (SA-Führer München-Neuhausen) 64
Reimann (SA-Standartenführer) 221
Roth, Christian 33
Rüffer, Paul (DNVP-Politiker) 171

Schacht, Hjalmar 178
Schaumburg-Lippe, Friedrich Christian Prinz zu 92
Schepmann, Wilhelm (SA-Stabschef) 238
Schleicher, Kurt von 115, 155, 156, 161, 205, 215, 218
Schmid, Wilhelm (SA-Gruppenführer) 216, 217
Schneidhuber, August (SA-Obergruppenführer) 105, 106, 107, 140, 141, 143, 145, 216, 217
Schulz, Paul (Reichsinspektor der NSDAP) 218
Seekt, Hans von 66
Seißer, Hans Ritter von (Führer bayerische Landespolizei) 40, 43
Seldte, Franz 69, 70
Spreti, Hans Erwin Graf von (SA-Standartenführer) 217
Stegmann, Wilhelm (SA-Gruppenführer) 145, 163, 164
Stelling, Johannes (Ministerpräsident Mecklenburg-Schwerin) 174

Stennes, Walter (SA-Gruppenführer) 83, 103, 104, 109, 110, 111, 134, 162, 243
Straßer, Gregor 52, 53, 60, 161, 218
Straßer, Otto 60
Streicher, Julius 163, 164
Stresemann, Gustav 39, 79
Stützel, Karl (bayerischer Innenminister) 168

Terboven, Josef 216
Tschammer und Osten, Hans von (SA-Obergruppenführer) 145

Tschirsky und Boegendorff, Fritz-Guenther (Mitarbeiter v. Papens) 208

Wagener, Otto (SA-Stabschef) 105, 107
Wagner, Adolf 168, 216
Weiß, Wilhelm (völkischer Beobachter) 33
Wessel, Horst 139
Willikens, Werner (NSDAP-Politiker) 97

Leben im Zeichen der Bedrohung

Die Juden in Deutschland
Leben unter nationalsozialistischer Herrschaft
Unter Mitarbeit von Volker Dahm,
Konrad Kwiet, Günter Plum,
Clemens Vollnhals, Juliane Wetzel
herausgegeben von Wolfgang Benz.
2., unveränderte Auflage. 1989.
779 Seiten mit 27 Abbildungen. Gebunden

JACOB KATZ
Vom Vorurteil bis zur Vernichtung
Der Antisemitismus 1700–1933
1989. 375 Seiten. Gebunden

ELSE R. BEHREND-ROSENFELD
Ich stand nicht allein
Leben einer Jüdin in Deutschland
1933–1944
Mit einem Nachwort von Marita Krauss.
1988. 270 Seiten mit 2 Porträts der Autorin.
Paperback (Beck'sche Reihe, Band 351)

HELEN EPSTEIN
Die Kinder des Holocaust
Gespräche mit Söhnen und Töchtern
von Überlebenden
Aus dem Englischen von Christian Spiel.
1987. 335 Seiten. Broschiert

HANS-GÜNTER RICHARDI
Schule der Gewalt
Die Anfänge des
Konzentrationslagers Dachau 1933–1934
Ein Dokumentarischer Bericht
Mit einem Nachwort von Hermann Langbein.
1983. XII, 331 Seiten mit 31 Bildern und
Dokumenten und einem Plan. Broschiert

Verlag C. H. Beck München

Deutsche Vergangenheit

HELMUTH JAMES VON MOLTKE
Briefe an Freya 1939–1945
Herausgegeben von
Beate Ruhm von Oppen.
1988. 632 Seiten mit 10 Abbildungen
und einem Faksimile im Text.
Leinen

GER VAN ROON
Widerstand im Dritten Reich
Aus dem Niederländischen von
Marga E. Baumer-Thierfelder.
4., erweiterte Auflage. 1987.
272 Seiten. Paperback
(Beck'sche Reihe, Band 191)

BERND RÜTHERS
Entartetes Recht
Rechtslehren und Kronjuristen
im Dritten Reich
2., überarbeitete Auflage. 1989.
230 Seiten. Broschiert

Im Warschauer Getto
Das Tagebuch des
Adam Czerniakow 1939–1942
1986. XXVI, 303 Seiten mit
19 Abbildungen.
Gebunden

Historische Augenblicke
Deutsche Briefe des 20. Jahrhunderts
Herausgegeben und kommentiert
von Jürgen Moeller.
1988. 278 Seiten.
Leinen

Verlag C.H. Beck München